日本の歴史 十

徳川の国家デザイン

水本邦彦
Mizumoto Kunihiko

小学館

日本の歴史

徳川の国家デザイン

第十巻

アートディレクション　原研哉
デザイン　竹尾香世子
野村恵
美馬英二

凡例

- 年代表示は原則として和暦を用い、適宜、西暦を補いました。
- 本文は原則として常用漢字および現代仮名遣いを用いました。また、人名および固有名詞は、原則として慣用の呼称で統一しました。なお、敬称は略させていただきました。
- 歴史地名は、適宜、（　）内に現在地名を補いました。
- 引用文については、短歌・俳句なども含めて、読みやすさ、わかりやすさを考えて、句読点を補ったり、漢字を仮名にあらためたりした場合があります。
- 中国の地名・人名については、原則として漢音の読みに従いました。ただし慣習の表記に従ったものもあります。
- 朝鮮・韓国の地名・人名は、原則的に現地音をカタカナ表記しました。ただし、歴史的事柄にかかわる地名・人名などは漢音読みにした場合があります。
- この巻が扱っている時代の年表を巻末に掲載しました。
- 図版には章ごとに通し番号をつけ、それぞれの掲載図版所蔵者、提供先は巻末にまとめて記しました。
- おもな参考文献は巻末に掲げました。
- 五十音順による索引を巻末につけました。
- 本書のなかには、現代の人権意識からみて不適切な表現を用いた場合がありますが、歴史的事実をそのまま伝えるために当時の表記どおりに掲載しています。

1

国をつくる

首都城下町・江戸

●全国の大名権力を結集

一大名の城下町だった江戸は、主人の出世により、武家国家の首都へと昇格した。藩政を担う大名たちも、人生の過半を江戸で過ごすことになる。（『武《ぶ》州《しゅう》豊嶋《としま》郡《ぐん》江戸庄図《えどのしょうず》』）

↓68、80ページ

2

●巨石を切り出す

新国家は、石づくりの城を権力の拠点とした。江戸城の石材の多くは、相模《さがみ》や伊豆《いず》の山々で切り出され、真鶴《まなづる》・網代《あじろ》・伊東《いとう》・稲取《いなとり》などの湊から回漕された。(『石引図絵巻《いしびきずえまき》』)

↓69ページ

3

●石を曳く掛け声が聞こえる

巨大な石を動かしている。力こもる曳《ひ》き手たちの働きぶりを見よ。石工・大工を編成し、民衆を大動員した城づくりが進む。築城もまた、自然の大改造である。(『築城図屏風《ちくじょうずびょうぶ》』)

↓60ページ

活気に満ちた町づくり

◉都市の暮らしの始まり

武士が集住した城下は、そこに町人たちが住み着き、商工業を営むことで町らしくなってくる。しかし、新生活は、大火災などの都市問題をも随伴する。

（『江戸《えど》名所図《めいしょず》屏風《びょうぶ》』）

↓73ページ

家康の京都

屏風絵の光景は、おそらく慶長《けいちょう》二〇年（一六一五）六月一四日。二条城内には、大坂夏《おおさかなつ》の陣《じん》に勝利したばかりの天下人徳川家康《とくがわいえやす》が滞在している。戦勝を寿《ことほ》ぐ神輿《みこし》が大手門前を行進する。七月に改元され、世の中は元和《げんな》となる。（勝興寺《しょうこうじ》本『洛中洛外図屏風《らくちゅうらくがいずびょうぶ》』）

↓22ページ

5

◉江戸日本橋界隈

橋下の魚河岸では海産物が陸揚げされている。両岸には各地からの俵荷物や材木類が山積みである。都市と農村を結ぶ物流が全国的規模で広がる。（『江《え》戸図《どず》屏風《びょうぶ》』）

↓264ページ

京都を制する者が天下を制す

6

◉信長が「見た」京都

室町《むろまち》幕府の花の御所。だが、信長《のぶなが》上洛時にはすでに存在せず、彼とは屏風絵上での対面となった。この屏風が上杉《うえすぎ》謙信《けんしん》に贈られ、いまに伝わる。（上杉本『洛中洛外図屏風《らくちゅうらくがいずびょうぶ》』）

↓28ページ

8

◉秀吉の京都

秀吉《ひでよし》は、聚楽第《じゅらくだい》（城）を中核にして、京都の城下町化を進める。「聚楽とは快楽と歓喜の集まりを意味する」と宣教師ルイス・フロイスは書きとめている。（『聚楽第図屏風《じゅらくだいずびょうぶ》』）

↓30ページ

9

◉徳川社会の実相

武家の主従、宗教者、芸能民らがそれぞれのいでたちで同舟する。市女笠《いちめがさ》は商家の妻女だろうか。士農工商をはじめ、各種の職能集団（身分）からなる徳川社会。身分に応じた人々の営みが、社会を発展させる原動力となる。（英《はなぶさ》一蝶《いっちょう》筆『乗合船図《のりあいぶねず》』）

↓17ページ

目次

日本の歴史 第十巻

徳川の国家デザイン

第三章　村づくりの諸相

第四章 神国日本と「国民」

第七章 徳川の「自治」と「権力」

徳川の国家デザイン

はじめに

徳川の日本人

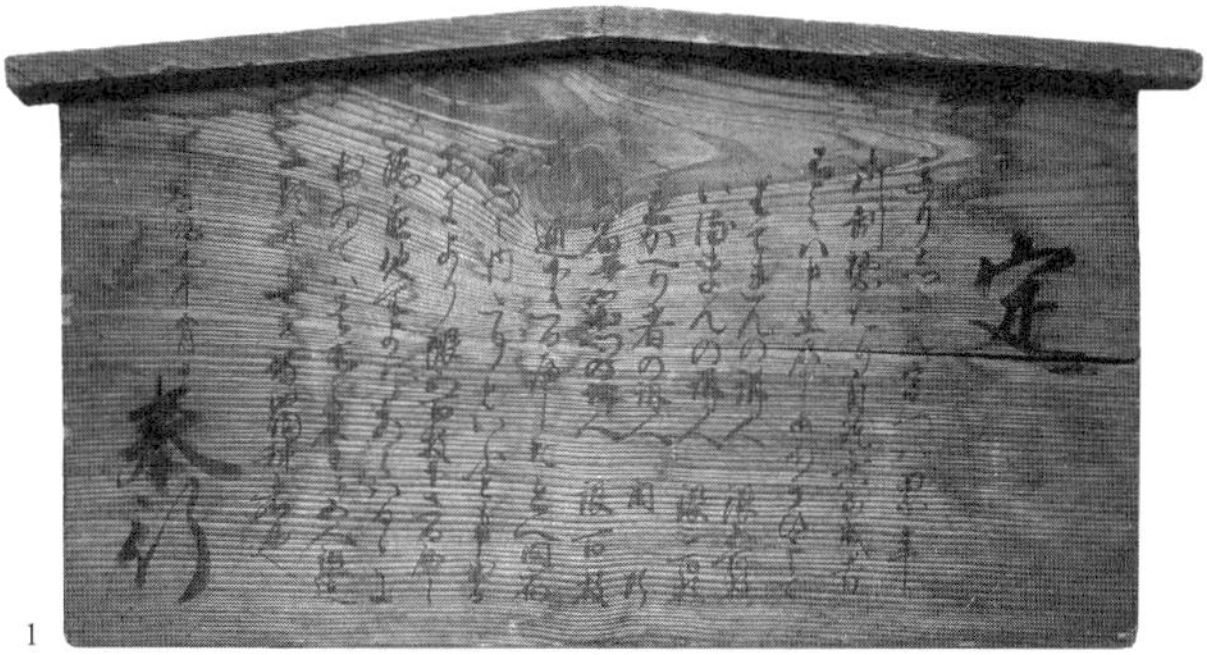

1

徳川国家の「国是」

いまから四〇〇年ほどさかのぼった一七世紀の初め、日本列島にひとつの国家が誕生した。織田《おだ》信長《のぶなが》・豊臣秀吉《とよとみひでよし》・徳川家康《とくがわいえやす》によって着手され、徳川家光《いえみつ》の時代に完成をみた統一国家である。国家権力を最終的に掌握した徳川氏の名を用いて、この国家を「徳川国家」、支えた社会を「徳川社会」、両者を合わせて「徳川日本」と呼ぶことにしよう。

この巻のテーマは、徳川日本形成の歴史をたどるところにある。時代でいえば、信長が上洛した永禄《えいろく》一一年（一五六八）前後から、四代将軍徳川家綱《いえつな》の治世（一六五一〜八〇年）に至る一世紀、安土桃山《あづちももやま》から江戸時代前期が対象となる。

あらかじめ、できあがった新しい国家と社会について素描しておきたい。

徳川国家とは、どのような国家だったか。

この国家は、キリスト教禁止を国是《こくぜ》とした。秀吉のバテレン追放令を起点に、キリシタンに対する弾圧、そして島原《しまばら》・天草一揆《あまくさいっき》を経て、三代将軍家光の時代に国是は固められた。ポルトガル、スペインなどのヨーロッパ勢力が持ち込んだ宗教思想に対峙《たいじ》するなかで、国是が形成されていった。

島原・天草一揆を平定すると、徳川幕府（中央政府）は組織内に宗門改役《しゅうもんあらためやく》を置き、全国のキリシタン摘発を指揮・監督した。この役職は、四代家綱の時代には、藩（地方政府）ごとの設置が命じられ、さらに宗門人別改帳《しゅうもんにんべつあらためちょう》の作成も制度化される。全国どこでも毎年、宗門改めが行なわれ、武士

◉キリシタン禁制の高札
キリシタン発見者には褒美が与えられる。徳川国家においては、キリスト教徒でないことが、日本国民であるための条件だった。
前ページ図版

も町人も百姓も、「キリシタンでない」ことが繰り返し確認された。たとえば、信濃国高遠藩《しなののくにたかとう》の家臣団の宗門人別改帳は、こんな誓約から始まる。

拙者《せっしゃ》ならびに妻子・親族の宗門は、御禁制の耶蘇《やそ》宗門（キリスト教）やその類族ではありません。召使い男女についても吟味しましたが、少しも不審なところはありません。寺請《てらうけ》証文を入手しておりますので、御用の節には差し上げます。

国是の徹底のため、町や村の要所には高札《こうさつ》が立てられ、キリシタンの告発が奨励された。キリスト教と接触しないように、海外渡航は禁止された。漂流民が帰国すると、長崎奉行所で絵《え》踏《ふ》み・尋問などの厳しい入国管理が行なわれる。国内旅行や結婚、奉公にも仏教寺院発行の証明書が必要だった。まさに「非キリシタン」が、徳川国家の国民であるための条件とされた。

日本国、日本人

徳川《とくがわ》国家の国民は、自分たちを「日本人」、みずからの国家・社会を「日本」と認識していた。

2

◉**踏絵を踏ませる**
宗門改めの制度化に伴い、九州諸藩に広まる。長崎奉行所が管理し、オランダ人や帰国漂流民も強要された。（『踏絵十字架上のキリスト』）

平川南《ひらかわみなみ》によれば、「日本」という国号は七世紀後半に制定された。中国世界の東の果て、「日の土台」という意味が込められていたという。時代を重ねてこの一七世紀、徳川国家においては、将軍発信の国書はもちろんのこと、大名から庶民に至るまで、みずからのアイデンティティとして「日本人」「日本国」の意識は定着していた。

大名の「日本国」意識について、譜代《ふだい》大名の筆頭彦根《ひこね》藩主井伊《いい》直孝《なおたか》の例をあげる。彼は、寛永《かんえい》二一年（一六四四）、家臣への通達のなかで、つぎのようにいっている。

吉利支丹《キリシタン》改めについてだが、現在のように正月・二月に行ない、その後六月・七月に行なうというようなやり方では、隠れているバテレンやキリシタンが取り調べの網をくぐって移動してしまう。現在の「日本国」において、公儀に対するこれ以上の御奉公はないのだから、毎月でも取り調べるようにすべきである。

「日本国＝公儀の掌握する国家」と前提したうえで、キリシタン探索こそが公儀への御奉公と強調する。直孝にとって、日本国家は自明の前提である。なお、ここにいう「公儀」とは、将軍を頂点に老中《ろうじゅう》や各種奉行などから構成された中央政府（徳川幕府、徳川国家権力）を指している。中世社会を淵源とする「公儀」文言は、元来多様な内容を包含していたが、三代将軍家光《いえみつ》のころより、この意味合いで定着する。時に大公儀・小公儀と分け、それぞれ幕府と藩にあてることもある。

庶民の「日本」「日本人」意識については、漂流民たちがもっとも具体的に述べている。彼らの経験が書き上げられた漂流記を読むと、基本になるのは、やはり自然環境や風俗、人種的な違いである。井伊直孝の通達と同じ年の寛永二一年、韃靼《だったん》に漂流した越前国泥原新保浦村《えちぜんのくにどろはらしんぼうらむら》出身者の報告では、

> 都まで三五日路のあいだ、田はまったくなかった。粟《あわ》、稗《ひえ》、そのほか雑穀は「日本」のごとくである。「日本」で見たことのない木が多くあった。人躰《にんてい》は、「日本の人」より大きい。奉行らしきものが尋問しているようだが、われわれ「日本の者ども」はいっこうに聞き分けられない。

とある。風俗が異なり、言葉も通じない。こうした民族的（エスニック）な意識・感覚に加えて、宗教的・国家的な要素も上乗せされる。

寛文《かんぶん》八年（一六六八）、馬丹島《ばたん》（フィリピンのバタン諸島）に漂流した尾張《おわり》国知多《ちた》郡大野《おおの》村の孫左衛《まござえ》門《もん》船の乗組員は、南京《ナンキン》に護送されたときの感想をつぎのように記す。

3

◉難破船を描く船絵馬
航海の安全祈願や無事に帰還したお礼のために奉納された。暴風雨の中空に金毘羅大権現の御幣《ごへい》が見える。神の救いの象徴である。

南京人はわれわれにたくさんの物をくれ、懇《ねんご》ろに扱ってくれた。これは「天照皇大神宮様《あまてらすこうたいじんぐう》のお恵み」か、または「上様《うえさま》の御威光《ごいこう》」である。御威光が異国の果てまで広まり、その恩恵がわれわれにまで及び、有《あ》り難《がた》くかたじけないことだ。

漂流民にとって、日本の土地は日本の神々と一体不可分で想起される。宝暦《ほうれき》二年（一七五二）に中国浙江省《せっこう》に漂着した陸奥《むつ》国気《け》仙沼《せんぬま》の船乗りは、「この地は日本にあらず」という天照大神《あまてらすおおみかみ》の神占に落胆している。金毘羅《こんぴら》大権現《だいごんげん》に助けを求めることも多い。ここには、「日本人＝伊勢《いせ》や金毘羅の神々の加護を受ける（と信じる）者たち」の等式が成立している。

そして、これらの神と並ぶ日本の象徴が、「上様（徳川将軍）の御威光」である。知多の漂流民に限らず、元禄《げんろく》五年（一六九二）に浙江省に漂着した瀬戸内海塩飽《しわく》の船乗りも、「御公儀様の御威光で飢えずにすんだ」と述懐している。日本人は、「上様」「御公儀」の御威光を享受することができる。御威光を享受できる範囲が日本である。

ただ、注目したいのは、「御威光」文言は、寛文八年の尾張国漂流民の記録に初めて現われることである。寛永二一年の越前国漂流民の漂流記にはまだ登場しない。このことは、一七世紀の中ごろ、すなわち三代家光の晩年から四代家綱《いえつな》の時期に、庶民の意識に徳川国家が浸透しはじめたことを暗示する。ちょうど、キリシタン改めなどを通じて、公儀の権威が全国に行き渡る時期に照応している。それまでの民族意識を基礎にしながら、「公儀の御威光に浴する」という徳川国家の要素を加味した、新しい「日本」「日本人」意識がここに確立するといえる。

身分社会

公儀の威光が全国を覆った日本は、身分社会として発展した。徳川日本の「日本国民」は、国家による身分編成の枠組みのなかで、武士や町人、百姓など身分ごとに分かれて住み働き、それぞれが各自の「身分」に徹して分相応に生きることを最高の価値としていた。

身分社会の仕組みや生きがいを綴《つづ》った記録に、『大雅塚来由記《だいがつからいゆうき》（河内屋《かわちや》可正《かしょう》旧記）』がある。筆者の河内屋可正（壺井五兵衛《つぼいごへえ》）は、島原《しまばら》・天草一揆《あまくさいっき》が勃発《ぼっぱつ》する前年の寛永《かんえい》一三年（一六三六）に河内国石川《いしかわ》郡大ヶ塚《だいがつか》村で生まれ、ここで一生を送った。正徳《しょうとく》三年（一七一三）に死去するまでのあいだ、農業活動をおもな生業《なりわい》としながら、酒・油商売にも手を染め、庄屋《しょうや》・年寄《としより》などの村役人も務めた人物である。

この書の語るところは、完成した徳川《とくがわ》国家のもとに育った中

4

◉『大雅塚来由記』
可正の暮らした大ヶ塚は、戦国時代には根来《ねごろ》寺《でら》の勢力下にあり、信長時代には本願寺系の寺内町《じないちょう》になった。住民の浮沈や移動も著しい。

堅層が、受容し保持した国家観・社会観とみてよい。

徳川国家やそれを支える社会に対する可正の評価は、「元和《げんな》の始めより、天下はめでたく治まったので、御政道《ごせいどう》も正された。諸役《しょやく》に難儀《なんぎ》なことはまったくない」と良好である。大坂《おおさか》の役《えき》（大坂冬の陣・夏の陣）で戦争が終結した元和年間（一六一五～二四）以来、政治は順調であるとし、それを推進する国家権力（公儀）に対して高い評価を与える。公儀の公恩を受けながら私《わたくし》の繁栄を図ることこそ肝要ともいう。漂流民が享受した「公儀の御威光」は、河内国の農村にも浸透していた。

公儀と一般庶民との関係は、どのようなものか。それは天と地のような関係だとする。「人間であろうとするならば、天道《てんどう》を恐れなければならない。天と君とは陽である。地と臣とは陰である。天より施し給う雨露の恵みを地が受けて、万物が養われる」と言っている。

戦国時代のころから列島社会では、人の幸不幸や戦争の勝敗をつかさどる絶対者を「天道」と呼び、その支配する世界を「天下《てんか》」として、天道に適《かな》う人間になろうとする能動的な思想が支持を得ていた。信長《のぶなが》が「天下布武《ふぶ》」の印判を用い、秀吉《ひでよし》・家康《いえやす》らが「天下様」「天下殿」と呼ばれたのも、この思想によるものである。可正にあっても、君臣の関係を支え、人間社会を正しく導く思想として、天道思想が学習され、受容されていた。

天道を体現した公儀に統治される国家のもとで、各身分の活動が活発に展開する。可正は家業である農業とそれを営む百姓を、自負をもって高く評価する。

> 農業は、五穀をつくって人を養うことを常の楽しみとする。ゆえに、この業はまさに天道に適うものである。…
>
> 士農工商の四民は国の宝であり、天下になくて適わぬものである。ただし、諸職人と諸商人が多いのはよろしくない。それらは国の宝に似て宝ではない。というのは、人の奢《おご》りにかかわる者なので遊民《ゆうみん》に近いのである。百姓のみが上の宝である。…
>
> 家を整え身を治めようと思うから、商売人も耕作者も諸職人も、それぞれの道の業に専念するのである。広くみれば、士農工商、儒者・仏者、神道・歌道、医術など業の多さは漣《さざなみ》や浜の真砂のごとくだが、いずれもその根本は同じで、義と理が大事である。

農業を含め、すべての身分がそれぞれの業に励んでいる。その営みが家を整え身を治めることになる。可正によれば、天下には士農工商をはじめ多数の身分があるが、基本はみな同じく、義と理を守ることにあるとする。その一方で、職人・商人

◉身分の織りなす社会
新国家のもとで、身分ごとの活動が充実し、子弟教育も進む。「身分」の維持・発展が、この社会の共通の価値である。（『乗合船図《のりあいぶねず》』）

を蔑視《べっし》する意識も色濃くみられ、身分意識は差別意識と表裏一体の関係にあることがよくわかる。しかし、彼によれば、そうした上から下までの身分がそれぞれに精勤することで、社会は安定し繁栄するのだという。

これらの評価が、公儀の側から発せられるプロパガンダ（政治宣伝）ではなく、長年の生活経験に裏打ちされ、近隣住民のさまざまな浮沈を見聞したうえで下されていることが重要だろう。彼のような体制支持があるかぎり、身分別に編成された非キリシタンの徳川国家は維持され、身分社会は発展する。

従来、徳川の国家や社会に対しては、近代・現代の価値尺度をあてはめて、否定的な評価を与えることが多かった。だが、国家と社会をつなぎ支えた村役人層のこうした肯定的評価は、傾聴に値する。彼らの考え方を無視して、この時代を正当に把握し理解することはできないだろう。

「公儀」「日本人」「身分」などに対する同時代の人々の目線や感覚を重視しながら、一六〇〇年を挟んだ激動の一世紀の歴史に向かってみたい。もちろん、「民主主義」や「人権」を最高価値とする現代の私たちの「立ち位置」も忘れないようにしながら。第一章から第四章では、町づくり・村づくり・国づくりなど、主として徳川日本形成のプロセスをたどる。第五章から第七章では、できあがった国家と社会の仕組みを、いくつかの場面やテーマを通して観察してみたい。

それでは、この国づくりの最初の舞台、京都を訪れるところから始めよう。

第一章

京都と天下人

1

ミヤコの改造

歴史は京都から始まる

平安京《へいあんきょう》の建設以来八〇〇年近くのあいだ、京都はミヤコとして、日本列島上に形成された社会の要《かなめ》の位置にあった。ここには天皇を頂点に、国家の担い手が集住しており、国家統治に関するさまざまな知識・技術が蓄積されていた。織田信長《おだのぶなが》に始まる天下人《てんかびと》が京都をめざしたのは、この京都の掌握なしに、天下の統一を果たすことができないと考えたからにほかならない。

信長や豊臣秀吉《とよとみひでよし》ら天下人の統一事業を通じてつくりあげられ、一九世紀中ごろまでの二世紀半以上にわたり存在した徳川《とくがわ》国家は、将軍号や官位官職制度など、ミヤコの伝統的な権力編成の仕組みを大いに活用していた。この国家の終焉《しゅうえん》となる大政奉還《たいせいほうかん》や王政復古のクーデターが、京都において繰り広げられたことにも、それはよく現われている。

織田信長・豊臣秀吉・徳川家康《いえやす》の京都に対する施策や、京都との距離の取り方は、彼らがつくろうとした新しい国家の縮図といっても過言ではないだろう。

これまで、この時期の政治史は、信長ら天下人の行動にそいながら描くことを通例としたが、京都のもつ政治的・社会的な意味を重視し、ひとまずこの地を定点観測の場として、一六世紀末から一七世紀初頭の政治の動きをたどってみたい。

『洛中洛外図屏風』という資料

戦国末期から徳川《とくがわ》初期に至る京都の動向を探ろうとしたとき、格好の資料となるのが、『洛中洛外《らくちゅうらくがい》図《ず》』と総称される屏風絵《びょうぶえ》である。近年、大永《だいえい》五年（一五二五）制作説の出ている町田本《まちだぼん》（歴博甲本《れきはくこうほん》）をはじめとして、信長《のぶなが》が上杉謙信《うえすぎけんしん》に贈った上杉本、元和《げんな》初年の京都の活況を描き込んだ舟木本《ふなき》などがとくに著名だが、屏風は徳川時代を通じて作成されつづけ、現在わかっているだけでも総数は一〇〇点を超える。

六曲一双の屏風に洛中洛外の風物や庶民生活を描く試みは、戦国時代末期に登場した風俗画という新しいジャンルの代表例として位置づけられる。過去・現在・未来を神仏が支配する中世的世界から、「この世」の人間が主役になるという世相の転換を反映して、狩野派《かのうは》を中心的描き手とした新しい流れは、現世肯定的な風俗描写を得意としていた。

『洛中洛外図屏風』はまた、それがほかならぬ京都を描写対象としたことから、中世から近世へと時代が移り変わる歴史の現場を活写した資料としての性格も併せもつことになった。景観という側面を重視するならば、中世史家や美術史家の関心が集中する町田本や上杉本などに加えて、一七世紀以後のものもまた重要な意味をもってくる。さらに、これらの屏風絵が絵師たちの眼（美意識）を介しての描写であることに注目すれば、ここには、絵師ないしはその注文主たちによる京都の見方・とらえ方、つまりはそれぞれの「京都論」も内包されているように思われて興味深い。

家康のいる京都

北陸の名刹《めいさつ》、勝興寺《しょうこうじ》（富山県高岡市《たかおか》）に、関白准后鷹司政熙《かんぱくじゅごうたかつかさまさひろ》の息女修子《おさこ》の婚礼道具として伝来した『洛中洛外図屛風《らくちゅうらくがいずびょうぶ》』がある。美術史家によれば、ここに描かれたミヤコの世界は、慶《けい》長《ちょう》二〇年（一六一五）、徳川《とくがわ》が豊臣《とよとみ》を滅ぼした大坂夏《おおさかなつ》の陣《じん》のあとまもない、元和《げんな》初年の景観とされている。

まずはこの勝興寺本絵師の視線を後追いしながら、「今は昔」、元和偃武《えんぶ》の「徳川の京都」に降り立ってみよう。

私たちはいま、京都を南北に走る油小路通《あぶらのこうじどおり》あたりの上空から西方を眺めている（左隻。下図参照）。眼の前には、一〇年ほど前に完成したばかりの家康《いえやす》の二条城《にじょうじょう》が威容を誇っている。堀川《ほりかわ》通《どおり》に面した東大手矢倉門《ひがしおおてやぐらもん》を入ると、なかには数棟の御殿と五層の天守閣《てんしゅかく》がそびえ立つ（口絵参照）。

いまから一五年ほどさかのぼる慶長五年九月、関ヶ原《せきがはら》の戦いに勝利した家康は、翌六年一二月から、この二条堀川の地に新城の築造を始めた。付近の町家を強制的に移転させ、七年五月には天守閣や御殿の造営に着手した。

各種工事は慶長一一年頃まで続くが、早くも慶長八年三月には、征夷大将軍《せいいたいしょうぐん》の称号を得てまもない家康が入城し、ここ二条城から内裏《だいり》を訪問する。四月には公家・大名をもてなす能も催されている。

二条城前を二基の神輿《みこし》が行進している。この神輿はいったい何か、大いに気になるところだが、これについては、あとで近寄って観察することにしよう。

二条城北隣（右手）には、京都所司《しょし》代《だい》屋敷が見える。朝廷・公家や西国管理の大役を担うこの職には、すでに慶長六年から板倉勝重《いたくらかつしげ》がついている。彼は、元和五年（一六一九）に至る一八年のあいだこの職を務め、その後、板倉重宗《しげむね》、牧野《まきの》親成《ちかしげ》と続く。寛文《かんぶん》八年（一六六八）に京都町奉行《まちぶぎょう》が設置されるまで、所司代は京都の都市行政も担当した。

二条城や京都所司代屋敷の外縁部には、たくさんの寺社群が見え隠れする。多くは中世以来の伝統・系譜を引くが、なかでも北野《きたの》社《しゃ》と西本願寺《にしほんがんじ》が詳細に描写されている。北野社は豊臣秀《ひで》頼《より》の力添えによって、慶長一二年に社殿の修築がなされた。西

2

◉北野社（右）と西本願寺（左）
勝興寺本『洛中洛外図屛風』左隻（前ページ）に描く。婚礼道具のためか、出雲阿《いずものお》国《くに》が出演した北野社境内の歌舞伎小屋は省略されている。

本願寺は秀吉《ひでよし》の市街地整備計画に伴い、天正《てんしょう》一九年（一五九一）に大坂天満《てんま》から移転した。慶長七年に建てられた東本願寺とともに、下京《しもぎょう》の南方に本願寺寺内の世界を形成している。

山鉾も巡行している

目を転じて東山《ひがしやま》方面を眺めてみよう（右隻。下図参照）。こちら側では、内裏《だいり》（19ページ参照）や立ち並ぶ町家、祇園会《ぎおんえ》の山《やま》鉾《ほこ》巡行、東山の方広寺《ほうこうじ》などの事物が目を引く。

左手に大きく見えるのが内裏の建物である。紫宸殿《ししんでん》の前では舞楽が演じられ、鑑賞する女官たちの姿も見える。南の公家《くげ》屋敷門前では公家たちが蹴鞠《けまり》に興じている。戦国時代末期、「辺《へん》土《ど》の民屋《みんおく》」と酷評された内裏は、信長《のぶなが》に始まり、秀吉《ひでよし》、家康《いえやす》と継承される統一政権の国家構想に不可欠の要素として位置づけられ、リニューアル作業が繰り返し行なわれた。

信長は上洛《じょうらく》した翌年の永禄《えいろく》一二年（一五六九）の夏から翌一三年にかけて、村井《むらい》貞勝《さだかつ》を奉行として本格的な内裏修造に取り組み、秀吉も前田《まえだ》玄以《げんい》を奉行に、天正《てんしょう》一七年（一五八九）三月

から天正一九年にわたって全殿舎の改築を行なった。

いま見えているのは、家康による大幅な敷地拡張と新造工事を経て、慶長《けいちょう》一八年（一六一三）一一月に完成したできたての内裏である。今年を慶長二〇年（元和《げんな》元年）と想定すると、ここには四年前に退位した後陽成院《ごようぜいいん》（四五歳）と二〇歳になる青年天皇政仁《ことひと》（後水尾《ごみずのお》）がおわすことになる。以後、この一角で、明治《めいじ》天皇まで一四人の天皇が代を重ねる。

右隻《うせき》の中央部に広がるのは、立ち並ぶ町家の家並みと山鉾群の行列である。画面手前を左右に伸びる通りが室町通《むろまちどおり》。左（北）は内裏付近の旧上京《かみぎょう》世界から右（南）は五条通《ごじょうどおり》のあたりまで、二階建て中心の町家が途切れることなく立ち並び、これに交差する通りを含めて、活発な商業活動が展開されている。

祇園会の山鉾が、四条通《しじょうどおり》、寺町通《てらまちどおり》を巡行中である。手前四条室町の辻に差しかかるのは菊水《きくすい》鉾だ。画面上方の寺町通を南下しつつあるのは月鉾だろう。四条寺町を下がるコースからすると、これは毎年六月七日に執り行なわれる前祭りの巡行である。洛中洛外《らくちゅうらくがい》の世界には、祇園社のほか、北に今宮社《いまみやしゃ》や上御《かみご》

3

◉菊水鉾（右）と誓願寺（左）
勝興寺本『洛中洛外図屏風』右隻（前ページ）に描く。誓願寺住職の安楽庵策伝《あんらくあんさくでん》は、説教上手で有名だった。

霊《りょう》・下御霊社《しもごりょうしゃ》、南東部に伏見稲荷《ふしみいなり》、西部には北野社《きたのしゃ》、松尾社《まつのおしゃ》と、多数の神社群が存在し、それぞれに氏子《うじこ》圏を形成していたが、下京《しもぎょう》の町衆を氏子とするこの祇園会が、ミヤコの祭りを代表する。

　左隻の西山《にしやま》の世界と同様、こちら側にも多数の寺社群が立ち並ぶ。とくに注目されるのは、鴨川《かもがわ》手前、三条通《さんじょうどおり》に南接する誓《せい》願寺《がんじ》と、四条寺町の大雲院《だいうんいん》、そして川向こうの方広寺大仏殿である。誓願寺は天正一九年、大雲院はその前年に、秀吉の寺町づくりによってここに移転してきた。誓願寺は秀吉側室京極《きょうごく》龍子《たつこ》の助力で堂塔を再建、また大雲院は信長の帰依《きえ》を受けるなど、いずれも直近の天下人《てんかびと》に深くかかわる寺である。してみると、誓願寺の左手三条通を挟んで小さく見えるのは、移転後の本能寺《ほんのうじ》だろうか。

　そして、鴨川の向こう側、東山山麓《さんろく》にひときわ大きく方広寺大仏殿がそびえ立つ。三〇年ほど前の天正一四年、秀吉によって建設が始められ、文禄《ぶんろく》二年（一五九二）に上棟した大仏殿には、本来、木造大仏《もくぞうだいぶつ》が安置される予定だった。いま眺めている大仏殿は、文禄五年の大地震や慶長七年の出火を経て、五年ほど前に秀頼《ひでより》によって再建されたばかりの二代目である。殿舎《でんしゃ》のなかには金銅の大仏が鎮座している。ここからは見えないが、この寺の鐘の銘が大坂《おおさか》の役《えき》の発端となった。徳川《とくがわ》の世と

4

◉奈良の大仏より大きい方広寺大仏
この大仏は、寛文二年（一六六二）の大地震で大破した。かわりの木造大仏も落雷で焼失する。方広寺大仏は数奇な運命をたどる。

なってからの大仏殿と大仏は、近くの妙法院門跡《みょうほういんもんぜき》の管理にゆだねられ、京都名所のひとつになる。

東山方面の右端に遠望される伏見城にも目を凝《こ》らしたい。伏見は、秀吉時代末期から家康時代にかけて統一政権の首都として町づくりが進められ、大名屋敷が軒を並べた。もっとも、秀吉が「なごりおしく候」と書き置きしながら死去した伏見城は、慶長五年の関ヶ原《せきがはら》の戦いで焼亡し、いま目にする城は翌年に再建されたものである。慶長八年には、この城で家康が征夷大将軍《せいいたいしょうぐん》の宣下《せんげ》を受け、慶長一〇年には秀忠《ひでただ》が、また元和九年（一六二三）には家光《いえみつ》がここで将軍になる。

勝興寺《しょうこうじ》本絵師の視線に導かれながら、元和初年の洛中洛外をかいま見た。豊臣が滅び、徳川の世となったこの時期、油小路通《あぶらのこうじどおり》あたりを観察の軸線とすると、西方には、徳川の二条城や京都所司代屋敷が中心に据わり、それらを取り巻く形で伝統・新興の寺社群がみられた。また、東方には、信長ら天下人に梃子《てこ》入れされて活気を取り戻した内裏や公家町、東西南北の通りに広がる町家群や祇園会の山鉾、鴨川西の寺町と川東の寺院群、そしてかなたには伏見城下町が遠望された。

左隻に徳川の二条城、右隻に内裏・公家・町衆世界と方広寺大仏殿。両者が向かい合うこうした東西対面型の構図を、以下「徳川の京都」型と呼ぶことにしよう。

上のミヤコ・下のミヤコ

「徳川《とくがわ》の京都」型は、しかし、平安京《へいあんきょう》以来の伝統でもなく、鎌倉《かまくら》・室町《むろまち》時代以来の継承でもない。大坂《おおさか》の役《えき》・元和偃武《げんなえんぶ》をさかのぼる五〇年ほどのあいだに進められた京都改造により出現した、新し

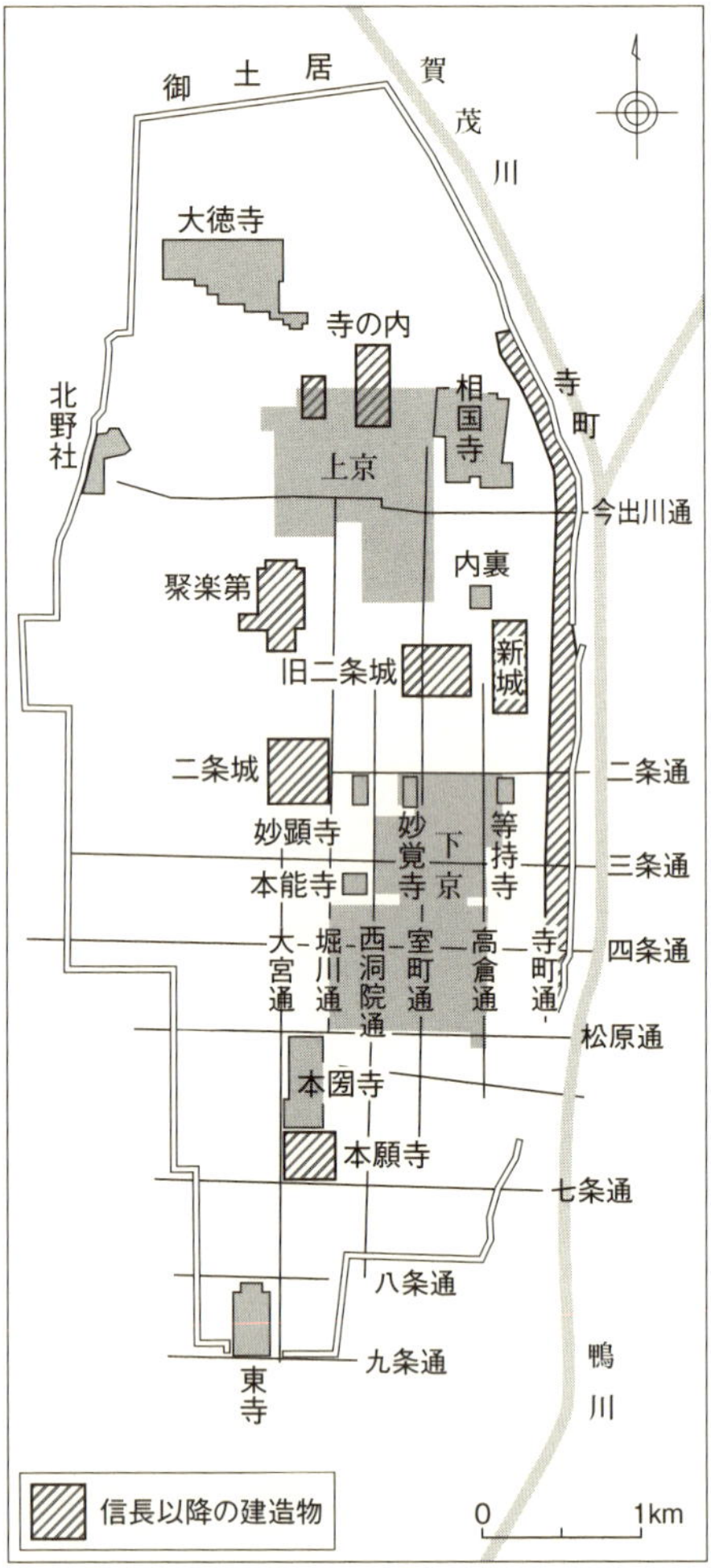

◉戦国〜家康期の京都
上京と下京のあいだに信長、秀吉が入り込んでくる。そして、全体を御土居《おどい》で囲んだ新しい京都がつくられる。やがて、二条通を挟んで中京というエリアも生まれる。

い町の形である。永禄《えいろく》一一年（一五六八）、上洛《じょうらく》した信長《のぶなが》が出会った京都は、先に見た京都とはよほど異なる姿をしていた。当時の京都は、上京《かみぎょう》（上のミヤコ）と下京《しもぎょう》（下のミヤコ）という二つの別個の町からなり、それぞれが「構《かま》え」と呼ばれる堀や土塁《どるい》で囲われていた。イエズス会通詞《つうじ》のロドリゲス・ツヅは『日本教会史』のなかで、「上京と下京の二つの市区は、南北に通じる中央の道路ただひとつだけでつながっていた」と描写している。「中央の道路」とは、室町通《むろまちどおり》だとされる。

この景観は、その後、信長や秀吉《ひでよし》による京都改造政策によって、大きく変貌していく。彼ら天下《てんか》人《びと》は、まず上京と下京のあいだの中間地帯に新しい拠点を築き、次いでその拠点を梃子《てこ》に、新しい都市をデザインしていった。
信長がつくった二条城《にじょうじょう》（旧二条城）は、その最初のケースである。永禄一一年の九月に入京した信長は、翌一二年正月、将軍足利義昭《あしかがよしあき》の居城として新しい城づくりに着手し、義昭の兄義輝《よしてる》の御所跡地「武衛陣町《ぶえいじんちょう》」に、二か月あまりで完成させた。城域は、まさに上京と下京の中間、両町を結ぶメイン道路の室町通を占拠し、北は近衛《このえ》（出水《でみず》）通《どおり》、南は春日《かすが》（丸太町《まるたまち》）通《どおり》の北、東は東洞院通《ひがしのとういんどおり》、西は新町通に囲まれた三町四方だったと推定される。この城の都市史的な意義を、高橋康夫《たかはしやすお》はつぎのように述べている。

権力拠点である二条城を核として、その廻《まわ》りに武家屋敷地を配し、さらにその外に町場を含む市街地を付属させる都市空間のありかたは、市街地のなかに武家地が点在する中世的状況とは明らかに異なっている。…信長は、分散的・二極的な地域集落であったこの上京と下京を、城と城下の建設によって一元化、統合したのである。中世的都市空間の止揚、近世的な都市空間への再編とみなければならない…。

新しい近世的な都市空間の創出という評価である。ただ、この新城は、築城四年後の元亀《げんき》四年（一五七三）、信長による将軍義昭の追放と同時に破却・放置されてしまった。

秀吉の都市プラン

天正《てんしょう》一四年（一五八六）二月に着工された秀吉《ひでよし》の聚楽第《じゅらくだい》（聚楽城）もまた、下京《しもぎょう》の北西、上京《かみぎょう》に南接する平安京大内裏跡《へいあんきょうだいだいりあと》に築城された。この城も、一〇年たらずのちの文禄《ぶんろく》四年（一五九五）、秀次《ひでつぐ》自刃《じじん》後に壊されてしまうが、城内は本丸を中心に、二の丸、西の丸、北の丸からなる壮大なものだった。外周の西部、南部には堀が掘られ、東は堀川《ほりかわ》を防衛線としていた。

この城は、中立売通《なかたちうりどおり》を介して内裏と向かい合う位置にあった。天正一六年四月には、この道を通って後陽成《ごようぜい》天皇の聚楽《じゅらく》行幸《ぎょうこう》が挙行されている。行幸は、関白《かんぱく》秀次時代の天正二〇年正月にも執り行なわれた。

秀吉は、聚楽第を中核に据えながら、ミヤコの城下町化を進めた。その政策は大きく三点にまとめられる。

①洛中検地《らくちゅうけんち》、地子《じし》（土地税）免除と土地所有権の排除。
②「京中屋敷替え」による寺町、禁裏《きんり》・公家《くげ》町、武家町の造成など、身分の空間的住み分け。
③御土居《おどい》（惣堀《そうぼり》）の造成による洛中と洛外の空間的な峻別。

検地と地子免除は、城下町化の基本となる施策である。洛中の検地は、全国的な検地の実施と並

5

◉後陽成天皇の聚楽行幸
聚楽第では五日間にわたり宴が催された。大名たちに臣従の誓詞も提出させた。秀吉の権威を示す一大イベント。（『後陽成天皇聚楽行幸図』）

行して、天正一三年頃から開始される。目的は、洛中各所に存在した寺社・武家・公家などの土地所有権を調査したうえで、それらの権利を洛中から排除し、この地を巨大な楽市《らくいち》の空間として純化・再編するところにあった。

天正一九年には、洛中の地子を免除して態勢を整え、他方、旧領主たちには洛外に替地を支給して、都市（商工業）と農村（土地所有）を明瞭に分離した。新しい国づくりのモデル事業である。

土地所有者を排除した空間を、身分別に配する住み分け政策「京中屋敷替え」が、天正一九年を中心に推進されていく。寺院については、寺町の建設、寺之内の建設、大坂天満《おおさかてんま》からの本願寺《ほんがんじ》の移転という施策が遂行され、それまでの町人と寺院との混住形態が解体された。公家の居住空間も天正一七年の内裏造営と並行して進められ、上京のあちこちに散在していた屋敷は内裏周辺に集められた。

これらの身分別空間編成のなかで、とりわけ重要な政策が武家町の造成である。聚楽第の築城に伴い、周辺には当初から秀吉麾下《きか》の直臣《じきしん》大名屋敷がつくられていたが、天正一七年九月に、「ことごとくもって、聚楽へ女中衆同道せしめ、いまより在京すべし」という在京命令が、諸国大名に対して発せられた。これにより、聚楽第周辺や中立売通沿いに全国の大名の屋敷がつぎつぎと建設される。京都は、一気に全国の大名勢力が結集する「首都城下町」としての性格を強めた。聚楽第の西方には足軽《あしがる》町も設定されたという。

秀吉の新京都創出の仕上げは、「京中屋敷替え」とともに実施された御土居の築造、すなわち新しい洛中区域の確定作業である。天正一九年閏《うるう》正月から数か月をかけてつくられた御土居の範囲は、北は紫竹《しちく》・鷹ケ峰《たかがみね》から南は東寺《とうじ》まで、西は千本通《せんぼんどおり》西部から東は鴨川《かもがわ》右岸まで、全長五里二六町（約二二・五キロメートル）に及んだ。御土居の高さは平均二〜三間《けん》（一間は約一・八メートル）、底部の幅は一〇〜一五・五間、外側の堀幅は二〜一〇間の規模であった。

御土居の築造によって、「構え」で囲われていた古い上京・下京世界は、新しい大京都の枠組みに呑《の》み込まれてしまった。御土居で囲った範囲こそが新しいミヤコ（＝聚楽第を中核とした首都城下町）として明示されたのである。

御土居築造の目的は、鴨川水害から京都を防衛することにあったという説があるが、これは興味深い指摘である。つまり、古い京都の枠組みを解体する契機に、水防問題が用いられたことを暗示するからである。治水を中心とした土木事業は、徳川《とくがわ》の国家において最重要の国家的事業となるが、この説をふまえれば、秀吉の御土居築造はその先駆的取り組みと位置づけられる。

6

◉いまも残る御土居
当時は「京廻りの堤」「土居堀」と呼ばれた。現在も西北部を中心に一〇余か所残っている。東寺《とうじ》近くにはバス停「御土居」もある。

新京都の創出は、人口面でも大きな変化をもたらした。つくり直された大京都に希望を託して、全国各地から続々と人々が集まってきたのである。イエズス会宣教師ルイス・フロイスは、天正一九年のミヤコを描写して、「諸国から移転してくる人々で大きく変わりつつあり、八〇〇〇から一万ほどだった家数はいまでは三万を超えた」と記録している。

天正一〇年代に旧下京区域の外側に新しく形成された天守町《てんしゅ》の記録によれば、町の住人出身地は、近江《おうみ》を中心に奈良、堺《さかい》、丹波《たんば》、伊勢《いせ》、伊賀《いが》、越前《えちぜん》、若狭《わかさ》に及んでおり、別の町内では三河《みかわ》、遠江《とおとうみ》、伊豆《いず》、相模《さがみ》にまで広がっている。まさにニュータウンの創出である。新住民で満ちあふれるようになった京都では、このころから町運営のルールを文書に記した町式目《ちょうしきもく》が作成されるようになる。

ただし、こうした京都改造を完了したあと、秀吉は時を経ずして、この城下町と関白職《かんぱく》を甥《おい》の秀次に譲り、みずからは肥前国名護屋《ひぜんのくになごや》に移ってしまうのだが、その経緯や意義については、のちに改めて触れることにしよう。

徳川への継承

家康《いえやす》もまた、みずからの拠点を旧上京《かみぎょう》・下京《しもぎょう》の中間地点である堀川二条《ほりかわにじょう》の地に築き、秀吉《ひでよし》の創出した大京都の形を継承した。勝興寺本《しょうこうじ》『洛中洛外図屛風《らくちゅうらくがいずびょうぶ》』で眺めた家康の二条城《にじょうじょう》がそれである。

二条城はその後、元和《げんな》六年（一六二〇）の秀忠《ひでただ》の娘和子《かずこ》の入内《じゅだい》や、寛永《かんえい》三年（一六二六）の後水尾《ごみずのお》天皇の行幸《ぎょうこう》など、朝幕関係の進展と並行しながら増築・拡張され、周囲は京都所司代《しょしだい》屋敷をはじめとする幕府関係官庁街へと発展していった。

ちなみに、延享《えんきょう》三年（一七四六）に刊行された『京大絵図《きょうおおえず》』では、北接する三つの京都所司代屋敷のほか、城の西部・南部には鉄砲奉行、京都町奉行、米蔵、御蔵《おくら》奉行、御城門番衆など、多数の役所や施設が軒を連ねる。ただし、寛永の大拡張時に城の南西部に建て替えられた五層の天守閣《てんしゅかく》は、寛延《かんえん》三年（一七五〇）の落雷で焼け落ち、本丸殿舎も天明《てんめい》八年（一七八八）の京都大火で焼失した。

都市と農村を御土居《おどい》で区分し、都市内部を内裏《だいり》・公家《くげ》町、寺町など、身分別に区分けする形も、徳川に継承された。徳川幕府による京都行政が完成した一七世紀後半には、御土居内の洛中は京都町奉行の管轄、御土居外は京都代官や個別の領主の支配領域とされた。山城国《やましろのくに》全体に及ぶ京都町奉行の広域的行政の通達についても、洛中は町代《ちようだい》担当、洛外は雑色《ぞうしき》というように区分された。

御土居自体は京都代官の管理下に置かれ、ここに生育した竹は、内裏や二条城の普請《ふしん》用材、鴨川《かもがわ》筋の水防施設、上賀茂・下鴨祭礼の矢来《やらい》や注連《しめ》竹《だけ》などに活用されている。

「ミヤコ町」京都

秀吉《ひでよし》の新京都を継承した家康《いえやす》だが、両者のあいだには決定的な違いがあった。秀吉が聚楽第《じゅらくだい》を中核にした京都の首都城下町化を進めたのに対して、徳川《とくがわ》の国家において、この町が城下町として展開することはなかった。二条城《にじょうじょう》周辺には多数の武家屋敷が軒を連ねたが、それらはいずれも京都に派遣された徳川直臣《じきしん》の大名・旗本が、西国大名や朝廷の統制、京都の市政や幕府領管理のために執務する役所であって、主君を中心に家臣団が集住する城下町ではなかった。

寛永《かんえい》一四年（一六三七）、幕府大工頭《だいくがしら》の中井《なかい》家が作成した『洛中絵図《らくちゅうえず》』によれば、この時期、京都には東国大名二〇家、西国大名四八家の京屋敷が設けられていた。しかし、それらは二条城の周辺に集中するのではなく、町家に混在しながら洛中全域に散在する形をとっていた。これは、大名京屋敷が大名側の必要性から、町人地を購入ないしは借地して開設されたためである。徳川の京都においては、武士と町人（商・工）は、空間的には未分離だった。

城下町でないとしたら、京都はどのような町になったのだろうか。天皇・公家の居住地にして、ミヤコの伝統を継承・活用しながら都市的活動を展開する町場、という意味で、「ミヤコ町」という呼び名を提案してみたい。

京都に開設された大名屋敷の機能は、「ミヤコ町」の特色に対応する。すなわち、これら京屋敷の役割は、京都に蓄積された儀式典礼に関する知識や情報の収集・摂取にあり、それと密接に関係しながら、京都で生産・販売される呉服などさまざまな物品を調達し、国許《くにもと》に送ることにあった。この地には、国家統治の仕組みや各種の芸術文化や技術、日々の生活スタイルに至るまで、長い歴史のなかで培われた知識や文化が堆積《たいせき》していた。そして、その摂取・活用は、新しい国家や社会にとっても必要だった。「徳川の京都」は、武家政権の所在地（首都城下町）としてではなく、京都所司《しょし》代《だい》や京都町奉行《まちぶぎょう》など幕府の出先機関に管理された伝統都市（＝ミヤコ町）として、蓄積された知識や技術を提供しながら、首都城下町「江戸」、天下の台所「大坂」とともに三都の一角を構成することになる。

7

◉徳川家康
家康は、四一歳で本能寺の変に遭遇。関ヶ原の戦いのときには五九歳だった。大坂夏の陣を終えた翌年、七五歳で生涯を閉じる。

国政の課題

参内する将軍・行幸する天皇

「徳川《とくがわ》の京都」型の『洛中洛外図屛風《らくちゅうらくがいずびょうぶ》』は、左隻《させき》の二条城《にじょうじょう》前にさまざまな行列や集団を描いている。ちなみに、前節で眺めた勝興寺《しょうこうじ》本では、神輿《みこし》行列が通過中だった。織田信長《おだのぶなが》に始まる京都改造の最終的なシンボルがこの二条城とすれば、二条城前という「場」は、当時の日本においてもっとも政治色の濃い場所といっても過言ではないだろう。とすれば、ここに登場する各種の事物は、当時、最重要と認識された国政上の課題とみて間違いない。

美術史家によって制作時期が確定されている三〇点を対象に、二条城前の図柄を分類してみた。天守閣《てんしゅかく》がつくられた慶長《けいちょう》七年から元和《げんな》期（一六〇二～二四）、寛永《かんえい》期（一六二四～四四）といった大づかみな年代分類にとどまらざるをえないため、およその傾向がうかがえるにすぎないが、それでも、この時期の国政上の諸問題がクリアに浮かび上がってくる。

『洛中洛外図屛風』に描かれた二条城前の行列や集団には、①内裏《だいり》への将軍の参内《さんだい》、②後水尾《ごみずのお》天皇の二条城行幸《ぎょうこう》、③南蛮《なんばん》人（紅毛《こうもう》人）、④朝鮮通信使、⑤神輿《みこし》の行

二条城前の図柄

屛風制作年代	参内	二条城行幸	南蛮人	朝鮮通信使	神輿	武者
慶長・元和(1602～24)	5	0	2	0	3	1
寛永(1624～44)	2	6	1	0	1	1
寛文以降(1661～)	0	4	1	2	0	1

列、⑥武者の往来の六種類がある。このなかで全時期にわたって少しずつみられる⑥を除くと、慶長・元和期には①の参内行列と⑤の神輿行列が多く、寛永期以降になると、②の二条城行幸が主流を占め、④の朝鮮通信使も散見するという傾向がうかがえる。

①は、二条城を出発して内裏に向かう徳川家康《いえやす》・秀忠《ひでただ》などの参内行列である。堺市博物館本『洛中洛外図屏風』は、ちょうど行列が出発したところを描いている。行列は二条城の東大手《ひがしおおて》門《もん》を出て堀川通《ほりかわどおり》を北上し、中立売通《なかたちうりどおり》との交差点を右折して内裏に向かって進んでいく。騎馬隊に先導された牛車《ぎっしゃ》一輌《りょう》と三基の輿が見える。この組み合わせからすると、きょうは慶長一六年（一六一一）三月二三日。先を行く牛車には家康が乗り込み、三基の輿には家康の九男義利《よしとし》（義直《よしなお》、名古屋城主）と一〇男頼《より》勝《かつ》（頼宣《よりのぶ》、駿府《すんぷ》城主）、孫の松平忠直《まつだいらただなお》（越前国《えちぜんのくに》福井城主）が神妙に座っているはずである。この参内は、三日前の三人への叙任《じょにん》（右近衛権少将《うこのえのごんのしょうしょう》など）に対する御礼が目的だった。

公家《くげ》の日記によれば、彼らはこのあと内裏の清涼殿《せいりょうでん》において、後陽成《ごようぜい》天皇や親王たちに大量の銀や綿を進物として献上し、対面して献杯《けんぱい》・天杯《てんぱい》の授受を行なっている。

8

◉二条城から参内する家康一行
寛永初年に築造された城壁櫓があることから、慶長期の原図を手本にした寛永期の作品とされている。（堺市博物館本『洛中洛外図屏風』）

二条城から内裏への将軍らの参内は、慶長八年三月二五日を初発として、同九年六月二二日（家康）、同一〇年三月二九日（秀忠《ひでただ》）と続き、家光《いえみつ》の寛永一一年（一六三四）八月一日の参内まで二十数回に及ぶ。慶長・元和期作成の『洛中洛外図屏風』は、この光景をもっとも多く描いている。牛車一輌に輿三基の組み合わせのほか、牛車一輌のみ、牛車一輌・輿一基などいくつかの類型がある。『洛中洛外図屏風』二条城前は、慶長から寛永の時期、朝幕関係が国政上の最重要課題だったことを明示している。

なお、右に関連して、徳川和子《かずこ》の入内《じゅだい》行列を描く屏風もある。二条城前に「神輿」を配する林原《はやしばら》美術館本は、右隻内裏付近にも行列を描いているが、近年の研究で、これは元和六年（一六二〇）六月一八日の入内行列と確定された。類似の新屏風も発見されている。

参内とは逆に、寛永期以後主流になるのが、寛永三年九月六日の後水尾天皇二条城行幸である。たとえば出光《いでみつ》美術館本は、堀川通を南下する天皇の鳳輦《ほうれん》と公家の行列、護衛の武士たち、見物する群衆などを、臨場感豊かに描写している。

この日、まず、中宮《ちゅうぐう》和子、中和門院《ちゅうわもんいん》（後陽成天皇女御《にょうご》）らが、内裏から二条城に入る。次いで、将軍家光が天皇を迎えに二条城から内裏に向かった。家光の行列は、京都所司代《しょしだい》板倉重宗《いたくらしげむね》を先頭に、土井《どい》利勝《としかつ》、酒井《さかい》忠世《ただよ》、そのあとに番頭《ばんがしら》・旗本《はたもと》で固めた家光の牛車、そして徳川義直、頼宣、忠長《ただなが》、頼房《よりふさ》、および四九人にのぼる国持《くにもち》大名たちが続いた。家光の出迎えを受けた天皇は、鳳輦に乗り、公卿《くぎょう》を従えて二条城に行幸した。屏風絵はこの場面を描いている。

到着後に祝いの膳があり、翌七日は舞楽《ぶがく》、八日は和歌・管絃《かんげん》の遊び、九日には能楽が催された。そして、一〇日の帰還となる。この間、天皇は二度天守閣《てんしゅかく》に登って市中を眺望した。

二条城行幸は、豊臣秀吉《とよとみひでよし》による後陽成天皇の聚楽《じゅらく》行幸を模したものだが、違う点がひとつあった。すなわち、秀吉の場合は、朝廷から任命された関白《かんぱく》として、みずから後陽成天皇を迎えに出向いたが、大御所《おおごしょ》秀忠は二条城を動かず、家光を迎えにやらせた。ここに、天皇を後ろ盾にせざるをえなかった秀吉の権力と、天皇の上に大御所を置くことができた徳川の権力の違いがある、と近世政治史研究は注目している。

すでに元和元年以来、天皇・公家衆には、「禁中並公家諸法《きんちゅうならびにくげしょはっ》度《と》」の網がかぶせられていた。その後、有名な紫衣《しえ》事件が起きて天皇が退位するという険悪な事態も生じたが、大勢は決していた。このイベントのあと、『洛中洛外図屏風』の二条城前の光景は、天皇を二条城に招くこの図柄がもっぱら主流になる。内裏を行き先とする慶長・元和期の参内行列から、二条城を行き先とする行幸行列へ。屏風絵は徳川政権の確立をこんな形で表現している。

9

●後水尾天皇の二条城行幸
行列は中立売通を左折して堀川通へと進む。ちなみに、中立売通は聚楽行幸行列の通った吉例の道。（出光美術館本『洛中洛外図屏風』）

南蛮人・朝鮮人の行列

①②に比べると少数だが、南蛮人《なんばん》や朝鮮人を描くものもある。南蛮文化館本『洛中洛外図屛風《らくちゅうらくがいずびょうぶ》』は、元和《げんな》元年（一六一五）七月三〇日および八月一日の二日にわたり、二条城《にじょうじょう》を訪問したオランダ人（紅毛人《こうもう》）を題材にする。

帽子をかぶった三人が、黒人奴隷に日傘（コンパーラ）を差しかけられながら入城しようとしている。従者が、アラビア産白馬やさまざまな船載品を運んでいる。お決まりの犬連れである。グレーハウンドという犬種のようだ。一方、二条城北の京都所司代《しょしだい》屋敷では、僧侶が多数集まり、何やら訴えている。オランダ人の訪問に対する抗議行動とみられる。

彼らは、初代オランダ商館長ヤックス・スペックスを代表とする一行である。これに先立つ六月、スペックスらがポルトガル船を拿捕《だほ》し、黒檀《こくたん》などの積み荷を奪取する事件があった。彼らは、このときの捕獲品を携えて上洛し、二条城で家康《いえやす》に献上したのである。「皇帝」家康は、捕獲品を褒めたうえで、今後、通航免状を持たぬポルトガル・スペイン船に対しては、同様の措置をとってよいと許可を与えた。

家康は、慶長《けいちょう》一七年（一六一二）三月からキリシタン禁止を打ち出しており、京都でも南蛮寺が破却されるなど、南蛮問題は緊張の度合いを高めつつあった。この屛風は、そうしたなかでの国際関係のひとこまを二条城前に描いたものである。

スペックスらの一件を日記に詳しく書きとめた平戸《ひらど》イギリス商館長リチャード・コックス自身も、

翌元和二年に京都で目撃されている。舟木《ふなき》本『洛中洛外図屏風』が、彼の姿を寺町《てらまち》の大雲院《だいうんいん》付近に描写しているのである。やや不安げな表情のなかに、この時期の日欧関係が象徴されているようにも思われる。四月に家康が死去したこの年の八月、名実ともに第一人者となった二代将軍秀忠《ひでただ》から、「鎖国《さこく》」令の出発点となる、禁教と貿易統制を一本化した法令が出されている。ただし、この舟木本の人物については、祇園会《ぎおんえ》の仮装行列の一員ではないかという説もある。

南蛮人とともに、初期幕政の対外関係に重要な位置を占めた朝鮮通信使（回答兼刷還使《かいとうけんさつかんし》）は、時代が下り一七世紀なかば以降の登場となる。寛永《かんえい》年間（一六二四～四四）以後の作成とされるボストン美術館本では、通信使の一行が油小路通《あぶらのこうじどおり》を北上中である。「二条城前」からひと筋逸《そ》れるが、左隻《させき》のメインテーマという点で、同じく国政上の課題ととらえることができる。

通信使が油小路二条付近を北上するルートは、大《だい》徳寺《とくじ》が宿舎だった時代に限られるから（その後は六《ろく》条《じょう》堀川の本圀寺《ほんこくじ》）、この行列は、慶長一二年、元和三年、寛永元年の来日のいずれかだろう。屏風の作成

10
◉京都のリチャード・コックス
ひげにマントのいでたちのコックスは、イギリス中部スタフォードシャーの生まれ。東インド会社に入社し、四八歳で平戸商館長になった。（舟木本『洛中洛外図屏風』）

年代にもっとも近い寛永元年の場合でいうと、一行が京都に到着したのは一一月一八日。家光《いえみつ》の将軍襲職祝賀と捕虜の返還・国情探索を目的に、正使鄭岦《ていりゅう》以下四六〇人の使節団だった。

なお、彼らはこのあと目的地の江戸に向かい、『江戸図屏風』の江戸城大手門《おおてもん》付近にふたたび登場する。慶長から寛永へ、国政の舞台は、京都から江戸へと旋回していく。将軍の上洛も寛永一一年の家光を最後にみられなくなる。

神輿の意味

参内《さんだい》・行幸《ぎょうこう》や南蛮《なんばん》人、朝鮮使節に比べ、やや違和感のある行列が神輿《みこし》行列である。この神輿はいったい何か。しかし、これについては、すでに祇《ぎ》園会《おんえ》後祭《あとまつ》りの神輿であることが考証されている。奥平俊六《おくだいらしゅんろく》は、勝興寺《しょうこうじ》本『洛中洛外図屏風《らくちゅうらくがいずびょうぶ》』の注釈において、つぎのように記す。

> 堀川通《ほりかわどおり》に面した東大手門《ひがしおおてもん》前の橋上には、緋毛氈《ひもうせん》を敷いて武士たちが眼の前を通り過ぎる神輿を見ている。…
>
> この神輿の渡御《とぎょ》は六月十四日祇園会の後祭のものである。祇園会の後祭で神輿が二条城《にじょうじょう》前を通過するのは、通例のコースと相違するが、『舜旧記《しゅんきゅうき》』や『義演准后日記《ぎえんじゅごうにっき》』の慶長《けいちょう》二十年（一六一五）六月十四日条には「祇苑会超過例年云々、将軍御在京故也」とある。政権の基盤を整えつつあった徳川氏に対する京の町衆の配慮であったのだろうか。

二条城前への神輿の渡御は、慶長九年にも行なわれており、『舜旧記』は六月十四日の項に「祇園会神輿御幸、将軍之城の東へ御幸と云々」と記す。後祭りで三基の神輿のうちの一基（少将井《しょうしょうい》神輿）が、二条通を西進するのは中世からの伝統だが、ほかの神輿がこれに連なるのは異例である。

二条城前行進の神輿の意味は、室町《むろまち》末期の京都を描いた町田《まちだ》本や上杉《うえすぎ》本と比較するとよくわかる。町田・上杉本の場合、神輿群はいままさに祇園社を出発し、御旅所《おたびしょ》に向かおうとする四条橋《しじょうばし》付近において描かれる。神輿は、風流《ふりゅう》を凝らした山鉾《やまほこ》巡行を先導役にした祭りの本体として、右隻の中心的場面に登場するのである。これと対比したとき、二条城前をパレードする「徳川の京都」型の神輿は対照的で、こちらは家康の戦勝を寿《ことほ》ぐ形となっている。ミヤコの商工業を担う下京《しもぎょう》世界の、二条城への服属ともみえる。

しかし、よく考えてみると、むしろ下京の寺社と町のシンボル的神輿が、朝幕関係や対外関係と並んで取り上げられることこそ重要だろう。慶長《けいちょう》・元和《げんな》の時期（一五九六〜一六二四）にあって、京都の町方や寺社の統合・編成という問題が、朝幕関係や対外関係に匹敵するほどに重要な国政的課題だったことを示すからである。

天皇を頂点とする公家《くげ》世界が、ミヤコを構成する基本的要素のひとつとすれば、寺社や町人世界は、もうひとつの基本的要素だった。二条城前に描かれた祇園社神輿は、都市行政・寺社行政が、新しい国家の大きなテーマだったことを暗示している。

ライバル都市の出現

信長の安土

織田《おだ》信長《のぶなが》から徳川《とくがわ》家康《いえやす》に至る天下《てんか》人《びと》は、京都の改造と並行して別の都市づくりも行なっていた。信長の安土《あづち》、豊臣《とよとみ》秀吉《ひでよし》の大坂《おおさか》・名《な》護《ご》屋《や》・伏見《ふしみ》、家康の江戸・駿《すん》府《ぷ》などである。伏見は家康にも継承される。

これらの新しい都市は、京都とはどのような関係にあったのだろうか。安土など諸都市の創出が、京都改造と並行して進められたことに注目するならば、京都と諸都市との関係には、天下人の権力構想や国家デザインが色濃く投影されていると考えられる。京都とライバル都市を複眼的に眺めることで、新しい国家における京都の位置もよりクリアになる。

さて、将軍足利義昭《あしかがよしあき》のために築造した二条城《にじょうじょう》が破却・放置されたのは元亀《げんき》四年（一五七三）だったが、三年後の天正《てんしょう》四年（一五七六）、信長は近江国《おうみのくに》安土の地に新しい城と城下町の建設を始め、本拠を岐阜からこの地に移した。京都のライバル都

安土とその周辺

市、安土の出現である。
琵琶湖《びわこ》に面したこの地は、近江守護《しゅご》六角《ろっかく》氏の観音寺城《かんのんじじょう》の外港である常楽寺湊《じょうらくじみなと》に近く、安土城下町となった下豊浦《しもとようら》も、奈良の薬師《やくし》寺荘園《じしょうえん》の年貢積み出し港という歴史をもっていた。琵琶湖の対岸の今津《いまづ》、海津《かいづ》、塩津《しおつ》などを経由すれば、その先は日本海。他方、日野《ひの》や八日市《ようかいち》を経て鈴鹿《すずか》を越えれば、伊勢《いせ》国四日市《よっかいち》・桑名《くわな》に至る。なかなかの立地条件である。信長は早くからこの地に目をつけ、岐阜在城時代もしばしば常楽寺に滞在した。

安土山に築かれた城の中心には、七層の天守閣《てんしゅかく》（天主）が築かれて信長の居所とされ、山腹・山麓《さんろく》には織田軍団の武家屋敷と商工業者の町がつくられた。「御山下に各々御屋敷下され、面々手前々々の普請《ふしん》申し付けらる」と信長の家臣太田牛一《おおたぎゅういち》が『信長公記《しんちょうこうき》』に記すように、屋敷地を与えられた家臣たちは、山腹から山麓にかけて銘々《めいめい》自分たちの屋敷をつくっていった。また、町には「安土山下町中定《さんげちょうちゅうさだめ》」（楽市令《らくいちれい》）が発布された。諸座・諸役・諸公事《くじ》免許、往還商人の安土経由の強要など、一三か条にわたる城下町振興策が掲げられる。

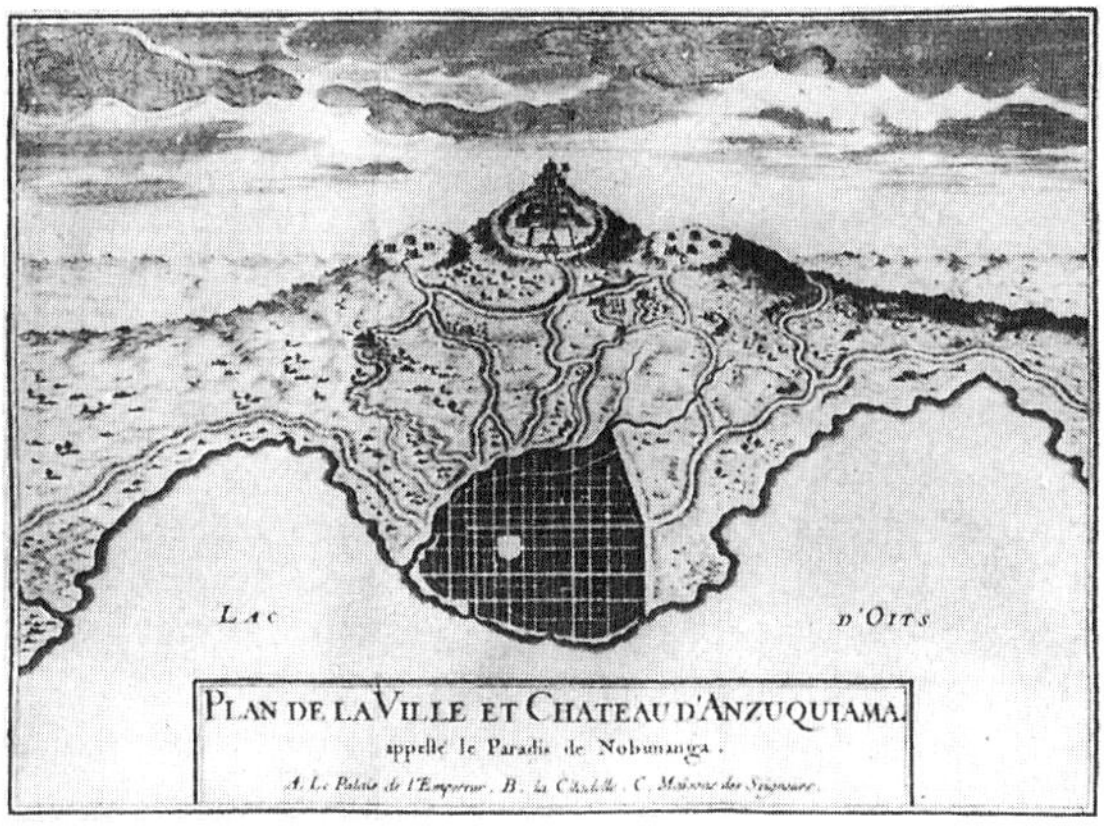

◉シャルルヴォワ著『日本の歴史』の安土
安土で暮らした宣教師の報告をもとに、想像して描かれた安土の城下町。シャルルヴォワは一六八二年生まれのフランス人イエズス会士。

安土と京都の関係を考えたとき、もっとも注目されるのは、安土山天主より一段下がった本丸部分に、天皇のための御殿が築造され、天皇を迎える態勢が整えられたことである。発掘調査の結果では、御殿は、のちに秀吉がつくらせた京都内裏《だいり》の清涼殿《せいりょうでん》と瓜ふたつの間取りだった。また、城の大手口《おおてぐち》には三つの門が設置されたようで、これも内裏正面の形に符合する。『信長とは何か』の著者小島道裕《こじまみちひろ》は、本丸御殿の意味を以下のように解釈している。

実際は、誠仁《さねひと》親王（正親町《おおぎまち》天皇第一皇子）の即位も天皇の御幸《ぎょこう》も、この年（天正一〇年）の信長の死によって実現せずに終わったのだが、しかし安土城の本丸御殿が、実は天皇を迎えるための施設であったことは周知されていた。安土城の中心部は、信長の居所と天皇の居所からなっている。そして、この両者の関係はと言えば、信長の居所である天主が天皇の居所である本丸御殿の上にそびえ立つ格好になっている。信長が天皇の御殿を見下す位置にいるのであり、明らかに「天皇を従える信長」という構図である。

＊（　）内は筆者の補註

信長は、みずからの軍団と商工業者で構成する安土に、古代以来の国

11

◉安土城の金箔瓦
信長時代の金箔瓦《きんぱくがわら》の出土は、信長と息子たちの居城に限られる。秀吉時代の粗製濫造な瓦とは異なり、丁寧につくられている。

家統治の中核をなす天皇を招聘《しょうへい》し、京都が保持した力を自分の城下町に従属させようとしていた。先にみたように永禄《えいろく》一一年（一五六八）の上洛当初、信長は上京《かみぎょう》と下京《しもぎょう》の中間地帯に二条城を築城し、京都の改造を手がけたが、その後は、二条屋敷や本能寺《ほんのうじ》屋敷など、上洛時の宿館の築造にとどまった。安土城下町建設の時点で、彼は京都をみずからの城下町安土に従属させる構想をもつに至ったとみることができる。

しかし、この構想は、本能寺の変により頓挫《とんざ》してしまった。ミヤコの中核をなす天皇をみずからの城下町に取り込む課題は、秀吉に受け継がれる。

挫折した大坂遷都

本能寺《ほんのうじ》の変《へん》のあと、山崎城《やまざきじょう》を拠点に天下統一に乗り出した秀吉《ひでよし》は、石山本願寺《いしやまほんがんじ》の故地《こち》大坂を本拠と定め、天正《てんしょう》一一年（一五八三）九月から城と城下町の建設に取りかかった。安土に次ぐ京都のライバル都市が誕生する。

ライバル都市大坂は、たんに秀吉の家臣団のみならず、全国の大名が集住する武家政権の首都城下町として計画された。そして秀吉は、ここに京都の内裏《だいり》や寺社勢力、すなわちミヤコを移転させる構想を立てたのである。天皇の安土《あづち》への従属という手法が、発展的に継承される。ルイス・フロイスはイエズス会総長宛《あて》に、つぎのように報告している。

（羽柴筑前殿は）大坂と称する所に、新しい宮殿と城、ならびに都市を建て、建築の規模と壮麗さにおいて（織田《おだ》）信長《のぶなが》が安土山に築いたものを大いに凌《しの》ぐものにしようとした。…聞くところによれば、彼は日本の王たる内裏と都の主要寺院、そして市《まち》そのものをも、己の宮殿を築くこの地に移転することを命じたとのことである。都から同所まで十三里あるので、この移転に伴う経費と困難はおおよそ信じがたいものとなるであろうが、その望みを実現するにあたって、もし反対があれば、かならず当八四年に都の市市《まち》に放火し、ことごとく焼き払うことを誓ったという。

このことは、家康《いえやす》家臣の本多忠勝《ほんだただかつ》の書状にも見え、「ただいまは大坂に普請仕《つかまつ》られ候、来春は京都をも大坂に引き取るべきの由候」と記されている。

近世大坂を研究する内田九州男《うちだくすお》は、秀吉には大坂の地に幕府を開く計画があったと推測する。その計画は、大坂城の築城、諸大名屋敷の誘致、内裏の移転、五山《ござん》ならびに都の寺院の移転、セミナリヨの建設、繁栄する巨大な市の実現、などを骨子とし、内裏移転の予定地としては、のちに貝塚《かいづか》から本願寺を移転させた天満《てんま》中島《なかじま》の地が想定されていたという。

12

◉**秀吉の大坂城**
天守閣の高さは約三九m。外壁は下見板張り方式を採用しており、最高級の黒漆塗りで仕上げられている。（『大坂夏の陣図屏風』）

天正一一年から一二年の時点で、秀吉は大坂への遷都、京都の大坂への吸収を考えていた。だが、この構想が実現することはなかった。天正一四年春から秀吉は、聚楽第《じゅらくだい》の建設に着手するなど、京都の首都化へと路線を転換していく。

なぜ秀吉は、京都の大坂への吸収を貫徹できなかったのか。秀吉の挫折《ざせつ》について、朝尾直弘《あさおなおひろ》は、天正一二年四月の小牧《こまき》・長久手《ながくて》の戦いにおける敗北に注目している。「この戦争は秀吉にとって、その東国進出には家康という大きな障壁が立ちはだかっていることを認識させ、将軍をめざすその権力抗争に転換をよぎなくさせた点に、重要な政治的意義をもった」と。

小牧・長久手で家康に勝てなかったことから、秀吉は信長以来の軍事的全国統一路線を放棄し、天皇権威に依存した関白《かんぱく》型の政権樹立へシフトしたというのである。だとすれば、聚楽第築城に始まり、天正一九年の御土居《おどい》の築造で完了する秀吉の一連の京都改造は、天皇権威に寄りかかりながら、ミヤコを武家の首都につくりかえようとした試みとみることができる。

他方、京都のライバル都市として創出された大坂は、ミヤコを吸収し損ね、首都城下町への道も挫折して、以後、秀吉一族の私的な城下町として大坂《おおさか》の役《えき》を迎えることになる。

名護屋から大陸へ向かう

秀吉《ひでよし》は、ミヤコの首都城下町化をほぼ完了した時点でこれを甥《おい》の秀次《ひでつぐ》に譲り、みずからは太閤《たいこう》となって新しい町づくりに向かった。天正《てんしょう》一九年（一五九一）一〇月から普請《ふしん》を始めた肥前国名護屋《ひぜんのくになごや》である。天正二〇年四月、秀吉は完成した名護屋城に入城、ここを本陣《ほんじん》として朝鮮出兵に邁進《まいしん》する。

名護屋城下を描いた屛風《びょうぶ》が残っている。中央上部に名護屋城を豪壮に描き、中央部から左右にかけて城下町と諸大名の陣屋《じんや》を、また下部には巨大な軍船を配する。常陸《ひたち》国水戸《みと》佐竹《さたけ》氏の家臣はこの町のにぎわいを、「町には京・大坂・堺の者どもがことごとくやってきており、望みのものはなんでもそろっている。とくにコメと馬の飼い葉は山のようにある。御城の石垣なども京都にも増して、

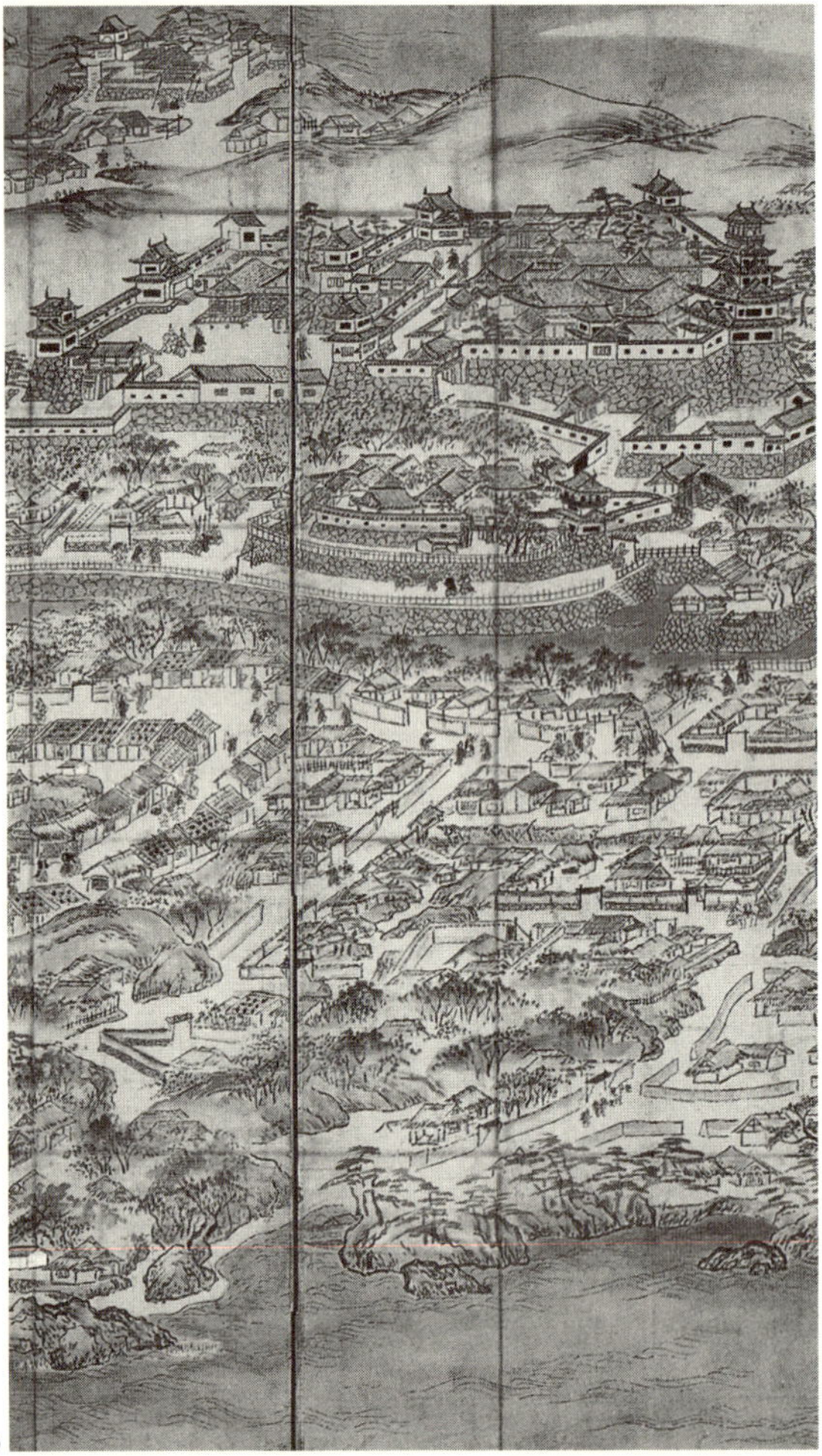

13

◉**名護屋城下の景観**
秀吉は、名護屋（佐賀県唐津《からつ》市）に一年三か月滞在した。秀吉死後、建物は唐津城に移され、石垣の多くも寛永《かんえい》一四年（一六三七）、キリシタンの籠城を恐れて破壊された。
（『肥前名護屋城図屛風』）

石を割って築きあげてある。天守《てんしゅ》なども聚楽第《じゅらくだい》を凌駕《りょうが》している」と国許《くにもと》に伝えている。秀吉を頂点に統合された全国の大名たちを糾合した首都城下町が、忽然《こつぜん》と九州の西端に誕生したのである。

秀吉の大帝国構想は、天正二〇年五月一八日の秀次宛《あて》文書や右筆山中長俊《ゆうひつやまなかながとし》の書状に示されている。いずれ後陽成《ごようぜい》天皇を大唐《だいとう》の都（北京《ペキン》）に移し、大唐関白《だいとうかんぱく》に秀次をつける。国内は若宮《わかみや》（第一皇子良仁《かたひと》親王）か皇弟智仁《としひと》親王を帝位に就け、日本の関白は羽柴秀保《はしばひでやす》か宇喜多秀家《うきたひでいえ》とする。秀吉自身は寧波《ニンポー》に居を定め、天竺《てんじく》まで支配する。

この構想は、秀吉と天皇の両者をともに京都から引きはがし、アジアの大帝国のなかに置こうとする壮大な妄想だった。もし、この形が実現すれば、京都は寧波や北京の下に置かれる地方都市になったであろう。けれども、この構想は、朝鮮国民と支援した明《みん》軍の反撃にあってもろくもついえ、ライバル都市名護屋は秀吉の死とともに廃墟《はいきょ》と化した。

首都になった伏見

天正《てんしょう》二〇年（一五九二）に建設が始まった伏見《ふしみ》もまた、京都との対抗関係のなかで創出され、一時期、統一政権の首都となった城下町である。

天正二〇年八月、大政所《おおまんどころ》の葬儀を機に名護屋《なごや》から大坂に戻った秀吉《ひでよし》は、新しく伏見に屋敷の普請《ふしん》を命じた。当初、伏見の屋敷は「隠居の普請」と呼ばれる小規模なものだったが、その後、方針が変更され、京都聚楽第《じゅらくだい》を凌駕《りょうが》する壮大な城と、その城下町としてつくりあげられていく。方針の変更に、文禄《ぶんろく》二年（一五九三）八月三日に誕生した秀頼《ひでより》の存在が、大きく関係したことは間違いない。

　城づくりのために二五万人ともいわれる人夫が動員され、朝鮮から帰国した大名たちにつぎつぎと屋敷地が与えられた。街道と舟運を集中させるため、宇治川《うじがわ》の流路を変え、随所に堤防（太閤堤《たいこうづつみ》）を築くなどの大工事も行なわれた。この結果、伏見は伏見街道・竹田《たけだ》街道・大和《やまと》街道を通じて京都・奈良と結ばれる一方、大津を経て琵琶湖・日本海と、また淀《よど》川・大坂を経て九州・東アジアへと連なる一大要衝となった。この伏見城は、文禄五年閏《うるう》七月の大地震で全壊してしまうが、地震直後よりふたたび全国の大名を動員し、再建される。

　聚楽第周辺や名護屋に集められた大名勢力は、いまや伏見の地において再結集させられ、秀吉の直臣《じきしん》はもとより、徳川家康《とくがわいえやす》、伊達政宗《だてまさむね》、上杉《うえすぎ》景勝《かげかつ》、島津義弘《しまづよしひろ》など外様《とざま》の服属大名も屋敷を連ねた。全国各地の武家勢力を統合した首都城下町のあらためての成立である。京都の外縁部に首都城下町をつくり、京都内部に置いた出先機関（秀次《ひでつぐ》の聚楽第）を通じてミヤコを掌握する、という新方式がここに提示される。

　ところが、この方式は、文禄四年七月の関白秀次粛清とそれに伴う京

14

●発掘された太閤堤
宇治川右岸で発掘された。護岸のためにさまざまな工夫が施されている。上方の張り出した部分は、水流を弱めるための割り石製の水刎《みずは》ね。

都聚楽第の破却という事件によって、後退を余儀なくされてしまった。太閤として実権を握る秀吉と、独自の動きを始めた関白秀次との不可避的な衝突だったとはいえ、この抗争により、秀吉は京都内部の拠点を失うという大きな痛手をこうむったのである。

その後、秀吉は慶長《けいちょう》二年（一五九七）から洛中に、「太閤御屋敷」とか「新城」「秀頼卿御城」「京の城」などと呼ばれる新城の築城に取りかかっている。当初、下京東部《しもぎょう》に計画され、最終的に内裏《だいり》の東南の地に建設されたこの新城は、失われた聚楽第にかわる京都の拠点として位置づけられたのだろう。しかし、秀吉の死によって、この構想も頓挫《とんざ》し、その後、新城は高台院《こうだいいん》（北政所《きたのまんどころ》、ねい）の屋敷に転用されることになった。

二条城と伏見城

京都の外縁部にライバル都市＝武家政権の首都城下町を築き、そこから京都をコントロールし従属させるという秀吉《ひでよし》晩年の手法を、家康《いえやす》は継承した。秀吉の伏見城《ふしみじょう》は、関ヶ原《せきがはら》の戦いの前哨戦《ぜんしょう》で全焼してしまうが、その後、家康の手で再建され、「家康の伏見」として再生する。以後、家康は慶長《けいちょう》二〇年（一六一五）の大坂夏《おおさかなつ》の陣《じん》までの一〇数年間、年によっては年間の過半をこの伏見城で過ごし、国政を執った。角倉了以《すみのくらりょうい》の発願で、慶長一六年にはこの地と京都を結ぶ高瀬《たかせ》川《がわ》の開削も始まる。

伏見を司令塔としながら、その前線基地として京都の内部に創出されたのが、家康の二条城《にじょうじょう》だった。家康は首都伏見に本拠を置きながら二条城に出向き、天皇勢力の統制・活用に乗り出していった。「武家諸法度《ぶけしよはつと》」が伏見城で発布され、「禁中並公家諸法度《きんちゆうならびにくげしよはつと》」が二条城において言い渡されたところに、両城・両都市の役割が象徴されているといえよう。

伏見は、軍事的制圧を果たした家康が全国の武家勢力を統合する権力の中枢＝首都城下町であり、京都二条城は、その権力者が天皇を頂点とした伝統的システムを統制し管理する場と位置づけられた。左隻《させき》の中央に二条城を配し、そこへ右隻の内裏《だいり》から後水尾《ごみずのお》天皇が行幸《ぎようこう》する『洛中洛外図屛風《らくちゆうらくがいずびようぶ》』の最終的構図は、武家の統一政権が紆余曲折《うよきよくせつ》を経て到達した京都の位置づけを明快に投影したものといえる。

だが、皮肉なことに、京都の最強のライバル都市伏見は、京都のコントロールが軌道に乗り、天皇権威に結びつく可能性のあった豊臣《とよとみ》方や西国大名勢力が制圧されたことにより、その政治的役割を終えることになった。首都機能を徳川《とくがわ》の本拠地に移す条件が整ったのである。

天正《てんしよう》一八年（一五九〇）、徳川氏の大名城下町となった江戸は、家康の将軍職就任以来、徐々に首都機能を分有しつつあった。駿府《すんぷ》もまた大御所《おおごしよ》となった家康の居城として、慶長一〇年から元和《げんな》二年（一六一六）の家康の死までのあいだ、首都機能の一部を担当した。

元和九年七月、家光《いえみつ》が伏見城で将軍宣下《せんげ》を受ける。そして、この行事を最後に城は取り壊しとなった（寛永《かんえい》二年〔一六二五〕廃城）。秀吉の伏見建設から数えても、三三年ほどの首都城下町の生命だった。このあと伏見は、京都・奈良・大坂・大津を結ぶクロスロードの商業都市に転身して、徳川日本を生き抜いていく。

天下人が築いた城

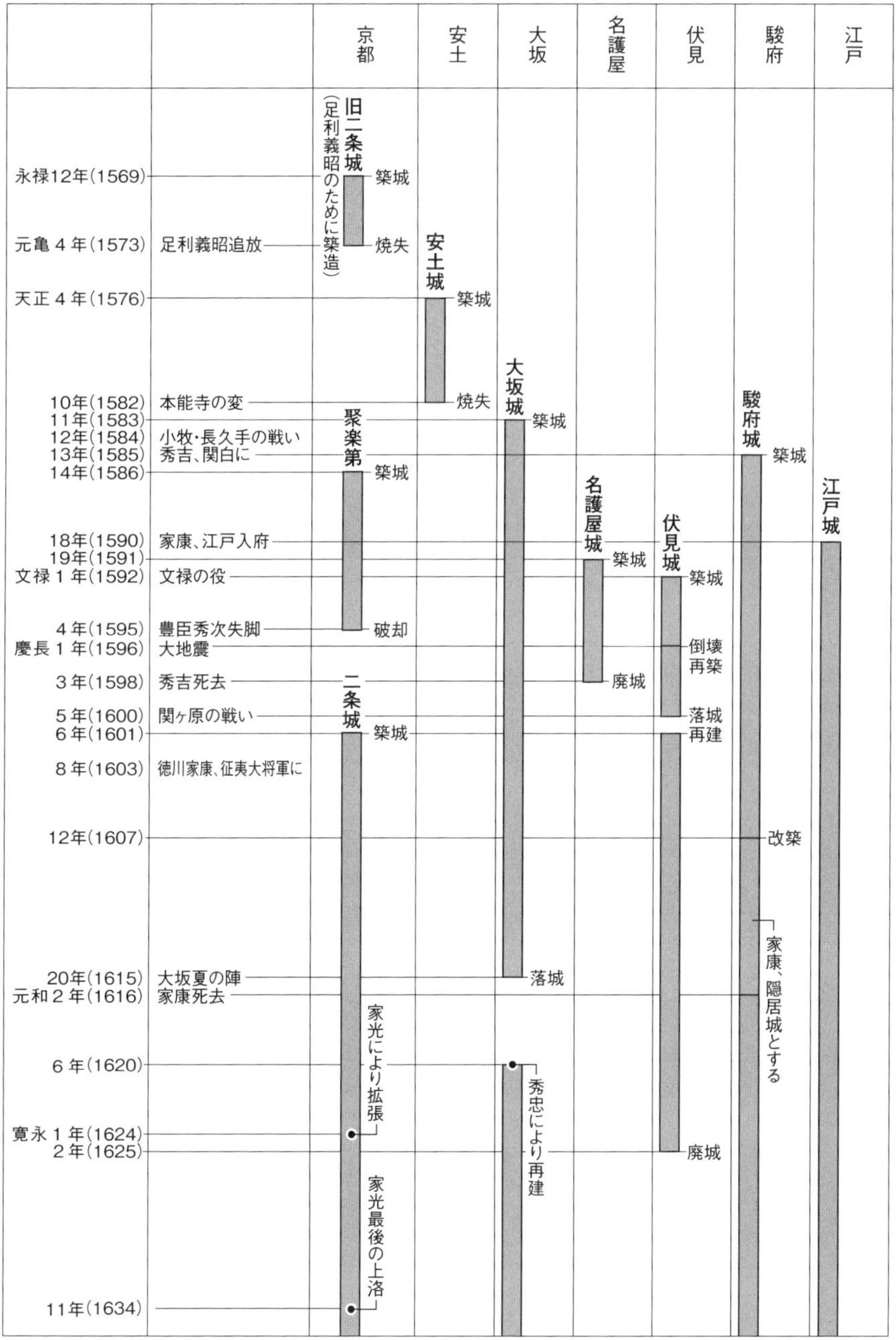
京都
安土
大坂
名護屋
伏見
駿府
江戸
永禄12年(1569)
元亀４年(1573) 足利義昭追放
天正４年(1576)
10年(1582) 本能寺の変
11年(1583)
12年(1584) 小牧・長久手の戦い
13年(1585) 秀吉、関白に
14年(1586)
18年(1590) 家康、江戸入府
19年(1591)
文禄１年(1592) 文禄の役
4年(1595) 豊臣秀次失脚
慶長１年(1596) 大地震
3年(1598) 秀吉死去
5年(1600) 関ヶ原の戦い
6年(1601)
8年(1603) 徳川家康、征夷大将軍に
12年(1607)
20年(1615) 大坂夏の陣
元和２年(1616) 家康死去
6年(1620)
寛永１年(1624)
2年(1625)
11年(1634)
旧二条城
(足利義昭のために築造)
築城
焼失
安土城
築城
焼失
大坂城
築城
落城
秀忠により再建
聚楽第
築城
破却
二条城
築城
家光により拡張
家光最後の上洛
名護屋城
築城
廃城
伏見城
築城
倒壊
再築
落城
再建
廃城
駿府城
築城
改築
家康、隠居城とする
江戸城

コラム1

ミヤコをどう描くか

時代が豊臣《とよとみ》から徳川《とくがわ》へと移り、家康《いえやす》の二条城《にじょうじょう》が築城されたころ、『洛中洛外図《らくちゅうらくがいず》屏風《びょうぶ》』の制作者はさまざまな構図で京都を見ていた。画面の方位に着目して分類してみよう。

①「徳川の京都」型（勝興寺《しょうこうじ》本、林原《はやしばら》美術館本など多数）　油小路《あぶらのこうじ》あたりの南北路を縦の中心線として、洛中洛外を東西に二分する。左隻《させき》は、二条城を中心にして西山世界を描く。右隻は、中央部に祇園会《ぎおんえ》の山鉾《やまほこ》を巡行させながら、左手に内《だい》裏《り》、右奥に方広寺《ほうこうじ》大仏殿を配する。徳川の京都を描く主流的構図となり、中後期まで続く。

①－Ⅱ「思い出の豊臣」型（南蛮文化《なんばんぶんか》館《かん》本、京都国立博物館本、尼崎市教育委員会本）「徳川の京都」型の左隻に、聚楽第《じゅらくだい》や聚楽行幸《ぎょうこう》などを描いて豊臣の京都を追憶する「徳川の京都」型の変形。

②「内裏・町衆」型（高津《こうづ》古《こ》文化《ぶんか》会館《かいかん》本のみ）　南から北方向を眺める。東西路の三条通《さんじょうどおり》を区切りに北部地域と南部地域に二分し、三条以北の一隻には中心に内裏を描く。二条城は画面の左隅に配される。三条以南の隻は山鉾と下京《しもぎょう》の町並み

を主役とする。方広寺大仏殿は右隅に置かれる。内裏と町衆（祇園会山鉾）を中心にした構図といえる。

③「都市民の京都」型（舟木《ふなき》本のみ）「内裏・町衆」型と同じく、南からの視線で描く。しかし、一双の屏風を横広に置き、下京の町並みと山鉾巡行を中心に描く。二条城と内裏は全体の左端に、また方広寺大仏殿は右端に配される。下京のにぎわいを中心にしながら、両政権のシンボルを左右に配する構図である。

④「城下町の京都」型（『洛中洛外地図屏風』『江戸・京都絵図屏風』など）いずれも一隻画面による表現形態であるが、東山から一元的に西を眺める。中央部に二条城を据え、京都全体を二条城の城下町と見立てている。中後期には続いていかない。

⑤「東山山麓」型（国立歴史民俗博物館E本のみ）以上の五類型はいずれも一七世紀初期から前期に出現したものだが、遅れて一八世紀に入るころ、新しい京都描写の構図が現われる。西山から一元的に東方を眺めるものである。屏風絵としてはこれ一点だが、この構図は、徳川中・後期から明治時代に描かれる一枚物の京都鳥瞰図に継承され、京都図の主流的構図となる。

⑥「室町《むろまち》の京都」型（町田《まちだ》本、上杉《うえすぎ》本）①〜⑤に先行する京都の形。左隻は東方から、右隻は西方から、それぞれ別の場所を視点に描く。京都が「上のミヤ

コ」「下のミヤコ」から構成された戦国時代の都市構造を投影している。

統一政権によって京都の改造が進み、時代が大きく転換する移行期。京都は、多様な要素を内包していた。どの要素を重視するかで町の姿・形は異なってみえたのである。「絵師・屏風絵からみた移行期の京都論」といえようか。

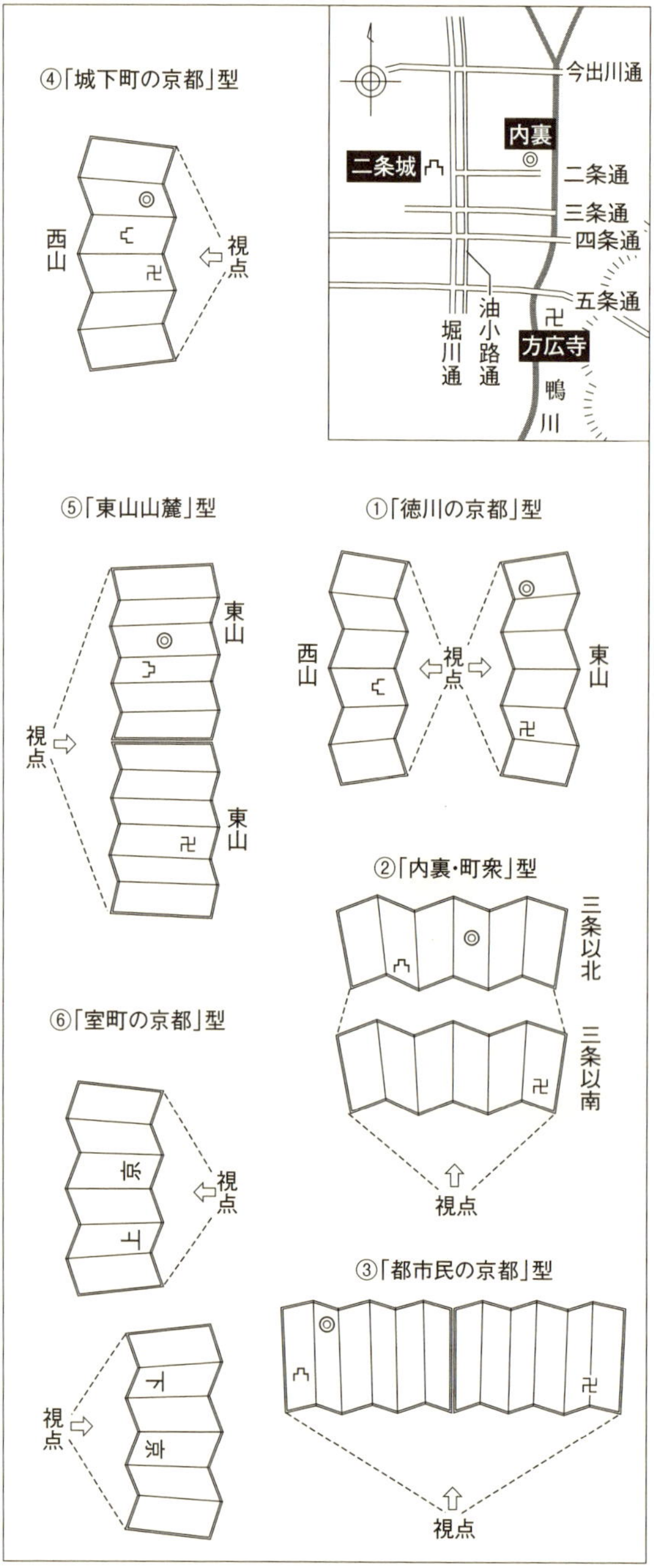

◉洛中洛外図の構図
不思議なことに、京都を北から描いたものはない。「南面する君子（内裏の天皇）」の視線ということで、はばかられたのかもしれない。

第二章

首都と城下町の建設

1

城をつくる、町をつくる

城づくりの現場

京都の改造が城づくりから始まったように、そしてまた、安《あ》土《づち》、大坂など、京都のライバル都市がいずれも城下町として創出されたように、織田信長《おだのぶなが》に始まる新政権は、城と町をつくり、そこを本拠とした。

『築城図屏風《ちくじょうずびょうぶ》』（下図参照）と名付けられた一隻《せき》の屏風絵がある。慶長《けいちょう》一〇年代前半の制作で、慶長一二年（一六〇七）二月に始まる駿府《すんぷ》城普請《ふしん》の様子を描いたとされる。

駿府（静岡市）は、古代以来、国府《こくふ》や守護所《しゅごしょ》の経歴をもつ地であった。すでに徳川家康《とくがわいえやす》の五か国（駿河《するが》・遠江《とおとうみ》・三河《みかわ》・甲斐《かい》・信濃《しなの》）領有時代の天正《てんしょう》一三年（一五八五）に城もつくられていたが、慶長一〇年に将軍職を秀忠《ひでただ》に譲った大御所《おおごしょ》家康の本拠地として、大々的にリニューアルされた。人々の活気と喧噪《けんそう》をいきいきと描く屏風絵に導かれ、慶長一二年の城づくりの現場に

入り込んでみよう。
工事は、天下普請として進められた。同年五月には天守閣《てんしゅかく》の礎石が据えられ、七月に完成している。この年には江戸城天守閣もつくられ、前年には近江《おうみ》の彦根城《ひこねじょう》の天守閣も完成した。各地で城づくりが同時進行する。

さて、本屏風のハイライト第五・六扇下方では、人夫たちが修羅《しゅら》を使って巨石を運ぶ真っ最中である（口絵参照）。五列に分かれて綱を引く総勢は、八〇人を超える。巨石の上には、覆面をした異形《いぎょう》の者や、南蛮《なんばん》装束に身を包んだ道化者《どうけもの》、太鼓《たいこ》叩きなどが乗っている。気勢をあげ、隊列をそろえ、交通整理をするコンダクターたちである。

第一・二扇でも石運びが行なわれている。こちらでは牛車《ぎゅうしゃ》が使われている。ほかに、石に綱をかけて曳《ひ》いたり、二本の棒に石をくくり付けて運ぶ方法もある。第一扇には、背中に逆円錐形の籠《かご》を負い、杖《つえ》をついた砕石運びや、二人組みの畚担《ふごかつ》ぎもみられる。急斜面の作業で転ぶ者もいる。

駿府築城にやや遅れ、元和《げんな》六年（一六二〇）から始まった大

2

◉『築城図屏風』

坂城再建普請の史料によれば、人夫のなかには、大坂居住の借屋層や近隣農村からの出稼ぎも多数交じっていたという。ここ駿府築城にみられる人夫たちも、大名領内に割り当てられて動員された御国訛《なま》りの百姓人夫と、地元雇いの駿河弁労働者の混成部隊ということになろう。

城の石垣では、運ばれた石が積み上げられている。石と石のあいだに丸太を差し込んで足場とした手木《てぎ》の衆が、手子木《てこぎ》棒で積み石を据え付ける。積み方は、関ヶ原《せきがはら》の戦いのころから普及した工法が用いられている。横では、石工が鑿《のみ》で石磨きに熱中している。石垣前では七つ玉の算盤《そろばん》をはじく二人の侍と台帳を手にする者が何やら相談中だ。人夫の割り振りの算段だろうか、それとも給料計算でもしているのだろうか。

喧噪の駿府

七層の天守閣《てんしゅかく》をはじめ、城内の建物はほぼ完成しているが、砕石の山もまだある。この年三月から閏《うるう》四月にかけて、京都の伏見城《ふしみじょう》から八〇万両近い金銀や金襴《きんらん》・緞子《どんす》などの財宝が運び込

まれた。遠目ではっきりしないが、小姓《こしょう》らを従えて緋毛氈《ひもうせん》でくつろぐのは、どうやら大御所家康《おおごしょいえやす》のようだ。誰かと話し込んでいる。

二年前の慶長《けいちょう》一〇年（一六〇五）、将軍職を譲った家康は、秀忠《ひでただ》に江戸城を任せ、関東地方の支配権や徳川譜代《ふだい》と東国大名に対する軍事指揮権をゆだねた。他方、家康本人は伏見と駿府《すんぷ》を行き来しながら、朝廷・公家《くげ》対策、外交・貿易、寺社支配など、全国的・対外的な政治を担当した。西国大名を動かす軍事指揮権も留保している。

その結果、駿府は伏見・江戸とともに首都機能を分有する城下町となり、有能・異色の人材が集う場所となった。本多正純《ほんだまさずみ》・成瀬正成《なるせまさなり》・安藤直次《あんどうなおつぐ》など家康の近臣譜代、後藤光次《ごとうみつつぐ》・茶屋《ちゃや》四郎次郎《しろうじろう》・亀屋栄任《かめやえいにん》ら豪商たち、大久保長安《おおくぼながやす》・伊奈忠次《いなただつぐ》らの代官頭《だいかんがしら》、南光坊天海《なんこうぼうてんかい》・林羅山《はやしらざん》・金地院《こんちいん》（以心《いしん》）崇伝《すうでん》などの僧侶や学者、公家の日野唯心《ひのゆいしん》などがあげられる。慶長五年に豊後国《ぶんごのくに》に漂着し、外交顧問として召し抱えられたイギリス人のウィリアム・アダムズ（三浦按針《みうらあんじん》）やオランダ人のヤン・ヨーステン

3

◉『築城図屏風』点景
中世の土居づくりと違い、近世の城は石材が主役だった。石垣石から小石まで多くを人力で運ぶ。左図、片膝立ての頭巾の老人は家康か。

(耶揚子《やようす》)も、駿府に出入りする重要人物だった。
石垣下の広場には、人夫相手の飲食店が出ている。左から、飯屋・餅屋・うどん屋と並ぶ。店前には一服一銭の茶売りもいる。群衆相手に、皿まわしと獅子舞が芸をしている。鹿島《かしま》の事《こと》触《ぶ》れなどの宗教活動も盛んだ。喧嘩《けんか》も始まった。鍬《くわ》や棒を振りかざしての小競《こぜ》り合いは、丁場《ちょうば》(受け持ち区域)ごとの競争で進められる城普請にはつきものだった。物乞いもいる。

第五・六扇上方では、城下町の商業活動が順調に展開している。木戸門《きどもん》を構えた本格的な町並みには、板葺切妻造《いたぶききりづまづく》りの二階屋が軒を並べる。土蔵造りの三階屋も見える。格子《こうし》の内側に女性が座る桃の暖簾《のれん》は、遊女屋らしい。筵張《むしろば》りの竹矢来《たけやらい》で囲われた野外劇場では、人形芝居の上演中。この町並みは、駿府城から浅間神社《せんげんじんじゃ》に向かう宮ヶ崎町《みやがさきちょう》筋と推定されている。

慶長一二年の駿府城下は、城づくりの人夫たち、指揮監督する武士たち、工事を目当てに集まる者、大御所の到来で活気づく町並みなど、喧噪《けんそう》とにぎわいに満ちあふれていた。町人、芸能者から武士に至るまで、一人ひとりがエネルギッシュに動き

4

まわっている。とりわけ、自然の巨石を相手にしたとき、人間の力強い能動性が、熱くあふれだす。

築城という格好の場面を題材に、屏風絵《びょうぶえ》作者は新しい時代に生きはじめた人々のたくましさと騒々しさを見事に切り取っている。こんな光景が、全国至るところで展開していた。

城下町ニュータウンの群生

奈良時代の僧行基《ぎょうき》の作成といわれる日本図を継承した『日本国之図』が、慶安《けいあん》四年（一六五一）に刊行されている。六六か国の国名や形、山城国《やましろのくに》からの道路線を基本にした行基図は、古代から一七世紀後半に至るまで日本図の主流をなした。

この『日本図之図』は、各国内に城（城下町）名を書き入れている点に特徴がある。日光《にっこう》や金剛山《こんごうさん》（千早城《ちはやじょう》）に城を描いたり、仙台が南部《なんぶ》の北にあるなどの誤記があり、また、この時期の城下町を網羅しているわけではない。だが、この図は徳川《とくがわ》の日本において、駿府《すんぷ》のような城と城下町が群生したことを象徴的に示している。

慶長《けいちょう》五年（一六〇〇）の関ケ《せきが》原《はら》の戦い後の時点でみると、五万石以上の大名に限ってもその数は六九を数える。寛文《かんぶん》四年（一六六四）に、四代将軍家綱《いえつな》が領知判物《はんもつ》（花押《かおう》のある文書）や朱印状《しゅいんじょう》を与えて領地を確認した大名数は、二二五人にのぼる。それぞれが城下町や陣屋《じんや》町をつくり、領内経営

●駿府の町のにぎわい
城づくりと並行して、町づくりが進む。飲食店や種々の商品を並べる町屋が立ち並ぶ。芸能活動が町のにぎわいを盛り立てる。物も人も集まってくる。（『築城図屏風』）

にあたったのである。全国至るところでニュータウンの建設が進められた。

都市史研究を推進した吉田《よしだ》伸之《のぶゆき》が、近世城下町の特色を四点にまとめている。

①有力な武家＝家中《かちゅう》を、その基盤である在地社会から切り離し、中・小の家中ともども城下町に集住させ、強大な軍事力として組織し、あわせて国家的・領域的支配のためのさまざまな行政・司法機構運用の担い手とする。

②直属の足軽《あしがる》・中間《ちゅうげん》などの奉公人層を武家とは別の空間に集住させ、軍団の下部に組み込むとともに、城郭や館、あるいは武家地の維持のために用益する。

③寺院や神社に一定の都市空間を与えることで宗教者を集住させ、公権力の荘厳化・権威化に寄与させるとともに、武家による領域内宗教勢力支配の要《かなめ》としての役割を担わせる。

④商人や諸職人などの小経営者を、免税や営業特権の付与などの優遇策によって城下町に招致し、手工業生産・金融・商業・流通などの諸側面においてセンター機能を果たさせる。

吉田の整理は、城下町絵図によっても確認できる。

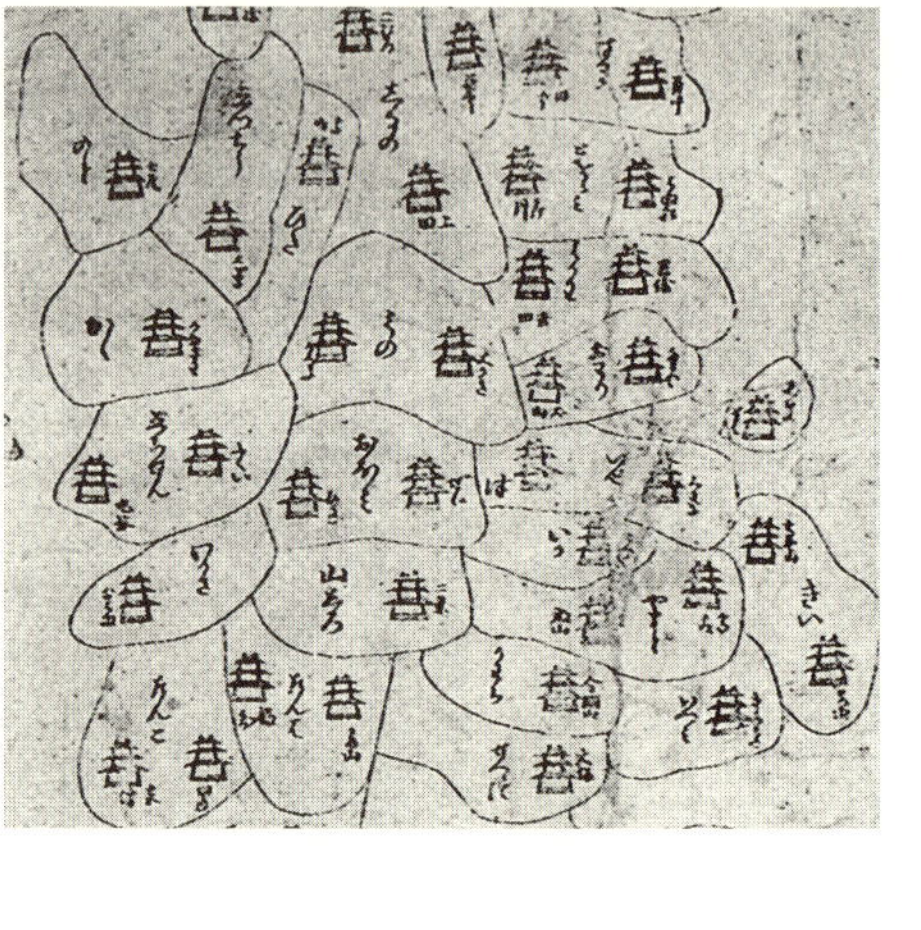

5

◉城で埋めつくされた『日本国之図』（部分）　図の右端には、長崎から「から（唐）へ四百里」「かうらい（高麗）へ百二十里」など異国への道のりや、諸国の石高も注記されている。

金沢藩（加賀《かが》藩）の軍学者有沢永貞《ありさわながさだ》が元禄《げんろく》一一年（一六九八）頃に作成した『諸国居城図《しょこくきょじょうず》』から、めずらしい形の城下町駿河《するが》国田中を紹介しておこう。

安土桃山《あづちももやま》期以後に造成された城郭は、四角形の曲輪《くるわ》の形を基本とするが、田中城は丸い曲輪をもつ城である。本丸を囲む三重の堀が円形となっている。戦国期に武田《たけだ》氏の城として用いられ、その後、慶長六年に入部した酒井忠利《さかいただとし》が本格的な改修を行なった。

曲輪は円形であるが、町全体が身分別に区分けされる構造は、他の城下町と変わらない。曲輪内を中心に武家地を置き、その外側に足軽町を配する。町屋（藤枝《ふじえだ》町）は、東海道に沿って展開する。寺は、西部の武家町に接して置かれている。

城下町の形は立地条件などによってさまざまだが、武家・足軽・町人・寺社の集合体という町の構成要素は共通している。

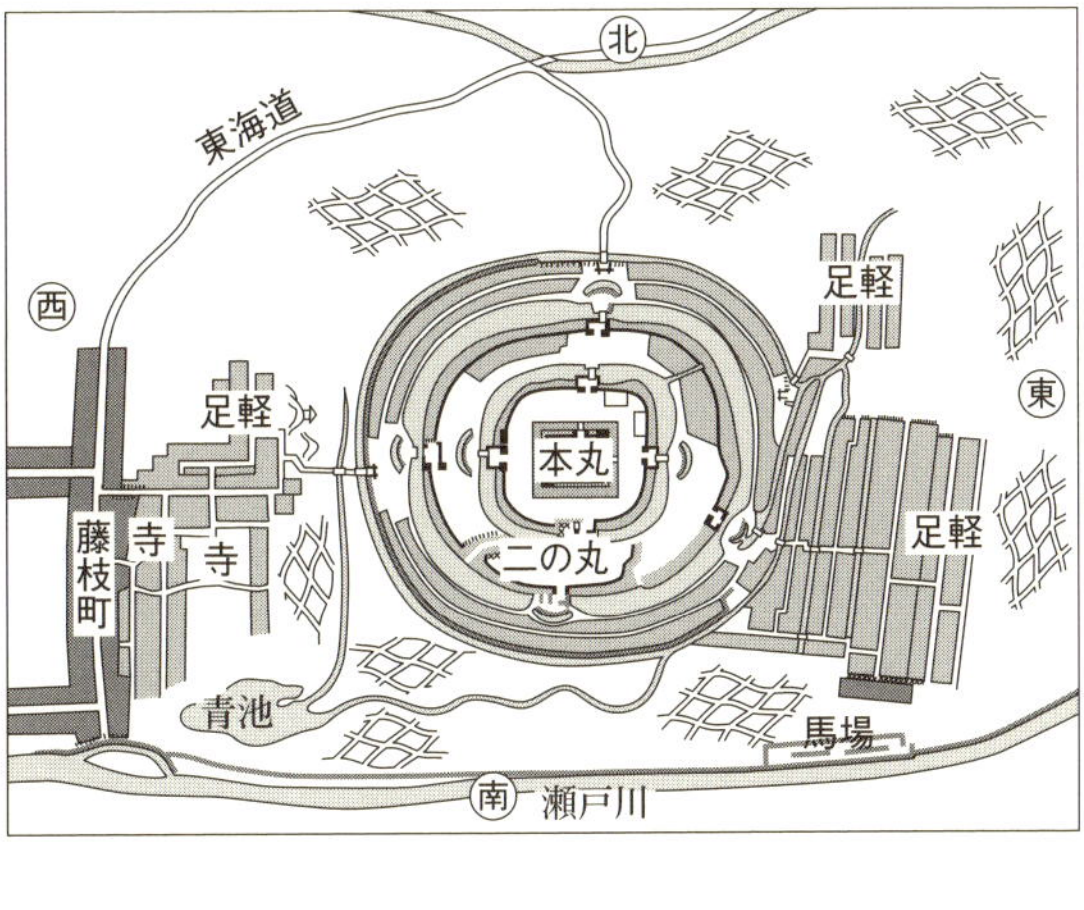

●めずらしい円形曲輪の田中城（静岡県藤枝市）
江戸の兵学書は、「曲輪は丸くつくるべし」とするが、円形曲輪の近世城郭は、高遠《たかとう》城（本丸）と、この田中城に限られる。

首都城下町・江戸

家康、江戸に入る

徳川《とくがわ》日本の頂点に立つ城下町が江戸である。

天正《てんしょう》一八年（一五九〇）、家康《いえやす》が本拠と定めた江戸には、すでに一二世紀から一四世紀に、武蔵国《むさしのくに》の豪族江戸《えど》氏の館が置かれていた。康正《こうしょう》三年（一四五七）に至り、扇谷上杉《おうぎがやつうえすぎ》氏に仕えた太田道灌《おおたどうかん》が江戸城を築城する。その後、北条《ほうじょう》氏の時代になると、配下遠山《とおやま》氏を城主とする北条領国の一支城となり、関東の流通経済の枢要の地としてにぎわいを見せた。文明《ぶんめい》八年（一四七六）、この地を訪れた京都建仁寺《けんにんじ》の正宗龍統《しょうじゅうりゅうとう》は、和泉《いずみ》・越後《えちご》・相模《さがみ》・常陸《ひたち》・安房《あわ》・信濃《しなの》などの国から運ばれた茶や米、銅などの物資が高橋（のちの常盤橋《ときわばし》付近）に集まって日々市をなす、と詩に詠んでいる。

ただし、そうした活況も、いってみれば領国内の一地方都市としてのものであり、豊臣《とよとみ》政権下で最大を誇った大名徳川氏の城下町としては不十分な規模だった。家康は大土木工事を通じて、新しい城と町を創出していく。

建設のプロセスは、大きく三つの時期に分けられる。

第一期　関東入国の天正一八年～文禄《ぶんろく》三年（一五九四）。徳川氏の大名城下町としての建設。豊臣秀《ひで》吉《よし》の伏見《ふしみ》築城のため中断。

第二期　慶長《けいちょう》八年～一二年（一六〇三～〇七）。諸大名に助力させた天下普請《てんかぶしん》の首都づくり。

第三期　元和《げんな》二年～寛永《かんえい》一三年（一六一六～三六）。秀忠《ひでただ》・家光《いえみつ》による大名を動員した江戸城外郭拡張を中心とした整備事業。

天正一八年、徳川家康の関東入封《にゅうほう》により、江戸は徳川二五〇万石の城下町として造成されはじめた。その後、家康が将軍に就任してからは、日本を統治する首都城下町へとランクアップし、寛永一三年、三代将軍家光による江戸城外郭修築大工事で完成をみるに至る。

徳川日本では、大規模な水利土木事業を梃子《てこ》に荒れ地の農地化が進められたが、それに先行・並行して建設された城下町もまた、自然の大改造を通じてつくりだされた。江戸はそうしたニュータウンの典型だった。

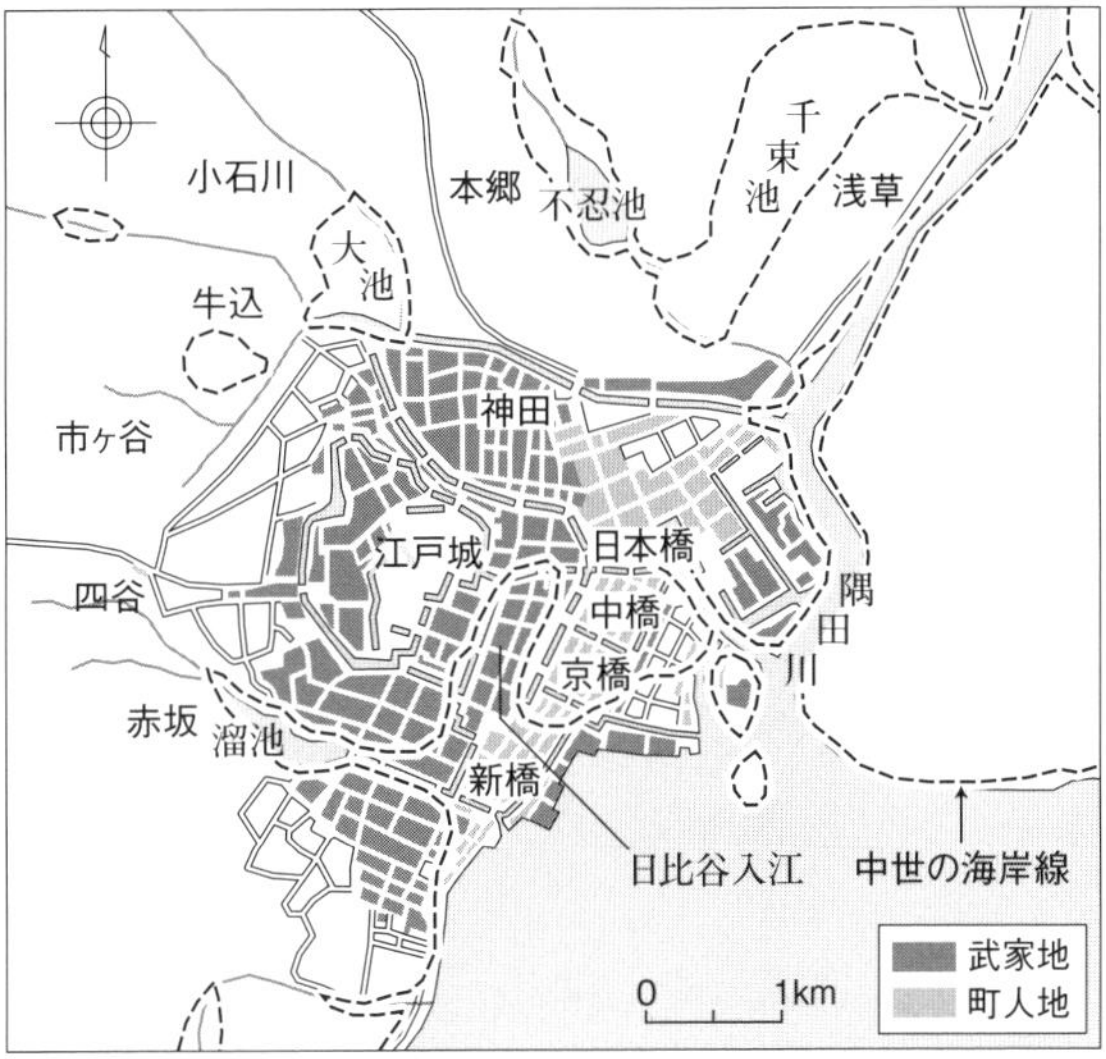

●寛永期の江戸
徳川国家は、人海戦術による大規模な土木工事を得意とした。日比谷入江などを埋め立ててつくられた江戸は、その模範的事業である。

首都の形

当初は徳川《とくがわ》氏の城下町として、次いで日本の首都城下町として建設が進められた江戸は、どのような形にできあがったのだろうか。

内藤昌《ないとうあきら》が、幕府大工頭《だいくがしら》の中井《なかい》家に伝わる都市計画図をふまえ、江戸の都市構成図を作成している。この図を参考にしながら、完成した江戸城下町を俯瞰《ふかん》してみたい。

①江戸城を中心に、城を防御する堀が、右巻きの渦巻《うずまき》型に広がる。また、江戸城を中心点として東海道《とうかいどう》、中山道《なかせんどう》、奥州道中《おうしゆうどうちゆう》などの街道が集中する。交差しあう堀と街道が都市構成の骨格をなす。

②城下町の中核部分は、五層の天守閣をシンボルに、徳川将軍家や親族で固められた。天守閣の周囲には、将軍の居館である本丸・二の丸・三の丸や、将軍の隠居所もしくは世継ぎの居邸にあてられる西の丸、および御三家（尾張《おわり》、紀伊《きい》、水戸《みと》）の屋敷が設けられた。

③江戸城北方の田安門《たやすもん》に始まり、神田橋門《かんだばしもん》、常磐橋門《ときわばしもん》、日比谷門《ひびやもん》、虎ノ門《とらのもん》、赤坂門《あかさかもん》……と続く最初の右渦巻のうち、大手門《おおてもん》を中心に日比谷門に至る一帯（通称大名小路《だいみようこうじ》）には譜代《ふだい》大名の屋敷が並ぶ。なかでも本丸大手、西の丸大手の両門に近い「西の丸下」は、幕政の中核をなす老中《ろうじゆう》、若年寄《わかどしより》などの官邸地とされた。

④日比谷門から虎ノ門を経て赤坂門に至る一帯には、毛利《もうり》、鍋島《なべしま》、島津《しまづ》、上杉《うえすぎ》、黒田《くろだ》、浅野《あさの》、加藤《かとう》など外様《とざま》大名の屋敷が配された。主従関係で結ばれた主君と家臣団が集住する一般の城下町とは違い、江戸は外様大名をも含む全領主階級が集住する首都だった。したがって、この一帯に、ほか

の城下町と異なる首都城下町江戸の特色が、もっとも強く現われている。

慶長《けいちょう》五年（一六〇〇）の関ヶ原《せきがはら》の戦いまで、大名の多くは京都伏見《ふしみ》に屋敷を与えられており、伏見が統一政権の首都としての性格をもっていた。ところが、家康が将軍となった慶長八年前後から同一九、二〇年の大坂《おおさか》の役《えき》にかけて、おもな大名はつぎつぎと江戸に屋敷地を与えられ、こちらでも邸宅建設が進められた。

初期の事例をいくつかあげると、

慶長五年＝前田利長《まえだとしなが》（辰ノ口《たつのくち》）

同六年＝伊達政宗《だてまさむね》（桜田愛宕下芝《さくらだあたごしたしば》）、小笠《おがさ》原秀政《わらひでまさ》（和田倉《わだくら》）

同七年＝細川忠興《ほそかわただおき》（愛宕下藪小路《やぶこうじ》）

同八年＝上杉景勝《うえすぎかげかつ》（桜田）、毛利輝元《もうりてるもと》（桜田）、土井利勝《どいとしかつ》（神田橋内）

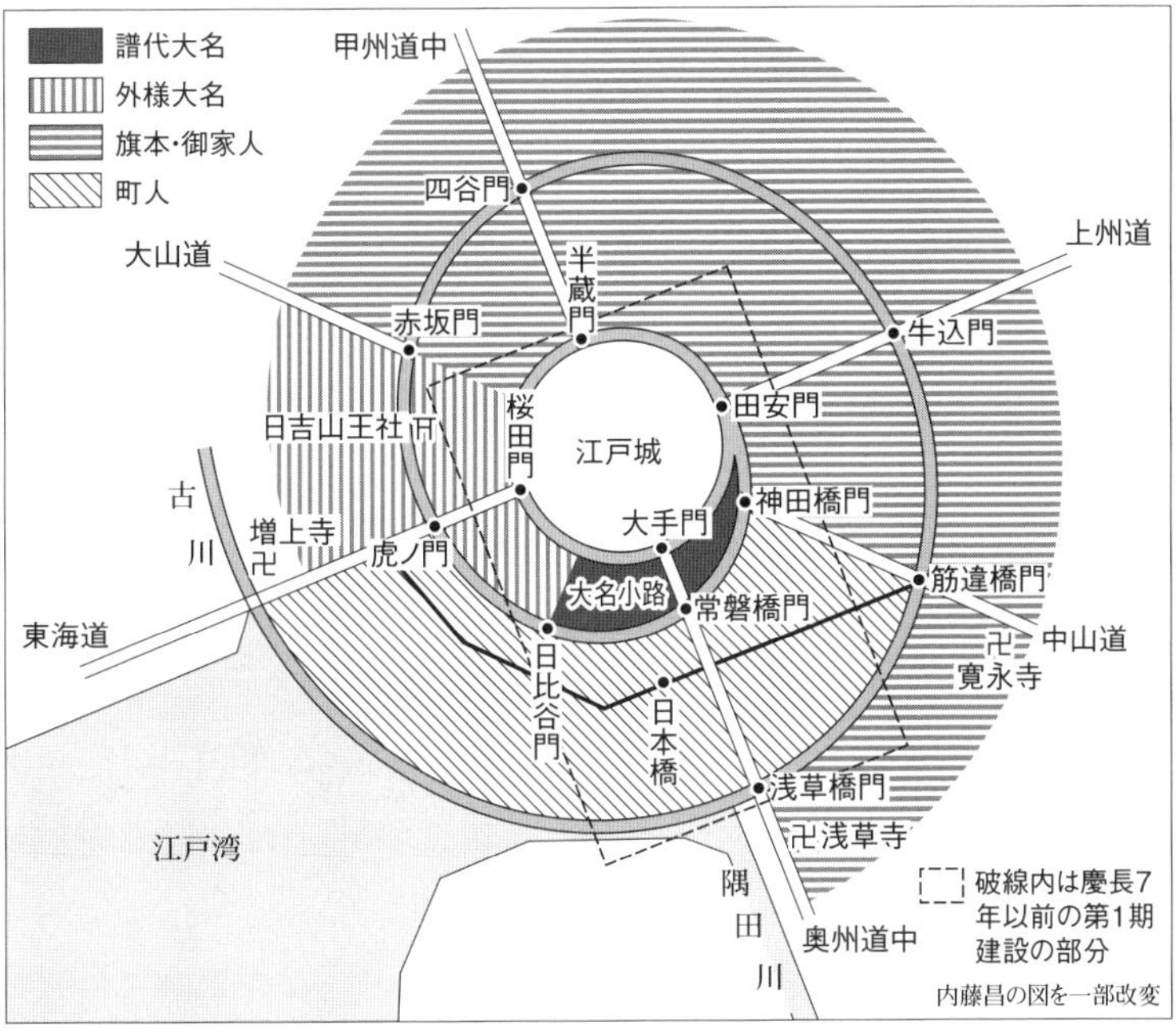

◉江戸の都市概念図
慶長七年以前の第一次建設の範囲（破線内）に限れば、江戸はほかの大名城下町と変わらない。慶長八年以後、首都的な空間構成へと飛躍する。

同九年＝佐竹義宣《さたけよしのぶ》（神田内）

同一〇年＝浅野幸長《あさのゆきなが》（桜田）、藤堂高虎《とうどうたかとら》（辰ノ口、外桜田）、などである。

このあと、寛永《かんえい》一二年（一六三五）からは、三代将軍家光《いえみつ》の武家諸法度《ぶけしょはっと》で制度化された参勤交代《さんきんこうたい》に伴い、諸大名の屋敷地もいっそう増大した。大手門から日比谷、霞ケ関《かすみがせき》、芝にかけて大名屋敷が軒を並べるようになった。

⑤赤坂門から四谷門《よつやもん》、牛込門《うしごめもん》を経て筋違橋門《すじかいばしもん》に向かう一帯には、番町《ばんちょう》の名が示すように直属軍団である旗本が大量に配置された。ただし、江戸城の西方から北方にあたるこの付近は、麹町台地上《こうじまち》にあって河川が少なく、防衛上不十分だった。そのため、元和年間《げんな》（一六一五〜二四）には、湯島台《ゆしま》地と駿河台《するがだい》の台地を切り離す大工事が行なわれた。

⑥江戸城のまわりを武家地で一周し、牛込門、筋違橋門に至った堀は、さらに外郭堀として浅草橋門《あさくさばしもん》を経て隅田川《すみだがわ》に達する。そして、その先は隅田川に外堀の機能をもたせ、江戸湾に至る。このラインの内側が町人地にあてられた。

⑦東海道から西にまわる外郭部は、南西部が外様大名（とくに下屋敷・蔵屋敷）、南西から北東部が旗本・御家人《ごけにん》の住区とされた。そして外堀周辺の街道筋には、寺社が配される。東海道の増上寺《ぞうじょうじ》、大山道《おおやまみち》の日吉山王社《ひえさんのうしゃ》、中山道の寛永寺《かんえいじ》、奥州道中の浅草寺《せんそうじ》などである。これらは徳川中期以降、門前町として発達し、スプロール（市域拡散）化の要因ともなった。

こうした江戸の渦巻型都市構成を評して、内藤は、ほかの城下町にはみられないユニークな形だが、広大な武家地と町人地とを近接させた機能性において理にかなった構造である、と結論づけている。全武家勢力の首都としての江戸は、このように外様・譜代の大名をも抱え込んだ武士密度の濃い都市として完成した。

ビベロの観察

スペイン人ロドリゴ・デ・ビベロが、慶長期《けいちょう》（一五九六～一六一五）の江戸の様子を著書『ドン・ロドリゴ日本見聞録《にほんけんぶんろく》』に記録している。一六〇八年にフィリピン臨時総督として着任した彼は、慶長一四年（一六〇九）、マニラからメキシコへの帰路に上総国岩和田《かずさのくにいわわだ》に漂着し、建設時の江戸の貴重な目撃者となった。

（江戸の）住居は、職業や階層によって市街門ではっきりと区別されている。ある区画には他の職業や人と混ざることなく大工職人だけが住み、またある別の区画に履物屋《はきもの》、そして鍛冶屋《かじ》、商家となっている。つまり、様々な種類の職業と人が地区ごとに分かれて住んでいるのである。…銀商人は金商人と異なる地区に定住する。同様に絹商人は他の商人と違う地区に住んでいる。このように異なる職業の人との同居はない。…武士は離れた地区に居住しており、庶民や地位の釣り合わない人とは交流することがないようになっている。

職業と居住区域が一致した初期の国役《くにやく》奉仕型の町の構造である。町人地に集住した中核的町人は、公儀の御用（国役）に応じる職人や商人だった。彼ら商人・職人は、慶長八年から一二年に至る第二期の都市拡張のなかで、国役奉仕の見返りとして一町から六町に及ぶ拝領屋敷地を与えられた。彼らはそれぞれが担当する国役の遂行のために、各町内に町人を住まわせ、名主《なぬし》として町運営を主導するに至る。公儀への奉仕とその反対給付としての屋敷地拝領というあり方が、初期江戸町人の基本形をなした。

こうした国役町人を中核にしながら、やがて一般武士の御用を務める商人・職人が生まれる。そしてさらに、そうした町人への生活物資を提供する商売も盛んになるなど、都市社会が加速度的に充実していく。

京都のように伝統都市を改編するケースとは異なり、江戸をはじめとする城下町ニュータウンの町づくりは、このように領主への奉仕を中核にしながら進められる。

『江戸図屏風』を読む

描かれた江戸

寛永《かんえい》一〇年代に城と町づくりの完成をみた江戸を対象に、二つの屏風絵が描かれた。『江戸名所図《えどめいしょず》屏風《びょうぶ》』と『江戸図屏風《えどずびょうぶ》』である。『江戸名所図屏風』の景観は、寛永年間（一六二四～四四）初期の江戸市街とされる。増上寺《ぞうじょうじ》の五重塔の建設や中橋《なかばし》南の芝居小屋の存在などが決め手となる。屏風制作の年代もこれにさほど遠くない時期とされる。

一方、『江戸図屏風』については、描かれた景観、制作年代ともに諸説あるが、近年、黒田日出男《くろだひでお》が、老中松平信綱《ろうじゅうまつだいらのぶつな》の依頼による作品で、景観は寛永一〇年（一六三三）の江戸、制作は寛永一一年から一二年六月のあいだと考証している。今後とも論争は続くだろうが、ここでは黒田説に従うことにしよう。そうすると、私たちは寛永初年から一〇年というほぼ完成間近の江戸を、二つの屏風絵により観察できることになる。

『江戸名所図屏風』から眺めてみたい。左隻と右隻をつなぐ両画面の中央に江戸城が見える。五層の大天守《だいてんしゅ》を中心に、左に本丸と西の丸、右に二の丸と三の丸が描かれる。城の足もとには日本橋が配され、ここを起点とした通町《とおりちょう》が左右に横断的に延びている。左は東海道《とうかいどう》筋で、中橋、京橋、新橋、宇田川橋《うだがわばし》と続いて品川宿に向かう。右の中山道《なかせんどう》を進むと筋違橋《すじかいばし》。奥州道中《おうしゅうどうちゅう》には浅草橋《あさくさばし》が架かる。

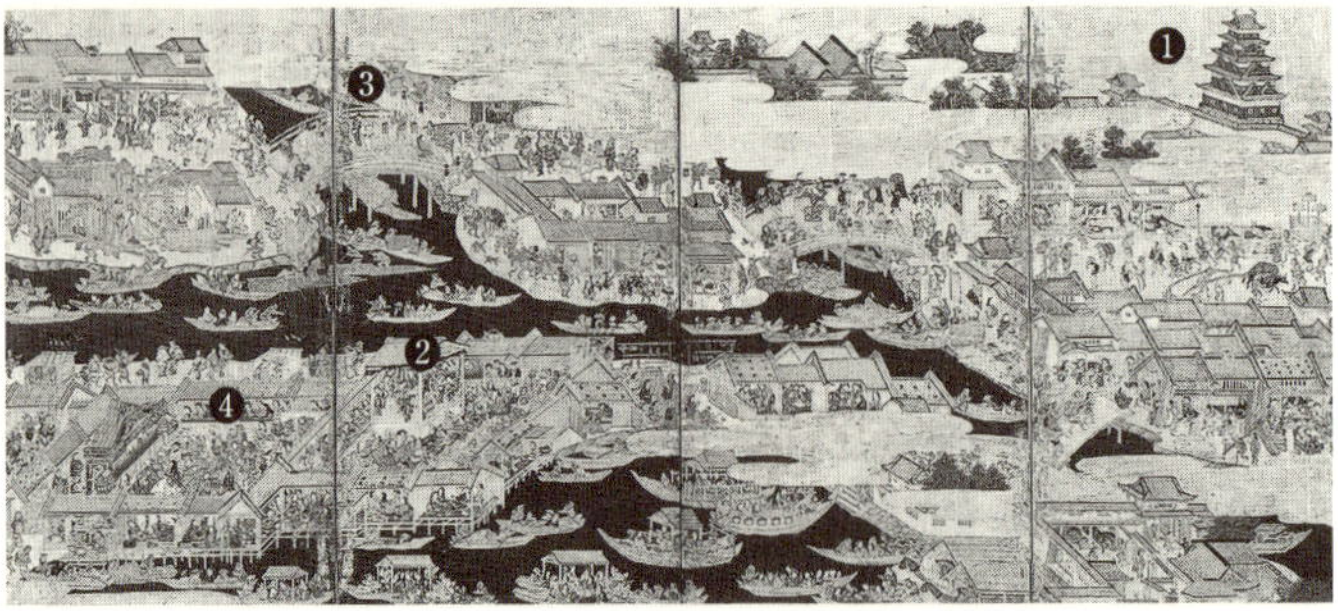

◉『江戸名所図屏風（左隻）
❶江戸城本丸・西の丸
❷若衆歌舞伎
❸京橋
❹人形浄瑠璃

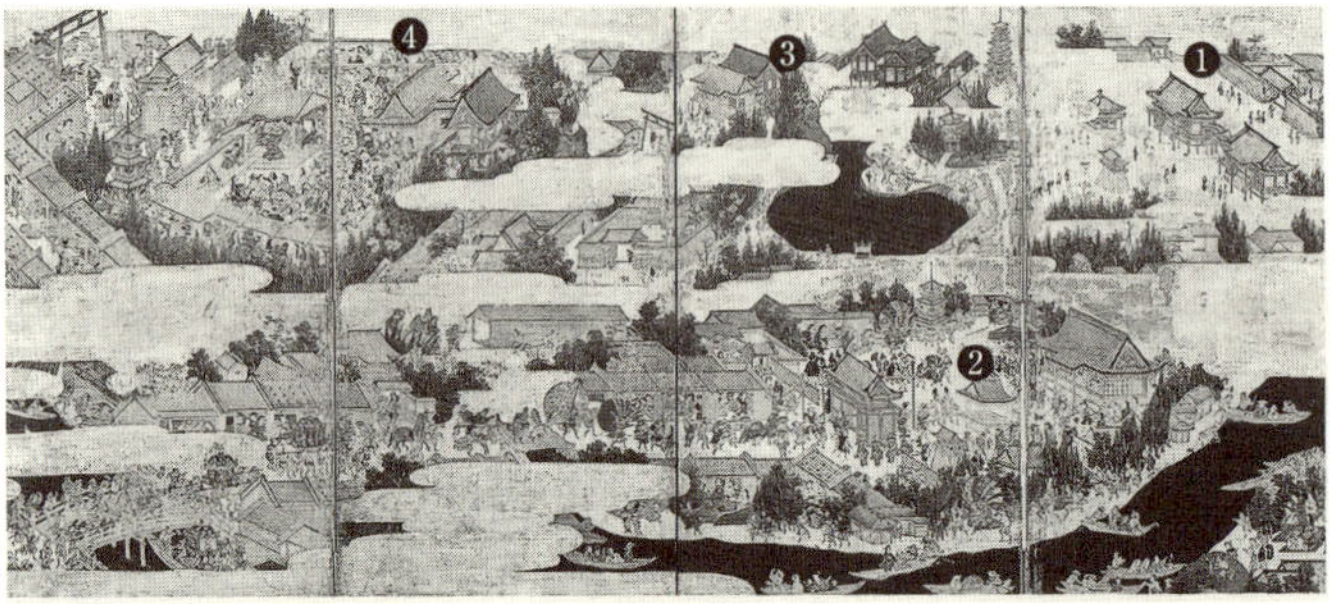

◉『江戸名所図屏風』（右隻）
❶寛永寺
❷浅草寺
❸湯島天神
❹神田明神

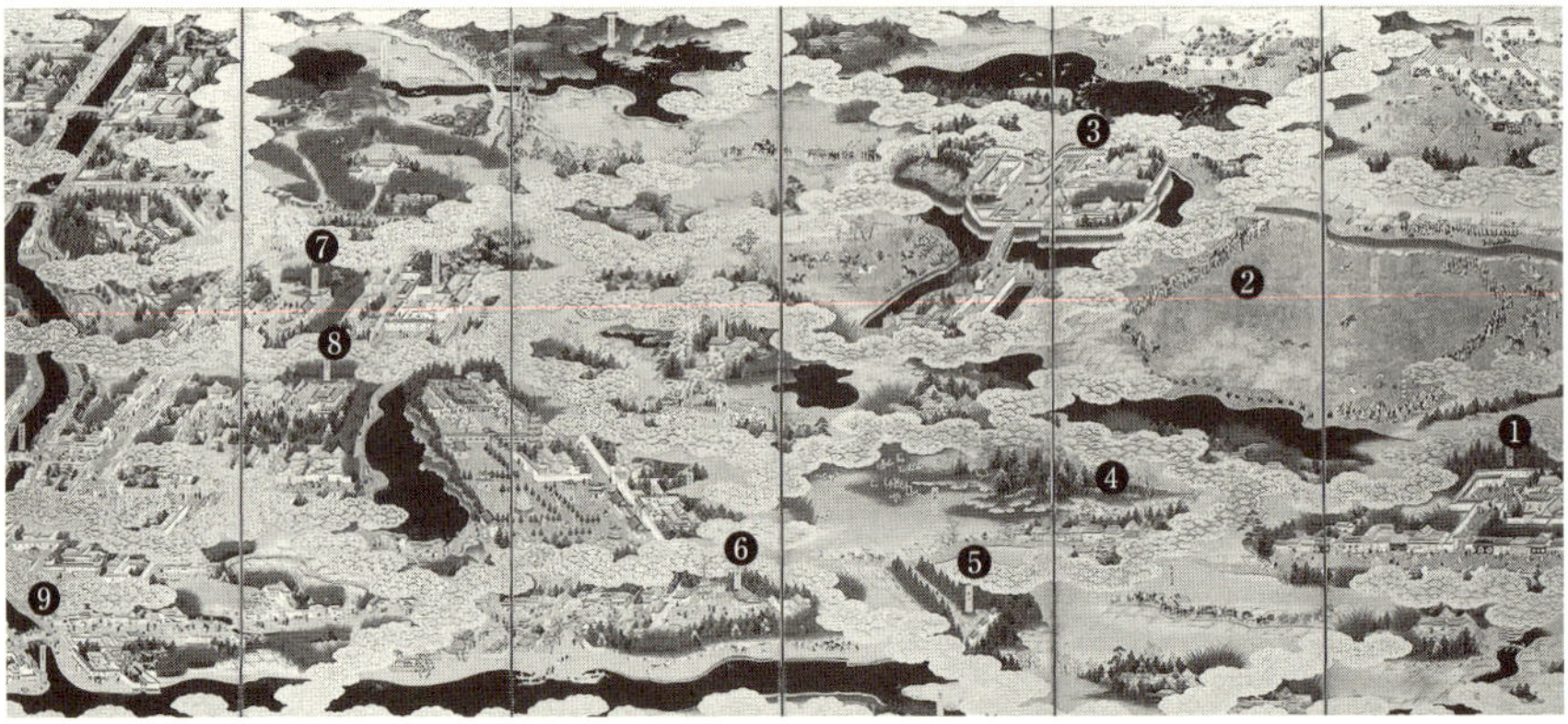

◉『江戸図屏風』（右隻）
❶鴻巣御殿
❷洲渡谷御猪狩
❸川越御城
❹板橋
❺王子
❻浅草
❼神田明神
❽湯島天神
❾浅草橋

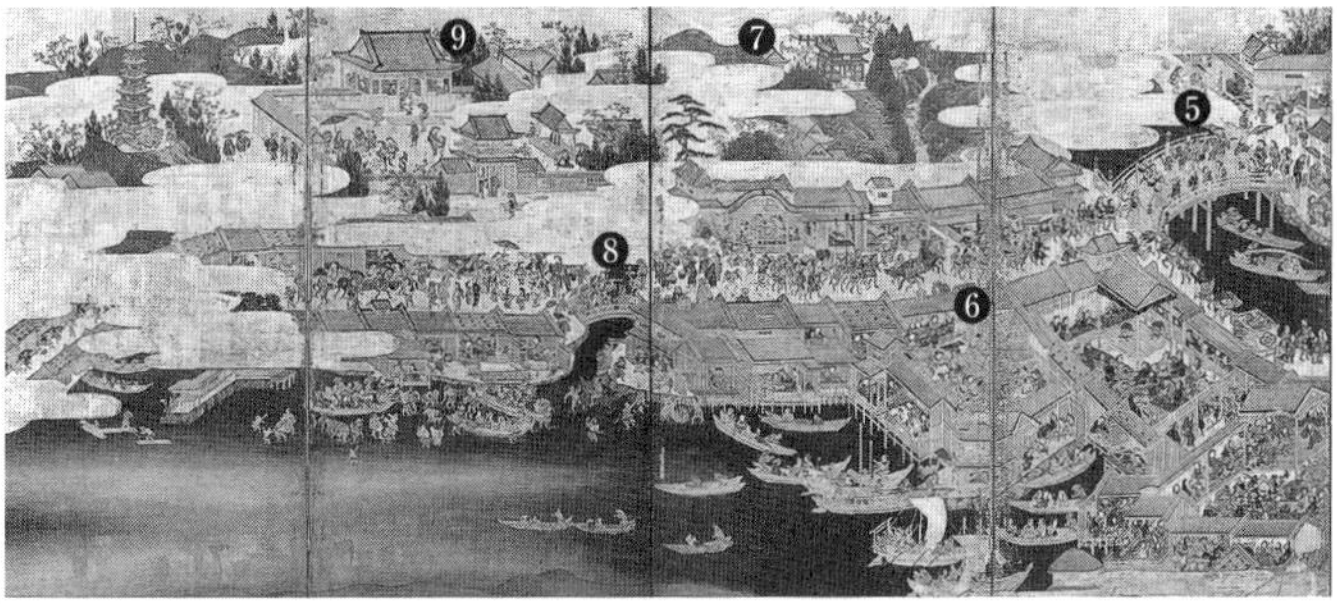

6

❺新橋
❻湯女風呂
❼愛宕社
❽宇田川橋
❾増上寺

7

❺筋違橋
❻吉原（元吉原）
❼大名屋敷
❽江戸城二の丸・三の丸
❾日本橋

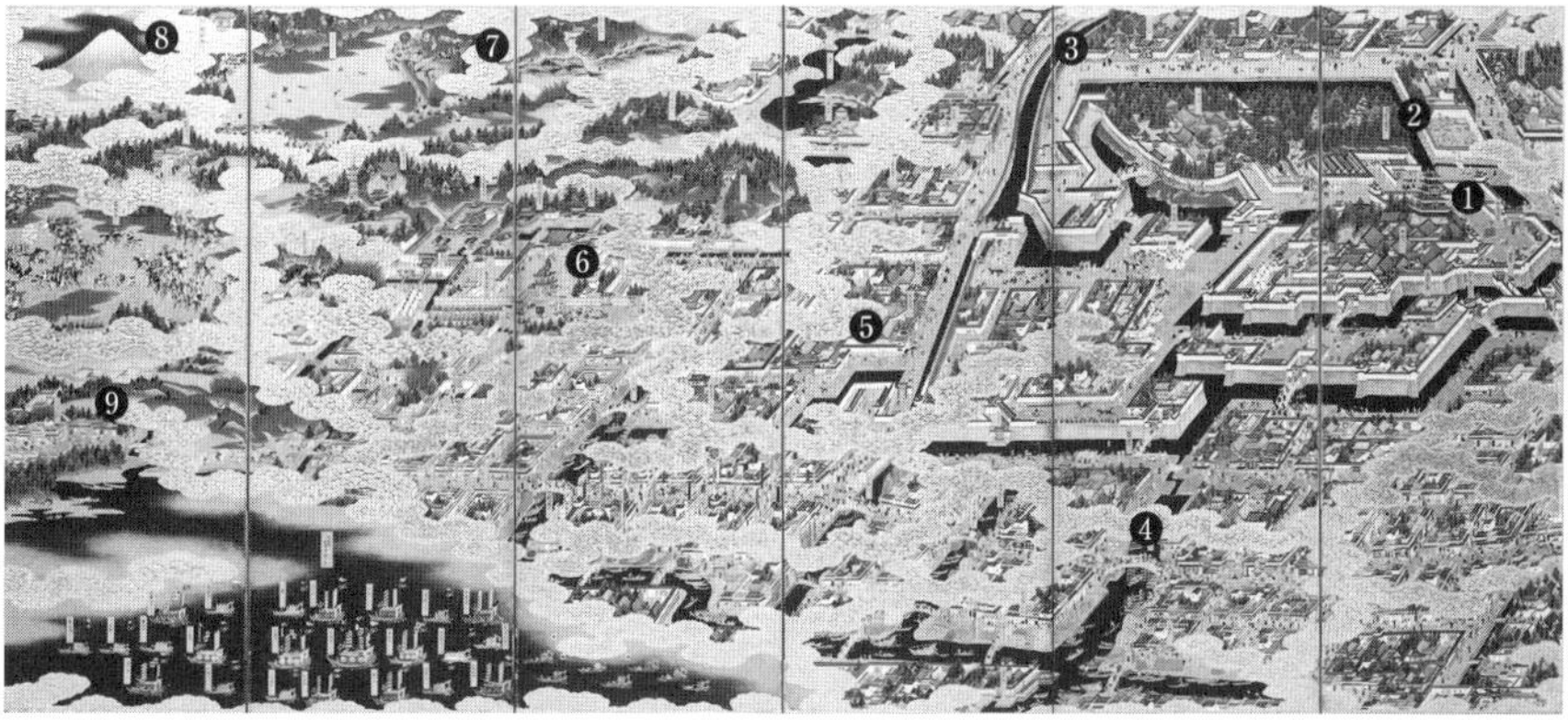

8

◉『江戸図屏風』（左隻）
❶江戸城
❷紅葉山東照大権現宮
❸尾張中納言殿
❹日本橋
❺松平陸奥守
❻増上寺
❼目黒追鳥狩
❽富士山
❾品川

左右両隻《せき》の下方には、多数の遊び場が描かれる。左隻手前には若衆《わかしゅ》歌舞伎、人形浄瑠璃《じょうるり》、軽業《かるわざ》などの芝居小屋や湯女《ゆな》風呂。また、右隻手前には吉原《よしわら》（元吉原）の遊廓《ゆうかく》が見える。そして、周縁部には寺社を配する。左隻左端に増上寺と愛宕権現《あたごごんげん》、右隻上部に寛永寺《かんえいじ》、下部に浅草寺《せんそうじ》、寛永寺の左隣には湯島天神《ゆしまてんじん》、神《かん》田明神《だみょうじん》と続く。『江戸名所図屛風』の絵師は、比較的低空の目線で、寛永初年の江戸城と江戸市中を描き出している。

対する『江戸図屛風』は、江戸城下を中心対象としながらも、より上空からの視線で眺望する。左隻は、画面のほぼ半分が江戸城（59ページ参照）および御三家をはじめとする諸大名の屋敷にあてられ、それぞれの特性が見事に表現される。幾重もの枡《ます》形や城門で守られ、容易にたどり着けない江戸城本丸。精密華麗な彫刻で飾られた御三家や駿河大納言忠長《するがだいなごんただなが》の屋敷。櫓《やぐら》門《もん》をもつ毛利《もうり》・伊達《だて》ら外様《とざま》大名の屋敷群などである。

江戸城内には、武芸の鍛錬をする武士や、京都経由で到来した朝鮮通信使《ちょうせんつうしんし》の姿が見られる。そして手前には、日本橋から品川へと続く東海道の町屋が軒を並べ、山王権現・愛宕権現・増

9

◉木挽町の若衆歌舞伎
着飾った美少年たちが総踊りを繰り広げ、夢の仮想空間をつくりだしている。見物席には観客がひしめきあう。（『江戸名所図屛風』）

10

上寺などの社寺が描き込まれる。左隻上方には、雪化粧の富士山も顔をのぞかせている。

右隻の景観は、神田川から北側、隅田川《すみだがわ》から西側の地域、つまり御府内の北辺と、それに続く郊外である。御茶の水《おちゃのみず》から上野、板橋、王子、川越城《かわごえじょう》へと広がっていく。

『江戸図屛風』は、当時の江戸城下町からはみだした部分をも構図に含める点で、範囲を市中に限定した『江戸名所図屛風』とは大きく異なっている。『江戸図屛風』がこのような構図を採用したのは、鹿狩りなどを好んだ三代将軍徳川家光《いえみつ》の事績顕彰という目的に規定されたからで、「洛中《らくちゅう》・洛外《らくがい》図」に匹敵する「江戸御府内・御府外図」と呼ぶにふさわしいと評されている。

◉尾張家（上）と水戸家（下）の屋敷
唐破風《からはふ》檜皮葺《ひわだぶき》の御成門《おなりもん》と四脚門《しきゃくもん》形式の瓦葺表門が並ぶ。御三家の屋敷は、粋《すい》を集めた彫刻で華麗さを競った。（『江戸図屛風』）

東方からの眺めがよい

『江戸名所図屛風《えどめいしょずびょうぶ》』と『江戸図屛風《えどずびょうぶ》』は、モチーフや描写範囲に大きな違いがあるため、別個に取り上げられることが多い。しかし、二つの江戸図屛風は、いずれもが同じ時期の江戸を対象にしている。両者の共通点や相違点を比較しながら、首都江戸の社会構造について考えてみたい。

まず、採用された視線に注目すると、両者には構図面での根本的な共通点がある。東方から西方に向けた視線で江戸をとらえるという視点である。

『江戸名所図屛風』は、左隻《せき》の左端に江戸湾と増上寺《ぞうじょうじ》、右隻の右端に隅田川《すみだがわ》と寛永寺《かんえいじ》を配し、東方から西方への視線で江戸市中を描く。

『江戸図屏風』はどうか。府外の広域世界まで取り入れたこちらも、全体として東から西に向いて眺めている。左隻では、西端上方に富士山を仰ぎつつ、視線は江戸湾に沿って江戸城の天守閣《てんしゆかく》へと北上してくる。御《お》茶《ちゃ》の水《みず》方面から川越《かわごえ》・鴻巣《こうのす》を描く右隻も、視線は隅田川沿いに移動しながら東より西を眺める方位を原則とする。一部、川越城部分で東西が逆転するが、この現象は「隅田川→荒《あら》川《かわ》→入間川《いるまがわ》」のルートに沿いながら、つねに視線を流域左岸から右岸に向けるという原則によるネジレとみられている。

一双の画面の中央部に江戸城と日本橋を据える構図もまた、両者に共通する。『江戸名所図屏風』は、左隻と右隻をつなぐ部分に、両隻にまたがって江戸城と日本橋を描いた。橋の本体は右隻の左端に、また橋西詰《にしづめ》の高札場《こうさつば》は左隻の右端に描写される。

他方、右隻を広く御府外にあてる『江戸図屏風』にあっても、江戸城は左隻の右端、つまり全画面の中央部に配置され、手前に日本橋が据えられる。寛永期（一六二四〜四四）、江戸は、江戸城や日本橋を中心にして、これを東側から眺めたときに据わりのよい都市としてできあがったと考えてよいだろう。両屏風の共通する視線が、それを証明している。

こうした江戸の空間構造は、ほかの江戸図の構図にも色濃く投影されている。たとえば寛永九年（一六三二）に板行された江戸俯瞰《ふかん》図『武州豊嶋郡江戸庄図《ぶしゆうとしまぐんえどのしようず》』（口絵参照）も、東方からの視点を採用する。下って文化《ぶんか》六年（一八〇九）、鍬形蕙斎《くわがたけいさい》の描いた六曲一隻『江戸《えど》一目《ひとめ》図《ず》屏風《びょうぶ》』や、安政《あんせい》三年

（一八五六）の玄々堂緑山《げんげんどうろくざん》『扇面江戸鳥瞰図《せんめんえどちょうかんず》』なども、この方位で江戸を見ている。享保《きょうほう》六年から七年（一七二一〜二二）の渡辺《わたなべ》本『江戸図屛風』のように、湯島天神《ゆしまてんじん》の高台に立って、北部から南東方面の景色を右隻に描く例外もあるが、その場合でも、左隻右端に江戸城を据える基本は変わらない。

『洛中洛外図屛風《らくちゅうらくがいずびょうぶ》』が、さまざまな要素を内包した移行期のミヤコの投影図だったのに対して、『江戸名所図屛風』『江戸図屛風』は、江戸城と日本橋を中心にデザインされた、ゆるぎない首都江戸の投影図といえよう。

家光を捜せ

二本の屛風絵は、首都江戸の姿形を大きく映し出すだけでなく、この都市が包含した諸要素をもまた、独自性と共通性をもって描き出している。両屛風に共通する事物と、片方にのみ登場する事物をいくつか下表に列挙してみた。描写方法や描写対象の違いが興味深い。ここには、それぞれの「江戸論」が表現されている。

◉『江戸図屛風』と『江戸名所図屛風』の相違
建造物の描写にも違いがある。武家屋敷の割合が多い『江戸図屛風』に対して、『名所図屛風』は町人屋敷や都市・遊興施設の比率が高い。

描写事物	『江戸図屛風』	『江戸名所図屛風』
江戸城	建物配置を詳しく。武術訓練も描写	天守・本丸などを遠望
朝鮮通信使	江戸城へ登城	町中を歩く
大名屋敷	豪華な構えの屋敷群	福井松平家を詳細に
寺社	増上寺への将軍参詣 上野東照宮を強調	浅草寺の祭礼 神田明神の神事能など
通行人	町を見物する侍 編笠姿が多い	多様な人物、対話する人々 頬かむりが多い
町並み	町屋・木戸など構造物を詳しく描く	生業の諸相、室内の人物群を描写
高札	読む人々	通り過ぎる人々
将軍家光	○	×
狩り	○	×
大名行列	○	×
芝居・風呂	×	○
遊廓	×	○
喧嘩	×	○
男色	×	○

両屏風を比較したとき、もっとも顕著な違いは、『江戸《えど》図屏《ずびょう》風《ぶ》』にのみ登場する三代将軍家光《いえみつ》の姿である。『江戸図屏風』で家光捜しをしてみよう。どうやら彼は、一三ほどの場面に登場する。狩猟関係がもっとも多く六場面、次いで馬上・駕籠《かご》による行列三、鞭打《むち》ち（騎馬戦の演習）二、参詣《さんけい》二となる。

狩猟の内容は猪・鹿・魚・鳥に分かれるが、大勢の侍を動員しての狩りは、『江戸図屏風』の中心的画題である。川越《かわごえ》と碑《ひ》文谷《もんや》で行なわれている鞭打ちも加えると、過半がこうした野外演習の場面となる。そして、これらの場面を描く必要上、右隻《せき》が川越、鴻巣《こうのす》まで広がることになった。

参詣場面もこの屏風の特色である。紅葉山《もみじやま》（江戸城西の丸北側）の東照社《とうしょうしゃ》への参詣と、増上寺《ぞうじょうじ》への参詣が描かれる。家康《いえやす》を祀《まつ》る紅葉山東照社は、元和《げんな》四年（一六一八）四月に完成した。家康の祥月命日の四月一七日を中心に、将軍や大名の参詣が行なわれ、とりわけ家光は家康命日の一七日と秀忠《ひでただ》命日の二四日の参詣に努めている。たとえば寛永《かんえい》一一年（一六三五）には年間一六回、同一三年には一一回を数える。屏風絵は参詣を終え

11

◉鳥狩の家光

目黒での雉狩《きじがり》の場面。雉を勢子《せこ》が献上している。曲彔《きょくろく》に腰掛け、朱傘をさしかけられる人物が将軍家光その人である。（『江戸図屏風』）

12

て城に戻る家光一行を描いている。
　家康が師檀関係を結び、徳川家の菩提所《ぼだいしょ》として興隆した増上寺への参詣も、家光の恒例行事だった。こちらへは寛永一二年に六回、同一三年には七回訪れている。描写場面は、家光の乗った輿《こし》が、粛々《しゅくしゅく》と寺内の「台徳院殿《たいとくいん》（秀忠《ひでただ》）御《お》霊屋《たまや》」に詣《もう》でるところである。増上寺は『江戸《えど》名所《めいしょ》図《ず》屏風《びょうぶ》』にも登場する両屏風共通の事物だが、そちらの増上寺には、参詣人や境内で休息する人々がちらほら見られるにすぎない。
『江戸図屏風』は、狩りや騎馬戦を通じての野外演習と、東照社・増上寺を舞台とした祖先崇拝という二大要素において家光を描いており、ここにその特色が集中的に示されている。江戸城内を訪問する朝鮮通信使《ちょうせんつうしんし》や、御三家・外様《とざま》大名のきらびやかな屋敷構えを含め、『江戸図屏風』は、家光を中心につくりあげられた公儀権力の首都を見ていた。

公儀の町・町人の町

『江戸《えど》図《ず》屏風《びょうぶ》』の家光《いえみつ》とは対照的に、『江戸《えど》名所《めいしょ》図《ず》屏風《びょうぶ》』では遊廓《ゆうかく》と芝居小屋が主役である。『江戸名所図屏風』右隻《せき》第五扇《せん》に描かれた吉原《よしわら》は、元和《げんな》三年（一六一七）、日本橋葺屋町《にほんばしふきやちょう》付近の二町四方の地に建設され、翌四年から開業している。明暦《めいれき》三年（一六五七）の大火後に、浅草寺《せんそうじ》の北に移転するまでこの地にあった。だが、この世界は『江戸図屏風』では金雲でよく見えない。

◉紅葉山参詣から帰る家光
江戸城内には、紅葉山と二の丸の二か所に東照社があった。大名を従えた公式参詣は紅葉山、日常的参詣は二の丸と使い分けられた。（『江戸図屏風』）

中橋《なかばし》から新橋にかけての洲崎《すさき》一帯に開設された芝居小屋や湯女《ゆな》風呂も、『江戸名所図屏風』を象徴する。芝居小屋が軒を連ね、蒸し風呂形式の湯女風呂が大繁盛している。こうした遊び場のにぎわいも、『江戸図屏風』には描かれない世界である。

ただし、芝居小屋は寛永《かんえい》九年（一六三二）四月には吉原西禰宜《にしねぎ》町へ移転していたから、移転後に描かれた『江戸図屏風』にそれを求めるのは、ないものねだりとの誹《そし》りを受けそうであるが、移転先にあたる地域を『江戸図屏風』で探しても、芝居小屋の一部すら発見することはできない。

二つの屏風における日本橋の素描も対照的である。『江戸名所図屏風』の橋上にたたずむ勧進聖《かんじんひじり》や物乞いは、通行人と声を掛け合い、また施しを得ている。対して、『江戸図屏風』の橋上にも同様の人々が見えるが、こちらの通行人は彼らを無視して、通り過ぎていく。

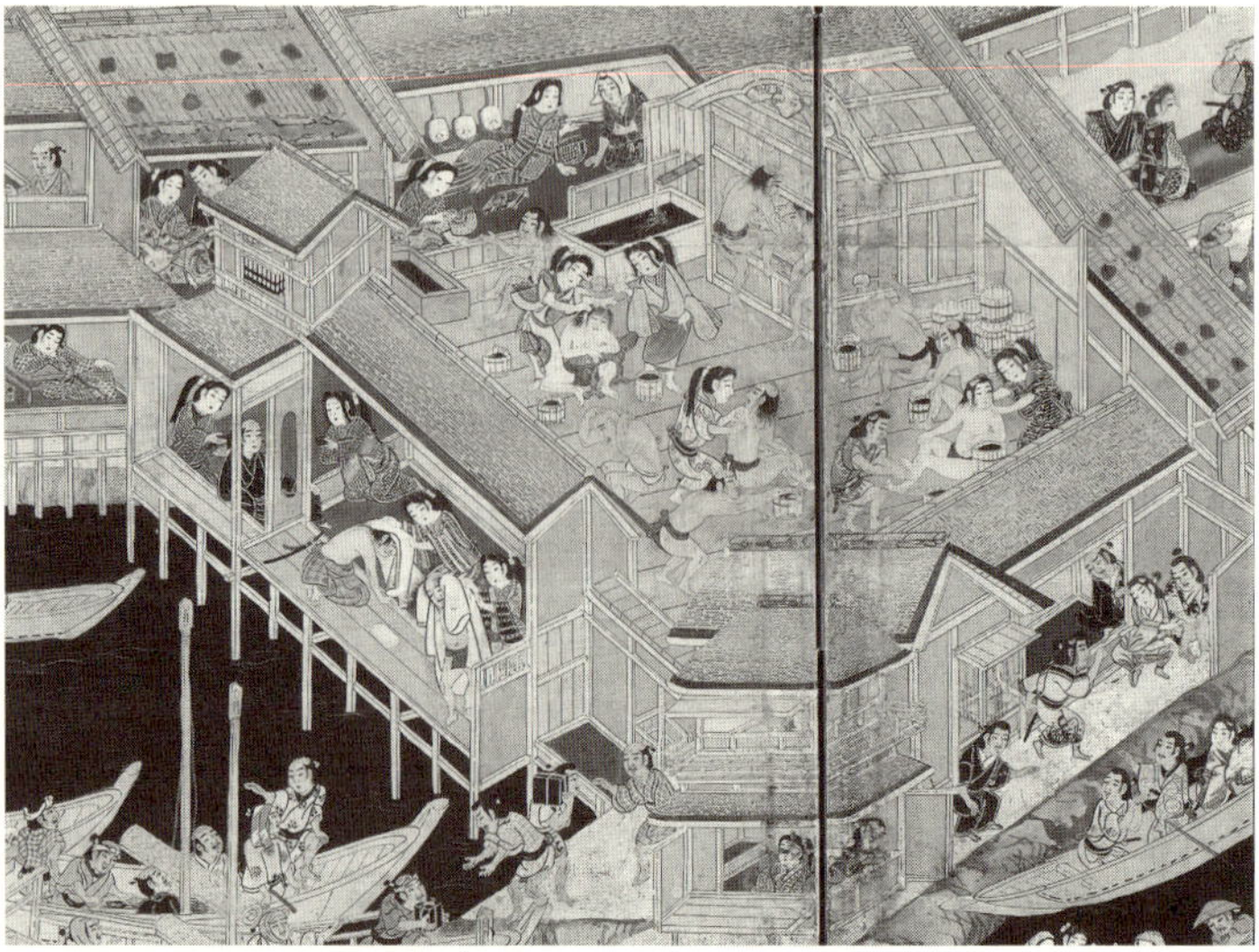

13

◉湯女風呂でのくつろぎ
湯女《ゆな》は入浴客の世話だけでなく、浴後のもてなしもする事実上の遊女だった。幕府は、寛永一四年、風呂屋一軒に対して抱え置く女は三人までと規制する。（『江戸名所図屏風』）

一方、『江戸図屛風』の通行人が立ち止まるのは、橋南詰《みなみづめ》の高札場《こうさつば》である。武士とおぼしき七人が、三本の高札を見上げ、内容を読もうとしている（口絵参照）。他方、『江戸名所図屛風』の高札場では、こちらも三本の高札が掲げられているが、これらに注意を払うものはひとりもいない。

このように両屛風を比較すると、それぞれが描く江戸の個性が浮かび上がってくる。『江戸図屛風』は、江戸のもつ統一政権（公儀権力）の首都としての部分を重視する。ここに投影された江戸は、儀礼的にして規律的である。他方、『江戸名所図屛風』は、総じて町人の生業《なりわい》や遊びの場所として江戸をとらえる。遊廓・芝居小屋に加え、祭礼、喧嘩《けんか》、男色《なんしょく》、遊山《ゆさん》など、こちらに現出した江戸はにぎやかにして猥雑《わいざつ》である。

前者からは見えにくい事物があり、後者から見えにくい事物もある。しかし幸いなことに、私たちは二つの屛風を並べ重ねることによって、首都江戸がもつ公儀的要素と町人的要素の二面をともに見ることができた。江戸は公儀の江戸と町人の江戸の複合体として組み立てられていた。

完成した江戸は、この後、『江戸名所図屛風』と『江戸図屛風』に象徴される二つの要素のせめぎ合いと重なり合いの歴史として、時を刻んでいくことになる。

上水・火災・ゴミ問題

整備される上水道

武士と町人が大量に集住するようになった江戸では、都市生活を維持するため各種のインフラの整備が必要となり、防火対策も課題となった。現代に連なる都市問題の始まりである。

徳川《とくがわ》中期、正徳《しょうとく》年間（一七一一〜一六）の江戸の上水道を示した図がある。玉川《たまがわ》上水、神田《かんだ》上水、千川《せんかわ》上水を中心に、青山《あおやま》上水、三田《みた》上水など多数が、江戸城内をはじめ市中全体に網の目のように張り巡らされ、飲料水を供給している。

最初に開設されたのは、神田上水だった。吉祥寺《きちじようじ》村（三鷹《みたか》市）の井《い》の頭《かしら》池や、善福寺《ぜんぷくじ》池（杉並区）・妙正寺《みようしようじ》池（同）を水源とし、落合《おちあい》（新宿区）で合流した水路は、関口《せきぐち》村（文京区）の大洗堰《おおあらいぜき》に至り、ここから暗渠《あんきよ》となる。水戸《みと》藩邸を抜けたのち、御茶《おちや》の水《みず》で神田川を懸樋《かけひ》で越え、神田・日本橋方面へ石樋《いしひ》や木樋《もくひ》で配分された。

この上水の開設については、家康《いえやす》が関東に入封《にゆうほう》した天正《てんしよう》一八年（一五九〇）説と、三代将軍家光《いえみつ》が将軍職にあった寛永《かんえい》年間（一六二四〜四四）説の二つがあり、開設者についても大久保《おおくぼ》忠行《ただゆき》とするものと、内田《うちだ》六次郎《ろくじろう》とするものがある。おそらく複数の事業が結合されながら、できあがっていったのだろう。上水完成後、内田は水元役《みずもとやく》（上水請負人）に任じられ、代々上水管理にあたった。

神田上水とともに江戸の飲料水をまかなったのが、玉川上水である。多摩川《たまがわ》の羽村《はむら》（羽村市）で取り入れられた用水は、武蔵野《むさしの》を縦貫する四三キロメートルの堀割水路で四谷《よつや》大木戸《おおきど》まで導かれ、江戸城内や江戸西部の町々に給水された。途中、三田上水や青山上水、千川上水を分流し、三田、高輪《たかなわ》、湯島《ゆしま》、浅草《あさくさ》方面にも供給している。

この上水は、承応《じょうおう》二年（一六五三）に開削された。参勤交代《さんきんこうたい》に伴って江戸の人口が急増し、その結果水不足が深刻となり、新たな上水の開削となったのである。庄右衛門《しょうえもん》・清右衛門《せいえもん》の両名が、幕府から六〇〇〇両で工事を請け負い、私財三〇〇〇両をなげうって一年後に完成したという。多摩の

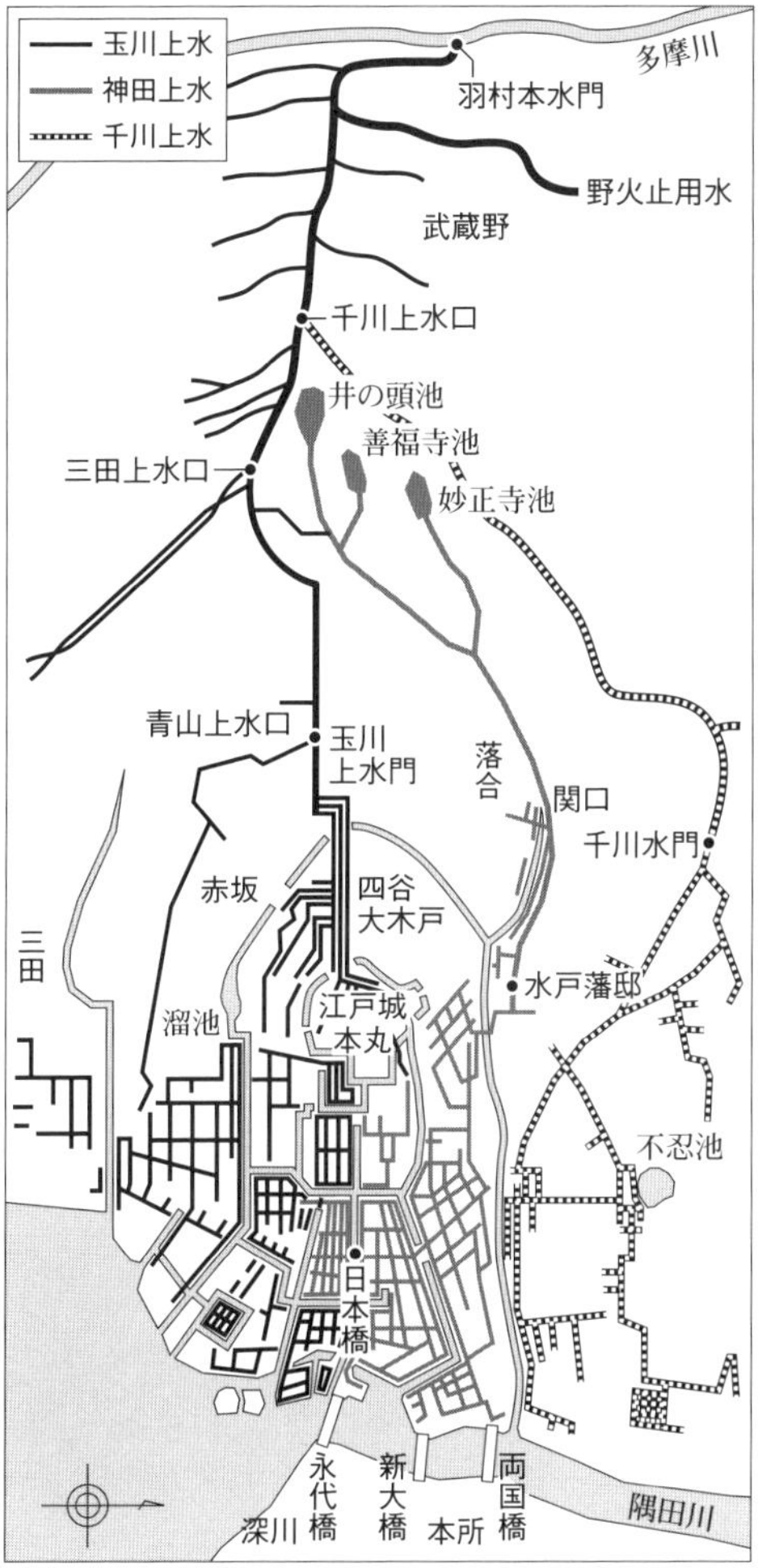

◉江戸の水道配水
正徳年間の江戸上水道の様子。上（多摩川）から下（江戸市中）へと流下する縦の構図に、上水の貴重さがうかがえる。幕府管理の河川を起点にした請負人による上水・用水ネットワークの形成。それに編成されながら発展する都市と農村社会。こうした徳川日本の構造が、図に具現している。

農民とも江戸町人とも伝えられる両名は、上水完成後、玉川の姓と帯刀《たいとう》を許されて、玉川上水永代水役《みずやく》を仰せつかった。水道修理代や水番人の人件費にあてるため、給水区域の武家方・町方から水料金を徴収する権利も認められている。

　また、玉川上水は、野火止《のびどめ》用水などとなって武蔵野の村々に分水され、村方の飲料水や灌漑《かんがい》用水としても活用された。村々から毎年玉川家に対して、飲料水については水料金、農業用水については水料米が支払われた。

　諸大名の城下町でも、河川や地下水、湧水《ゆうすい》を水源として、つぎつぎに上水道が設けられた。

　慶長《けいちょう》五年（一六〇〇）の関ヶ原《せきがはら》の戦い後、青葉山《あおばやま》に居城を移した仙台藩では、伊達政宗《だてまさむね》が、長門国《ながとのくに》出身の浪人川村孫兵衛《かわむらまごべえ》を登用して、城下町仙台のための上水と灌漑用水兼用の水道工事にあたらせた。北上川《きたかみがわ》改修事業の中心人物でもあった川村は、元和《げんな》六年（一六

●全国各地の都市給水
近代の水道は、用途が生活用水と防火用水に限定されるが、近世では、それ以外にも灌漑用水、城堀用水、庭園泉水など、いろいろに使われた。

都市	施設名称	竣工年	目的・用途
小田原	小田原早川上水	天文14（1545）	生活、灌漑
江戸	神田上水	天正18（1590）	生活、灌漑、泉水、水車
甲府	甲府用水	文禄3（1594）	生活、堀、灌漑
富山	富山水道	慶長10（1605）	排水、防火
福井	福井芝原用水	12（1607）	生活、灌漑、泉水
近江八幡	近江八幡水道	12（1607）	生活
駿府	駿府用水	14（1609）	雑用、灌漑
米沢	米沢御入水	19（1614）	雑用、排水
播州赤穂	赤穂水道	元和2（1616）	生活、灌漑、泉水
鳥取	鳥取水道	3（1617）	生活
中津	中津水道	6（1620）	生活、泉水
仙台	仙台四ツ谷堰用水	6（1620）	雑用、灌漑、排水
福山	福山水道	8（1622）	生活、灌漑、堀
佐賀	佐賀水道	9（1623）	生活、堀、排水
桑名	桑名御用水	寛永3（1626）	生活、防火
金沢	金沢辰巳用水	9（1632）	堀、灌漑、泉水、生活(?)
高松	高松水道	正保1（1644）	生活
(安房)	屋久島水道	3（1646）	生活、灌漑
江戸	玉川上水	承応3（1654）	生活、灌漑、泉水、堀、水車
江戸	本所(亀有)上水	万治2（1659）	生活、灌漑、泉水(?)
水戸	水戸笠原水道	寛文3（1663）	生活
名古屋	名古屋巾下水道	4（1664）	堀、灌漑、泉水、生活
長崎	倉田水樋	延宝1（1673）	生活、防火

二〇）、広瀬川《ひろせがわ》より取水して城下に導く上水道（四ツ谷堰《ぜき》用水）を完成させる。

その後、四ツ谷堰用水は、二代藩主忠宗《ただむね》の承応年間（一六五二〜五五）に、水害防止のため排水路が増設され、四代綱村《つなむら》・五代吉村《よしむら》の時代には、新水路が開削されて灌漑用水としての役割もいっそう高まっていった。インフラ整備の好例といえる。

ただし、全国すべての都市に上水道が整備されたわけではない。京都、大坂、岡山など、大都市でありながら上水設備のないところも少なくなかった。京都では、古来盆地内の湧水池や井戸から清浄な水の確保が可能だった。大坂は井戸水は不十分だったが、淀川《よどがわ》などの河川が多く、水売りが飲料水を供給した。池田《いけだ》氏の城下町岡山でも、飲料水は水売りから購入した。これらの諸都市への上水道の敷設は、明治二〇年（一八八七）以降、濾過《ろか》した浄水を鉄管によって配水する近代改良水道を待ってのこととなる。

大火と復興

明暦《めいれき》三年（一六五七）、のちに振袖《ふりそで》火事と呼ばれる大火事が江戸を襲った。火災は正月一八日に始まった。いまの暦になおすと、三月二日にあたる。古記録によれば、同日昼過ぎ、本郷丸山《ほんごうまるやま》町の本《ほん》妙寺《みょうじ》から出火、折からの強風を受けて、火は湯島《ゆしま》・駿河台《するがだい》に広がり、さらに神田《かんだ》・日本橋の町人地や佃島《つくだじま》・石川島《いしかわじま》の町屋を焼き尽くして、翌一九日未明にいったん鎮火した。

しかし、同じ一九日早朝、今度は小石川《こいしかわ》の水戸《みと》屋敷付近から火が出て、同屋敷を焼き、飯田町から市谷《いちがや》・番町《ばんちょう》へと燃え広がった。正午頃には江戸城天守閣が炎上し、本丸・二の丸へも燃え移る。将軍家綱《いえつな》は西の丸へ避難した。午後には、常磐橋《ときわばし》や鍛冶《かじ》橋の大名屋敷、旗本屋敷がいっせいに燃え上がり、その後、火の手は八重洲《やえす》河岸から新橋、材木町へとのび、海岸の船も多数焼失した。

さらに、小石川の火がおさまらぬ午後四時頃、麹町《こうじまち》五丁目の町屋から第三次の火災が発生し、外《そと》桜田《さくらだ》、西の丸下大名小路《だいみょうこうじ》の大名屋敷を焼き、日比谷《ひびや》・愛宕下《あたごした》・芝《しば》に及んだ。鎮火したのは、二〇日の午前八時頃だった。結局、江戸城は西の丸を除く大半が焼け、大名藩邸一六〇余、旗本屋敷七七〇余、寺社三五〇余、町屋四〇〇町が焼失、一石橋《いちこくばし》・浅草《あさくさ》橋《ばし》を除く六一橋も焼け落ちたという。

被災地は、現在の千代田区・中央区にあたる江戸市街の六〇パーセントに及び、死者は五、六万人以上、当時の人口の一五パーセントにのぼると推定される。家康《いえやす》の江戸入封《にゅうほう》以来、長年かかってつくりあげてきた首都のあっという間の焼失だった。

大火災の洗礼を受けた四代家綱政権は、防火体制の強化と火災に強い江戸改造に着手した。中心的施策は、密集地の解消、市域の拡大、防火設備の設置

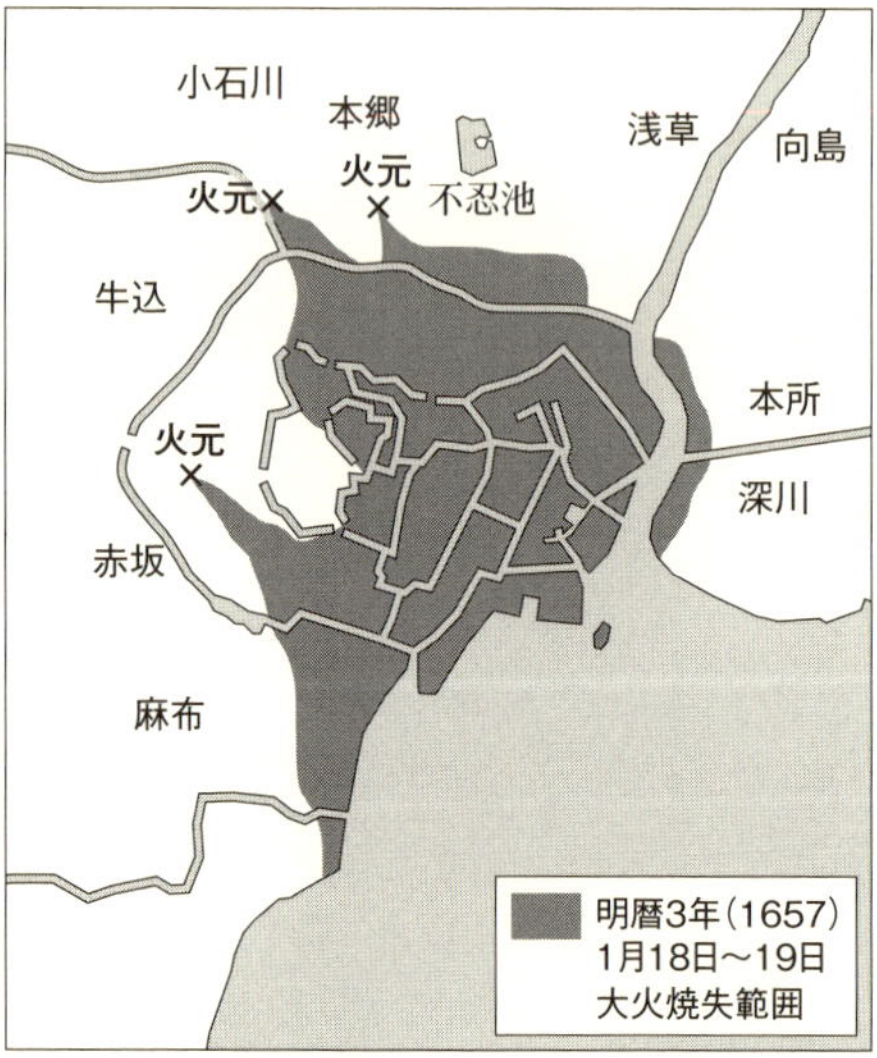

◉明暦の大火の焼失範囲
出火場所が、江戸の北辺（本郷）、西北（小石川）、西辺（麹町）に位置している。早春の強い北西の風、西風にあおられて、江戸市中全域に及ぶ大火となった。

などである。

密集地を解消するため、現在の吹上御苑《ふきあげぎょえん》や北の丸・二の丸などにあった御三家・一門・譜代《ふだい》大名屋敷、上級旗本屋敷をすべて内郭の外側に移転させた。大名の上屋敷《かみやしき》は常磐橋から丸の内・日比谷・霞ヶ関《かすみがせき》・愛宕山下などに、旗本屋敷は半蔵門《はんぞうもん》から四谷見附《よつやみつけ》に至る外堀や、九段《くだん》から神田にかけて多く再建された。

大名屋敷移転後の大手門前や西の丸下、大名小路には、新たに老中《ろうじゅう》・若年寄《わかどしより》・寺社奉行ら幕政を担う幕閣の役宅や南北の町奉行所が配置された。大名屋敷の移転は、江戸城への延焼を防ぐという目的のほかに、江戸城を軍事施設から公儀行政の政庁へと切り替える意味もあった。

大名・旗本屋敷の移転と並行して、寺社の外堀外への移転も進められ、浅草・下谷《したや》、谷中《やなか》、牛込《うしごめ》・四谷・赤坂・芝・三田・品川などに寺町が成立した。城下町の外周部に寺社を配するという原則が、江戸にも適用された。これらの地は、その後、江戸を代表する遊興地としてにぎわうようになる。

江戸城も明暦四年から万治《まんじ》二年(一六五九)にかけて、本丸・二の丸が再建された。天守台石垣普請《いしがきぶしん》を命じられた金沢藩《かなざわ》(加賀《かが》藩)前田家は、家臣から銀四〇〇〇貫《かん》を提供させ、領内から五〇〇〇人の人夫を徴発した。土砂や石を運ぶ大八車《だいはちぐるま》も五〇〇〇台を用意した。近江国穴太《おうみのくにあのう》の石工《いしく》集団も呼び寄せられている。

しかし、石垣までは築いたものの天守閣の再建には至らなかった。将軍家綱の叔父《おじ》保科正之《ほしなまさゆき》が、天守閣不要論を展開し、それが入れられたためという。のちに新井《あらい》白石《はくせき》が、城の体裁から必要として再建計画を立てたが、彼の失脚によって沙汰《さ》止《た》みとなった。

　施策の第二は、市域の拡大として、赤坂溜池《あかさかためいけ》の一部や小石川の沼地の埋め立てを行なうことだった。木挽町《こびきちょう》の東側も埋め立てられ、築地《つきじ》一帯が造成された。また、万治二年の両国橋《りょうごくばし》の架橋を契機に、隅田《すみだ》川《がわ》左岸の低湿地の開発も進められ、本所《ほんじょ》・深川《ふかがわ》に大名・旗本屋敷や町屋が立ち並ぶことになった。大火直後の八月に実施された吉原遊廓《よしわらゆうかく》の日本橋葺屋町《ふきやちょう》から浅草千束村《あさくさせんぞく》日本堤《にほんづつみ》への移転も、市街の拡張政策に連動したものである。新吉原には、元吉原の五割増しの二万七六七坪が与えられた。

　延焼防止のための施策も進められ、市中に防火地帯が設けられた。中橋《なかばし》広小路（中央区）、両国広小路（中央区）、上野《うえの》広小路（台東区）などでは道幅を広げ、

14

北槙町《きたまきちょう》（中央区）、筋違橋門《すじかいばしもん》（千代田区）、御茶《おちゃ》の水《みず》（千代田区）などには火除地《ひよけち》が設置された。

大火の翌年発足した消防制度に定火消《じょうびけし》制度がある。四名の旗本を定火消に任命して、それぞれに火消屋敷と火消人足雇用役料三〇〇人扶持《ふち》を与え、与力《よりき》六騎《き》（名）・同心《どうしん》三〇名を付属させた。江戸では、すでに寛永《かんえい》二〇年（一六四三）から、大名一六家に命じた大名火消が編成されていたが、十分に機能しなかったため、この定火消の設置となったのである。

町火消《まちびけし》制度も大火の翌年にスタートした。こちらは日本橋・京橋二三町が人足を常雇いし、協力して消防にあたるというものだった。しかし、負担金額のゆえだろうか、他町域には広がらなかった。町火消制度が本格的に編成されるのは、享保《きょうほう》年間（一七一六〜三六）、町奉行大岡忠相《おおおかただすけ》の指導を待たねばならない。

ゴミは永代浦へ

都市生活の発展に伴って、日々排出されるゴミ処理が大きな問題となってくる。江戸では、すでに三代将軍家光《いえみつ》の晩年の正保《しょうほう》年間（一六四四〜四八）、ゴミが下水路に詰まり、道路に汚水があふれだす事態が深刻化していた。正保五年（一六四八）二月、町奉行所は触書《ふれがき》を発して「下水や溝のゴミを拾うように。下水へゴミ芥《あくた》を捨ててはいけない」と対策に乗り出し、同年三月には「各町内で下

◉燃えさかる紅蓮の炎
大名火消による消火活動の様子を描く。当時は、風下側の家屋を壊して延焼を防ぐ方法が中心だった。上水や井戸水も使われたが、猛火の前には無力だった。（『明暦大火之図』）

水路に杭《くい》で塵芥溜《じんかいだめ》をつくり、一〇日ごとに浚《さら》うように」と、細かい指示を出す。翌慶安《けいあん》二年（一六四九）六月には、町屋で囲まれた空閑地（会所地《かいしょち》）へのゴミ捨ても禁じた。

江戸の町人町は、京間《きょうま》六〇間《けん》の正方形街区（四町内）を一ブロックとして、中央部の小正方形の空閑地を会所地と呼んでいた。そこがゴミ捨て場となっていた。奉行所からの注意は、慶安四年二月、承応《じょうおう》四年（一六五五）二月と継続して発せられる。都市づくり開始から約六〇年、首都江戸はゴミの町となりつつあった。

明暦《めいれき》元年（一六五五）一一月、町奉行所は画期的なゴミ処理策を打ち出した。隅田《すみだ》川《がわ》川東の寄洲《よりす》である永代浦《えいたいうら》を指定し、そこへのゴミ搬送を命じたのである。その旨を記した高札《こうさつ》が、銭《ぜに》瓶橋《かめばし》・神田《かんだ》橋・内御堀《うちおほり》・江戸橋より下の横堀《よこほり》および永代浦に立てられ、町々には触書をもって通達された。

寛文《かんぶん》二年（一六六二）になると、この方式はさらに整備され、市中のゴミ処理方法が確立した。同年五月、町奉行所は町々の意向を調査のうえ、「永代浦へのゴミ運搬は指定の舟によるこ

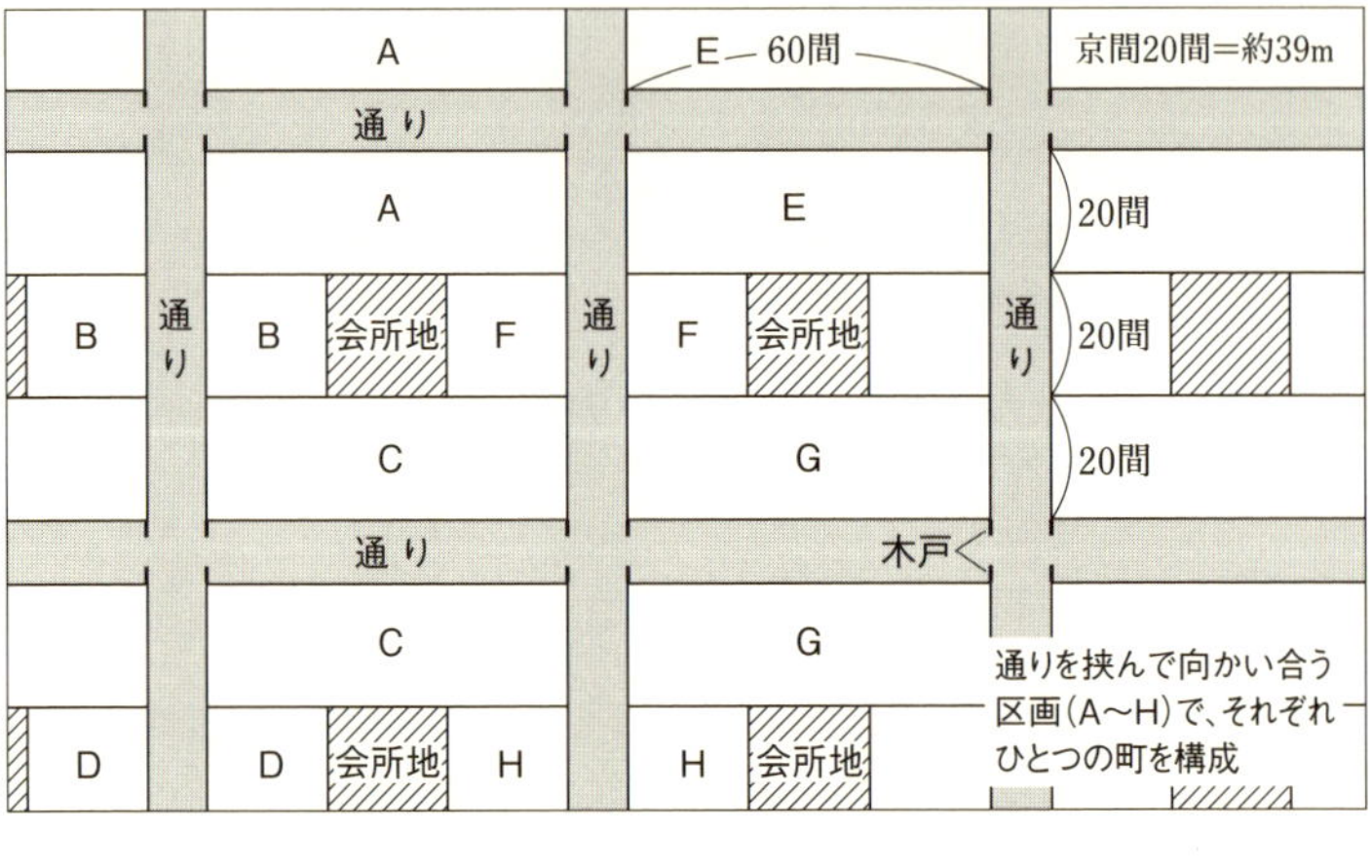

●町人地の構造
江戸の町人地は六〇間（約一一七m）四方を一ブロックとした。明暦大火後、ブロック内に道を通し、会所地の有効利用が進む。

と」「舟は町々の突き抜けに着岸させるので、各町はそこまでゴミ出しをすること」「舟賃は町が負担すること」などとした。

収集日については、六月にいったん「日本橋通《にほんばしどおり》より北の町は二日・一二日・二二日。南の町は三日・一三日・二三日」の月三回とした。けれども、収集が追いつかなかったのだろう、翌年五月からは日にち指定を解除して、溜《た》まり次第の搬送へと変更されている。次いで寛文五年五月には、「町々へゴミ溜め場を設置すること、それ以外への投棄は禁止する」と触れ渡される。「企画・方針は町奉行所で。費用は町内もちで」という徳川国家の行政が進展する。

永代浦へのゴミの集中は、江戸東部の湿地帯の新田化をもたらした。元禄《げんろく》九年（一六九六）、永代浦への澪筋浚《みおすじさら》いを請け負った亀井町《かめいちょう》の新五兵衛《しんごべえ》と小伝馬町《こでんまちょう》の甚兵衛《じんべえ》は、ゴミで湿地を埋め立てる新田開発を出願し許可された。のちに深川木場《ふかがわきば》町となる一五万坪囲いが造成される。その後も新田づくりはつぎつぎと進み、千田新田《せんだしんでん》・深川六万坪町《ふかがわろくまんつぼちょう》・石小田《いしおだ》新田・平井《ひらい》新田などが成立した。享保《きょうほう》一五年（一七三〇）七月、新しく深川越中島《えっちゅうじま》がゴミ投棄場所として指定される。

彦根城下の町人たち

彦根を訪ねて

新しい武家政権の手で縁取られた城下町は、そこに町人が住み着き、町人身分の社会をつくりだしていくことで、充実するようになる。城づくり・町づくりのスタート地点に立ち戻り、井伊《いい》家の城下町彦根《ひこね》を事例としながら、町と町人の創出過程を跡付けてみたい。

さて、井伊氏の本拠となった彦根城下町も、ニュータウンの典型である。関ヶ原《せきがはら》の戦いの功績により六万石を加増された井伊氏は、慶長《けいちょう》六年（一六〇一）、一八万石の領主として上野国《こうずけのくに》高崎から近江《おうみ》国佐和山《さわやま》に移った。慶長八年には、彦根山を中心とした新しい城下町の予定地が決まり、翌年から、将軍徳川家康《とくがわいえやす》を施主とする天下普請《てんかぶしん》の形で築城作業が始まった。

藩の家老の記録によると、「御普請に御出《おいで》なされ候衆」として尾張《おわり》国清洲《きよす》の松平忠吉《まつだいらただよし》、美濃《みの》国大垣《おおがき》の石川康通《いしかわやすみち》、伊勢《いせ》国津《つ》の冨田信高《とみたのぶたか》など大名や旗本《はたもと》三六名があげられている。慶長一一年には天守閣《てんしゅかく》が完成、城郭の主要部分もできあがった。

築城と並行して城下町づくりもスタートした。城下町の南限となる芹《せり》川（世利川《せりがわ》）は、築城以前は世利村付近から北西に流れ、松原内湖《まつばらないこ》に注いでいた。新城下町づくりに際しては、里根《さとね》村や長曾根《ながそね》村などの強制移転が行なわれ、彦根村や安養寺《あんようじ》村は中藪《なかやぶ》村に合併移転させられた。地元百姓の抵抗がかなりあったと古記録は伝える。

城下町の形は、おおむね城と町屋（街路）とが平行関係にあり、内堀、中堀、外堀、および芹川を骨組みとして四郭に区分される。内堀に囲まれた第一郭は、天守閣を中心とした城郭施設で、第二郭には重臣屋敷と藩主の下屋敷《しもやしき》が配置された。また、中堀と外堀のあいだの第三郭は町屋を中心に、その外側を中下級武士の屋敷が囲み、第四郭は南部が足軽《あしがる》屋敷、東部は中下級の武士屋敷や足軽屋敷・町屋の区画となった。

下魚屋町のデータ・ブック

中堀と外堀に囲まれた第三郭の町人町のなかに下《しも》魚屋《うおや》町《まち》がある。城下町開設時四町のうちの一町で、魚屋を集住させた町である。慶安《けいあん》二年（一六四九）五月の「宗門五人組帳《しゅうもんごにんぐみちょう》」によれば、家数一一四軒（家持《いえもち》六一軒、借屋五三軒）、総人口四八三人（奉公人六二人

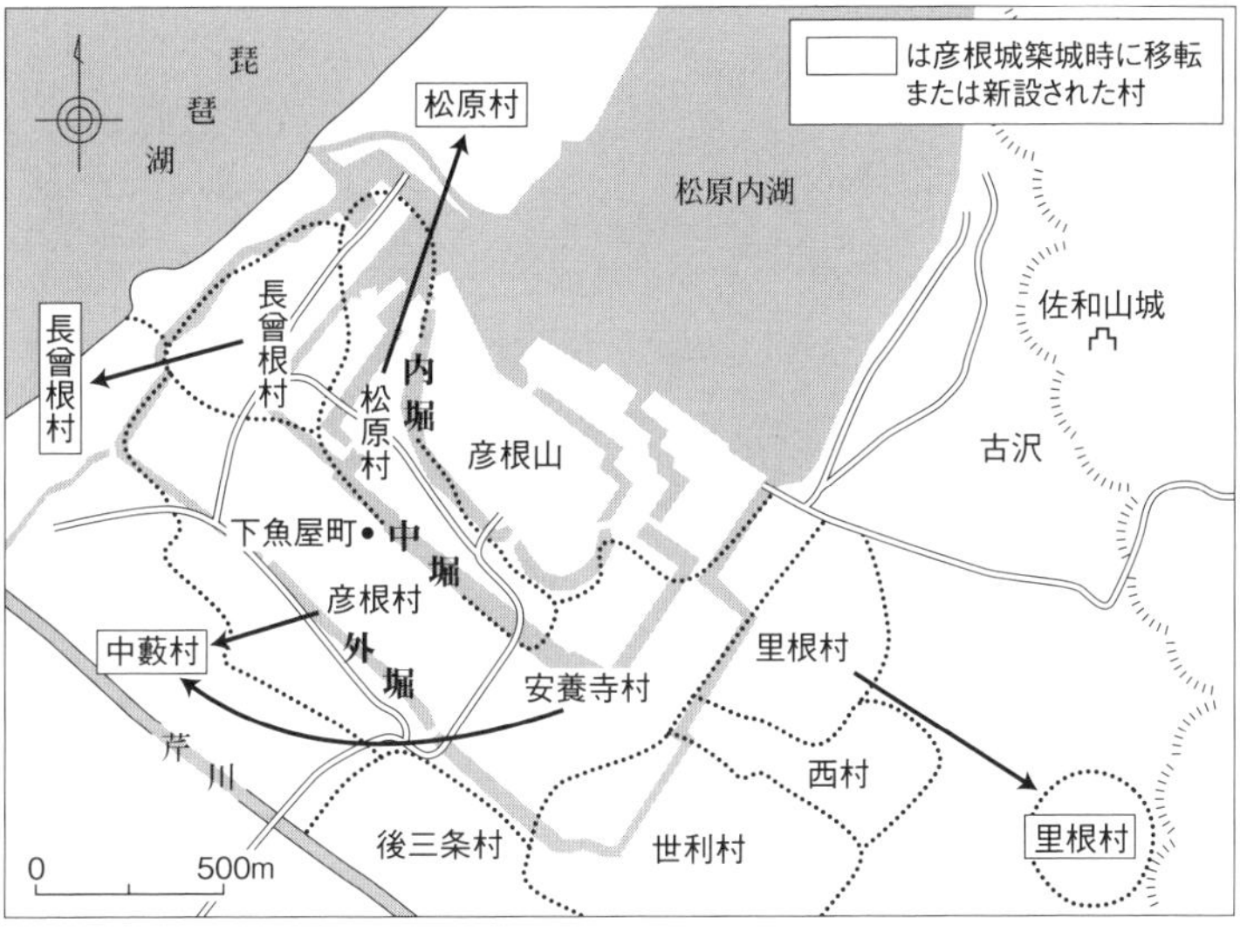

●彦根城下と建設前の村々
天守閣が築かれる以前の彦根山には、彦根寺や観音堂があった。この観音の霊験は京都にまで聞こえ、平安時代から貴族や庶民の参籠《さんろう》・参拝でにぎわった。

を含む）を数える。

先の「宗門五人組帳」に関連して、この町内を対象にした貴重な史料が残っている。慶長《けいちょう》九年（一六〇四）の町立て以降、約五〇年に及ぶ住人の動向を語る慶安二年六月作成の「下魚屋町御改《しもうおやまちおあらため》帳跡《ちょうあと》」である。戸主の出身地や下魚屋町への来住年代から、祖父・親以来の身分、女房の出身地、下人・下女の有無などまでが記されている。掲載家数は合わせて九九軒で、「宗門五人組帳」と照合すると十数軒分の欠損がある。しかし、盛りだくさんの内容をもつこの帳簿は、徳川《とくがわ》初期の城下町住人の様子を知らせる稀有《けう》な史料である。

九九軒のうち、来歴が無記載の武家奉公人七軒と、夫の来歴を簡略化している後家当主の一〇軒を差し引いた残り八二軒を対象に、やや詳しい家族調査を行なってみたい。

居住歴と借屋率

さまざまな来歴をもつ下魚屋町《しもうおやまち》住人八二軒を対象に、来歴不明の六軒を除く各家当主が、いつごろから居住しているかを調べてみた。四五年前の町立て時、もしくはそれに近い四〇年前からの居住歴をもつ家が三一軒（四〇・八パーセント）、一〇年以上四〇年未満が二一軒（二七・六パーセント）、一〇年未満二四軒（三一・六パーセント）と、大きく三グループに分けられる。

四〇年以上の長期居住グループは、ほとんどが石田三成《いしだみつなり》の居城でもあった佐和山《さわやま》城下町の一角「古沢《ふるさわ》」からの移転である。城下町移転に伴い、彦根《ひこね》下魚屋町への住み替えが行なわれたのである。

後年到来の二軒を加えると、古沢組は合計二九軒、全体の三八・二パーセントを占める。

現住人の家持《いえもち》・借屋比率を来歴年数別に分類すると、全八二軒は、慶安《けいあん》二年（一六四九）現在で、家持五〇軒、借屋三二軒となっている。徳川《とくがわ》中期の「下魚屋町家並絵図《やなみえず》」や「万留書《よろずとめがき》」などからすると、同町内の標準的屋敷地数はほぼ五〇区画前後とみられる。町立てから半世紀を経た慶安年間（一六四八～五二）、町内の家屋敷はおおむね充足され、借屋は表通りに面さない裏借屋形態と推定される。

四〇年以上前からの住人の多くは家持層で、一〇年以上四〇年未満の中堅組も相対的に家持層が多い。これに対して、ほぼ一〇年前、寛永《かんえい》一五、六年（一六三八、三九）頃を画期として借屋が増えはじめ、家持層を上まわる傾向となっている。

古沢からの移転を起点に、つぎつぎと家屋が建設され、ほぼ一〇年以前に満杯となった。そして、近年はさらなる家数・人口増加により借屋が増えはじめている、とまとめられる。

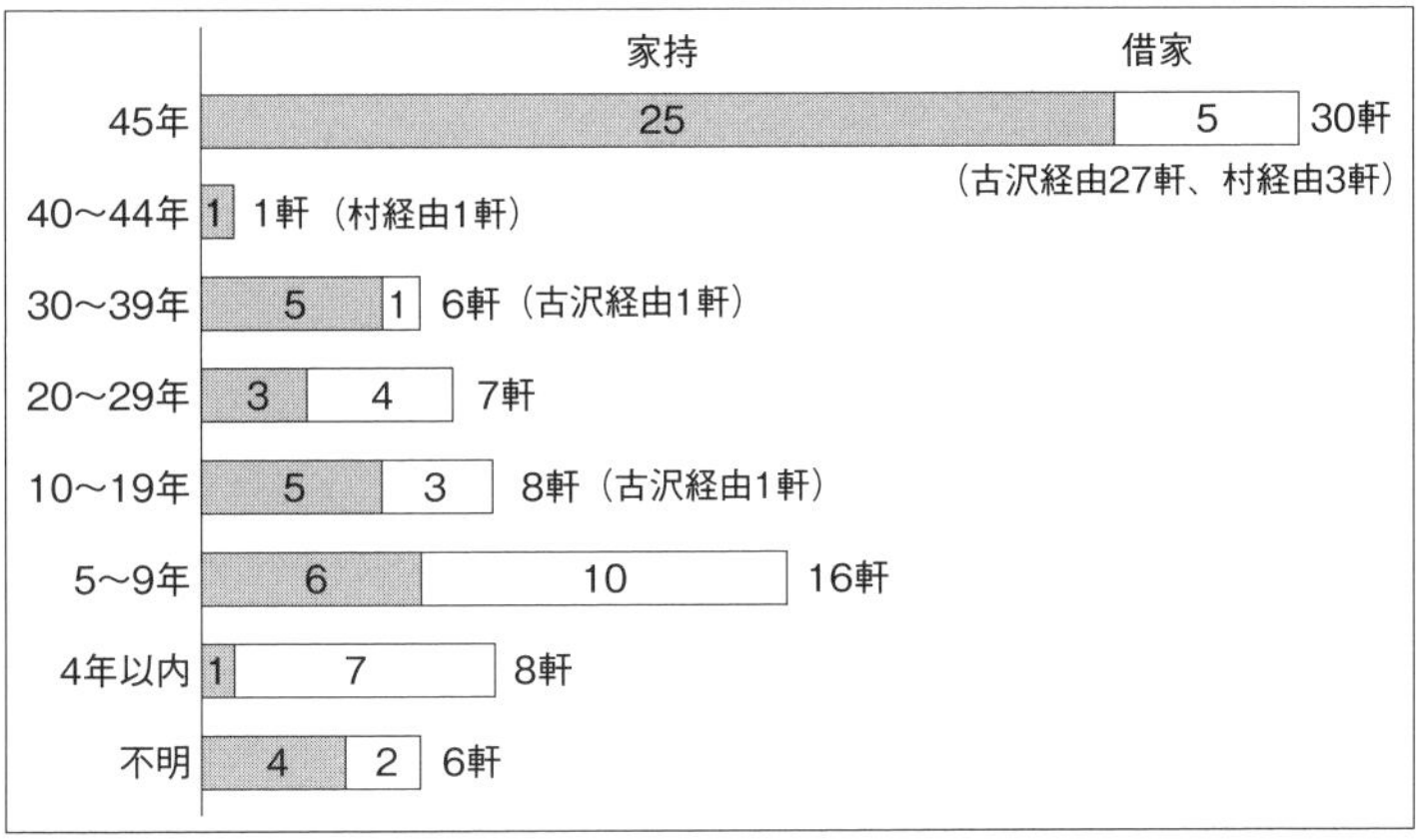

◉下魚屋町住人の居住歴と家持・借屋数
慶安二年現在の下魚屋町住人のうち八二軒を対象とした。家持が五〇軒、借家三二軒。一〇年ほど以前から借家層が急増しはじめている。

個人情報の開示

「下魚屋町御改帳跡《しもうおやまちおあらためちょうあと》」は、各家の来歴をかなり詳しく記している。代表的なケースをいくつか例示してみよう。

与惣右衛門家　家持で魚売りを生業とする与惣右衛門《よそうえもん》（三六歳）の父親与十郎《よじゅうろう》は、旧城下町古沢《ふるさわ》町の出身である。四五年前に下魚屋町に屋敷地を与えられ移り住んだ。のちに与惣右衛門の岳父となった了其《りょうき》も、同じく古沢からの移転組である。父与十郎は新しい町で伴侶を得て、娘一人と息子二人の父となり、一五年前に死去した。同町生まれの与惣右衛門と弟の彦左衛門《ひこざえもん》（三二歳）兄弟は、成長してそれぞれに家庭をもち、町内の中堅として活躍する。彼らの姉（四八歳）も同じ町内の魚売り新兵衛《しんべえ》と結婚し、当町に住む。与惣右衛門家は、村方出身の養立下人《やしないだてげにん》（長年季奉公人）二人と一年季奉公の下女一人を雇っている。

甚右衛門家　蚊帳《かや》売りを商売とする甚右衛門《じんえもん》（四五歳）の父親与兵衛《よへえ》は、坂田《さかた》郡宇加野《うかの》村（米原《まいばら》市）の百姓だった。彦根《ひこね》城下町の町立て時、田畑を譲渡して当町に転居し、夫婦で魚売りを始めた。甚右衛門自身は当町の生まれで、同じ町内の与左衛門《よざえもん》娘と結婚して息子二人がいる。長浜《ながはま》町出身の下女一人を雇用する。

与惣右衛門家系図

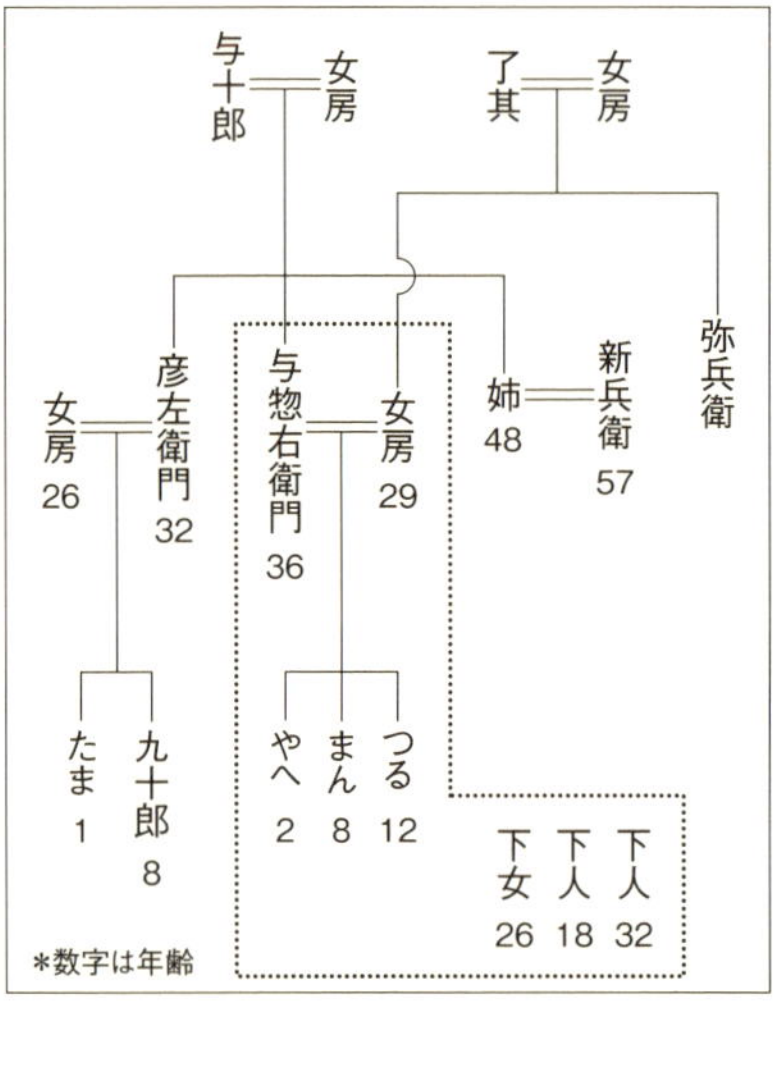

父親の出身地宇加野村では、従兄弟《いとこ》の太助《たすけ》が百姓を続けている。

与左衛門家　右の甚右衛門女房の父親が、与左衛門（五七歳）である。彼は、もともとは坂田郡番場《ばんば》村（米原市）の出身で、三八年前、一九歳で彦根の四十九町《しじゅうく》久太夫《きゅうだゆう》方の奉公人となった。七年間の奉公ののち、当町に家屋敷を購入し、魚商売を始める。結婚して三人の子持ちとなった。女房は浅井《あざい》郡丁野《ようの》村（湖北《こほく》町）百姓久左衛門《きゅうざえもん》の娘。与左衛門の出身地番場村では、弟の久兵衛《きゅうべえ》が跡を継いで百姓を続ける。女房の実家は、甥《おい》の三右衛門《さんえもん》が跡を継いでいる。

平右衛門家　平右衛門《へいえもん》は彦根足軽《あしがる》町の生まれで、二一歳のときに親から独立して当町内で魚商いを始め、その後、城下四十九町の娘と結婚した。平右衛門の父親（平右衛門）は、彦根家中《かちゅう》五十嵐《いがらし》運平《うんぺい》組の足軽だった。犬上《いぬかみ》郡安田《やすだ》村（彦根市）百姓家の出身で、四五年前に足軽奉公を始めた。勤続二〇年のあと暇をもらい、余生を息子平右衛門方で送った。

平右衛門は七人の子持ちである。このうち長女は石田《いしだ》村百姓の女房となり、長男は城下近在原《はら》村へ養子に出ている。父親は村方出身で足軽、自分は町人、子は百姓女房・百姓養子と、身分的に多彩な家族関係となっている。父親の出身地安田村には、いまは親戚もいない。

どこの出身？

下魚屋町《しもうおやまち》の住人は、多様な来歴をもちながら、新しい町人社会の構成員になった。経歴を通覧したとき、とりわけ注目されるのが、住人ないしはその親の出身地と彦根《ひこね》城下移住の経緯である。出身は旧城下町と村方に大別されるが、そこから直接下魚屋町に到来した者もいれば、彦根城下のほかの町内経由の者もいる。そこで、データを少し一般化して、住人（当主）来歴をつぎのように分類してみた。

①下魚屋町、彦根他町などを問わず、親の代から町人である住人＝Ａ型町人

②自分の代に村方から彦根城下（自町、他町を含む）に到来し、町人化した住人＝Ｂ型町人

③親が彦根藩家中の武家奉公人だった住人＝Ｃ型町人。

先の代表例でいえば、父親の代から町人の与惣右衛門《よそうえもん》家や、父親が百姓から町人となった甚右衛門《じんえもん》家はＡ型。自分の代に町人化した与左衛門《よざえもん》家はＢ型。また、父親が武家奉公人だった平《へい》右衛門《えもん》家はＣ型となる。

Ａ型は、さらに村方との関係が不明な与惣右衛門型（Ａ１型）と、関係が明瞭な甚右衛門型（Ａ２型）に細分化される。

下魚屋町住人の来歴を、この類型に従って分類してみる。

まずＡ１型（親の代から町人。村方との関係不明）について

●当主の出身類型

自分の代に町人化した者が全体の約三七％を占める。新しい住人たちの手で、にぎやかに町づくりが進んでいる様子がうかがえる。

類型／出身地	A1型	A2型	B型	C型	計（人数）
	親の代から町人 村との関係は不明	親の代から町人 村に縁者がいる	親は百姓 自分の代に町人化	親は武家奉公人	
古沢	20				20
長浜	6				6
八幡	1				1
彦根他町	1				1
犬上郡		10	11(*1)	1	22
坂田郡		4(*3)	7		11
愛知郡		4(*3)	5.5	1	10.5
浅井郡		2(*1)	1.5		3.5
伊香郡			3(▲1)		3
神崎郡			1		1
甲賀郡		1(▲1)(*1)			1
不明			1	1	2
計（人数）	28	21	30	3	82

*は古沢経由、▲は他領出身。いずれも内数

は、旧城下町古沢《ふるさわ》からの移転組を中心とするが、この型の二割、六軒は坂田郡長浜《ながはま》からの移住者である。

長浜は、天正《てんしょう》二年（一五七四）、羽柴《はしば》（豊臣《とよとみ》）秀吉《ひでよし》によってつくられた城下町である。その後、山内《やまうち》一豊《かずとよ》などを城主として発展したが、元和《げんな》元年（一六一五）に井伊《いい》家領となり、以後、彦根藩領内の在《ざい》郷《ごう》町として推移する。移転組六軒の来歴年次を見ると、慶長《けいちょう》末年が二軒、元和年間三軒、寛永《かんえい》末年一軒と、多くが彦根藩領への編入前後に集中する。古沢組とは別の意味で、彼らも旧城下町からの移転組といえる。

出身村の判明するA２・B・C型については、彼らの出身郡に注目したい。彦根城下のある犬上《いぬかみ》郡が郡出身者の四二・三パーセントを占め、次いで坂田《さかた》、愛知《えち》、浅井《あざい》と続く。同心円的な広がりをもってあちこちの村々から集まったことがわかる。ただ、その範囲は、おおむね近江《おうみ》国内の彦根藩領に限られる。日常的な往来はともかくとして、町人化に際しては、大名の藩領域という枠組みが強く影響している。

兄の道、弟の道

A２・B・C型履歴には、彼らの出身地に住んでいる縁者についても記されている。A２型では全二一軒のうち縁者在村数は六軒、B型では三〇軒中二一軒、C型では三軒中一軒を数える。とくに自分が町人化したB型では、親兄弟の在村ケースが多く、関係率は七〇パーセントにのぼる。

このなかで、ひときわ目を引くのがB型の「兄弟」の項目である。兄弟が在村している者一〇人のうち、弟を村に残す者九人に対して兄を残す者は一人と、極端に不均衡がみられる。自分の代に村から出てきた下《しも》魚屋《うおや》町《まち》住人のほとんどは兄系統である。

　室町《むろまち》・戦国時代から徳川《とくがわ》に至る社会変動の歴史を、在地の土豪《どごう》・地《じ》侍《ざむらい》（小領主層）がたどった選択コース（領主化、職人化、商人化、精農化）のせめぎ合いによって説明する有力な学説がある。兄は侍となって城下町に向かい、弟は農業に専念する百姓となった。あるいは、兄は職人への道を歩み、弟は商人となったという具合である。その選択肢は「兄の道、弟の道」と象徴的に表現されている。

　ただ、その学説では、実際にどのコースを歩んだのが兄であり弟だったかまでは特定されなかった。下魚屋町のデータは、城下町町人（商人・職人）への道を現実にたどったのが、「弟」ではなく「兄」であったことを明瞭に示している。

　兄弟をめぐる研究は、従来、末子相続など家相続の慣習に関する分野に限られていた。しかし、下魚屋町住人の兄弟構成は、「兄たちのつくる町社会」「弟の多い村社会」など、「兄弟論」に踏み込んだ身分社会史研究を要請しているように思われる。身分論に家族・兄弟論を導入する試みは、魅力ある課題である。

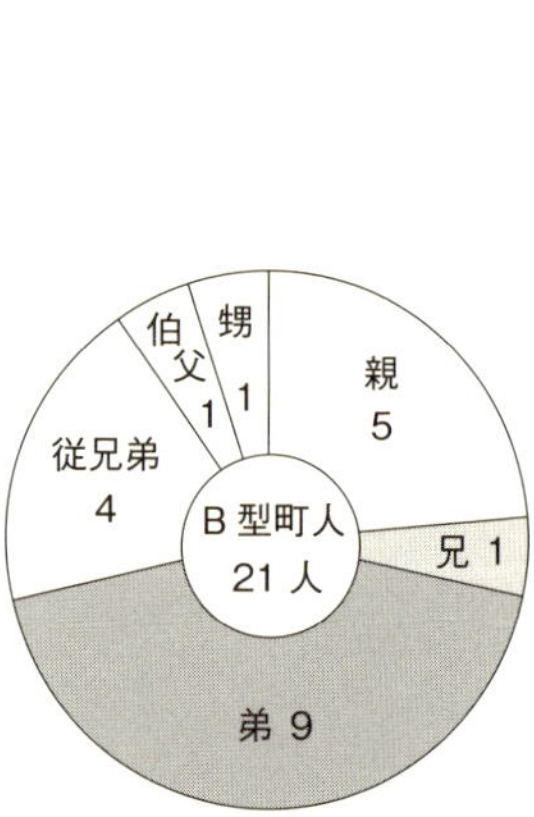

●在村の縁者（B型の場合）
村出身町人の多くは、縁者がいまも在村する。弟の多さがきわだつ。

奉公が変換キー

本人が村方出身のＢ型町人については、村を出てから下魚屋町《しもうおやまち》の町人になるまでの履歴も判明する。これによれば、Ｂ型住人三〇軒のうち、村を出てすぐに彦根《ひこね》城下の町人となった者は五人にとどまり、多くは足軽《あしがる》や草履取《ぞうりと》りなどの武家奉公を経験するか、町方での奉公を経由したあとに町人となっている。それぞれの経歴の住人を紹介しよう。

助左衛門《すけざえもん》（五二歳）生まれは彦根藩領愛知《えち》郡沓掛《くつかけ》村（愛荘《あいしょう》町）。一六歳まで親元で暮らし、その後、彦根家中の中里市右衛門《なかざといちえもん》の奉公人となる。一四年間草履取りとして仕えた。二一年前に、下魚屋町新兵衛《しんべえ》の肝煎《きもい》りで町内に家を買い求めて魚売りを始め、いまに至る。

伝兵衛《でんべえ》（三九歳）生まれは彦根藩領坂田《さかた》郡四塚《よつづか》村（長浜《ながはま》市）。一六歳まで親と一緒に百姓をしていた。その後、当町弥兵衛《やへえ》の奉公人となり、九年の奉公後、弥兵衛の肝煎りで町内に家を借り、魚売りを生業《なりわい》としていまに至る。

なお、親の代に村方から城下町に出てきたＡ２型町人については、当町定着までにどのようなコースをたどったか記されていない。ただ、Ａ２型に類似する三〇年以上のＢ型古参町人四人のうち、三人までが奉公人経由であることからみて、Ａ２型の多くも奉公人を経ての町人化と考えてよさそうである。結局、村方出身の町人は、そのほとんどが武家奉

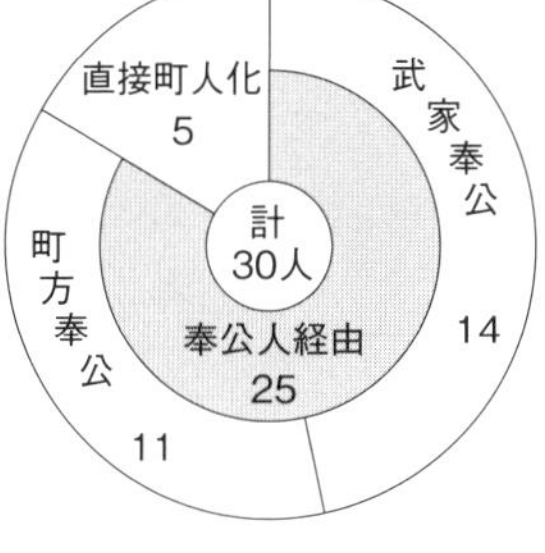

●町人になるまでの経路
村出身町人の八割以上は、武家奉行・町方奉公を経由している。

公か町方奉公を経由している。いいかえれば、武家奉公人・町方奉公人の一部が、城下町住人になった。百姓から町人への身分変換は、奉公人という回路を経て実現する。

ところで、助左衛門、伝兵衛が当町内への転入に際して、「肝煎人《きもいり》」（請け人、身元保証人）の仲介を得ていることも注目される。助左衛門の場合は家の購入、伝兵衛の場合は借屋だが、ともに町内住人が身元保証人となっている。

彦根城下伝馬《てんま》町の史料によれば、家屋敷の購入に際しては三種類の証文が作成された。

①買い主の請け人から町役人に宛《あ》てた証文　買い主の身元を保証する内容。キリシタンではなく、井伊家から咎《とが》めを受けた関係者でもなく、さらに関ヶ原の戦い・大坂の役の敵方大将の子孫でもない旨を記す。

②町役人から町奉行に宛てた証文　当該物件の内容や、売り主・買い主名、請け人の名、および①と同様の保証内容を記す。

③売り請け人から町奉行に宛てた証文　売り主の身元を保証する。

要するに、彦根城下で家屋敷を購入する場合、二つのハードルを超える必要があった。ひとつは町内会の了解であり（①）、もうひとつは町奉行の了解である（②③）。ただし、第二は第一のハードルを前提にしており、基本は町人同士の身元保証や町内会の承認ということになる。こうしたハードルは家屋敷の購入に限らず、町内に転入し町住人となる場合の一般的な仕組みとみてよい。

武士の主導で建設された城下町は、町人たち自身が担う町づくり・町人づくりを通じて、生きた社会になっていく。幕府や大名による町方支配は、町人たちの主体的な町づくりを基礎にしながら、それらを管理・統制する形で進行した。

行く人、来る人

史料「下魚屋町《しもうおやまち》御改帳跡《おあらためちょうあと》」は、女房・子供や奉公人たちの動向についても記している。

まず、女房たちの出身である。A型当主の女房は、夫が当町生まれであることから予想されるように、四一人の過半五六・一パーセントが町出身者である。町の内訳は、彦根《ひこね》城下一四人、長浜《ながはま》六人、古沢《ふるさわ》・近江八《おうみはち》幡《まん》・越前北庄《えちぜんきたのしょう》各一人となっている。ただ、この型にあっても女房の三割近くは、村方出身である。町人と百姓は、婚姻関係においても近い距離にあった。また少数ではあるが、彦根家中の武家方出身もいる。

自身が村方出身のB型当主の女房となると、村方出身の割合が増え、過半の五五・六パーセントを占める。この場合、夫が村方在住時代の婚姻は皆無で、全員が城下居住後の結婚と判断される。なお、この型にも少数ながら武家方出身の女房がいる。

全体を集計すると、町内女房の出身は町方と村方が同数の三七名ず

当主 ＼ 女房の出身		町	村	彦根家中	不明
A_1 型	28	13	7	3	5
A_2 型	21	10	6	2	3
B 型	30	10	15	2	3
C 型	3	1	2	—	—
後家	10	3	7	—	—
武家奉公	7	—	—	—	7
合計（人数）	99	37	37	7	18

A_1型＝親の代から町人、村との関係は不明　B型＝自分の代から町人化
A_2型＝親の代から町人、村に縁者がいる　C型＝親が武家奉公

●女房の出身地
偶然だが、町方出身と村方出身が同数となっている。「後家」の項は後家自身の出身地。「武家奉公」は町内住居の武家奉公人家族。

つ、武家方が一割弱の七名となっている。武家型女房については、履歴の説明に「某組某人娘」などとあることから、ほとんどが足軽《あしがる》などの武家奉公人の子女と思われる。武家奉公人経由の町人化と並び、武家方子女から町人女房へというコースもめずらしくはなかった。

町内女子の縁付き先も町方・村方・武家方に広がっている。一七人のうち町方が一〇人、武家方が四人、村方が三人である。母親たちに比べ、町方と武家方が相対的に多い。しかし、彼女たちが町育ちということを考えれば、村方との婚姻が三件あることを重視するべきであろう。武家方との婚姻は、「某組某人所に縁に付く」などとあることから、この場合も足軽クラスとの関係が中心となっている。村方への嫁ぎ先は、犬上《いぬかみ》郡二名、甲賀《こうか》郡一名で、いずれも彦根藩領である。こうしてみると、女性の場合は、婚姻が身分変換キーといえる。

子供たちは、現在、男女合わせて三八人が奉公に出ている。奉公先は武家方がもっとも多く一九人、次いで町方一四人である。武家奉公では、男子は若党《わかとう》、草履取《ぞうりと》りであるが、女子の場合は、知行取家中への奉公から「某組内某人所」といった足軽組の下女まで多様である。

ほかに、寺方への奉公も注目される。男子一名は彦根城下宗安寺《そうあんじ》で、「ていぎん」とあるから出家している。女子一名は愛知《えち》郡薩摩《さつま》村善照寺《ぜんしょうじ》への奉公である。奉公関係を通じて、町方は寺方ともつながっていた。

奉公先＼性別	男	女	計(人数)
武家方	7	12	19
町　方	8	6	14
村　方	1	2	3
寺　方	1	1	2
計(人数)	17	21	38

◉子供の奉公先
合わせて三八人が奉公に出ている。半数近くが武家方への奉公。

一方、下魚屋町には、六二人の奉公人が雇われて働いている。このうち城下および長浜町からは三割弱で、多くは犬上郡ないしは近隣郡の出身である。広がりは、ちょうど村方出身町人の出身地と重なり合う。奉公期間は、女子のほとんどが一年契約の奉公人である。男は三分の二が一季奉公人、残り三分の一が養立《やしないだて》で、ほかに「手代《てだい》」という肩書きの奉公人もいる。先の調査データから推測すれば、彼らの多くは兄系の者たちで、町方と村方を循環しながら生計を立てていると考えられる。この一部が、チャンスを得て城下町に家を構え、あるいは借屋ながら所帯をもって町人化するのである。

彦根下魚屋町の住人について、やや詳しく身元の追跡調査を試みた。慶長《けいちょう》九年（一六〇四）の町立て以後、同町は旧佐和山《さわやま》城下町からの移転組と、領内村々からの移住者により新しい町づくりが進行していた。村方出身住人は、村に弟を残した兄系の者が圧倒的で、多くが城下での武家奉公や町方奉公を経験した者たちであった。また、女房の出身や、子女たちの縁付き先・奉公先などからも、町方と村方との密接な関係がうかがわれ、町方と武家方との交流関係もかいま見られた。

村方・町方・武家方・寺方、それぞれの身分集団のあいだをたくさんの人々が移動し、循環しながら新しい人間関係・社会関係がつくられていく。

出身地＼奉公人	下人	手代	下女	計
彦根城下	3	2	7	12
長浜	2	0	2	4
犬上郡	3	0	12	15
坂田郡	10	2	4	16
愛知郡	3	2	0	5
伊香郡	0	0	3	3
浅井郡	1	0	2	3
神崎郡	1	0	0	1
不明	2	0	1	3
計	25	6	31	62

◉雇用奉公人の出身地
男は長浜のある坂田郡が主流。女は彦根を含む犬上郡出身が多い。

コラム2

上野につくられた京都

上野の寛永寺《かんえいじ》は、寛永二年（一六二五）に、東の比叡山《ひえいざん》（東叡山《とうえいざん》）として創建された。初代住職は南光坊天海《なんこうぼうてんかい》。家康《いえやす》の知遇を得た天台僧《てんだいそう》である。鬼門《きもん》（東北）に位置して王城を鎮護した延暦寺《えんりやくじ》に倣い、寛永寺も江戸城の鬼門の地に建てられた。寺号に建設時の年号を用いるめずらしいネーミングも延暦寺を真似《まね》ている。根本中堂《こんぽんちゆうどう》、常行堂《じようぎようどう》、法華《ほっけ》堂《どう》など、同じ名前の堂社も多数つくられた。

そればかりではない。境内および周辺には、京都にちなんださまざまな事物が配置され、さながらミニ京都の様相を呈した。たとえば、上野山のふもとの小池（不忍池《しのばずのいけ》）を拡張して琵琶湖《びわこ》に見立て、池中の小島には竹生島《ちくぶしま》の弁才天《べんざいてん》を勧請した。池のほとりには清水寺《きよみずでら》を模した清水観音堂や祇園堂《ぎおんどう》を建て、観音堂には「清水の舞台」をしつらえてもいる。さらに、いまの精養軒《せいようけん》の東方には、方広寺《ほうこうじ》大仏の三分の一ほどの大仏もお目見えした。また、浅草寺《せんそうじ》近くには三十三間堂《さんじゆうさんげんどう》も建てられ、通し矢の行事が恒例化する。

ミヤコの事物を取り入れながら、新首都づくりが進む。

◉清水の舞台と不忍池
春は花見、夏は不忍池の蓮見、秋は月見と、上野は四季を楽しむ名所。上野山下も盛り場としてにぎわった。（歌川広重《うたがわひろしげ》筆『江戸名所百景《えどめいしよひやつけい》』「上野清水堂不忍ノ池」）

第三章

村づくりの諸相

1

刀狩り・検地

慶長国絵図は語る

京都の改造や江戸をはじめとする城下町づくりと軌を一にして、農村部においても新しい村づくりが進行した。徳川家康《とくがわいえやす》が諸大名に命じて作成させた国絵図《くにえず》が、掌握された国土の姿を鳥瞰《ちょうかん》している。

家康は、将軍就任まもない慶長《けいちょう》九年（一六〇四）秋、諸大名に命じて郷帳《ごうちょう》と国絵図をつくらせた。郷帳とは村ごとに石高《こくだか》を書き上げた帳簿であり、国絵図とは山城国《やましろのくに》、武蔵《むさし》国などといった国を単位にした国土絵図である。

国絵図奉行の西尾吉次《にしおよしつぐ》が、高知藩（土佐《とさ》藩）主山内一豊《やまうちかずとよ》に指示した作図マニュアルが残っている。それによると、①郡名を墨書し、一郡ごとの田畑数・分米高《ぶんまいだか》・村数を朱書きすること、②村名を俵形に記入し、その外側に村の石高を書きつけること、③国境を入念に描くこと、④色絵にして、川や道も区別すること、⑤絵図全体が大きくなりすぎないこと、としている。

ところで、こうした国土絵図作成の歴史は、古代にまでさかのぼる。日本列島の歴史において国土絵図を最初に作成したのは、古代律令《りつりょう》国家だった。この国家は、大化《たいか》二年（六四六）、国家確立の初期段階に早くも各国単位の絵図作成を命じている。天武《てんむ》朝（六七二〜六八六年）には、実際に諸国

●夕涼みする親子
徳川農村では、夫婦と子供から構成される単婚家族がしだいに農業経営の基本単位となっていった。
（久隅守景《くすみもりかげ》筆『納涼図屏風《のうりょうずびょうぶ》』）
前ページ図版

図の収納が行なわれた模様である。さらに天平《てんぴょう》一〇年（七三八）には聖武《しょうむ》天皇、延暦《えんりゃく》一五年（七九六）には桓武《かんむ》天皇が国郡図の作成・改定を命じた。しかし、その後、権力の分散化した中世日本においては国土絵図の作成は途絶え、民間に流布《るふ》した行基図《ぎょうきず》がもっぱら日本図の代表となった。

長い空白期間のあと、古代国家の事業を受け継いだのが、豊臣秀吉《とよとみひでよし》である。天皇権威を背景に統一政権を樹立した秀吉は、天皇に献納するためとして、天正《てんしょう》一九年（一五九一）五月から六月、諸大名に命じて全国の御前帳《ごぜんちょう》（検地《けんち》帳）と「郡田図《ぐんでんず》」を作成させた。

奈良興福寺《こうふくじ》の多聞院英俊《たもんいんえいしゅん》はこの事業について、「日本国の郡田を差図絵《さしずえ》に書き、海山川里寺社田数以下ことごとく注《ちゅう》し上《あ》ぐべき由、下知《げち》と云々《うんぬん》」と日記に書きとめている。

家康が作成を命じた国絵図・郷帳は、直接的には秀吉の事業の継承であり、広くは古今東西の権力に共通する領土統治権の顕示である。徳川国家は以後、正保《しょうほう》・元禄《げんろく》・天保《てんぽう》と数次にわたり、この事業を継続する。

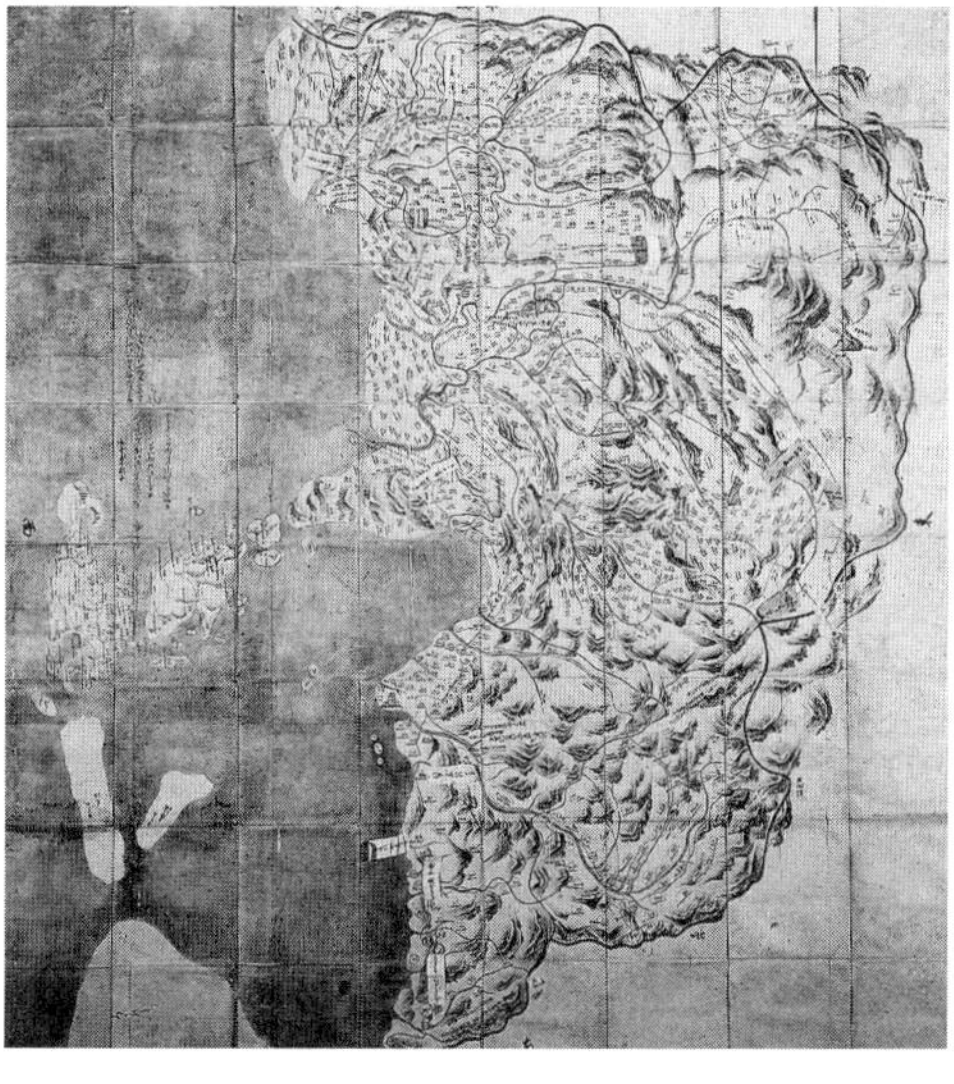

2

●**『肥後慶長国絵図』** 絵図奉行を命じられた熊本藩の加藤清正《かとうきよまさ》が、相良《さがら》氏、寺沢《てらさわ》氏らの協力を得て作成した。全体に淡色で、郡名や郡石高は朱書きされている。

和泉国の町と村

現在、慶長《けいちょう》国絵図のうち、十数点の写しが各地に残存している。慶長一〇年（一六〇五）九月の日付をもつ『和泉国《いずみのくに》絵図』も、そのうちの一点である。ここには統一政権である家康《いえやす》政権が把握し編成した国土の様子が、包括的に示されている。

国土は城下町と村の二大要素から構成される。天守閣《てんしゅかく》の描かれた城下町は岸和田《きしわだ》である。岸和田は、前代には和泉半国《はんごく》の守護所《しゅごしょ》が置かれ、細川《ほそかわ》・三好《みよし》氏の拠点だった。織田信長《おだのぶなが》上洛のころには松浦《まつら》氏・寺田《てらだ》氏ら地元土豪が支配していたが、天正《てんしょう》一三年（一五八五）、秀吉《ひでよし》による和泉国制圧のあと、秀吉子飼いの小出秀政《こいでひでまさ》が入城して本格的な町づくりに着手した。天正一五年に城普請《ぶしん》が始まり、慶長二年には天守閣も完成する。

文禄《ぶんろく》三年（一五九四）の検地帳《けんちちょう》によれば、城下を含む岸和田村の全戸数は三七〇戸。鍛冶《かじ》屋、塗《ぬり》屋、酒屋、米屋など一五種、四〇戸の商工業者がおり、城下町の整備がうかがえる。なお、国絵図の岸和田城部分に「岡部内膳正《おかべないぜんのかみ》」という貼《は》り紙があるのだが、これはのちに貼られたもので、小出氏、松平《まつだいら》氏を経

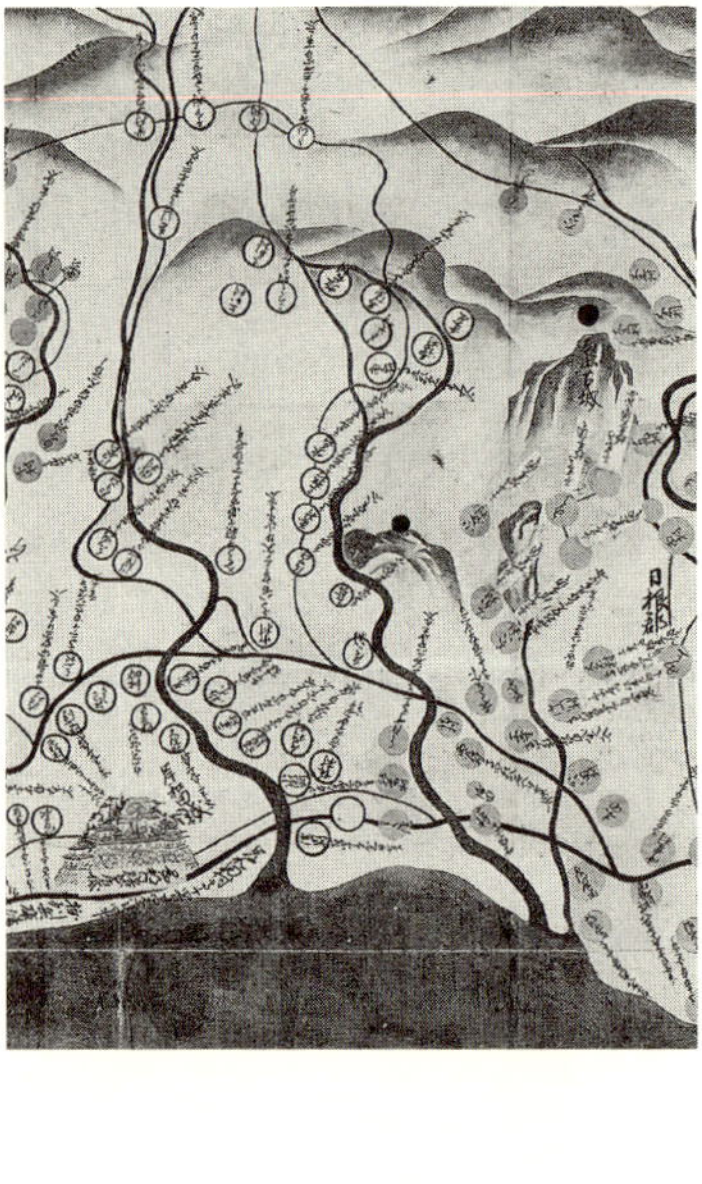

3

◉『和泉国絵図』
和泉国（大阪府南部）は、大鳥、泉、南、日根の四郡からなる。慶長国絵図では、総石高一三万七六四六石余。四〇年後の正保国絵図では、一六％増の一五万九三一六石余となる。

て、寛永《かんえい》一七年（一六四〇）から岸和田藩六万石藩主となった岡部氏二代目岡部行隆《ゆきたか》を指している。

城下町を囲む外側は、丸印で表示された村々で埋めつくされている。幕府からの指示では、村名を俵形で記せとのことだったが、ここでは丸形で示され、その横に村高が添えられる。絵図余白には、和泉国全体で里数一〇五か村とある。

統一政権により国土は城下町と村とに整理され、その際、村は「村名と村高」によって把握された。この図には、そのことが明瞭に示されている。よく見ると、村高無記載の丸印や村名無記載の丸印もかなりあるが、多くは村高記載の親村に含まれる小村（付属村）とみられる。これらをも合わせると、丸印は三六〇にのぼる。

和泉国については、慶長国絵図のつぎに作成された正保《しょうほう》国絵図（一六四四年作成指示）の写しも伝えられており、初代家康から三代家光《いえみつ》に至る四〇年ほどのあいだの変化もたどることができる。ちなみに、正保国絵図では、村高つきの村数は合わせて二七七を数え、慶長の二・六倍となる。この間、石高も順調に増加する。「村名と村高」の形で把握された農村世界が、充実・発展していく様子がうかがえる。

村のなかに城がある

村を「村名と村高」で把握する政策は、秀吉《ひでよし》による刀狩《かたなが》り・検地《けんち》政策を通じて、全国いっせいに推進されたものである。武士や商工業者を城下町に集める一方、農村部に対しては田・畑・家屋敷の面積を掌握し、それを米の単位（石高《こくだか》）に換算するローラー作戦が行なわれた。これにより、数量的に測定可能な村社会が、日本列島規模でつくりだされていた。

なお、検地による石高付けは都市部にも実施されたが、多くの場合は、そのうえで無税地（地子《じし》免除）となった。都市民には、商工業で奉仕する役が別に課されたからである。

慶長国絵図《けいちょうのくにえず》が作成される二〇年ほど前まで、和泉国《いずみのくに》南部は、隣国紀伊《きい》国の雑賀《さいか》衆や根来寺《ねごろでら》・粉河《こかわ》寺《でら》・高野山《こうやさん》の僧侶（三か寺衆）が担う地域権力（紀州惣国一揆《きしゅうそうこくいっき》）の影響を強く受けた地域だった。

この時期の様子を彷彿《ほうふつ》させる絵図が残っている。岸和田《きしわだ》南部に配置された根来関係の出城《でじろ》を描く『根来出城配置図』である。中心は山間部の千石堀城《せんごくぼりじょう》だが、平野部にもたくさんの城が築かれている。図の上部（東部）から高井、積善寺《しゃくぜんじ》、畠中《はたけなか》、窪田《くぼた》、沢ノ城と続く。目を引くのは、これらの城がいずれも村のなかにある点である。

高井城は「たかい村」のなかに、畠中城は「畠中村」のなかにあり、「窪田村」には矢倉《やぐら》が設置されている。「積善寺」と「澤ノ城」は村とは記されていないが、のちの慶長国絵図に「しやくぜんじ高千三百五十二石二斗《と》」「はたけ中　高千七十六石六斗二升九合」とあることから推して、やはりこの時期「村・城」一体型だったとみてよいだろう。

西端に位置する沢ノ城は、四〇×五〇間《けん》（一間は約一・八メートル）の土居《どい》をもつ区画を中心に、二〇〇×一〇〇間前後の堀を巡らし、内郭・外郭の随所に矢倉を設けていた。その東南の窪田村は四六×七二間の区画の三方を堀で囲み、北西隅に矢倉を配置する。窪田村の北、近木川《こぎがわ》の対岸畠中村は、土居のなかに本丸を据え、南側の川沿い一〇六間、北側六五間、東西の側辺九三〜九五間を堀で囲んでいる。そして、これら三村は土居で結ばれていた。東部の積善寺や高井も同様で、城と土居と堀からなる構造である。

流通・商業の拠点もあちこちに形成されていた。岸和田の南に位置する貝塚《かいづか》は、天文《てんぶん》一九年（一五五〇）、蓮如逗留《れんにょとうりゅう》の故地に建てられた、一向宗《いっこうしゅう》の道場を中核とする寺内町《じないちょう》である。町内には商工業者や牢人者《ろうにんもの》、百姓が入り交じり、地域市場としてにぎわいを見せていた。また、沢ノ城の南方には佐野市場があった。ここは水陸交通の要衝として、すでに室町《むろまち》時代中期には、毎月二・七の日に市の立つ市町として活況を呈していた。

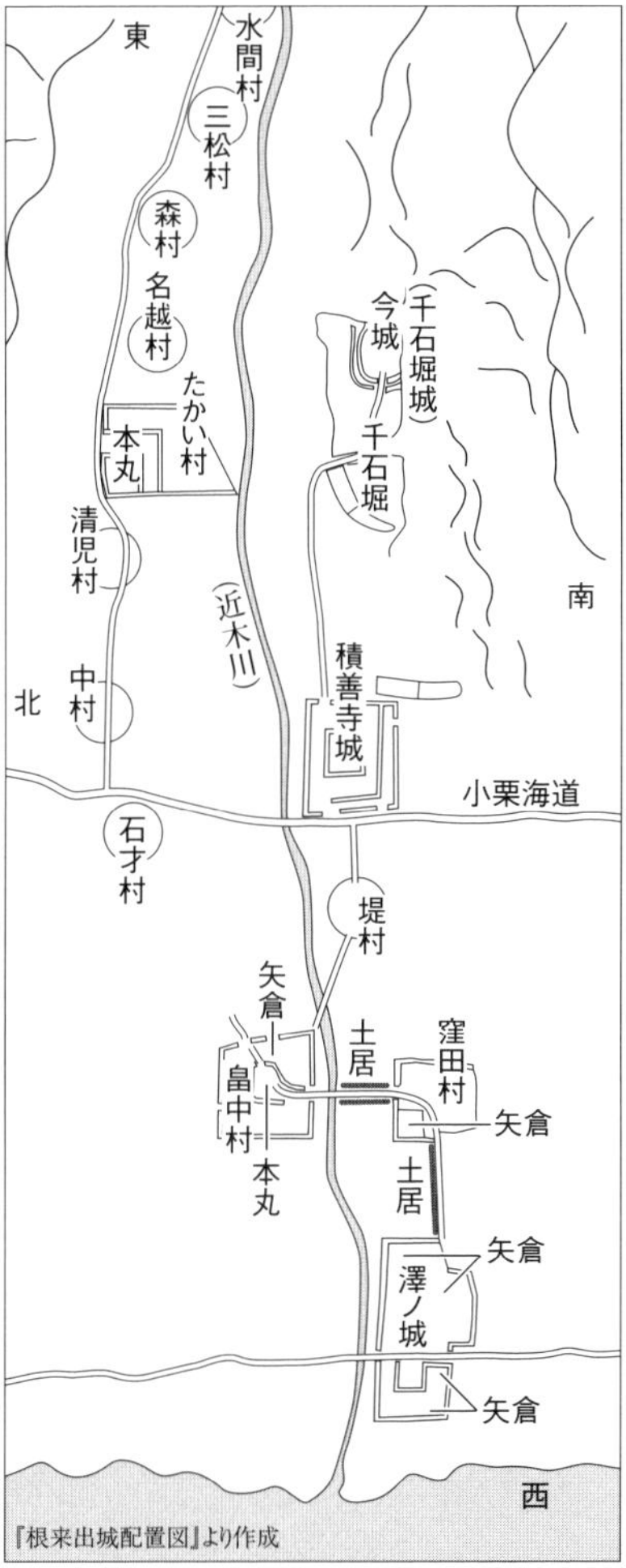

『根来出城配置図』より作成

●根来の城と村の配置
図の右上の「今城」が、本城《もとじろ》の千《せん》石堀城《ごくぼりじょう》。積善寺《しゃくぜんじ》から東南へ一一町で千石堀に達し、そこから五町ほど山道を登ると本丸に達する。

市場で販売する製品をつくる職人・商人の村も随所に存在した。たとえば、日根《ひね》郡山間部大木《おおぎ》村に含まれる菖蒲《しょうぶ》、船淵《ふなぶち》の二か村は、染物に必要な灰を生産・販売する村として著名だった。皮革製品をつくる「かわた村」も、職人村のひとつとして登場してくる。芸能民の村も生まれている。

天正《てんしょう》一三年（一五八五）三月、秀吉による和泉《いずみ》・紀伊《きい》攻撃は、こうした地域権力・地域社会を相手にしたものだった。地域の住民たちは、村の城に立てこもり激しく抵抗した。『宇野主水記《うのもんどき》』は、その様子を三月二十一日の条に記す。

秀吉御着陣、虎口《ここう》を見まわられ、千石堀という城を乗り崩しおわんぬ。城内の根来寺衆ことごとく討ち果たし、火を懸けおわんぬ。攻め衆も数多死す。同日夜に入り、畠中城自焼してことごとく取り退きおわんぬ。これは百姓持ちたる城なり。山の手に積善寺という城、これは根来寺衆の城なり。これは攻め衆討ち寄すに及ばず。浜の手に沢という城、これは雑賀衆の持ちたる城なり。二一日より攻め衆ひたと壁際へ打ち寄りて、城内より鉄砲にて数輩手負いを射出すなり。

畠中城には百姓たち、積善寺には根来衆、沢ノ城には雑賀衆がこもったという。百姓・土豪《どごう》・僧兵などから構成された地域権力は敗北する。

刀狩り・検地が日本を変えた

天正《てんしよう》一三年（一五八五）に行なわれた和泉《いずみ》・紀伊《きい》攻略は、各地に形成されていた諸権力を解体し、全国的規模で村と町を再配置する秀吉《ひでよし》の身分制国家構築への出発点となった。

同年四月二二日、最後まで抵抗した雑賀《さいか》の太田城《おおたじよう》を開城させた秀吉は、直後から新しい地域づくり、村づくりに取りかかった。まず、逃亡・避難した百姓たちの地元への還住と武装解除が命じられる。翌二二日になると、紀伊・和泉両国に対して三か条の法令が発せられた。

第一条では、「両国の土民百姓の首をことごとく刎《は》ねようと思ったが、寛宥《かんゆう》の心をもって地百姓は許し置くので各自の在所へ立ち帰るように」と命じ、第二条では、「在々の悪逆の棟梁《とうりよう》は選び出して首を切るが、残る平百姓は助命嘆願を受け入れて許し置く」とする。そして第三条では、「在々の百姓などが弓や鑓《やり》・鉄砲・腰刀《こしがたな》などを持つことは禁止する、鋤《すき》・鍬《くわ》など農具を持ち農業を専《もつぱ》らとするように」と、百姓の武器所持を禁止している。

秀吉は、三年後の天正一六年七月、全国に向けて刀狩令《かたながりれい》を発し、「諸国百姓など、刀、脇差《わきざし》、弓、鑓、鉄砲そのほか武具の類《たぐい》所持候《そうろう》こと、堅く御停止候」と号令するが、これはそのもとになる「原刀狩令」である。

百姓の武装解除と在所への還住を命じたうえで、田畑・屋敷地の検地《けんち》が始まる。和泉・紀伊両国を秀吉からゆだねられた異父弟の秀長《ひでなが》は、同年八月から家来の小堀新介《こぼりしんすけ》を奉行として検地に着手する。権力の土地調査に直面した土豪たちは、恐慌をきたした。和泉国熊取谷《くまとりだに》の土豪中家《なかけ》では、紛失した土地の権利証文の複製を急いで作成し、土地所有権の取り上げを防ごうとしている。

その後、和泉国では天正一九年、文禄《ぶんろく》三年（一五九四）と繰り返し検地が行なわれた。文禄三年検地については、検地奉行が記したマニュアル「御検地御掟《おんおきて》条々」が残っており、実施の様子を知ることができる。

検地竿《さお》は一間《けん》＝六尺《しゃく》三寸《すん》竿に統一せよ。三〇〇歩《ぶ》で一反《たん》とすること（それまでの一反＝三六〇歩を改正）。面積を米の収量に換算する一反あたりのレート（斗代《とだい》）を、良質の田（上田《じょうでん》）の場合は一石《こく》五斗《と》、中程度（中田《ちゅうでん》）は一石三斗、質の悪い田（下田《げでん》）は一石一斗とし、屋敷地や畑地も米高に換算して石高《こくだか》で表示すること。屋敷地は一反を米一石二斗相当とし、畑地は先例や現状から判断すること、などと命じている。

検地のローラーによって、国土は米穀栽培の有無にかかわらず、田畑・屋敷とも石高という同一の尺度に換算された。この数値を納税や主従の関係にも適用する石高制システムが起動しはじめる。

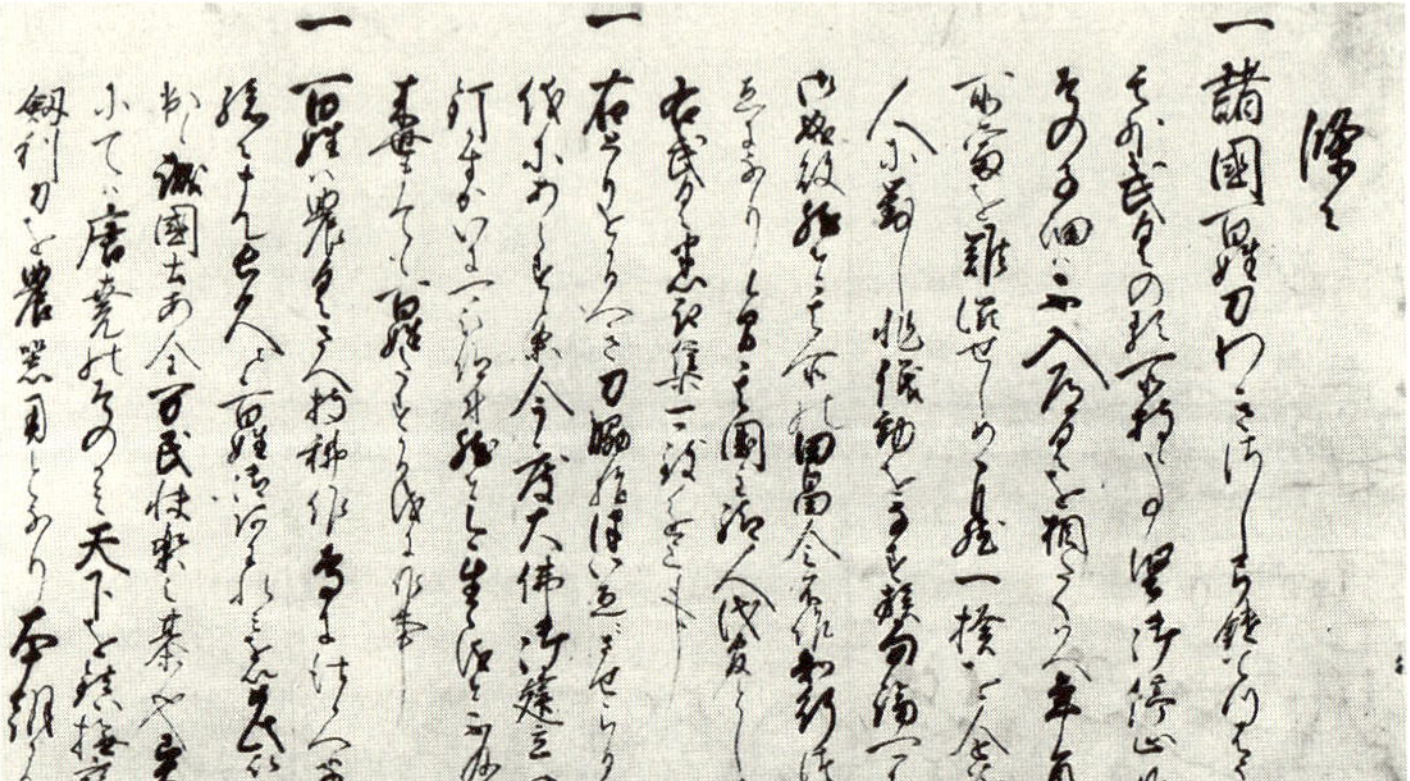

4

◉百姓の武具所持を禁じる「刀狩令」
「取り上げた刀・脇差《わきざし》は建立する大仏の釘《くぎ》・かすがいに用いる」と第二条でうたう。この年五月から方広寺《ほうこうじ》大仏の造営が始まっている。

年貢高か生産高か

米の収量を基準にする石高制《こくだかせい》は、中世末期に京極《きょうごく》氏・浅井《あざい》氏・六角《ろっかく》氏など近江国《おうみのくに》を中心に採用されており、信長《のぶなが》もこれを継承していた。秀吉《ひでよし》は、太閤検地《たいこうけんち》を通じて石高制を全国に強制したわけである。ちなみに、いまの私たちの時代、文字も、映像も、音楽もデジタルのローラーで一本化してしまうＩＴ革命が急速に進行中だが、石高制はこれに似ている。田畑も屋敷も年貢も、さらには武家の主従関係も石高で表わす秀吉の政策は、ＩＴ革命の先駆けとなるような社会革命だった。城づくりや水利事業に必要な大量の人夫の動員も、石高を基準にすることで、一律平等な割り当てが可能になった。

米の量を基準とした直接の理由については、統一政権の軍隊に必要な兵粮米《ひょうろうまい》確保との関係が指摘されている。家臣団が武装自弁《じべん》で戦う戦国大名の軍隊とは異なり、信長・秀吉軍は、兵粮米を兵士に支給することで機動性を高めたが、そのためには膨大な米の徴収と備蓄が必要だった。検地にもとづく石高制のローラー掛けが秀吉の根拠地から始まり、全国平定と並行して広められたことからみても、石高制は軍事的必要性と深い関係にあったと推測される。

ところで、太閤検地で算出された米穀量（一反あたり一石五斗などの斗代）の性格については、研究者のあいだで意見が分かれている。これを田畑からの予定収穫量（生産高）とみるか、それとも百姓から徴収する年貢高とみるかの対立である。従来は、これを生産高ないしは予定収穫高と解釈して、年貢高の算定にとどまった戦国大名の検地に対して革命的な土地調査であると評価していた。

他方、近年、太閤検地も戦国大名検地と同じく年貢高を調査したにすぎず、両者のあいだに画期を置くことはできないという新説が出され、支持を広げつつある。その根拠としては、年貢高を意味した戦国大名検地の「斗代」という文言が太閤検地にも用いられることや、太閤検地の斗代に匹敵する分量の年貢徴収が戦国時代にも見受けられることなどがあげられている。

ただ、徳川《とくがわ》初期の年貢徴収の実態に照らし合わせると、新説にも難点がある。というのは、実際の年貢徴収に際しては、検地帳の石高どおりに徴収されることはなく、つねにそこから百姓留保部分を差し引いた額が年貢とされているからである。「検地帳石高－免除高＝年貢石高」なのである。検地帳石高を生産高に近い数値とみる旧説も捨てがたい。

新説を生かしながら、この矛盾を解決する方策はないものだろうか。ここで、はたと思い至るのが、生産高と年貢高は異なるとする考え方そのものについてである。私たちは当然のように両者を別物としているが、それは現代人の思い込みではないのか。

発想転換をして「生産高＝年貢高」という仮説を立ててみてはどうだろうか。つまり、太閤検地の思想をつぎのように想定するのである。「領地で生産される生産物はすべて権力が領有し徴収する年貢である。しかし、それでは百姓が困るだろうから一定額を免除して、残余分を年

5

◉大坂城から出土した太閤枡
底裏に「きのととり（天正一三年）孫三郎」とある。大坂城三の丸遺構から発掘された最古の京枡。秀吉は京枡を公定枡とした。

貢として徴収する」と。こうみれば、「斗代＝年貢高」でありながら、かつ「斗代－免除高＝年貢高」という矛盾は、たちどころに解決するのではないか。現段階では、この仮説を実証する題材を持ち合わせないが、論争を解決するための一案として提出しておきたい。

なお、秀吉時代の別の史料によると、領主と百姓のあいだで年貢額をめぐり紛糾した場合は、出来高を量って三分の二を領主、三分の一を百姓に配分する、という原則が示されている。百姓に下《か》付《ふ》するべき免除分は、生産高の三分の一程度が妥当と考えられていたようだ。

秀吉の検地政策によって算出された石高を徳川も継承した。先の和泉国の場合、徳川検地は慶長《けいちょう》九年（一六〇四）八月に命じられる。日付からみて、この検地は、先の慶長国絵《くにえ》図《ず》・郷帳《ごうちょう》作成のための調査と判断される。ただ、この検地では田畑の実際の丈量《じょうりょう》は行なわず、文禄《ぶんろく》検地帳を基本台帳にしながら、持ち主の名を確認する形をとった。家康《いえやす》は、秀吉の検地政策・検地実績をまるごと引き継いだのである。この数値は以後、徳川国家のもとで基準値として用いられることになる。

秀吉身分法令の読み方

刀狩《かたなが》り・検地《けんち》の実施と並行して、武士や百姓・町人に対する各種の規制も始まった。秀吉《ひでよし》の身分政策を検討してみたい。

関白《かんぱく》に就任した翌天正《てんしょう》一四年（一五八六）正月一九日、秀吉が発令した一一か条の定め書きは、つぎのような規制を掲げている。

第一条　侍（若党《わかとう》）はいうまでもなく、中間《ちゅうげん》・小者《こもの》・荒子《あらしこ》に至るまで、主人に暇を乞わずに辞めた者は曲《くせ》ごとであるから、雇ってはいけない。

第四条　年貢を納めず、夫役《ぶやく》を務めない百姓は、隣郷・他郷へ行ってはいけない。隠しおいた場合は本人はいうまでもなく、その在所全体を処罰する。

第五条　各領主は、百姓が迷惑しないように分別しながら年貢などの徴収を行なえ。百姓に対していわれざる儀を申しかける者がいた場合は、その領主を処罰する。

武家奉公人や百姓の移動、年貢徴収の方法など、武士や百姓に対する身分規制の開始である。さらに、奥州《おうしゅう》平定を終えた天正一九年八月二一日には、身分に関する三か条が発令された。

第一条　去る七月の奥州出兵以後、新たに町人や百姓になった奉公人（侍・中間・小者・荒子に至るまで）を町や村に抱え置くことを禁止する。

第二条　村々の百姓が、田畑を捨てて商売や賃仕事に出ることを禁じる。また代官や給人《きゅうにん》（大名家臣）は、奉公もせず耕作にも従事しない者を調査し、在村させてはいけない。

第三条　主人に無断で離脱した奉公人を雇ってはいけない。よく調査して請け人（身元保証人）を立てて召し抱えるように。

これは秀吉の身分法令として、従来から重視されてきたものである。ここには、その後、徳川《とくがわ》国家に継承されていく身分制度の三原則が明示されている。①身分制度の枠組みの確定と維持、②身分移動の容認とコントロール、③逸脱身分の否定、である。

まず、三原則のひとつ「逸脱身分の否定」という点については、第二条の後半にその指示がなされている。武士身分に連なる武家奉公人でもなく、かといって百姓身分の本務である田畑耕作にも従事しない者（つまり身分的逸脱者）は調査のうえ、在村させないようにせよ、というのである。類似の法令は前年一二月にも出されており、「主をも持たず、田畑作らざる侍、あい払わるべきこと」としていた。

なお、第一条の「去る七月」については、従来、法令発令の前年七月の小田原《おだわら》出兵・北条《ほうじょう》氏滅亡を指すとされてきたが、近年の研究では、天正一九年の七月、つまり再度の奥州出兵によって全国平定事業が完了した時点とみる説が有力である。

秀吉の関東平定によってひとまず戦争状態が終結した結果、

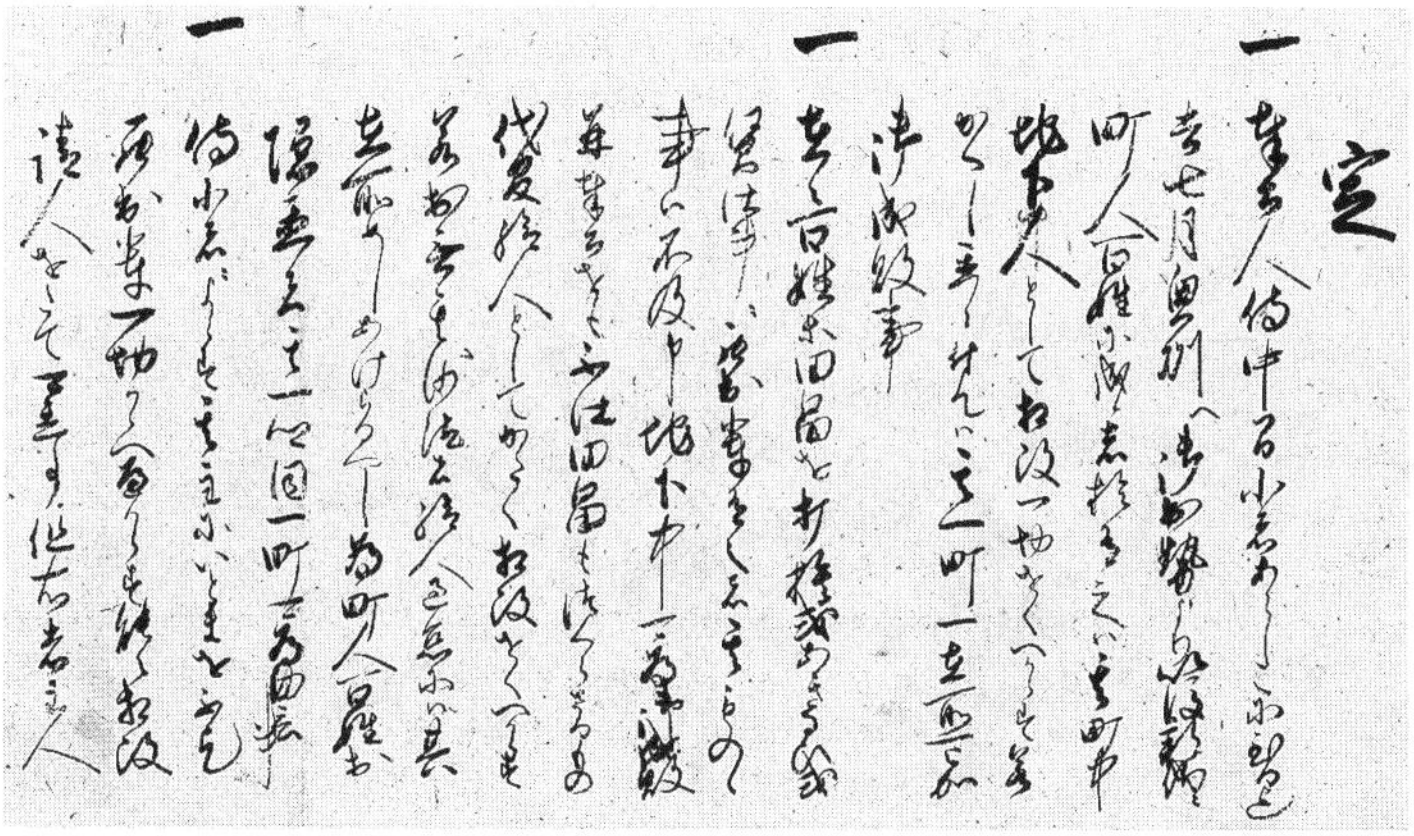

6

◉身分編成の原則を示す「身分法令」
天正一九年八月二一日発令。第一条の「侍」の意味は、武士一般ではなく、武家奉公人筆頭の「若党」を指すことが判明している。

巷《ちまた》には戦場から戻った失業武家奉公人（雑兵《ぞうひょう》）が満ちあふれ徘《はい》徊《かい》していた、と藤木久志《ふじきひさし》は法令発令の背景を想定している。そうした身分的逸脱者をいずれかの身分に帰属させようとしているのである。

身分移動は認める

②の「身分移動の容認とコントロール」は、第一条と第二条前半にうたわれている。去る七月以降百姓・町人となった武家奉公人は、奉公人に戻るように。また、百姓が商人・職人になることは禁じる、とする。一見したところ、各人の身分固定のように読めるが、他方、同法令は、この間に百姓や町人から武家奉公人になったであろう者に対する、旧身分への復帰についてはどこにも触れていない。

高木昭作《たかぎしょうさく》らの近年の研究によれば、この法令は、朝鮮出兵を前に、軍団を構成する武家奉公人の確保と兵粮米《ひょうろうまい》生産の百姓確保を目的とした、一時的な身分移動凍結令と解釈されている。首肯《しゅこう》できる見解である。秀吉の身分統制は、決して各人の身分固定ではなく、身分移動を容認したうえでの、状況に応じた規制にあったとみるべきだろう。

7

◉雑兵（武家奉公人）たち
軍団には足軽や中間・小者など大量の雑兵がいた。強制された者も雇われた者も、農村をおもな供給源とした。（『大坂冬《おおさかふゆ》の陣図屏風《じんずびょうぶ》』）

従来あまり注目されていないが、第三条の請け人問題は、身分移動にかかわる重要な箇条である。奉公人雇用に際しては身元保証人を立てよ、とする。ここで思いあたるのが、先にみた彦根《ひこね》の事例である。彦根城下では、家屋敷購入や借屋居住には必ず身元保証人が必要だった。

武家・町人を問わず、新しい国家が採用した身分制度は、請け人制度を不可欠の構成要素としていたといえる。身分移動を含む人間の動きが頻繁だからこそ、身分・身元を証明する保証人が必要とされた。「請け人」は、フレキシブルな身分制・身分社会を維持するためのキーパーソンである。江戸時代に入り普及する奉公人の雇用契約書も、身元引受人が雇い主に提出する「奉公人請け状」という形式を通例とした。

ところで、逸脱身分を否定し、身分移動のコントロールを含むこの法令は、「身分制度の枠組み」そのものをも明快に示している。百姓（地下人《じげにん》・地下中）、町人（商い・賃仕事、町中）、武士（代官・給人・侍・中間・小者・荒子）と、身分編成の枠組みがゆらぎなく示されているからである。従来この法令に与えられた身分固定の基本法令という評価も、あながち間違いではない。

ただ、これまでの近世身分制論の難点は、全国民をどの身分かに帰属させるための枠組みとしての身分制度と、個々の人間の身分移動とを区別せず混同したところにあった。その結果、この制度のもとではすべての人間はひとつの身分に固定され縛りつけられるという、いわばフリーズ社会として描かれることになってしまったのである。

豊臣秀吉《とよとみひでよし》の志向した仕組みは、個々の人間のいずれかの身分への所属であって、特定身分への永続的固定ではなかった。必要に応じた身分移動は、この国家にとって必要であり、有益なことだった。武家の場合でいえば、当初は戦争、次いで城普請《ふしん》や参勤交代業務などのために、長期・短期の武家奉公人を多数必要とした。また、町人社会や百姓社会もその発展に伴い、新住民や奉公人を必要とするようになる。

身分制の枠組みの堅持、個々の移動の容認と調整、逸脱者の否定。この三原則からなる秀吉身分制が、徳川国家にも受け継がれ、社会編成の基本的デザインとなる。

なお、個々人の身分移動の容認と調整という点に関連して、先の彦根町人の事例をヒントに注目されるのが、跡継ぎ以外の兄弟や女子の身分移動・身分循環である。歴史資料の多くが「家」を単位に受け継がれるという性格にも縛られて、従来の理解は、ともすれば、嫡子中心の身分論、いわば嫡子史観に陥っていたように思われる。

しかし、どの身分であれ、家族の過半が奉公人や女房、他家への養子となって実家から放出されることに気づいてみると、一目瞭然、これまでの近世身分論の偏りは明らかである。嫡子による家や身分の堅持と、庶子・女子による身分の移動や循環。徳川の身分社会はこの両側面の関係においてとらえなおす必要があるだろう。社会学などで蓄積のある本家・分家論なども、このなかでの見直しが課題となる。

列島改造の時代

中世的世界にさかのぼる

刀狩《かたなが》りや検地《けんち》を通じて創出された村は、稲作を中心的生業《なりわい》とする百姓身分の社会として急速に発展していく。統一政権による大規模土木工事を梃子《てこ》にしながら百姓たちが進めた村づくりは、この列島で稲作農業始まって以来の歴史を、大きく二分するほどのものとなった。

そうした変化を巨視的に眺望できる場所のひとつに、和泉国《いずみのくに》日根《ひね》郡の日根野《ひねの》村の世界がある。関西空港の対岸東方、大阪府泉佐野《いずみさの》市の南東山間地から北西の平野部にかけて広がるこの日根野村一帯は、延暦《えんりやく》二三年（八〇四）、桓武《かんむ》天皇の遊猟を初見史料とする歴史の堆積《たいせき》した地域である。

中世には、近隣の鶴原《つるはら》・井原《いはら》・入山田《いりやまだ》とともに、京都の公家《くげ》九条《くじょう》家領の荘園《しょうえん》となった。文亀《ぶんき》元年（一五〇一）から四年間、荘園領主の前関白《かんぱく》九条政基《まさもと》が当地に赴き、じきじきに荘園管理にあたったことは、彼の日記に詳しい。そこには大井《おおい》関神社《ぜきじんじゃ》の盛大な祭りの様子や近隣郷村との共同防衛体制など、荘園制のもとでの住民生活がいきいきと記録されている。

この日根野村には、一四世紀初頭に描かれた『日《ひ》根荘《ねのしょう》日根野《ひねの》村《むら》荒野《あれの》絵図《えず》』と、一八世紀中ごろの『日根野《ひねの》村《むら》井川《ゆかわ》用水絵図《ようすいえず》』が伝来している。私たちは、二枚の絵図の対比によって、四五〇年ほどを隔てた中世的景観と近世的景観を見比べるという類例のない機会を得ることができる。

『日根荘日根野村荒野絵図』は、九条政基の下向《げこう》より二〇〇年ほどさかのぼった正和《しょうわ》五年（一三一六）に描かれたものである。この前後に生じた九条家と地元荘官との開発をめぐる争いのなかで、荘官側が作成した図とされる。村域は東部の既耕地部分と西部の荒野部分に二分される。

東部には多数の寺社や住民の居宅が集中し、開発された耕地や縦横に走る道路など、人間生活の場としての雰囲気がよく現われている。住民の居宅も四〇戸ほど見られる。寺社を詳細に描くところに、神仏を社会生活の主役とする世界観が表現されている。他方、西半分は、山麓《さんろく》部や荒野内の溜池《ためいけ》付近に一部「古作」と記された耕地はあるものの、全体としては未開の原野である。この広がりは、実際は図の表記よりはるかに広大で、現在の地図と比べると、絵図の一・五から二倍に及ぶ。

農業用水は、村域北部に敷設された多数の溜池と、東部山地から南部に流れる樫井川《かしいがわ》を水源としていた。樫井川近くには「大井関」「溝口」など、水路の名を関した神社が祀《まつ》られる。溜池は合わせて一一個を数える。このうち山麓の住持谷池《じゅうじだにいけ》や荒野北部の野池《のいけ》は、文暦《ぶんりゃく》元年（一二三四）の史料には見えず、絵図作成に至る数十年のあいだの新造と推定される。

ただ、図からもわかるように、これらの用水は、いずれも荒野部分には届いていない。詳細な地域史の研究によれば、樫井川から取水した用水路が住持谷池（十二谷池《じゅうにたに》）に接合され、荒野にまで用水が達するのは中世末期から近世初頭と推測されている。また、中世段階の溜池群は山地の降雨を集水するにとどまり、安定的用水確保は一七世紀を待たねばならなかったともされている。神仏を中核に形づくられた人間社会と未開地の併存が、一四世紀初めの日根野の世界だった。

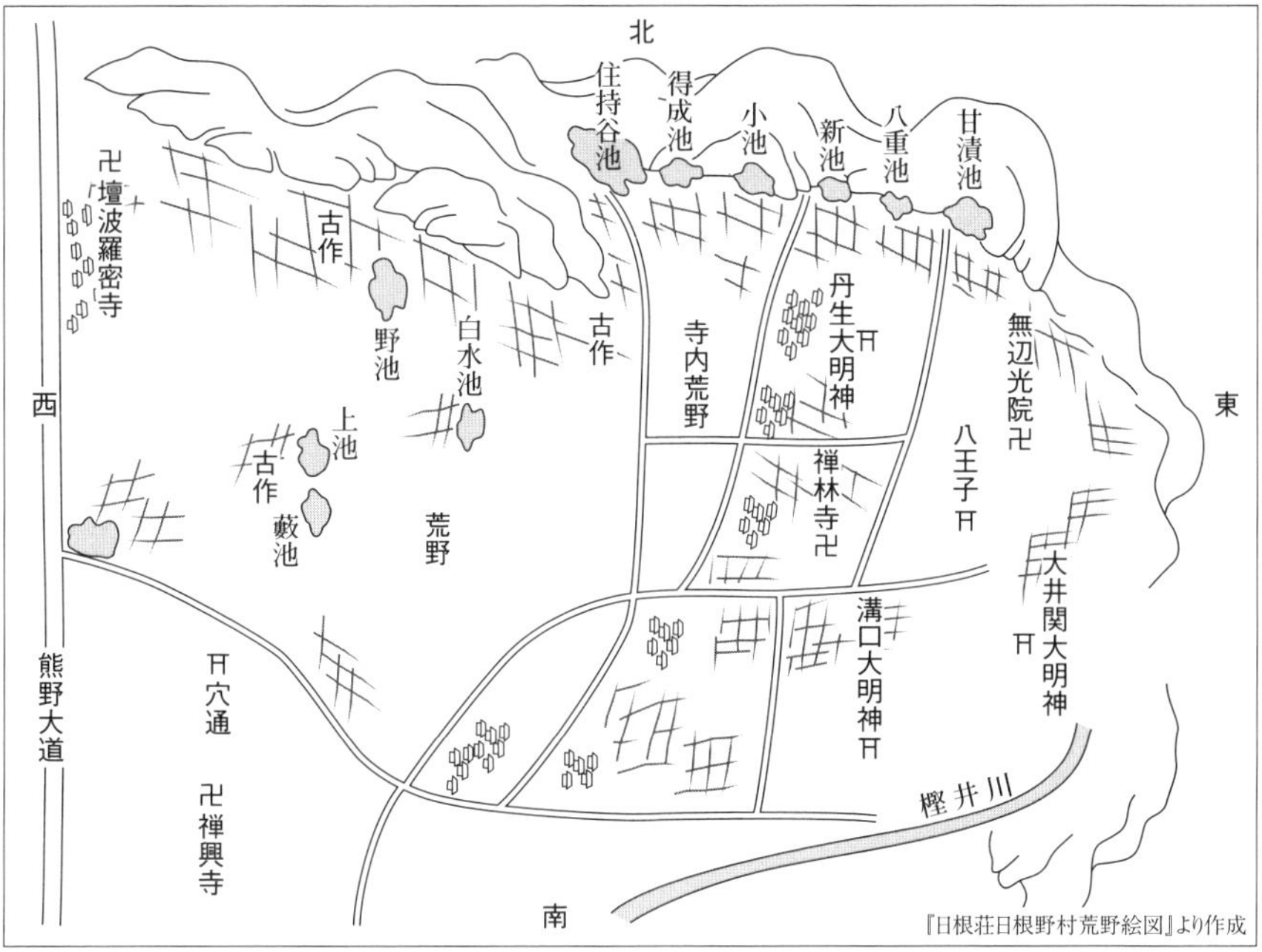

『日根荘日根野村荒野絵図』より作成

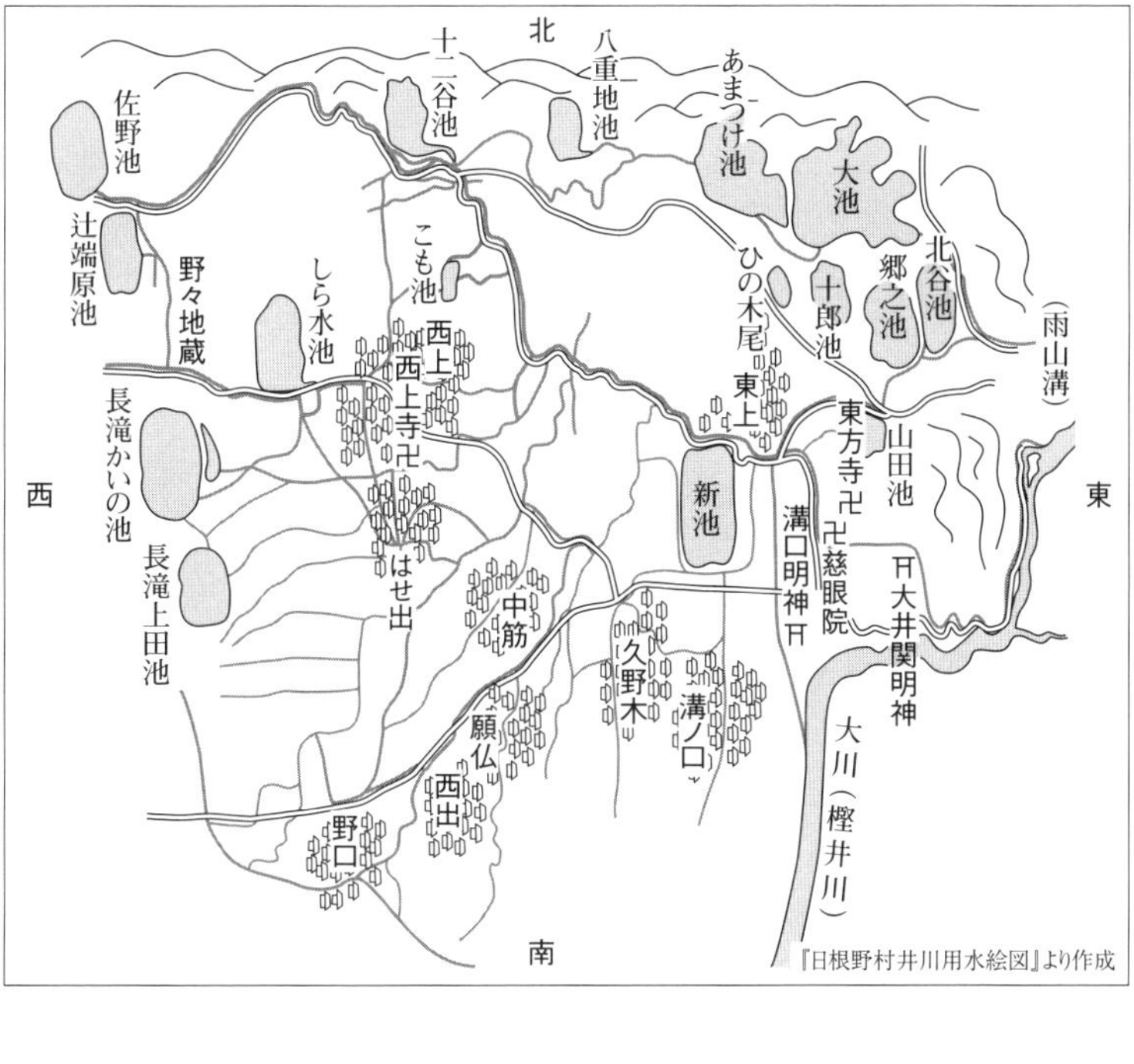

『日根野村井川用水絵図』より作成

◉日根野の一四世紀（上）と一八世紀（下）
神仏に囲まれた中世的世界から、人間主体の近世への変化が、景観にもよく現われている。

開花する百姓社会

『日根野村井川用水絵図《ひねのむらゆかわようすいえず》』に移る。こちらは徳川《とくがわ》中期、宝暦《ほうれき》一一年(一七六一)に描かれた日根野村の用水絵図である。西隣に位置する佐野村《さののむら》との水争いに際して、証拠書類として作成された。争点は、樫井川《かしいがわ》より取水して十二谷池《じゅうにたに》に至る用水路の拡張問題や、十二谷池入り口付近における佐野・長滝《ながたき》両村への分岐水路敷設をめぐってだったが、ここでは、村域全体に広がる生業《なりわい》と生活の充実ぶりに注目したい。

民家は、合わせて二二〇軒にものぼり、西上集落を中心に、一〇ほどの集落に分化している。長滝村の二池や佐野村の池を除けば、溜池《ためいけ》の数は『日根荘日根野村荒野絵図《ひねのしょうひねのむらあれのえず》』とさほど変わらないが、東上集落に隣接して大きな新池が築造され、山間部には最大規模の大池が出現している。樫井川上流で取水された井川も、大井関明神《おおいぜきみょうじん》、東上集落を経て十二谷池につながり、途中無数の用水路が分岐する。

『日根荘日根野村荒野絵図』と同様にここでも村域西部は実際より縮小されているが、かつての荒野はまったく姿を消し、人間の手で加工された世界が開花している。広大な荒野を含んだ景観から、稲作農業が全開する景観への大転換である。

未開地の本格的な開発は、一六世紀末から一七世紀初頭を画期として急速に進んだ。文禄《ぶんろく》・慶長《けいちょう》年間(一五九二〜一六一五)に秀吉《ひでよし》、家康《いえやす》らの権力が主導した土木工事や、寛文《かんぶん》一二年(一六七二)に地元住民が開削した新用水路が推進力となった。

統一政権による河川管理や用水確保に対する積極的な取り組みは、和泉《いずみ》・紀伊《きい》両国の地域権力を制圧した直後から始まる。新たにこの地の支配をゆだねられた羽柴秀長《はしばひでなが》は、天正《てんしょう》一四年（一五八六）二月、和泉国中に宛《あ》てて百姓支配の原則を示したが、そのひとつに土木工事があった。「堤普請《つつみぶしん》などの土木工事は、農閑期に行なっておくように」という指示である。「破損が著しくて百姓の手に負えないときは、お上《かみ》の事業として実施する」ともいっている。

新しい政権は、農業土木事業の推進を民政の柱としながら乗り込んできた。同年正月一九日付で類似の通達が、豊臣秀吉《とよとみひでよし》の名で近江国《おうみのくに》にも触れ出されており、秀長法令はこれを受けてのものと思われる。

文禄三年（一五九四）、豊臣領日根野村に宛てた代官吉田清右衛門《だいかんよしだせいえもん》の指示も、そうした施策の線上にある。そこでは、旱魃《かんばつ》対策として日根野・上郷《かみごう》両村に新たに溜池を造成せよ、田畑を潰《つぶ》してでも堅く申し付けよ、としている。

吉田代官は、前年には、長滝村内に田九反《たん》半を潰して九沓《くぐつ》池をつくらせていた。また、このあとも、野々地蔵《ののじぞう》付近の開発に対する屋敷年貢の免除政策や、長滝村上田《うえだ》池・貝《かい》の池の拡張工事など、耕地開発のための施策をつぎつぎと進めていく。

こうした土木事業を継承しながら、この地の用水事情を飛躍的に改善させたのが、寛文一二年に行なわれた地元百姓による雨山溝《あめやまみぞ》の開削工事である。樫井川の上流に堰《せき》を設け、二・七キロメートルほどの水路を開削した。この水路により、恒常的確保が可能となった用水は、いったん親池の大池に溜められ、そこから大小の子池に配分されることになった。

工事は、日根野・佐野・長滝三か村の百姓による共同事業だったこと、三か村に上郷村を加えた四か村で用水配分が決められたこと、日根野村が二割五分、上郷・長滝が各二割、佐野が三割五分の取り分となったことなどがわかっている。雨水に頼る中世的な集水方式は克服され、安定した用水を確保する水路と溜池の有機的な体系が、荒れ野の水田化に大きく貢献したのである。

ちなみに、慶長一〇年（一六〇五）に一八五〇・二八石《こく》だった村高は、正保《しょうほう》二年（一六四五）には二三四七石余、元禄《げんろく》元年（一六八八）頃には、これに一九二・五三石の新開田畑が加わるなど、増加の一途《いっと》をたどる。

元禄初年に編まれた『泉州志補遺《せんしゅうしほい》』は、日根野村の農業に対して、「作物別条もなく、米穀上々の地なり」と良好な評価を与えている。百姓社会の全面的開花の様子がうかがえる。

年	人口（万人）	耕地（千町）	実収石高（千石）
1600	1,200	2,065	19,731
1650	1,718	2,354	23,133
1700	2,769	2,841	30,630
1750	3,110	2,991	34,140
1800	3,065	3,032	37,650
1850	3,228	3,170	41,160

速水融・宮本又郎編『日本経済史1　経済社会の成立』より作成

◉全国の人口・耕地・実収石高の推移
一七世紀の一〇〇年間で、人口は二・三倍に膨れ上がったと推定されている。驚異的な増加である。

狭山池を大改修する

隣の河内国《かわちのくに》にも、大規模な土木工事の好例がある。河内平野の農業活動を大きく前進させた狭山《さやま》池《いけ》である。

天平《てんぴょう》時代（七二九～七四九）に行基《ぎょうき》の改修と記録にあり、建仁《けんにん》年間（一二〇一～〇四）にも俊乗坊重源《しゅんじょうぼうちょうげん》が石棺《せっかん》を用いて石樋《いしひ》を伏せたと伝える狭山池は、慶長《けいちょう》一三年（一六〇八）、河内の国奉行片桐且元《かたぎりかつもと》の指揮のもとで大改修工事が行なわれた。

慶長の改修以前、狭山池北堤は、文禄《ぶんろく》五年（一五九六）に襲った大地震などにより西側が決壊し、南から流れ込む二本の川が破堤部分から流出していた。工事は東・中・西の三樋を設けるところか

8

◉狭山池の用水路
徳川初期の用水路の様子。上方から手前へと配水される構図が、「江戸の水道配水」図（87ページ）によく似ている。（『大和川開鑿前地方図』）

ら始まり、次いで堤防の復旧へと進んだ。完成時の堤防の高さは一二メートル弱、池面積はそれまでの二倍以上の約五一町《ちょう》五反《たん》（約五一・一ヘクタール）となった。貯水開始に先立って余水吐《よすいは》きも開削された。西樋の近くに西除《にしよけ》を設けて西除川に余水を落とし、東北隅に東除《ひがしよけ》を設けて東除川を用排水路とする仕掛けである。

この改修工事には最新の技術が使われ、大量の人夫が動員された。樋には取水部が三メートル以上もある巨大な水門形式の尺八樋《しやくはちひ》が設置され、樋の形態や板の接着法には造船技術が援用された。工事に用いられた釘《くぎ》や鎹《かすがい》は、小堀政一《こぼりまさかず》が国奉行を務めた備中《びっちゅう》の鉄を原料に、当時の製鉄・加工技術を駆使して製造された。築堤工事も壮大であった。堤の延長と嵩上《かさあ》げのためには約三万立方メートルの土が必要で、人足だけで延べ八〇〇〇人と見積もられた。

改修には多くの職人集団も動員される。たとえば西樋では小和田宗右衛門《おわだそうえもん》・久兵衛《きゅうべえ》が棟梁《とうりょう》を務め、東樋では五組ほどの大工集団が分担して樋の製作にあたった。このほか釘をつくる鍛冶《かじ》屋や、測量・掘削などの専門職人も動員された。普請《ふしん》奉行を務めたのは且元配下の林又右衛門《はやしまたえもん》、小嶋吉右衛門《こじまきちえもん》、玉井助兵衛《たまいすけべえ》の三名である。彼らは、多くの土木事業や検地の担当者としての実績をもつ有能な指揮官だった。その下に配属された五人の下《した》奉行のひとり田中孫左衛門《たなかまござえもん》は、のちに狭山池守《もり》となる地元の有力者である。この地が豊臣《とよとみ》領ということで、慶長改修は同家の主管事業として進められたが、豊臣家滅亡のあとは、徳川《とくがわ》幕府の直接支配となった。

大改修によって池水が安定した狭山池は、各村の小溜池に用水を送る親池として機能するようになった。慶長の大改修直後の灌漑《かんがい》範囲は、現在の大阪市東南部の田辺《たなべ》や平野郷《ひらのごう》あたりまでを含む八〇か村、石高《こくだか》にして五万五〇〇〇石に及んだ。

小農民の成長

狭山池《さやまいけ》の大改修は、西除川《にしよけがわ》用水の配分を受けた一農村、河内《かわちの》国《くに》丹北《たんぼく》郡更池《さらいけ》村（大阪府松原市）にも大きな影響を与えた。同村には、狭山池改修に先立つ文禄《ぶんろく》三年（一五九四）の太閤検地《たいこうけんち》帳《ちょう》と、西除川《にしよけがわ》の恩恵をこうむって以後の延宝《えんぽう》六年（一六七八）、四代将軍徳川家綱《とくがわいえつな》治世下での検地帳が残っており、この間の耕地変化を詳細に跡付けた研究がなされている。

文禄検地帳にもとづいて、狭山池の恩恵以前の更池村略図が復元されている。村域は北半分と南半分で大きく異なり、良質な田畑は北半分に集中していた。

すなわち、A地区は良質な田（上田《じょうでん》）、B地区は良質な田と畑（上田、上畑）、C地区は良質な畑（上畑）で構成されていた。これらの耕地は、村の東部を北に向って流れる天道川《てんどうがわ》（狭

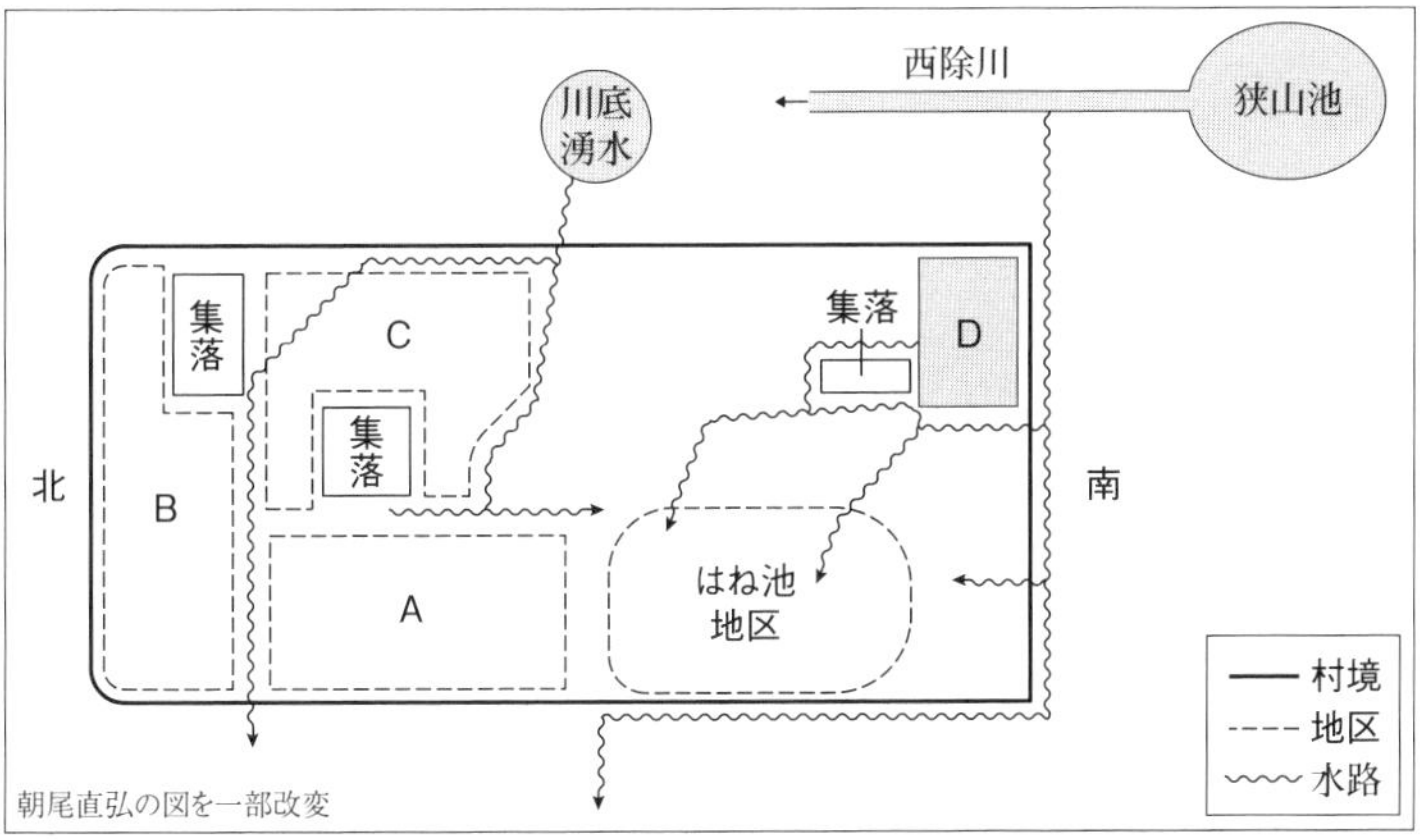

●更池村略図
堺の東方、河内平野の中央部に位置する。寛永二一年（一六四四）の調査では、家数四八軒、人口二一六人。この時期は幕府の直轄領だった。

山池の改修後は西除川となる）の湧《わ》き水を水源とした。

他方、南半分は水路に沿った部分に若干の良田があるものの、全体としては並みのクラス（中田《ちゅうでん》）で、排水の集まる「はね池」地区は低湿の劣悪田（下田《げでん》）だった。

こうした状況は、延宝検地段階には大きく変化している。村内地区別に文禄と延宝の耕地状況を比較すると、北半分（A、B、C地区）では、内部にばらつきをもちつつも、全体として石高《こくだか》は横ばい状態で面積は漸増《ぜんぞう》なのに対して、南半分「はね池」地区の躍進は著しく、石高で一・五八倍、面積で一・三一倍となっている。とりわけ石高において一・五倍を超えたのは、この地区の耕地が下田から一気に上田・上々田へとランクアップしたことによる。

耕地状況の大きな変化は、慶長の狭山池改修工事に伴って、D部分に新しく溜池《ためいけ》がつくられたことによる。狭山池に連動した池の築造によって灌漑《かんがい》・排水条件が安定した「はね池」地区は、かつての劣等地からもっとも生産力の高い優良地へと変身した。北半分耕地が、その後も湧き水に依存し、旱魃《かんばつ》時に渇水で悩まされたのとは対照的である。

耕地の状況の変化は、村内の百姓階層にも大きな影響をもたらした。百姓階層は、つぎの三つに分けられる。

①上層（一町歩《ちょうぶ》以上の田畑を所持する百姓）　文禄から延宝にかけて耕地状況に変化はなく、集落周辺部、自然湧水《ゆうすい》に依拠する上田・上畑地帯を所持。

②中層（三反《たん》以上一町以下の百姓）　文禄年間には、所持地の多くが湿田・悪田地帯にあったが、延

宝期には上々田となった田地を所持する。また、所持地のなかには畑地から水田へと変化したものも少なくない。

③下層（三反以下の零細百姓）　耕地状況が不安定な上畑地帯や、生産力がむしろ低下した土地を多く所持する。

水利状況の影響をもっとも強く受けたのは、村内の中層百姓だった。夫婦の家族労働によって生産活動を営むこの階層（小農民経営）は、文禄検地の段階においては、生産力の低い湿田で稲作生産を営みながら、不安定さを畑作で補うという経営形態にあった。それが大規模な土木工事の恩恵を受け、村内の中核的な農家へと成長していくのである。

徳川農村の中核となる小農民経営は、統一政権が推進した水利土木事業の成果を享受しながら成長していった。彼らの生産者としての自立は、新しい水利灌漑ネットワークに編成されるなかで果たされたといえるだろう。ここには、「新たな発展は、新たな従属と抱き合わせで進行する」という人類発展史の宿命もかいま見える。

村づくりの闘争

宇治河原村の戦争

武士や町人・百姓を身分的に分離する政策によって、列島社会の仕組みは大きく改造された。農村地域の現場では、そうした施策に規定されながら、百姓たちの村づくりが始まった。それは、時には死者も出すような隣村との厳しい対立や、村内の激しい権利闘争を伴いながらの進行だった。隣村と激しい村づくり競争を展開した近江国甲賀郡宇治河原村《おうみのくにこうかぐんうじかわらむら》(甲賀市)に焦点を合わせてみよう。

紀伊《きい》・泉南《せんなん》地域に根来《ねごろ》・雑賀《さいか》衆を担い手とする地域権力が君臨していたころ、近江国甲賀の地では、「甲賀郡中惣《ぐんちゅうそう》」と呼ばれる土豪《どごう》たちの地域権力が生まれていた。山中《やまなか》氏や大原《おおはら》氏、美濃部《みのべ》氏などの地元有力土豪層が、それぞれに同姓組織(同名中惣)をつくって地域の管理を行ない、その連合体の郡中惣が、甲賀郡の大半、甲賀上郡《かみぐん》を勢力下に置いていた。同名中惣の内部には、侍・被官《ひかん》・若党《わかとう》・百姓といった身分秩序も形づくられていた。しかし、この権力は、元亀《げんき》元年(一五七〇)、野洲川原《やすがわら》で織田信長《おだのぶなが》軍と戦って大敗し、その後、天正《てんしょう》一三年(一五八五)、豊臣秀吉《とよとみひでよし》が紀伊国を攻めた際に助力が遅延したとして領地没収処分を受け、四散した(「甲賀揺れ」)。

そして、この地にも刀狩《かたなが》り・検地《けんち》のローラーが掛けられる。近江における検地は天正一一年、一二年、一九年などと繰り返され、関ヶ原《せきがはら》の戦い後、慶長《けいちょう》七年(一六〇二)には徳川家康《とくがわいえやす》による一国検地が実施された。郡中惣の中心である山中氏の本拠宇田《うった》村に隣接する宇治河原村にも検地の竿《さお》があてられ、村高《むらだか》八九九石《こく》五升《しょう》と算出された。

東海道水口宿《みなくちしゅく》から三キロメートルほど西、杣川《そまがわ》と野洲川《やすがわ》の合流する平野部に位置する宇治河原村は、ごくふつうの村である。

やや時代は下るが、延宝《えんぽう》六年（一六七八）の略絵図がある。村は、南から北へ流れる杣川と、東方から西流する野洲川の合流点近くに立地し、杣川の対岸に岩坂《いわさか》村と立会《たちあい》（入会《いりあい》）の山地を所持した。村内は一集落から構成されるコンパクトな集村形態をとっている。家数は、慶長から元和《げんな》期（一五九六～一六二四）には六〇軒前後、享保《きょうほう》六年（一七二一）の調査では一〇八軒（高持《たかもち》八五軒、水呑《みずのみ》二三軒）となる。村の氏神《うじがみ》は天神社、氏寺は浄土宗正明寺《じょうどしゅうしょうみょうじ》（称名寺）。公儀《こうぎ》の法度《はっと》を掲げた高札場《こうさつば》や村の倉庫（御蔵《おくら》）も設置されている。

この村は、慶長から元和期を中心に、隣接する五か村と激しい争いを繰り広げていた。

宇治河原村とその周辺

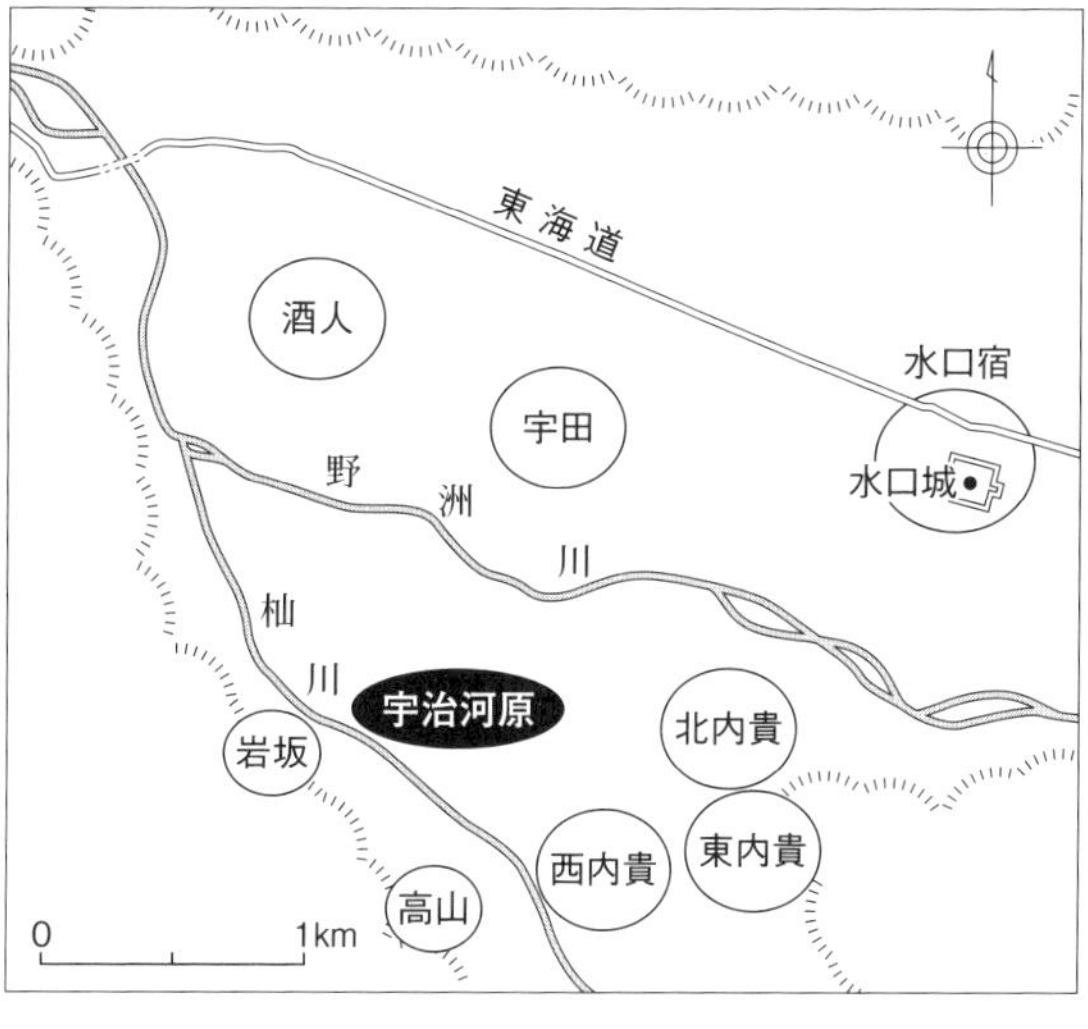

「惣中」型の村落

宇治河原村というまとまりは、旧郡中惣や同名中惣の下部に形成された、集落を単位とする地縁的な百姓の組織である。彼らは「宇治河原村惣」「宇治河原村惣中」と自称し、村独自のサイン（花押）を用いるなど、強い結集力をもつ集団として成長しつつあった。そこに、統一権力が到来した。上部組織の郡中惣・同名中惣は解体され、集落を単位に検地のローラー掛けが行なわれた結果、集落を単位にこの百姓組織に対して、地域運営の主体という役割が振り当てられることになった。

宇治河原村は、「十五人衆」という集団が運営していた。年齢順に上から一五人の男性村民で編成され、氏神神事をはじめ村の運営全般を取り仕切った。年齢を村運営の原理とした「惣中」型の村落は、土豪の住むピラミッド型村落（土豪型）と並ぶ二大村落類型として登場してくる。

宇治河原村の代表的な掟をひとつ紹介しよう。慶長一〇年（一六〇五）六月、十五人衆が連名で神々に誓約した掟書である。

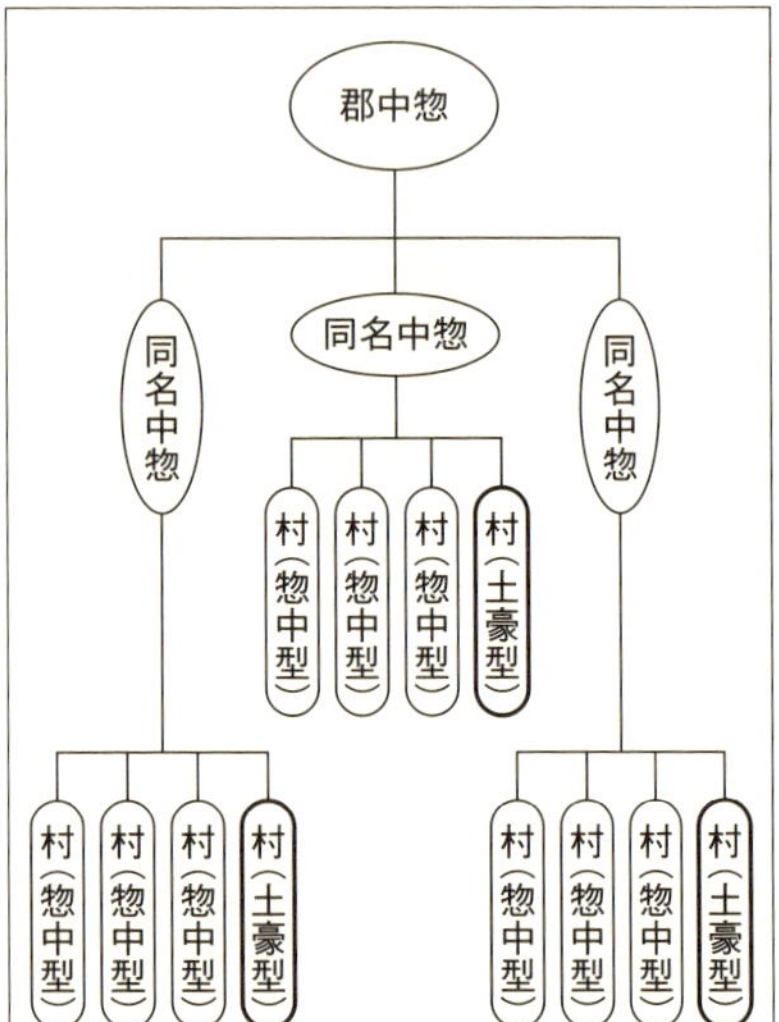

● 甲賀郡中惣の構造
基本枠の同名中惣は、土豪たちの同族的な結合体である。甲賀五三家、または甲賀二一家と呼ばれる土豪たちが、それぞれに編成した。同名中惣の下部に、百姓たちの地縁的な村組織が成長してくる。

```
                  郡中惣
                    │
        ┌───────────┼───────────┐
     同名中惣      同名中惣      同名中惣
                    │
        ┌────┬────┼────┐
       村    村    村    村
      (惣   (惣   (惣   (土
      中    中    中    豪
      型)   型)   型)   型)
        │
   ┌──┬──┼──┐         ┌──┬──┬──┐
  村  村  村  村        村  村  村  村
 (惣 (惣 (惣 (土       (惣 (惣 (惣 (土
  中  中  中  豪        中  中  中  豪
  型)型)型) 型)        型)型)型) 型)
```

誓文状之事

忝《かたじけなくも》

伊勢天照皇大神宮《いせあまてらすこうだいじんぐう》・八幡大菩薩《はちまんだいぼさつ》・春日大明神《かすがだいみょうじん》・油日《あぶらひ》大明神・杣三社《そまさんしゃ》大明神・氏神《うじがみ》南無《なむ》天満《てんま》大自《だいじ》在天神《ざいてんじん》、御照覧《ごしょうらん》なされ候《そうら》え。ただいま談合申候儀、余所《よそ》へも、また女房子供にも他言申すまじく候、またこの十五人衆内は、いかようにも多分に付きて談合仕《つかまつ》るべく候こと。

一、入りめん（入目《いりめ》）失墜参《しっついまい》り候とも、互いに借りやい出し申すべく候。これまた失墜の儀は、惣中へ捌《さば》かせ申すべき候こと。我・人、片やを引き、異議申すまじく候こと。

宇治河原村

慶長十乙巳《きのとみ》年六月二十二日

十五人衆（二一人の人名略）

伊勢神宮・八幡・春日をはじめ、甲賀《こうか》郡内の油日神社・杣三社（矢川《やがわ》、新宮《しんぐう》、山王《さんのう》）、および自村の氏神天神社（天満自在天）に誓約している。「今回協議したことについては、他所へはもちろん家族にもしゃべらない」「十五人衆内部ではどのようなことでも多数意見に従う」「出費や損失については相互に援助しあい、さらなる損失については惣中（村中）全体に割り当てる」「自分や他人に対して贔屓《ひいき》をしたり、異議をとなえたりしない」と誓っている。村惣中・十五人衆の強固な団結のもとに、隣村との権益争いが進められる。

川原争い・水争い

先の掟書《おきてがき》は、じつは隣村宇田《うった》村との争論の最中に作成された、臨戦態勢下での決め事だった。争点は、宇治河原《うじかわら》村と野洲川《やすがわ》対岸の宇田村とのあいだに位置する川原の取り合いである。訴状によると、宇治河原村側が上河原と呼ぶ川原に、宇田村の村民が入り込んで木草や土芝を取り、牛馬を放し飼いにしたというのである。両村はこの地の領有権をめぐって、ここ五〇年来、断続的に争いを展開していた。

①天文《てんぶん》二三年（一五五四）　三年のあいだ弓矢で争い、郡中惣《ぐんちゅうそう》から七年間の休戦を命じられる。

②天正《てんしょう》八年（一五八〇）　宇治河原村が「川焼き」（草生えのための野焼き）をしたところ、宇田村の村民が押しかけて争う。

宇治河原村をめぐるおもな紛争

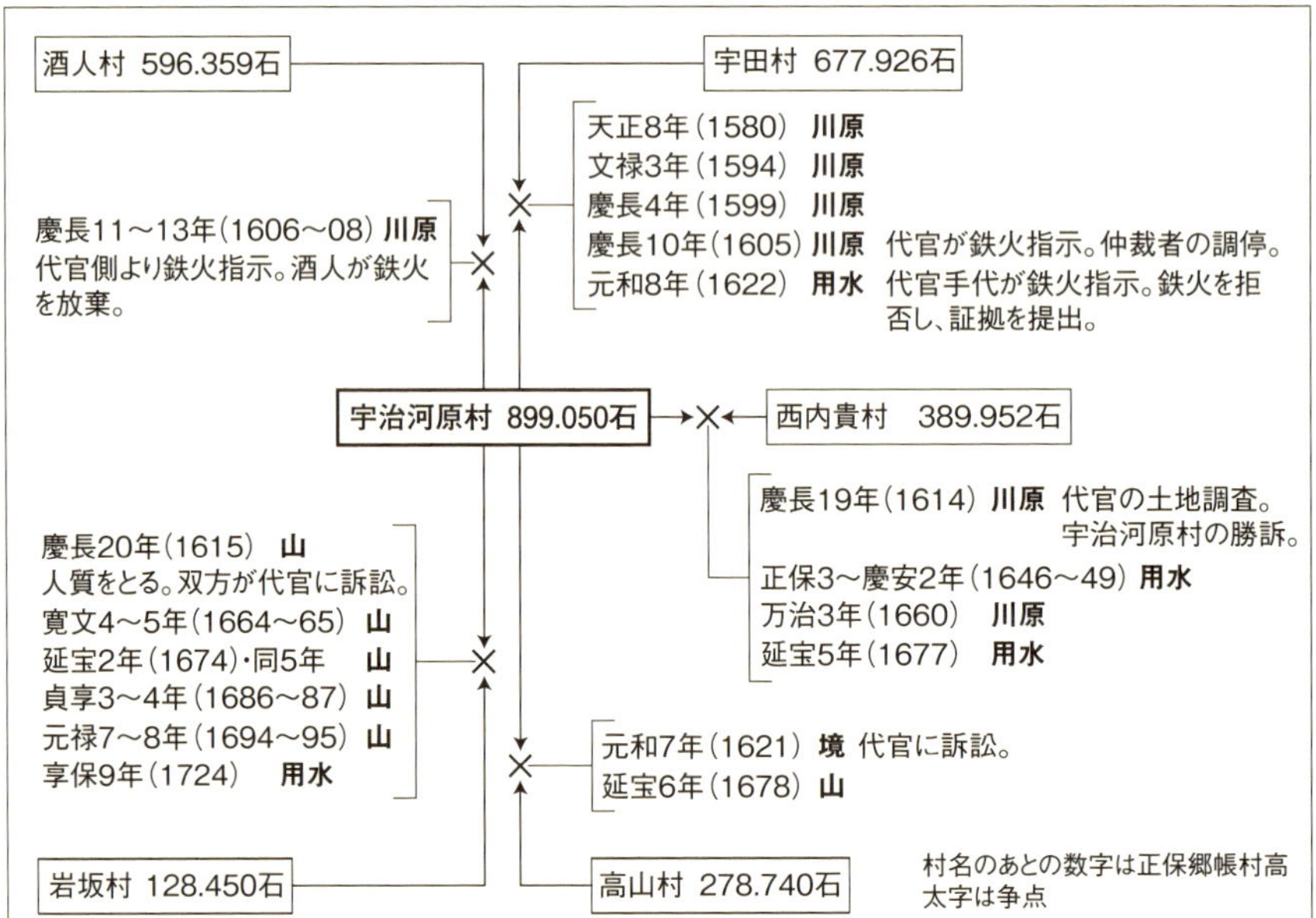

③文禄《ぶんろく》三年（一五九四）　宇田村の村民が上河原に新開の土地があるといって侵入したので、持ち物の刃物を取り上げた。また、宇田村の村民が草刈りをしたので鎌を取り上げた。

④慶長《けいちょう》四年（一五九九）　宇田村の者が上河原に牛を放し、宇治河原の者が取り押さえた。

同じことが昨年も生じた。そして、今回の慶長一〇年である。草刈り場や牛の放牧地として、また農地としての価値を高めつつあった上河原をめぐって断続的に争いがあり、近年、急速にその対立が激化している。

川原の領有・利用をめぐる争いは、他村とのあいだでも始まっていた。対岸の酒人《さこうど》村とは、慶長一一年、下河原地区において酒人村の村民が「木草を刈り、芝を剝《は》ぎ、牛馬を放し」たことをきっかけに争論となった。東隣の西内貴《にしないき》村とは、慶長一九年、杣川《そまがわ》川原の新開田畑をめぐって争いが生じた。争点はいずれも宇田村の場合と同じである。境界領域での草地・農地の取り合いがあちこちでいっせいに始まった。

自村に有利に働く場合、検地《けんち》の実績も大いに活用された。西内貴村との争論では、「論所の七ノ《ななの》坪《つぼ》という田地は、今回の林伝右衛門尉《はやしでんえもんのじょう》殿の検地帳にもわが村領として記載されている」と、幕府代官長野《ながの》内蔵允宛《くらのじょうあて》の訴状で強調している。「林伝右衛門尉殿の検地」とは、慶長七年の近江《おうみ》一国徳川《とくがわ》検地を指す。

川原の取り合いをした宇田村とのあいだでは、元和《げんな》八年（一六二二）、用水路問題でも争いが起きた。従来、宇治河原村は、農業用水として榎井《えのき》と茨井《いばら》の二つの水路を利用していた。いずれも野洲川を水源とした水路である。榎井は川上の北内貴・美濃部《みのべ》村領内の取水口から取り入れ、茨井は自村領内で取水する。ただし、茨井は、野洲川を越えて対岸の宇田村領内の湧水場《ゆうすい》とも結ばれており、野洲川渇水のときは、この湧水から取水することが慣行となっていた。

ところが、元和八年、相手の宇田村は、宇治河原村に向かう茨井を破壊し、湧水を自村内に流すための新水路を掘削するという「暴挙」に出たのである。「宇田村の者どもは隣村の者と一緒になり、得《え》道具（弓・鉄砲・鑓《やり》など）で武装しながら新溝掘削を強行した」と宇治河原村の百姓は訴えている。農業用水の争奪も深刻化の一途《いっと》をたどっている。

郡から村へ

隣村との用水争論や山論は、その後も断続的に生じるが、とりわけ慶長《けいちょう》から元和《げんな》期（一五九六～一六二四）に集中している。いったい、村々をこのように生産諸条件の確保・争奪に駆り立てた事情はどのようなものだったか。慶長一四年（一六〇九）、東内貴《ひがしないき》村との山争いに際して、北内貴《きたないき》村のしたためた訴状の一節は、紛争頻発の理由を明快に語っている。

問題の山について、相手の東内貴村は「甲賀《こうか》（郡中惣）の時分に、内貴の侍衆の領地だったので、今回もその経緯をもって立ち入り利用した」と主張するけれども、それはまったくの間違いである。たしかに甲賀侍衆がいた二四年前（天正《てんしょう》一三年（一五八五））までは、田畑・山林とも村を越え、入り交じって領地とする事例は多くあった。しかし、「甲賀揺れ」で侍衆が四散して牢人《ろうにん》となってからは、田畑・山林のいずれもが、それぞれの村に所属する領地となった。問題の山は、先年実施された太閤《たいこう》様の二度の御検地《けんち》でも、このたびの米津清右衛門《よねきつせいえもん》様奉行の御検地でも、峰を境に北内貴村領と決定した。この山の八分目までは田地があるが、これも北内貴村の石高《こくだか》として検地帳に登録されている。検地以後、東内貴の者が草柴刈りに立ち入ったことはまったくなかった。

土豪層が郡規模の広がりで領地をもちながら地域を管理するシステムが崩れ、太閤検地・徳川《とくがわ》検地により、世の中は村単位になったというのである。ここに紛争多発の原因があった。すなわち、慶長から元和期に頻発した村落間の争論は、生産活動や土地所有の統括単位が郡から村へ編成替えとなり、それに伴って生じた村単位での百姓たちのせめぎ合いとみることができる。刀狩り・検地のローラー掛けによって国家統治の基礎単位とされ、農業社会としての純化を方向づけられた村は、村どうしの激しい対立を経ながら、徳川農村へと姿を変えていく。

弓・鑓・鉄砲の喧嘩は成敗する

ところで、村落間の紛争を武力で解決することは、統一政権の禁止するところだった。北内貴村《きたないき》の川田《かわた》神社には、慶長《けいちょう》一四年（一六〇九）二月二日付で発令された二代将軍徳川秀忠《とくがわひでただ》の法度書《はっと》の写しが保存されている。京都所司代《しょしだい》を経由して、近江《おうみ》の村々に通達されたものである。全三か条の第二条は、つぎのように命じている。

一、郷中《ごうちゅう》にて百姓など山問答・水問答に付きて、弓・鑓《やり》・鉄砲にて互いに喧嘩《けんか》いたし候《そうろう》者をば、その郷成敗《せいばい》いたすべく候こと。　＊「候者をば」は「候者候わば」の誤写か。

山問答・水問答とは、まさに宇治河原村《うじかわら》などが隣村と行なった争いを指している。藤木久志《ふじきひさし》によれば、これに先行する豊臣《とよとみ》秀吉《ひでよし》時代、すでに実力行使による紛争停止をうたった「喧嘩停止令」が出されていたという。大名間の紛争停止を命じた「惣《そう》無事令《ぶじれい》」と同じく、地域の武力行為は私戦と位置づけられて否定されていた。しかし、現実には先にみたように、武器を用いた激しい争いがしばしば生じている。

宇治河原村がかかわった各紛争は、つぎの四類型に分けられる。

①武器などを用いた実力行使

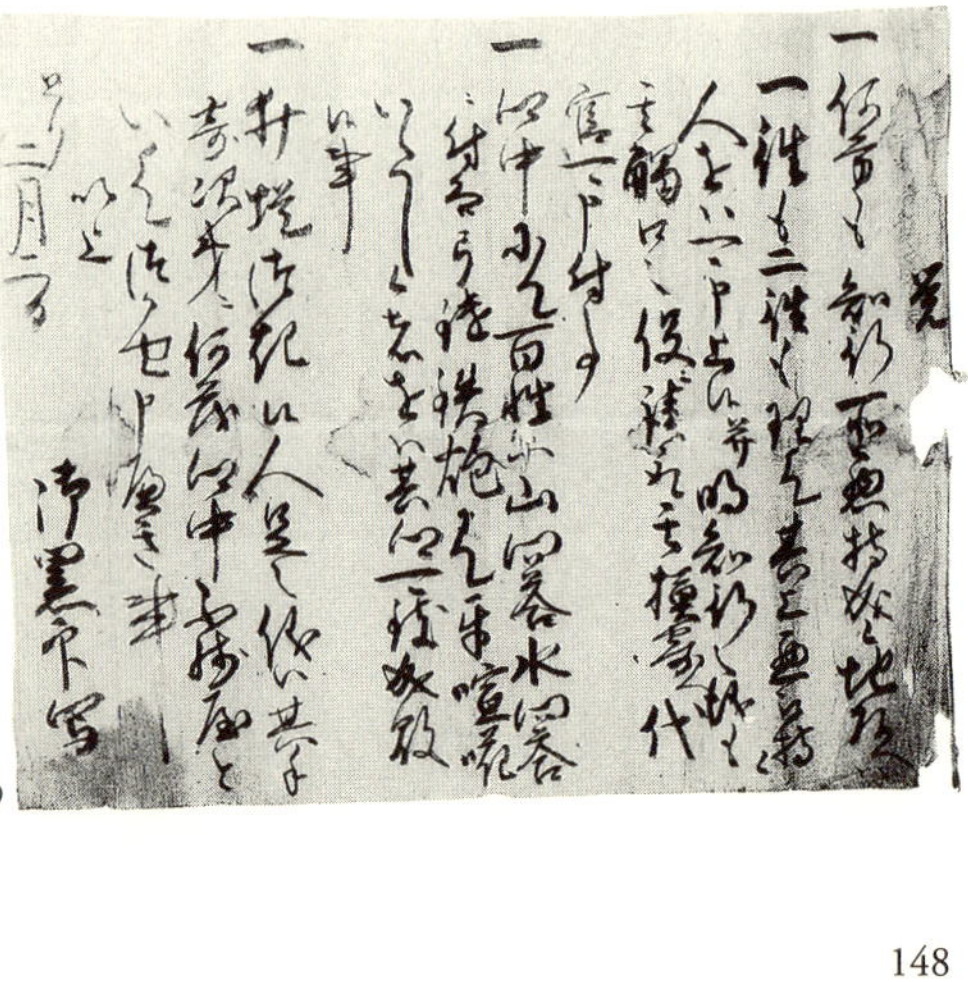

9

◉徳川秀忠の「法度三か条」
第一条では「悪政の領主については言上せよ」、第三条では「住民を雇って水利事業を推進せよ」と命じる。公儀の姿勢がよく現われている。

②地元の仲裁者による調停やとりなし
③幕府役人への訴訟、役人による鉄火《てっか》裁判の指示
④幕府役人への訴訟、役人による証拠調べ・裁定

すべての事件は、①の実力行使から始まる。時には弓・鑓・鉄砲が使用され、人質や道具の捕獲なども行なわれた。だが、いずれの場合もこの方法では解決していない。

②の地元仲裁者とは、かつて郡中惣《ぐんちゅうそう》を担い、その後、徳川配下の旗本《はたもと》や幕府代官《だいかん》に登用された旧土豪《どごう》層である。彼らは過去の経歴や現在の立場を活用しながら、地域紛争の調停者（曖人《あつかいにん》）として働いている。独自に調停に乗り出す場合、上位権力からの指示による場合と両様ある。

③の「鉄火」とは、熱湯に手を入れる湯起請《ゆぎしょう》などと並ぶ原始的な神判《しんぱん》方法で、双方の代表が熱した鉄の塊を取り、火傷《やけど》の爛《ただ》れ方で正邪を判断する。戦国期から徳川初期の鉄火や湯起請についての調査研究によれば、これは、時として争論に劣勢の村が提案することもあったが、多くは代官などが地域社会に強制した判定方法だったという。

事実、宇治河原村関係の紛争においても、鉄火は多くが統一政権の現場担当の代官側からの提案である。「喧嘩停止」「武器使用禁止」をスローガンに地域社会に乗り込んできた彼らが、紛争鎮圧のために導入した方法だった。けれども、この方法は、その威嚇《いかく》的で乱暴な性格のために、村々の支持を得ることはできず、村側からの要請によって、②の仲裁や④の証拠調べにもとづく裁判へと向かわざるをえなくなる。地域住民の納得する裁判方法が、地元側から提案されていく。

訴訟派と武闘派

「喧嘩《けんか》停止令」「武器使用禁止令」との関係で諸紛争をみた場合、村によって対応に差のあることも注目される。総じて宇治河原《うじかわら》村が統一政権の命令にそって、奉行・代官《だいかん》への訴願を選択するのに対して、宇田《うった》村、高山《たかやま》村、岩坂《いわさか》村など、弓や鑓《やり》、鉄砲などの武力に頼る村も少なくない。

領主への訴願か、それとも武力による決着かの違いは、なぜ生じたのだろうか。関係史料を子細《しさい》に読むと、武闘派の村には、旧郡中惣《ぐんちゅうそう》や新政権に関係した人物が見え隠れする。

宇田村は、郡中惣の中核にいた山中《やまなか》氏の本拠の村で、土手藪《どてやぶ》と堀に囲われた一町四方の居館には、いまだ山中氏が居住していた。宇治河原村に対して発砲した高山村の美濃部《みのべ》十三郎は、やはり郡中惣の中心グループで、徳川《とくがわ》の旗本《はたもと》となった美濃部氏一族である。長刀《なぎなた》・鑓を振りまわした岩坂村の長左衛門《ちょうざえもん》も、前歴は不明だが、近年ある領主の家来になったという。

宇治河原村のような「惣中」型村落が、より早く新しい政策を受け入れ、その力に依拠する訴訟派としての立場を選択したのに対して、新旧の権力に関係する村々は、法度《はっと》を軽視・無視して武力行使に走りがちだった。

一七世紀中ごろ以降、安定化した徳川農村では、いずれの村でも訴願形態が主流となっていくが、初期段階においては統一政権の政策に対する親疎《しんそ》がみられ、興味深い。

百姓の力

庄屋と惣百姓の争い

豊臣秀吉《とよとみひでよし》や徳川家康《とくがわいえやす》らが進めた列島社会の編成替えは、各地の村々において、川原争い、水争いなどのほかにも、さまざまな摩擦や紛争を生み出した。村の運営をめぐる紛争、検地帳《けんちちょう》の登録人に関するトラブルなど。下層百姓が、生活条件のよい他村に大量に移転してしまう事態も生じた。それらのいずれもが、権力によってつくりだされた新しい枠組みのなかで、よりよい生活を求める百姓たちの願望の現われだった。

紛争のひとつは、村の運営方式をめぐって生じた。統一政権は、刀狩り・検地によって創出した村の管理者として、百姓のなかに庄屋《しょうや》や名主《なぬし》と呼ばれる役職を設定し、彼らを通じて年貢の徴収や法度《はっと》の遵守を命じた。役職に対する見返りとしては、屋敷地の年貢免除や給米などの特権が与えられた。これ以前の社会にあっても、所により在方運営の担い手を庄屋と呼ぶことはあったが、全国いっせいに設定されたという点で、それまでとは質を異にするものだった。

●年貢を納める庄屋
羽織袴でひざまずくのが庄屋。代官に年貢完納を報告している。村の代表者を関西では庄屋、関東では名主と呼ぶ。（『四季耕作図屏風《しきこうさくずびょうぶ》』）

こうした役職だったから、就任を忌避《きひ》する動きも少なくなかった。和泉国日根野村《いずみのくにひねの》の隣村である長滝《ながたき》村では庄屋のなり手がいなかった、と古記録は伝える。

それまでは根来《ねごろ》の寺領ということで、代々庄屋はどこの村にもいなかった。信長《のぶなが》殿の御世に根来寺が滅び、皆諸国が武家領となったとき、庄屋を仰せつけられた。しかし、長滝には庄屋をやる者がなく、おとな歴々の者（有力百姓たち）も庄屋になることを嫌がった。そこで、仕方なく宮ノ前《みやの》刑部《まえぎょうぶ》という者に仰せつけられた。

新しく設けられ、任命された庄屋をめぐり、あちこちで権限を掣肘《せいちゅう》する紛争が生じた。全村民が一丸となって庄屋による村運営を監視するケース、従来の村運営層が庄屋を集団内に取り込もうとする動きなど、形はいろいろだが、いずれの場合も、庄屋による一方的な村管理の方式を批判し、村民の声を反映させようとする点で共通していた。

近江《おうみ》国宇治河原《うじかわら》村が近隣の村と激しく争っていたころ、摂津《せっつ》国芥川《あくたがわ》郡東天川《ひがしあまかわ》村（大阪府高槻《たかつき》市）では、惣《そう》百姓が自村庄屋を糾弾する運動を展開していた。慶長《けいちょう》一三年（一六〇八）一〇月、年寄《としより》衆を中核とした惣百姓が、幕府代官《だいかん》に宛《あ》てて一二か条の庄屋弾劾状を提出したのである。訴状は庄屋弥《や》次郎兵衛《じろべえ》の村運営をつぎのように批判する。

庄屋は年貢納入の際、百姓の同意も得ずに一パーセントを上乗せし、自分のものにしている（第一条）。

検地のとき、奉行衆から測り間違いぶんにあてるようにと下付《かふ》された一四石《こく》余の土地を私物化してしまった（第二条）。

検地奉行衆から蔵屋敷として与えられた場所に、自分の家を建てたり農地とし、蔵は年貢地に建てて惣百姓から年貢を徴収している（第三条）。

荒れ地や検地除外地などに生える葦《よし》や草、蓮《はす》などを、小百姓には分け与えずに、庄屋ひとりで年々隠し取っている（第四～六条、九条）。

検地帳を秘匿《ひとく》して別帳をつくり、自分の土地は半分に、小百姓の土地は倍にして年貢徴収を行なう（第七、八条）。

検地の竿《さお》はずれ地を私有地にした（第一〇条）。

堤用の土を採取したために荒れ地となった土地の年貢を百姓から徴収する（第一一条）。

一昨年の年貢未納一一〇俵分について、代官から三割の利子で借米したにもかかわらず、四割の利子で返済させた（第一二条）。

11

●山梨県上野原市に残る郷倉《ごうぐら》（蔵）
草木造式。間口三m、奥行き三・二mで、建坪九・六平方mの村有の倉庫。この地域では、寛政の改革を機に村ごとに設置された。

いずれの条項も、庄屋の村運営を強く批判している。

これに対して、庄屋弥次郎兵衛は逐一《ちくいち》反論する。

一パーセントの上乗せは、村民同意のことである。検地奉行衆から下付された一四石は、検地に際して自分が負担した出費への見返りであり、また万一検地に測り違いがあった場合は、これで処理するようにと仰せつけられたものである。蔵屋敷についても、以前の蔵は惣中《そうちゅう》と相談のうえで別の地に建てており、今回の敷地年貢はこれも相談のうえ、村全体の免除分に繰り入れて算用している。葦は田畑とは無関係で、下《した》代官（代官の手代《てだい》）の決めた境を守って互いに刈り取っている。蓮は下代官から自分に与えられたものである。検地帳の別帳を作成したというようなことはない。土取りの件はそのようなことはない。未納年貢の利息はもともと四割である。

百姓の言い分と庄屋の言い分にはかなりの開きがあり、認識の食い違いははなはだしい。弥次郎兵衛が提出した別の言上状《ごんじょうじょう》には、太閤《たいこう》検地に際しての自己負担額が書き上げられており、それによれば総額八石を超える飲食代などの出費があったとする。庄屋ならではの苦労・負担があれこれとのしかかっていたことは事実だろう。

彼は、慶長二〇年には仲間の彦十郎《ひこじゅうろう》と約束して、「いずれの百姓衆へ庄屋仰せられ仕《つかまつ》り候《そうろう》とも、少しも違乱申すまじく候」と誓い合い、あまりに百姓衆の言い分が身勝手ゆえ庄屋を辞めさせてほしいと代官に訴え出ている。

ただし、紛争の争点にかんがみたとき、庄屋が独断的な村運営を行なったことは確かである。代官や下代官とのつながりを背景にしながら、一方的に進められる「領主—庄屋」ラインの村運営は批判され、惣百姓の意向を反映した村運営が、徐々に進展する。

地主と戦う介若の後家

近江国坂田《おうみのくにさかた》郡箕浦《みのうら》村（米原《まいばら》市）は、伊吹《いぶき》・鈴鹿《すずか》山地を水源として琵琶湖《びわこ》に注ぐ天野川《あまのがわ》の北岸に位置する小村である。

天正《てんしょう》一九年（一五九一）の太閤検地《たいこうけんち》では、近隣の新庄《しんじょう》村、飯《い》村、岩脇《いおぎ》村などと合わせて二二一五石《こく》、徳川《とくがわ》の正保郷帳《しょうほうごうちょう》では箕浦村単独で二八三・三二一石の村高《むらだか》をもつこの村で、寛永《かんえい》六年（一六二九）、百姓介若《すけわか》の後家が、土地の所持権をめぐって訴訟を起こした。国政の世界では、ちょうど紫衣《しえ》事件で沢庵《たくあん》らが流罪に処された年である。

この介若後家の訴訟については長い研究史があるが、近年の成果を参照しながら、事件の経過をたどってみよう。

発端は、彼女が、この地域を管理していた幕府代官《だいかん》（新庄吉兵衛《きちべえ》）宛《あて》に訴状を提出したことに始まる。代々介若家が所持してきた田地のうちの四反《たん》半を、村の大百姓の井戸村《いどむら》喜吉《きき ち》が取り上げようとすると訴えたのである。後家の主張を要約すると、四点にまとめられる。

①この土地は、太閤様の検地でも、また大御所《おおごしょ》様（徳川家康《いえやす》）の検地でも介若家の名義で検地帳に登録されており、各種の御役も務めてきた。

②先々代の弥七形部《やしちぎょうぶ》の代にも先代の形部三郎《さぶろう》（五三年前に死去）の代にも、また亡夫の介若時代になってからも、田畑を返却せよといわれたことはなかった。一三年前まで存命だった喜吉殿の父親平兵衛《へいべえ》（与六）殿も、このようなことはしなかった。

③先代形部三郎の後家が島新右衛門《しましんえもん》家来に嫁いだとき、右の田のうち一反を持参した。三〇年後、後家が死去した折、その田は介若に返却されたが、このときもトラブルは何もなかった。

④介若が三歳のとき、親の形部三郎が死去したので、介若は祖父の弥七形部に育てられた。そのころ、弥七形部は身上不如意《ふにょい》で三反半を売却した。三七年後、いまから一四年前に介若が買い戻して現在に至っている。

後家はこのように訴えている。対する井戸村喜吉側の主張は、こうである。

①当該田地は、喜吉の親平兵衛が、家来の弥七形部に預けたものである。預けた際に、「子孫の代まで何度検地で名請《なうけ》しても、御意《ぎょい》次第に返却する」という証文（「作職《さくしき》書き上げ」）を受け取っている。

②代替わりでもあるので、「預かり手形」を更新するように皆に通告した。応じなけ

介若家・井戸村家系図

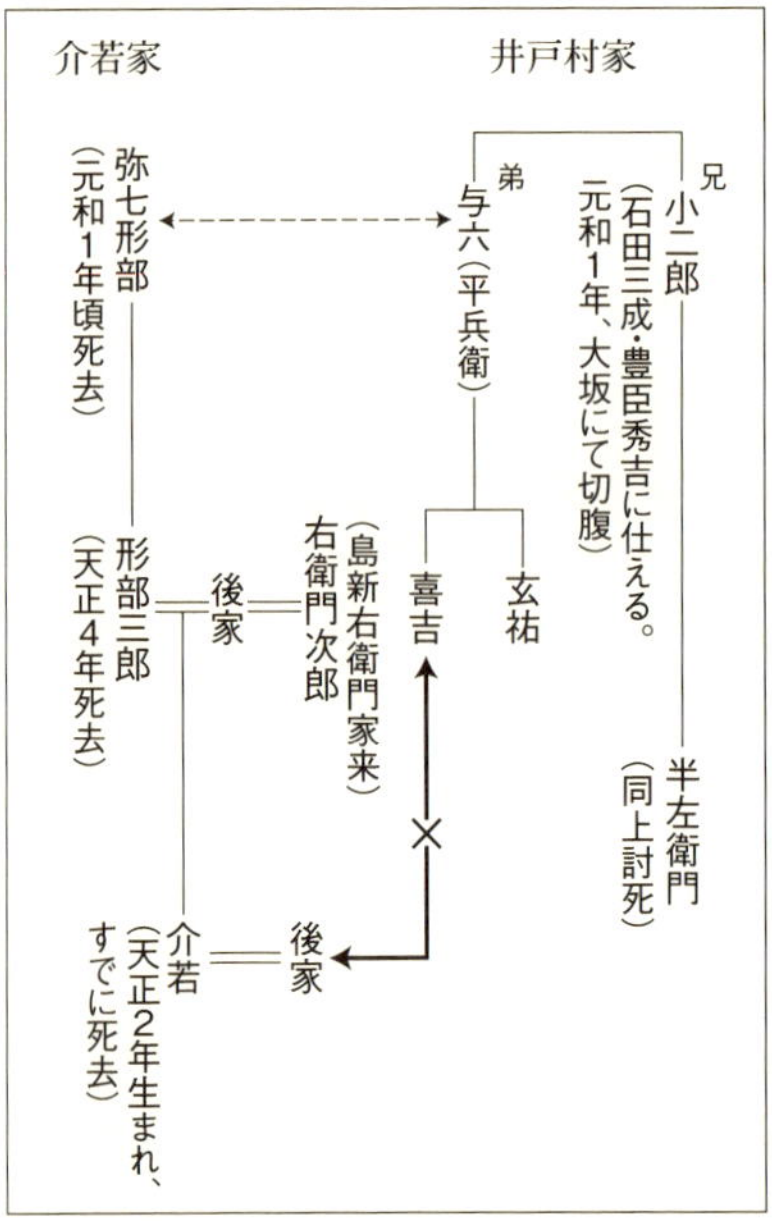

れば田地を取り上げると伝えたところ、ほかの家来はみな更新した。拒否しているのは彼女だけである。

③彼女の所持地のうち彦根藩領の一か所は、すでに私の所持権が藩から認められている。

喜吉はこのように反論した。

争論の発端は三八年前の天正一九年、豊臣秀吉《とよとみひでよし》の時代にさかのぼる。この年、箕浦村の地域でも検地が実施されることになった。その直前に喜吉のいう問題の証文が作成されたのである。証文は天正一九年三月一二日付で井戸村与六宛《よろくあて》に提出された。冒頭に「御扶持成《ふちな》され候《そうろう》作職書付、上げ申し候こと」としたため、次いで二六名が、与六から作職（土地耕作権）を分与された七一筆《ひつ》の田畑の小字《こあざ》名や面積などを書き上げている。

そして、彼らは証文末尾で誓約する。たとえ検地帳の名義の欄に自分たちの名前が記されても、これらの土地は与六様から下付された土地なので、いつ返却を求められても文句はいわない、と。介若の祖父弥七形部もこの証文に名を連ね、合わせて六筆、六反一八〇歩と屋敷地一か所を与六から扶持されている。

井戸村側は、この証文を根拠に土地の所持権を主張する。他方、介若後家は、天正の検地帳にも慶長の徳川検地帳にもこれらの田畑は自分の家の名前で掲載されており、かつ年貢なども納めてきたと主張したのである。

土豪型の村落

相互に矛盾する主張を理解するうえで、同じ近江国伊香《おうみのくにいか》郡小山《こやま》村（木之本《きのもと》町）に残る屋敷絵図が参考になる。中心屋敷の伊吹《いぶき》氏を井戸村《いどむら》氏に置き換えれば、箕浦《みのうら》村にもあてはまる村落構造となる。

図は一七世紀初頭の小山村の集落部分を描いたもので、集落は郭《くるわ》の内・堀の内・堀の外の三郭に分けられる。中心は土塁《どるい》と堀で囲まれた、郭の内一町四方の伊吹半右衛門《はんえもん》屋敷である。屋敷内西北部に鎮守、南に表門、東に裏門がある。表門前には高札場《こうさつば》が配置され、裏門を出た左手三叉路《さんさろ》に番小屋が置かれる。

郭の内と外堀のあいだの堀の内には、姓をもつ伊吹久右衛門《きゅうえもん》、木村半九郎《きむらはんくろう》、武田助《たけだすけ》七郎《しちろう》、竹田瀬兵衛《せべえ》、および平井《ひらい》小左衛門《しょうざえもん》の五名と一五軒の被官《ひかん》（家来）屋敷、そして長《ちょう》応寺《おうじ》、馬場などがあった。惣中《そうちゅう》型村落と対照的な、城と村がワンセットの土豪《どごう》型村落の典型といえる。

中心の伊吹氏はもと小山氏と称し、在村しながら京極《きょうごく》氏に仕えた土豪侍で、その後、この地の勢力交替に伴い浅井《あざい》氏、豊臣《とよとみ》氏に

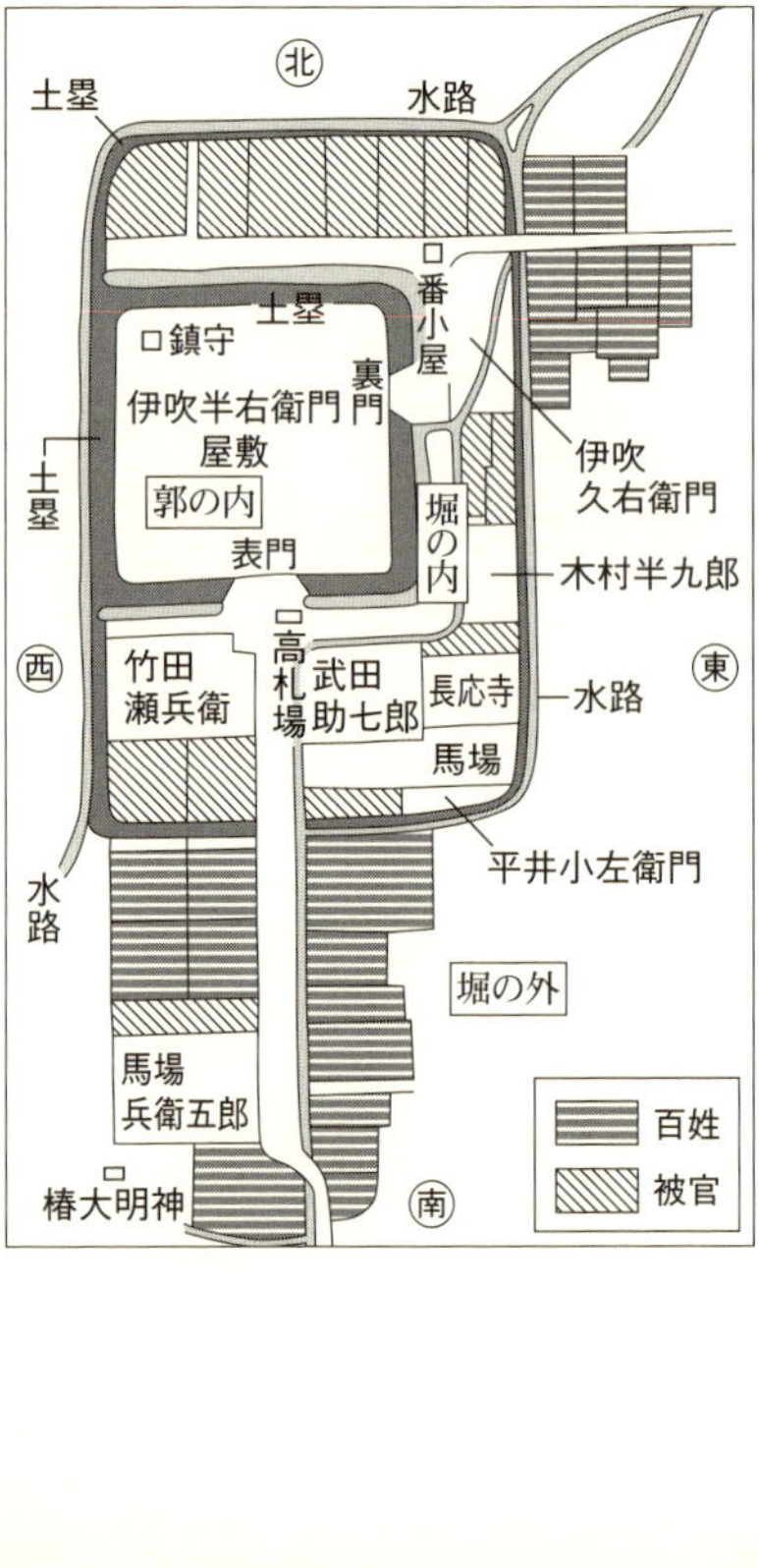

◉近江国伊香郡小山村の屋敷図
村内部に郭（城、館）をもつ典型的な土豪型村落。堀などによって身分別に区分けされている。この構造を城下町の原型とみる研究者もいる。

従ったが、最終的には帰村して庄屋となり郭の内に永住した。姓をもつ者のうち伊吹久右衛門は血縁の分家で、他の四人は伊吹家を頼って来村した牢人《ろうにん》武士たちである。土塁の北側に並ぶ七軒は伊吹本家の被官、残り七軒は配置からみて有姓諸家の被官と思われる。一方、堀の外には馬場《ばば》兵衛五郎《ひょうえごろう》家と被官屋敷、二二軒の百姓家が密集している。

太閤検地《たいこうけんち》のローラーが掛けられた時期、伊吹氏ら土豪層は、小作料（加地子《かじし》）を収取する地主として、あるいは徴収した小作料を被官に支給する小型領主として地域に君臨していた。

こうした構造の村に太閤検地がやってきたとき、「井戸村的な」問題が生じたのである。太閤検地も、それを継承した徳川《とくがわ》検地も、田畑一枚ごとに名請人《なうけにん》（年貢納入責任者の名前）を登録していった。井戸村氏や伊吹氏は多くの田畑を所持していたが、農地の実際の耕作や上級領主への年貢納入は、前々から被官や百姓の手で行なわれていた。そのため、検地帳には彼らの名前が登録されることになったのである。検地帳の田畑の名請欄に誰の名を書くかは、村の裁量に任されていた。

介若《すけわか》家の先々代弥七形部《やしちぎょうぶ》は、伊吹屋敷の北に並ぶような被官屋敷の住人だったと推定される。彼は主家の田畑を実際に耕作・経営していたことから、検地帳の名請人となった。そして時を経て、三代後の介若の後家が、その後に積み重ねられた実績をふまえ、主家に反旗を翻したのだった。

介若後家訴訟に対する領主側の対応は、二転三転した。判断は、代官も迷うところだった。まず、最初の寛永《かんえい》六年（一六二九）の訴訟では、「作職書《さくしき》き上げ」証文を理由に井戸村喜吉の権利が認められ、後家は敗訴する。しかし、その年の秋、介若後家宅に井戸村側の者が押し入って収穫米を奪取するに及び、再度後家が訴え出た。今度は彼女の勝訴となった。

この訴訟の経過を横で見ていたほかの被官たちも、後家勝訴を契機につぎつぎと自己主張を始めた。「後家ひとりに限らず、家来どもがみな権利を主張しはじめ、なんともなんとも迷惑」と喜吉は嘆いている。介若後家の闘争をきっかけに、土豪を頂点とした旧来の村落秩序が、音を立てて崩れはじめたのだ。

太閤検地を画期として、下人《げにん》や被官などの従属農民が、主人から自立する運動が進行した。「土豪型」の村落においても、小百姓の日々の営みを背景にしながら、平準的な百姓組織へのつくりかえが進展していく。

走り百姓の行方

徳川《とくがわ》初期、九州・四国や東北地方を中心に、中・下層の百姓が自村を離れ、条件のよい村に移動してしまう「走り」現象が多数みられた。これも、新しい村づくり運動の一形態と見ることができる。九州地方の事例を題材にした詳細な研究が行なわれている。

近江《おうみ》で介若《すけわか》後家が訴訟を始めた寛永《かんえい》六年（一六二九）に、小倉《こくら》藩領豊前国《ぶぜんのくに》規矩《きく》郡の惣庄屋《そうじようや》たちが作成した興味深い史料が残っている。隣国筑前《ちくぜん》国の福岡藩領から移転してきた百姓名を書き上げたものである。

一、筑前国香月《かつき》村孫左衛門《まござえもん》　男女二人　慶長《けいちょう》七年（一六〇二）に走り参る　篠崎《しのざき》村に居《お》り申《もう》し候《そうろう》

一、同国立徳《りゅうとく》村喜兵衛《きへえ》　男一人　慶長八年に走り参る　下ノ《しもの》北方《きたかた》村に居り申し候

このような記述が続く。細川氏が豊前一国と豊後《ぶんご》国二郡を与えられて中津《なかつ》城に入った翌年の慶長六年から、寛永六年に至る二八年間に総件数一四八件、百姓総数三六八人の流入を数える。走り者の出身地を見ると、もっとも多いのが筑前国遠賀《おんが》郡（六一件）で、次いで鞍手《くらて》郡（一九件）、宗像《むなかた》郡

遠賀郡香月村、芦屋町、枝光村からの走り者

出身地	人名	人数	走り年	走り先
香月村	孫左衛門	2	慶長７年（1602）	篠崎村
	九郎左衛門	2	慶長15年（1610）	高月村
	女	1	慶長18年（1613）	市丸村
	三吉	6	慶長19年（1614）	今村
	助二郎	2	元和１年（1615）	今村
	佐兵衛	7	元和６年（1620）	市丸村
	源右衛門	2	寛永２年（1625）	山本村
芦屋町	三郎右衛門	1	元和５年（1619）	至津村
	弥左衛門	1	元和８年（1622）	至津村
	女	1	寛永１年（1624）	至津村
	与兵衛	1	寛永２年（1625）	木下村
	喜左衛門	5	寛永３年（1626）	新道寺村
	喜左衛門	7	寛永５年（1628）	門司町
	平右衛門	1	寛永５年（1628）	至津村
枝光村	二郎右衛門	5	慶長12年（1607）	高月村
	藤右衛門	3	慶長19年（1614）	高津尾村
	女	2	寛永２年（1625）	篠崎村
	新左衛門	2	寛永４年（1627）	至津村
	又二郎	3	寛永５年（1628）	小熊野村
	藤五郎	3	寛永６年（1629）	高月村

走り者関係図

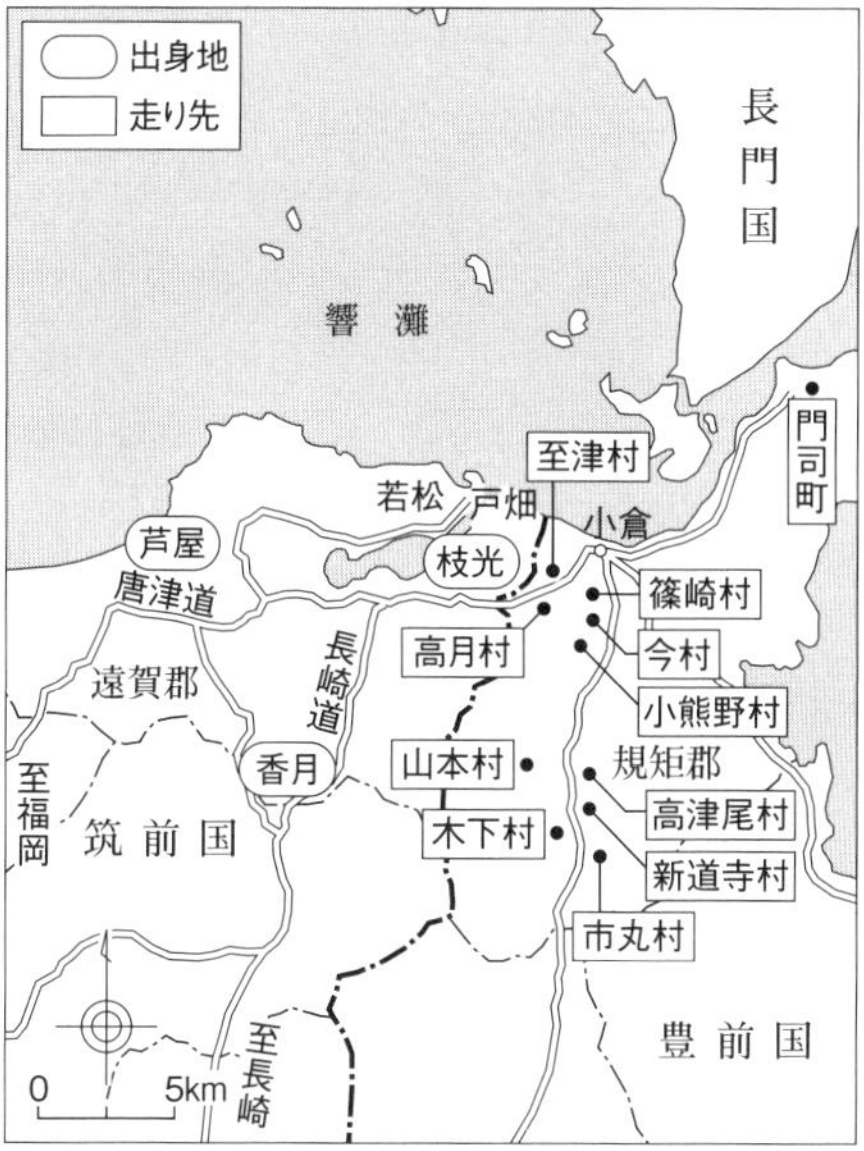

宮崎克則『大名権力と走り者の研究』より作成

（一二件）となっている。遠賀郡のなかでも香月村、芦屋町《あしや》、枝光村《えだみつ》が、多数の走り者を出している。一方、走り込みが多かったのは、規矩郡のなかでも至津村《いとうづ》（一八件）、高月村《たかつき》（一三件）などに集中しており、ほかに在郷町至津新町への転入も一一件あった。

一八件・三七人と、もっとも多かった至津村を例にとると、同村へは海を越えて萩藩《はぎ》領長門国《ながと》からも多数移入した。慶長七年から寛永三年までのあいだに、六三人（三二件）にのぼる。寛永三年作成の至津村検地帳は、名請人《なうけにん》総数一〇八人のうち、判明するかぎりでも福岡藩領出身者九名、萩藩領出身者二〇名を掲載している。村民の二七パーセントが走り百姓という構成である。自藩領内の他村からの移住者を加えれば、その割合はさらに増える。

多数の走り百姓が生まれた状況は、彼らの一方的な移動・押しかけではなく、受け入れ側の領主や村の積極的な奨励策と連動するものだった。慶長一五年七月に申し渡された小倉藩の荒地開発令は、積極的な受け入れの姿勢と、その背景にある耕地拡大政策を端的に示している。七か条からなる命令は、田畑の再開発や新開を指示したうえで、他国からの移住者に対して優遇措置を講じるように指示する。

一、他国の牢人《ろうにん》百姓まかり越し、有り付き候《そうら》わば、永く公役《くやく》ご免なされ、そのうえ才覚仕《つかまつ》り候て、召し寄せ候惣庄屋・小庄屋忠節たるべき由《よし》、申し渡さるべく候他国からの牢人百姓（走り者）が到来して住み着いた場合は、領主の課す労役を永代《えいたい》免除とする。また、牢人百姓を招致した庄屋たちの才覚を称《たた》えるべし、とするのである。

荒廃地や新開地をもつ村にとっても、人手の増加は望むところだった。百姓受け入れのため、家屋を提供し田畑を支給するなど、手厚い受け入れ策を講じている。他所者《よそもの》は排除されるどころか、大いに歓迎された。走り者の側は情報を収集しながら、無主の荒れ地の多い村や耕地開発に取り組む村へと流れ込んでいった。

自領・自国を越えて移動してしまう走り状況にたまりかねて、大名たちは「人返し」の相互協定を結ぶようになった。東北諸藩では、慶長一六年に仙台藩と米沢藩のあいだで締結されたのを始まりとして、慶長一七年には仙台藩と中村藩（相馬《そうま》藩）、元和《げんな》七年（一六二一）には仙台藩と盛岡藩のあいだで結ばれた。四国諸藩では、寛永八年の高知藩（土佐《とさ》藩）と高松藩、および高松藩と徳島藩、寛永一一年の高知藩と徳島藩の協定が知られている。ただし、多くの場合、帰される者は返還要求のあった人間に限られ、大多数はこっそり各領地に留め置かれた。

領主や受け入れ村の奨励策に連動して走る百姓の多くは、名子《なご》や下人《げにん》など、それまで主家に従属していた下層百姓だった。新田開発・農業土木事業の推進など、統一政権による政策を契機として、「走り」を梃子《てこ》にした新しい村づくりが進む。

コラム3

御家騒動の結末

町づくり・村づくりと並行して、大名を頂点とする藩づくりも急速に進んだが、この過程でしばしば激しい権力闘争が起こった。権力集中をめざす藩主と側近のグループが、譜代門閥《ふだいもんばつ》層と対立する場合。藩主が若年で重臣どうしの対立が激化する場合。自己主張の強い藩主が老臣と対立する場合など、いろいろなケースがある。しかし、いずれも共通して、上意下達《じょういかたつ》の藩づくりのなかで生じている。幕府（公儀）は、おおむね藩主側を支持しつつ、改易《かいえき》や減封《げんぽう》も辞さない方針で臨み、小公儀としての藩権力の確立と安定化に努めた。

　出羽国《でわのくに》山形藩最上《もがみ》家五七万石で生じた家督をめぐる騒動も、代表的御家騒動である。元和《げんな》三年（一六一七）に急死した父家親《いえちか》を継いだ若年の義俊《よしとし》に対し、家臣の一部が藩主の叔父《おじ》山野辺《やまのべ》義忠《よしただ》を擁立して激しい抗争を展開した。同八年、秀忠《ひでただ》政権は藩内内紛を理由に改易を命じる。義俊は、かろうじて一万石の捨て扶持《ふち》を与えられ、近江《おうみ》国蒲生《がもう》郡下大森村の陣屋《じんや》住まいとなった。子孫は五〇〇〇石の高家《こうけ》（旗本）として命脈をつなぐ。

◉黒田騒動の栗山大膳
福岡藩家老栗山《くりやま》は、御家救済のため主君を謀叛人《むほんにん》と訴え、陸奥《むつ》国盛岡《もりおか》へ流罪となった。歌舞伎や講談の格好の題材になる。（豊原國周《とよはらくにちか》筆『黒田騒動《くろだそうどう》芝居絵《しばいえ》』部分）

第四章
神国日本と「国民」

1

南蛮と神国の競り合い

『洛中洛外図屏風《らくちゅうらくがいずびょうぶ》』二条城《にじょうじょう》前の図柄のひとつに、南蛮人《なんばんじん》や朝鮮通信使《ちょうせんつうしんし》のパレードがあった。新しい国づくりは、ポルトガルやスペインなど対外勢力との接触やせめぎ合いを通じて、「日本」という自己認識を深めるなかで進められた。新しい日本国家形成のプロセスをたどってみたい。

大航海時代の到来

織田信長《おだのぶなが》・豊臣秀吉《とよとみひでよし》の登場に至る一世紀ほど以前、日本列島が応仁の乱《おうにんのらん》（一四六七〜七七年）から戦国時代に突入したころ、世界はポルトガルとスペインを担い手とする大航海時代を迎えていた。イスラムからの国土回復運動（レコンキスタ）を激しく戦うなかで、国家としてのまとまりを強めた両国は、国土の拡大と遠隔地商業利潤の獲得を目的として、世界的規模での征服事業に乗り出していった。

先行してこの事業を主導したのは、ポルトガルである。一五世紀に入ると、ポルトガルはアフリカ西岸を順次南下して喜望峰《きぼうほう》に至り、一五世紀末にはインドに到達した。当時、インド洋から東アジア海域では、ムスリム商人を主役にした東西貿易が活発に行なわれていた。ここに進出したポルトガルは、海域の港町をつぎつぎに攻撃し、「イスラムの海」を支配下に置き、「海の帝国」をつくりあげた。

一四七九年、アラゴンとカスティリャ両国が合一して統一国家となったスペイン（イスパニア）も、海外征服事業に取り組む。一四九三年、ローマ教皇アレクサンドル六世は大西洋上に境界線を設定し、将来「発見される」島の領有権について境界線から東をポルトガル領、西をスペイン領とする勝手な領域区分を行なった。それぞれの領域内では、航海・征服・統治・交易やキリスト教（カトリック）布教を独占的に進めてよいとしたのである。これを受け、翌年には両国間でトルデシリャス条約が結ばれる。

当初、ポルトガルに後れをとったスペインは、南北アメリカに植民地を広げ、一六世紀なかばには、東アジアに進出してフィリピン諸島を占領し、マニラを拠点とした。

両国による覇権争いのなか、天文《てんぶん》一二年（一五四三）、ポルトガル人を乗せた中国船が、種子《たねが》島《しま》に漂着する。天文一八年には、ポルトガルの国家事業と結

大航海時代（15世紀末～16世紀）

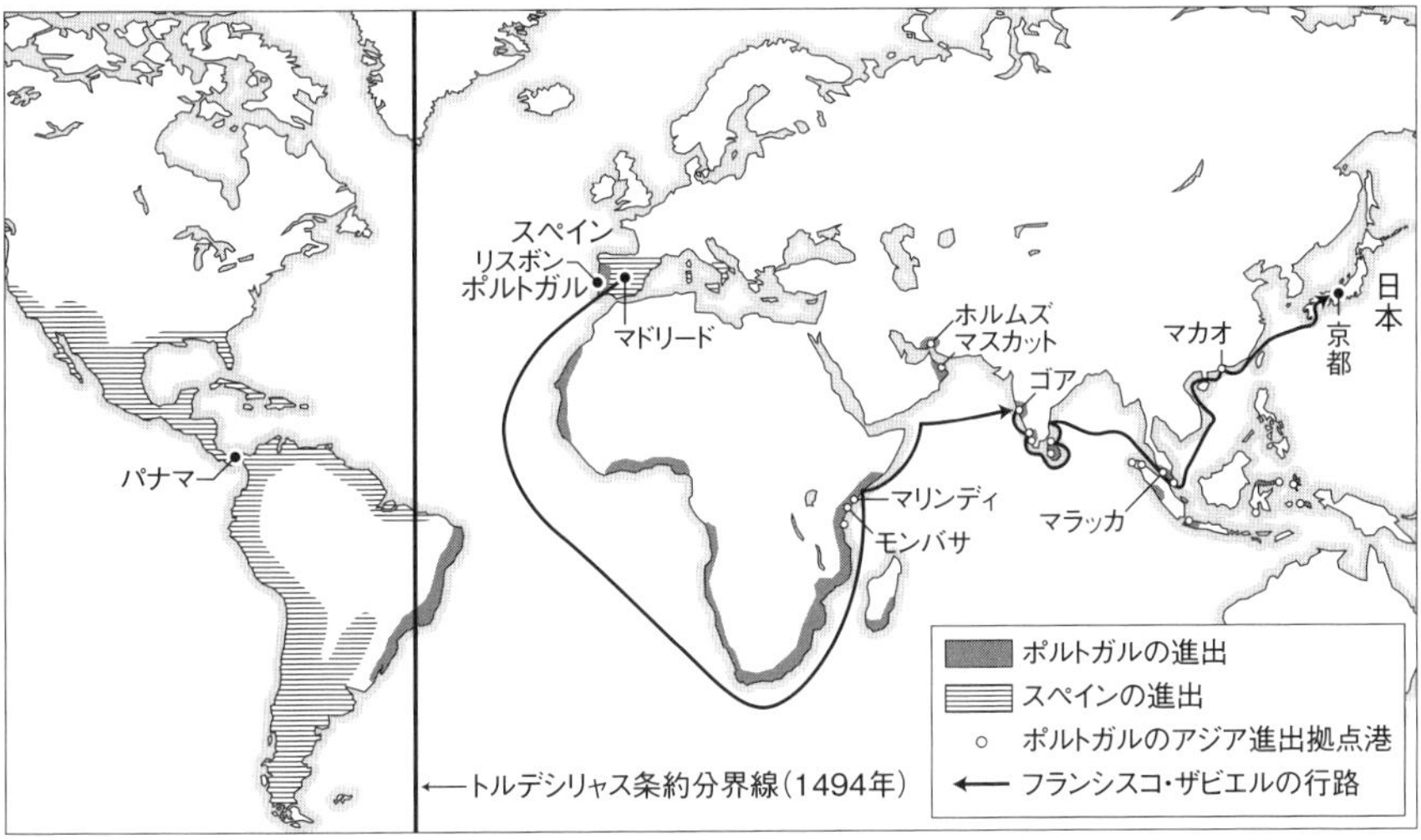

んだイエズス会の宣教師フランシスコ・ザビエルが鹿児島に到来した。ザビエル自身はスペイン人だったが、日本への布教は東回りのポルトガル国王の布教保護権のもとで始められた。一方、大西洋を西にまわったスペインは、三五年遅れの天正《てんしょう》一二年（一五八四）、初めて平戸《ひらど》に来航する。

ザビエルのあと、ガスパル・ヴィレラやルイス・フロイスといったポルトガル人宣教師や、ポルトガル商人たちがつぎつぎと到来して精力的に布教と商業活動を行なう。この結果、キリスト教は、九州を中心に中国、近畿にかけて急速に広まっていった。『イエズス会日本年報』は、ザビエル到来から三三年後の本能寺《ほんのうじ》の変《へん》（一五八二年）のころ、肥前《ひぜん》・肥後《ひご》・壱岐国《いきのくに》などで信者数一一万五〇〇〇人、豊後《ぶんご》国で一万人、畿内などで二万五〇〇〇人と記している。猛烈な浸透力である。

大村純忠《おおむらすみただ》（バルトロメオ）や有馬晴信《ありまはるのぶ》（プロタシオ）、大友義鎮《おおともよししげ》（フランシスコ）、小西行長《こにしゆきなが》（アゴスティーニョ）、高山右近《たかやまうこん》（ジュスト）など、洗礼を受けるキリシタン大名も多数現われた。大村純忠は、有馬晴信、大友義鎮とともに、宣教師アレッサンドロ・ヴァリニャーニの勧めにより、天正一〇年、少年使節をローマ教皇のもとへ派遣している。

異国の宗教が、なぜ急速にこの国に広まっていったのか。いくつもの理由があげられる。南蛮船がもたらす中国産生糸や東南アジアからの物資は、まさに宝の山であり、各地の大名や商人たちは、競って彼らの入港を招請した。入信は貿易の促進力となった。宣教師たちがもたらした異国の文化や高度な医術は、庶民にとっても真新しいものであった。豊後国の府内《ふない》をはじめ各地につくられた病院には、引きも切らず患者が到来し、診察を請うためにキリシタンとなる者も少なくなかった。

日本での布教を中心的に進めたイエズス会は、学問や技術を通じての教化方法を採用していた。しかし、何よりこの宗教が日本社会に浸透した理由は、神（デウス）の加護と制裁のもとに示された規律正しい人間像にあったと思われる。元和《げんな》五年（一六一九）から四年間、日本布教に従事したドミニコ会宣教師ディエゴ・コリャードが、『懺悔録《ざんげろく》』という記録を残している。日本人キリシタンが、神父に告白した懺悔（告解、コンヒサン）の収録である。そこには犯した罪を悔い改め、戒律にのっとって厳しく自己を律しようとする日本人キリシタンの真摯《しんし》な姿がある。

異国から到来したこの宗教は、規律ある生活の実践とそれにもとづいた魂の救済を明示することで、戦国の騒乱にすさんだ日本人社会に急速に受容されていったものとみえる。

異国情緒の『南蛮屏風』

『南蛮屏風《なんばんびょうぶ》』と総称される屏風群が、大航海時代の様子を活写している。ポルトガル船の船長（カピタン・モール）や商人、宣教師らの群像や、南蛮寺、大型洋式帆船（ナウ、黒船）などを基本モチーフとするこの屏風は、三種類の構図に分類される。

第一類は、左隻に黒船と荷揚げの風景、右隻にカピタン・モールの市内パレードと出迎えの宣教師を描く。第二類は、左隻にマカオともゴアとも推測される南蛮国の情景と出帆間近の黒船を描き、右隻には第一類全体を圧縮して港町と黒船を配する。また、第三類は、第二類の左隻から黒船を省いて異国風景のみを描く。いずれの構図にも、エキゾチックな雰囲気が満ちあふれている。

作者は狩野光信《かのうみつのぶ》ら狩野派を中心に土佐《とさ》派その他に及ぶ。制作は狩野派絵師が肥前国名護屋城《ひぜんのくになごやじょう》に赴いた文禄《ぶんろく》二年（一五九二）に始まるという。彼らは、そこで南蛮人と接触したのである。以後、一七世紀後半にかけて、巨大な富を得たポルトガル人を財福神に擬し、ポルトガル船を宝船と見立てた屏風絵が多数制作された。知られるだけでもその数は、現在六〇本にのぼる。

第一類の構図で描かれた『南蛮屏風』を鑑賞しよう。左隻では、大型帆船がいま港に着いたところである。ここは長崎と推測されている。日本に来航した大型帆船は、複数のマストと三、四層の幅広い平らな甲板をもち、積載トン数は数百トンから一五〇〇、一六〇〇トンに達するものまであった。手前では、梱包《こんぽう》された多数の積み荷が小船で陸揚げされている。商品の中心は中国産の生糸や絹織物で、これに東南アジア産の麝香《じゃこう》・伽羅《きゃら》・蘇木《そぼく》などが加わる。帰りには、当時世界一の産出量を誇った日本銀や漆器類が大量に積み込まれる。ポルトガル船は日本—マカオの中継ぎ貿易で、莫大な利益を上げていた。

屏風右隻は、港町の風景を描く。日傘《ひがさ》をかざす黒人奴隷を従えたカピタン・モールが、商家の立ち並ぶ街路をゆるゆると歩む。一行は、いずれも膨れたズボンをはいている。膝までの短かめが西欧型カルサン、足首までの長めズボンはアラビア圏のサラーウィルだ。宣教師たちが出迎えている。イエズス会の宣教師は黒いコートをまとい、フランシスコ会系宣教師はフード付きのマントを着ている。右隻上部には信仰の場面が並ぶ。祭壇に向かい祈りを捧《ささ》げる信者（165ページ参照）、神父に告解《コンヒサン》する武士などが描かれる。十字架を掲げた南蛮寺も見える。

左隻

右隻

◉『南蛮屏風』（上）と、描かれた人々
「南蛮人渡来図」とも呼ぶ。南蛮船はいずれの構図でも左方から到来する。禁教後には、風俗描写は後退し、交易面が強調された。図版右下はカピタン・モール、左下は告解する武士。

2

中国・東南アジアからの舶来品と西洋医学や科学、強力な一神教などから構成された南蛮勢力の到来は、中国を中心に組み立てられていた東アジアの伝統的国際関係に大きな衝撃を与えた。その片隅に位置した日本も、「われわれとは何か」「日本とは何か」と、深刻に自己のアイデンティティを問い直す必要に迫られた。

南蛮屛風に活写された質量感をもって迫りくる南蛮勢力に対し、日本側の対応としてはいくつかの選択肢があったと考えられる。キリスト教を保護し、あるいはみずからキリシタンとなってこの流れに合流するコース。貿易は推進しながらもキリスト教を禁止するコース。貿易、キリスト教ともいっさいを拒絶するコースなどである。

第一のコースの事例としては、織田信長《おだのぶなが》のキリシタン保護政策や大村純忠《おおむらすみただ》などのキリシタン大名化があげられよう。豊臣秀吉《とよとみひでよし》・徳川家康《とくがわいえやす》が選択したのは第二のコースだった。そして、家光《いえみつ》が完成させた「鎖国」政策は、このコースの終着点とみることができる。

キリシタン禁止という選択

統一政権が最初に日本について自己規定したのは、天正《てんしょう》一五年（一五八七）である。同年五月、薩摩国《さつまのくに》の島津義久《しまづよしひさ》を降伏させ、六月七日に筑前国《ちくぜん》筥崎宮《はこざきぐう》で九州の国分けを行なった秀吉《ひでよし》は、六月一八日・一九日に二つの法令を発した。日本国家の自己規定は、一九日の定書《さだめがき》（バテレン追放令）の第一条で表明された。

日本は神国たるところ、きりしたん国より邪法を授け候《そうろ》儀《うぎ》、はなはだもってしかるべからざること。

「キリシタン国」に対して「日本は神国」という高らかな宣言である。次いで第二条では、大名や家臣たちが領民を信徒にし、神社仏閣を破壊していると非難し、天下の法度《はっと》を守って統治せよと命じる。領主に与えた領地・領民は一時的なもので、本来は天下（秀吉）に所属するとの考え方である。第三条で、ふたたび「日本」という言葉を用い、「右のように日域（日本）の仏法を破壊するのは曲《くせ》ごとであり、バテレン（Padre＝教父、宣教師）を日本の地に置く事はできない」と、バテレンの日本からの追放を言い渡している。「非キリシタン国家」日本の始まりである。

前日の十八日令（キリシタン禁令）は、一九日のバテレン追放令の第二条へ続く内容で、全一一か条からなる。第一条でバテレン門徒（キリスト教徒）自身の信仰は自由としながら、第二条以下、一〇か条にわたって、大名や家臣団の宗教活動に制限を加えている。

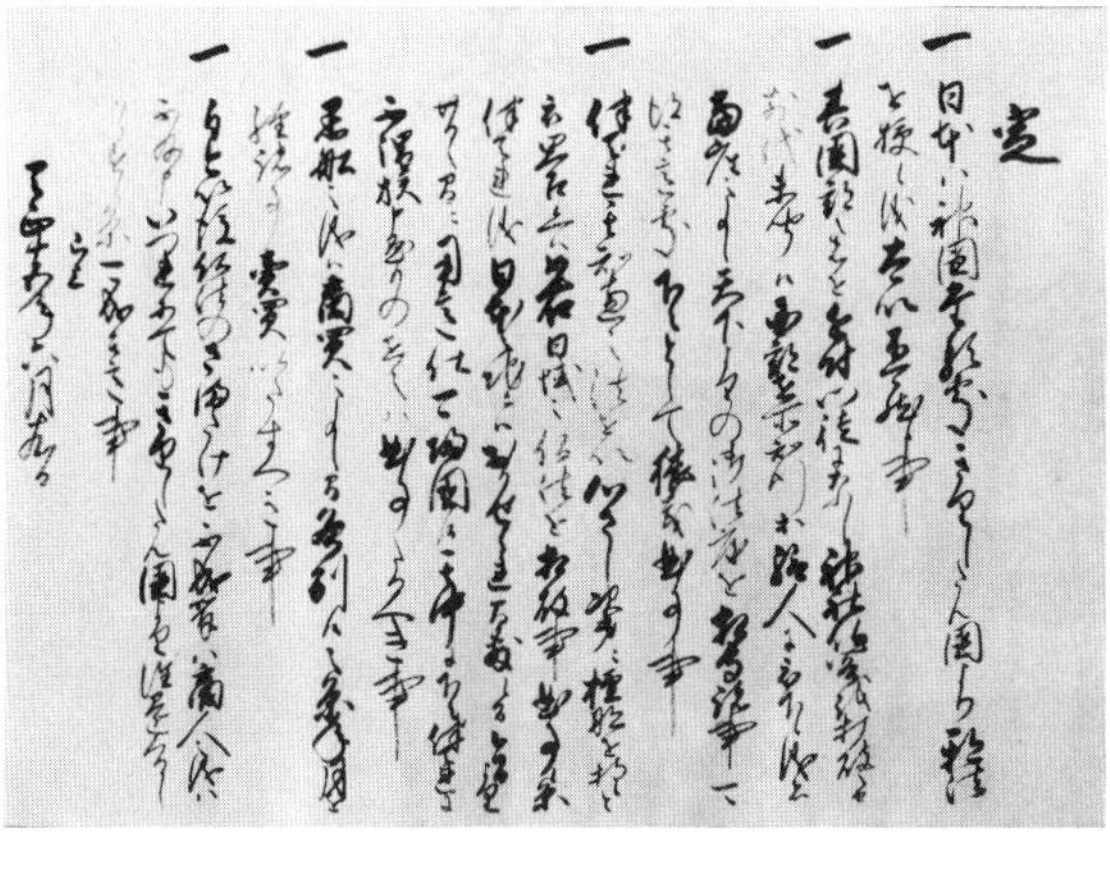

3

◉秀吉のバテレン追放令
長崎県平戸の松浦史料博物館に伝わる、宣教師に通告された写本。十八日令（一一か条）は、伊勢神宮文庫に残る。

領内の仏教徒をキリシタンに改宗させることは曲ごとである（第二条）。領主は替わるが百姓は替わらないものだから、理不尽な申し付けは許さない（第三条）。二〇〇町《ちょう》、あるいは二〇〇〇〜三〇〇〇貫《かん》より多くの領地をもつ領主がバテレンになるには、「公儀」（秀吉）の了解を得なければならない（第四条）とする。第六条では、「天下の障《さわ》り」となった一向一揆《いっこういっき》を引き合いに出し、バテレン門徒はそれ以上だ、とも述べている。

十八日令の最後、第一〇条、第一一条に掲げられた人身売買や牛馬の食肉禁止問題は、キリスト教に対する秀吉の生理的な嫌悪感・違和感の吐露とみることができる。第一〇条では、「大唐《だいとう》・南蛮《なんばん》・高麗《こうらい》」へ「日本人」を売ることを禁じ、あわせて国内での人身売買を禁じる。また第一一条では、「牛馬を売買し殺し食うこと、これまた曲ごとたるべきこと」と端的に牛馬食を否定している。

人身売買の研究によれば、ポルトガル商人の重要な貿易のひとつに奴隷の売買があった。すでに一五五〇年頃より、たくさんの日本人がポルトガル商人によって国外に売られ、一六世紀後半には、マカオ、マラッカ、ゴアなどのポルトガル領植民地のほか、ヨーロッパ、南米にまで日

4

◉インド・ゴアの市場光景
リンスホーテン著『東方案内記《とうほうあんないき》』に描かれたゴア。東洋におけるポルトガルの根拠地だった。喧噪の様子が伝わる。

本人奴隷が分布していた。ローマ教皇のもとに派遣された天正遣欧使節も、行く先々の港町で多数の日本人奴隷を目撃している。じつはこれらの奴隷の多くは、打ち続いた国内戦争で生じた捕虜や、貧困により売られた少年少女たちの海外への転売なのだが、ともあれ、ここにはキリシタン・南蛮に対する秀吉の感覚がよく現われている。

神国論で立ち向かう

日本を神国と規定する考え方は、もちろん秀吉《ひでよし》の発案ではなく、日本列島における伝統的な国家思想である。神国論研究によれば、この思想は『日本書紀《にほんしょき》』に始まり、日本を神の国とし、そのゆえに他国よりすぐれた国とする一種の華夷《かい》思想として展開した。そして、その優越性は、とくに朝鮮の服属をもって証《あかし》とすることが多かったという。『日本書紀』では、神功皇后《じんぐうこうごう》の侵攻を知った新羅《しらぎ》の国王に、「東に神国あり。日本という。また聖王あり。天皇という」と言わせている。

平安《へいあん》時代には、日本の神は、本地《ほんじ》である天竺《てんじく》（インド）の仏の仮の姿とする本地垂迹思想が盛んになった。やがて、神仏の位置を逆転させた反本地垂迹の習合説も生まれる。そこでは、日本の神が天竺に出現して仏教を説き、唐《から》（中国）に渡って儒教《じゅきょう》を説いた、ゆえに日本こそ唐・天竺に優越する神国・仏国であると主張された。

日本を神国とする思想は、戦国時代になると社会に広く浸透した。大友義鎮《おおともよししげ》の家臣立花道雪《たちばなどうせつ》は、キリシタンとなった主君に諫言《かんげん》して、「日本は神国ゆえ、是非《ぜひ》の判断や公私にわたる信心も、道義と天道に合致しなくてはならない」と述べた。社会の思想・風潮を強く投影した『御伽草子《おとぎぞうし》』にも、「日本＝神国」「日本＝仏法神国」という思想が随所に登場する。

ところで、秀吉に至るまでの神国思想は、本地垂迹説や反本地垂迹説からも明らかなように、日本（本朝）・中国（唐・震旦《しんたん》）・インド（天竺）の三国を枠組みとしていた。日本人の世界認識を絵図でたどった応地利明《おうじとしあき》は、この世界認識は九世紀前半、最澄《さいちょう》の著作を初見とし、その後すべてこの枠に収まってきたとしている。「三国一」「三国無双《ぶそう》」は、日本・中国・インドのなかでのナンバーワンを指す言葉だった。天正《てんしょう》五年（一五七七）に来日したイエズス会通詞《つうじ》のジョアン・ロドリゲスも、「日本人が全世界のことを話すときには、それを三つの王国と呼ぶが、それらは日本、シナ、インディアであり、世界はそれだけしかないと考えられ、コーリアとタルターリア（韃靼《だったん》）は、シナの周辺部としてシナに含められる」と書きとめている。

こうしてみると、秀吉の「日本＝神国」論は、一方で、長い伝統をもつ神国思想を継承しながらも、他方、それが南蛮《なんばん》の「キリシタン国」に対置されたという点では、新しい質のものだった。秀吉の神国論は、「神国」と自称してきたアジアの一辺境国が、南蛮・キリスト教というまったく新しい世界に出会ったなかで組み立て直した、精いっぱいの理論武装だったといえる。

ちなみに、南蛮ショックは日本にとどまるものではない。一七〇一年に中国広東《カントン》に渡ったイエズス会宣教師シャヴァニャック（沙守信）は、世界地図を見て驚く中国人の様子を記録している。

九ないし一〇人の読書人（知識人）が私に地図を見せてくれと乞い、長いあいだシナを探しておりました。結局彼らは両半球図のうちで、ヨーロッパ・アフリカ・アジアを含む半球図のほうを自分の国だと見なしました。私はこう言いました。「あなたたちはヨーロッパとアフリカとアジアを見ているのです。アジアにはここにペルシャ・インド・韃靼《タルタリー》があります」「それではシナはどこなのです」「シナは陸地のこの片隅にあるのです。これが境界です」。彼らの驚きがどんなものであったかについてはあなたに申し上げることができません。彼らは互いに見つめ合い、「小得很（Chiao-te-Kin）」すなわち、これはずいぶん小さいなというシナ語を述べました。

秀吉の朝鮮出兵、対明《みん》征伐論は、新しい神国論の妄想的展開と読むことができる。

天正一九年七月のポルトガル領インド総督宛《あて》書簡や、同九月のフィリピン宛書簡において、秀吉は、日本六十余州の統一を誇示したうえで、大明国やフィリピン平定の計画を述べ、インドからの

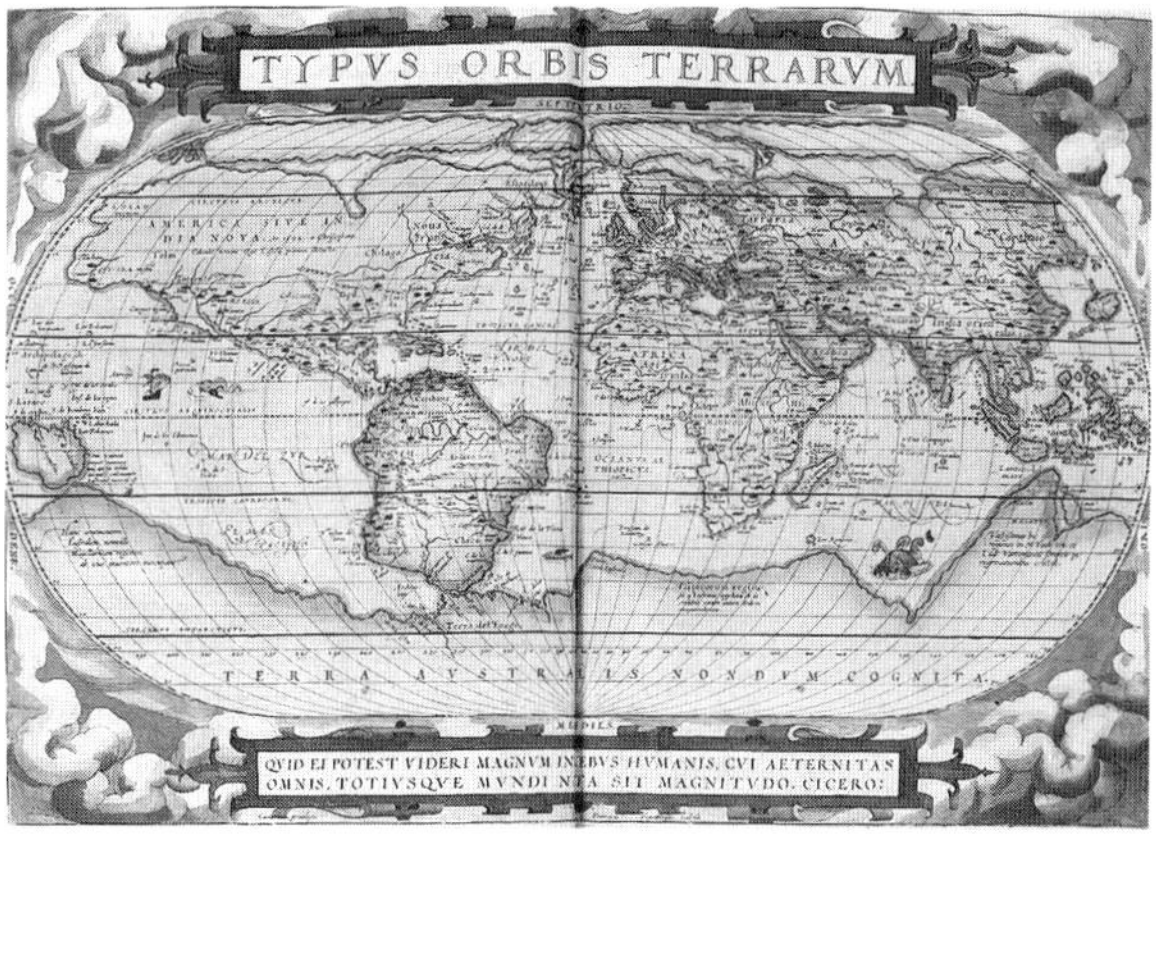

◉オルテリウスの世界地図帳
A・オルテリウスが作成し、一五七〇年にアントワープで出版された。大航海時代の世界像として、天正遣欧使節も持ち帰った。

入貢を促している。朝鮮から明へ、そしてインドへ。そこには、唐・天竺・日本三国の盟主となって、南蛮に対峙《たいじ》するという秀吉の大神国論が透けてみえる。彼の大陸進出計画は、国内的には天皇権威を凌駕《りょうが》する新しい国づくりの苦肉の方策だったが（第一章参照）、その国家理念は、東アジア世界を統合した「非キリシタン帝国」と想定される。

しかし、この構想は、儒教（朱子《しゅし》学《がく》）を建国思想として、日本とは異なるアイデンティティを形成していた朝鮮国家・国民と、それを支援した明軍の反攻によって、夢のまた夢と化し、空中分解する。

このとき日本軍と戦った民族の英雄李舜臣《りしゅんしん》の像が、韓国各地に建てられている。ソウルの李舜臣銅像は、朴正熙《パクチョンヒ》大統領時代、一九六八年の建立という。世宗路《セジョンノ》の中央に鎧兜《よろいかぶと》姿で南を向いて仁王立《におうだ》ちである。背後には朝鮮王朝時代の正宮景福宮《けいふくきゅう》と、大韓民国大統領府の青瓦台《せいがだい》が見える。

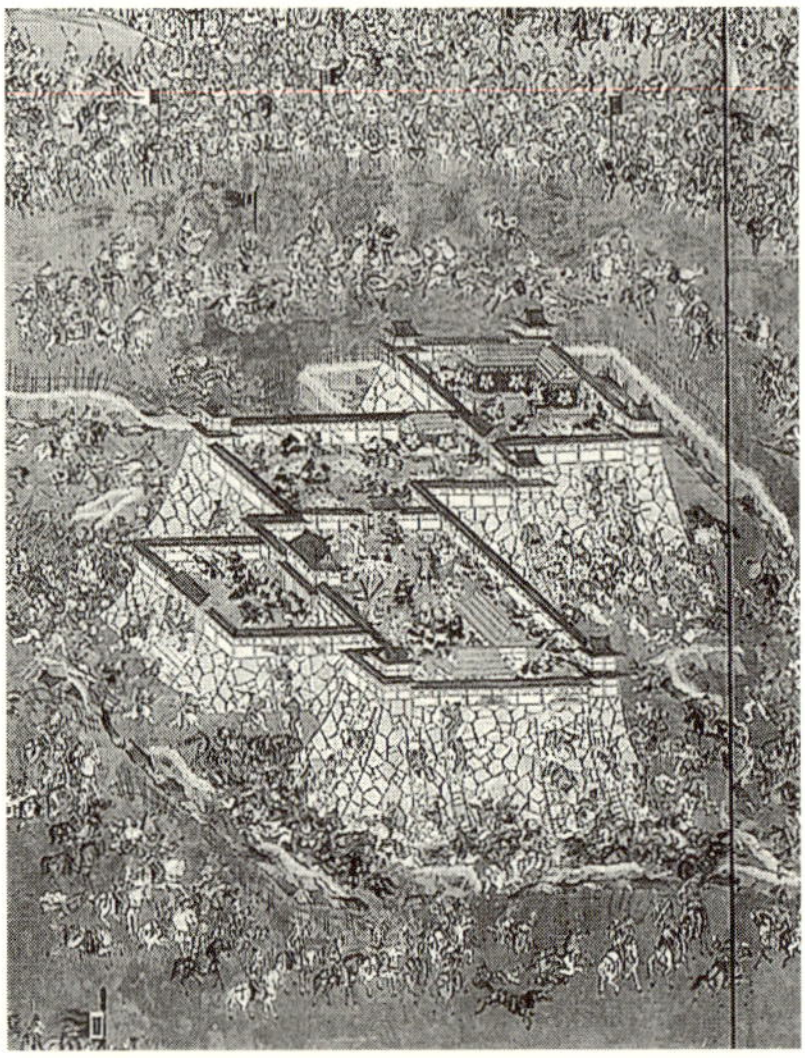

6

◉朝鮮・明軍に攻められる日本軍
慶長二年（一五九七）末から三年初頭の蔚山《ウルサン》城。籠城する加藤清正・浅野幸長《よしなが》軍を朝鮮・明の大軍が取り囲む。城内では、飢えた兵士が馬を食べている。（『朝鮮軍陣図屏風《ちょうせんぐんじんずびょうぶ》』）

朱印船貿易から「鎖国」へ

歓迎される黒船

キリスト教禁止を打ち出した統一政権にとって、禁教と貿易との折り合いのつけ方が大きな焦点となった。豊臣秀吉《とよとみひでよし》と徳川家康《とくがわいえやす》は、キリシタン弾圧政策と貿易振興政策とを別個の課題として進めた。徳川秀忠《ひでただ》・家光《いえみつ》は二つの課題を合体させ、のちのち「鎖国」と呼ばれるようになる管理貿易を完成させる。

秀吉は、南蛮《なんばん》問題をキリシタン禁止と貿易振興に分離し、それぞれのテーマを独自にかつ強力に進めようとした。天正《てんしょう》一五年（一五八七）六月一九日のバテレン追放令自体、その第四条で「黒船の儀は商売のことに候《そうろう》あいだ、各別候の条、年月を経、諸事売買いたすべきこと」として、永続的な貿易推進をうたった。第五条でも、「仏法の妨げをなさざる輩《ともがら》」の行き来は自由としていた。

翌天正一六年四月、秀吉は長崎を直轄領とし、肥前国《ひぜんのくに》の鍋島直茂《なべしまなおしげ》を代官《だいかん》に任命して、ポルトガル船の長崎来航を保証する。閏《うるう》五月には、長崎の地子銭《じしせん》（土地税）を免除する優遇策も講じた。同年七月八日、刀狩令《かたながりれい》と同時に発令した海賊停止令も、航海の安全を保障し、自由通航を促進するという点で貿易振興策に連動するものだった。

以降、秀吉の貿易独占の政策が急速に進められていく。天正一六年暮れには、堺《さかい》奉行の小西隆佐《こにしりゅうさ》を長崎に遣わし、黒船が運んだ生糸の買い占めを行なわせる。一七年には、薩摩《さつま》などに着岸した黒船舶載《はくさい》生糸の先買い権を島《しま》津《づ》氏に申し渡し、つぎのように指示する。「堺奉行の石田《いしだ》三成《みつなり》を派遣し銀子一二万枚分で購入するからそれまで売買してはいけない。余った生糸は商人に販売せよ。一年に何度来航しても買い上げるので、どこの港へでも到来するよう申し聞かせよ。日本に寄港した船を妨害はしない」と。

生糸のほか、鉛や塩硝《えんしょう》、水銀なども買い占めの対象になった。そのなかには、マニラから輸入したルソンの壺も含まれる。権力自身の手による貿易独占、権力による商いが秀吉の方針だった。

朱印船と糸割符で攻勢に出る

慶長《けいちょう》三年（一五九八）に秀吉《ひでよし》が死去し、同五年の関《せき》ヶ原《はら》の戦いを経て、家康《いえやす》が事実上の国家統治権を確保した。家康もまた、秀吉と同様に禁教と貿易振興を政策としたが、家康政権にとっては、朝鮮出兵で破綻《はたん》した秀吉の侵略型路線を修正し、安定した国家外交と国家管理の貿易体制を樹立することが焦眉《しょうび》の急となっ

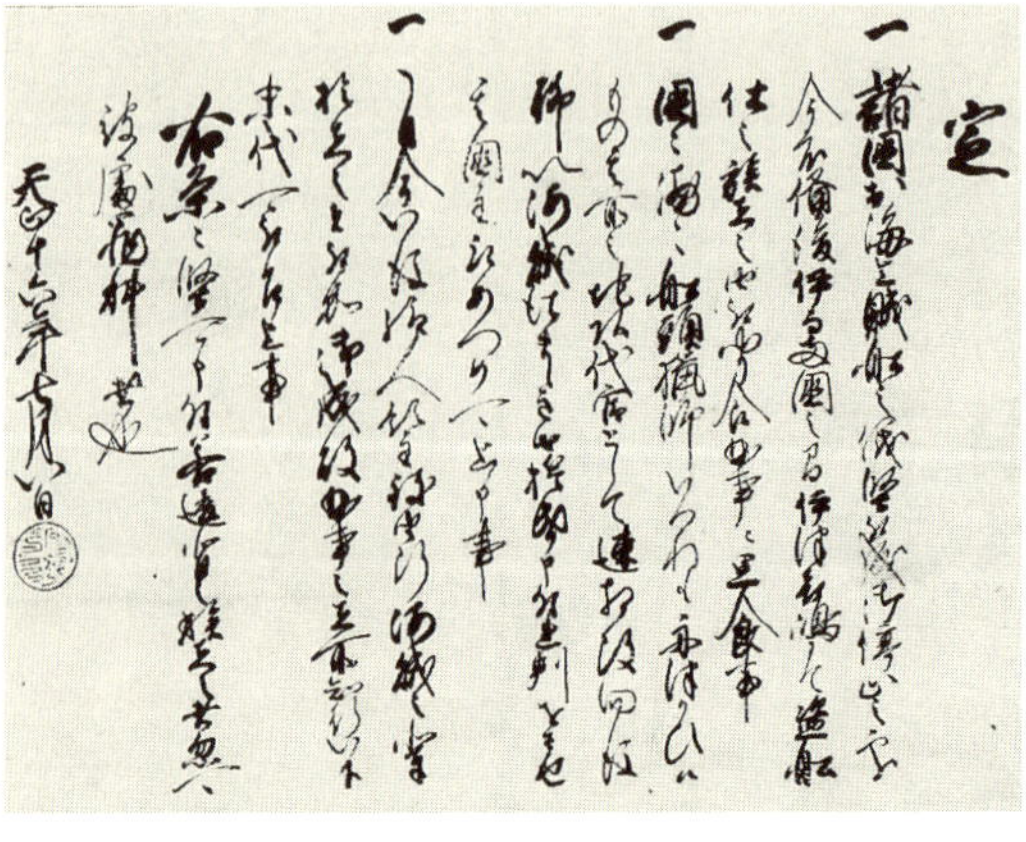

7

◉海賊行為を禁止した「海賊停止令」
刀狩令と同日に発令された。諸国浦々の船頭・漁師に海賊禁止を誓わせている。天下人は、海の支配もみずからの課題とした。

ていた。この課題解決の具体策が、徳川政権の成立をアピールする家康国書の各国への送付であり、家康朱印状《しゅいんじょう》で商船の渡航・船籍を証明する朱印船制度の創出である。

家康の外交攻勢は、慶長六年に始まる。この年一〇月、家康はスペイン領フィリピン諸島の総督ドン・フランシスコ・テーリョ・デ・グスマンに対し、「日本国、源《みなもと》家康、呂宋《ルソン》国郎巴難至昔高提《ドンフランシスコテー》腰足《リヨ》下に回章す」という書き出しの国書を送った。

先年フィリピン近海で海賊行為を働いた日本人は処罰した。昨年国内で凶徒が反逆したが一か月で征伐した（関ヶ原の戦い）。ゆえに海陸安静で国家康寧《こうねい》である。今後日本からの船舶にはこの書簡と同じ印（「源家康弘忠恕」）を捺《お》した証明書を持たせる。それ以外は無効である。

同じ月に安南《あんなん》国（ベトナム）に宛《あ》てた書簡でも、「本邦の舟、異日その地に到《いた》る。この書印をもって証拠たるべし。印なき舟はこれを許すべからず」とし、所定の印をもって公認船舶とすることを明確に示している。以後、家康は、大泥《パタニ》、柬埔寨《カンボジア》、占城《チャンパ》、暹羅《シャム》、田弾《ダタン》、朝鮮など、アジア諸国を中心につぎつぎと国書を送り、外交関係を結んでいく。

将軍朱印状は、寛永《かんえい》一二年（一六三五）の日本人の海外渡航禁止に至る三〇余年のあいだ、記録されただけでも三五六通、朱印船貿易家は一〇五人にのぼる。相手国は安南、呂宋、柬埔寨をはじめ、東南アジア一九か所に及んだ。

中国のジャンク船を土台に西洋技術を加えた二〇〇〜三〇〇トン級の朱印船が、中国人やヨーロッパ人の乗組員も雇用して、東アジア交易に乗り出していく。

豊富な現銀資本と現地日本人との連携に支えられた朱印船貿易は、ポルトガル船、中国船、オランダ船などを圧倒し、東アジア貿易の主流にまで成長していった。呂宋のマニラ、暹羅のアユタヤなどの朱印船渡航地には、日本町も形成された。

家康は、太平洋を挟んだノヴィスパン（メキシコ）との交易も計画した。慶長六年のグスマン宛国書で修交の意志を表明し、同七年には寄港地の関東開設を提案している。慶長一四年には、上総《かずさ》国に漂着し江戸を目撃した、前フィリピン臨時総督ロドリゴ・デ・ビベロと駿府《すんぷ》で会見し、メキシコとの貿易開始や銀採掘技術の導入について意見を交換している。家康の積極外交の一端が、ここにもうかがえる。

なお、ビベロ帰国の翌慶長一六年、答礼に浦賀《うらが》に来航したのが、メキシコ総督のセバスチャン・ビスカイノであり、同一八年、彼の帰国に同行し、サン・ファン・バウティスタ号でスペインやローマに向かったのが、伊達《だて》政宗《まさむね》の遣欧使節支倉常長《はせくらつねなが》の一行である。

8

慶長五年にオランダ船リーフデ号が到来したことも、家康の積極外交に幸いした。家康は、オランダ・イギリスに許可状を発行して通商を認める。オランダは慶長一四年、イギリスは同一八年、それぞれの東インド会社支店を平戸《ひらど》に開設する。両支店の初代商館長ヤックス・スペックスとリチャード・コックスは、『洛中洛外図屏風《らくちゅうらくがいずびょうぶ》』にも登場する。

糸割符《いとわっぷ》制度もまた、商人と連携して国家的管理の貿易を行なう施策だった。慶長九年五月、家康の側近本多正純《ほんだまさずみ》と京都所司代《しょしだい》板倉勝重《いたくらかつしげ》によって命じられた。「糸割符由緒《ゆいしょ》書《がき》」によれば、この制度は、長崎・京都・堺の三直轄都市の糸商人に糸割符仲間をつくらせ、代表の糸年寄《いとどしより》がポルトガル船舶載《はくさい》生糸の値を決めて、一括購入する方式だった。購入値段が決まるまでは、一般商人が長崎へ立ち入ることは禁じられた。

その後、寛永八年から江戸と大坂商人も仲間に加えられ、また同年からは中国船に対して、寛永一〇年にはオランダ船に対しても、この制度が適用される。

他方、家康は慶長一七年三月にキリスト教禁止を打ち出し、同年八月、翌一八年一二月と、禁教政策を強化していく。金地院《こんちいん》（以心《いしん》）崇伝《すうでん》に起草させた一八年一二月の「伴天連《バテレン》追放の文」は、「日本は元これ神国なり」としている。秀吉神国論の継承である。貿易振興政策とキリシタン禁止政策は、平行線をたどりながら進行する。

◉朱印船の入港
茶屋四郎次郎《ちゃやしろうじろう》の朱印船が交趾《コーチ》のツーラン港にさしかかる。港には日本町が見える。アユタヤ日本町の頭領山田長政《やまだながまさ》は、シャムの国政にもかかわった。（『茶屋船交趾渡航貿易絵巻』）

秀忠・家光の管理貿易路線

元和《げんな》二年（一六一六）四月一七日の家康《いえやす》死去に伴い、名実ともに徳川政権の頂点に立った二代将軍秀忠《ひでただ》は、同年秋の八月八日、禁教と貿易を統合した画期的な法令を発した。安藤重信《あんどうしげのぶ》ら秀忠の側近と故家康側近の本多正純《ほんだまさずみ》の連名で出された本法令は、三つの要素からなっていた。

第一は「相国《しょうこく》様（家康）」以来のバテレン門徒禁止を続けること。第二はキリシタン宗門である南《なん》蛮《ばん》との貿易を平戸《ひらど》・長崎に限定し、個々の領主との商売を禁止すること。そして第三に、ただし唐《から》船（中国船）との商売は自由とすること、この三点である。

第二の南蛮貿易船の入港地限定がポイントである。法令文のとおり引用すると、「はたまた黒舟（ポルトガル船）・いぎりす舟の儀、右の宗体《しゅうてい》に候《そうろう》あいだ、御領分に着岸候とも、長崎・平戸へ遣わされ、御領内にて商売仕《つかまつ》らざるよう、もっともに候」となる。

キリシタン宗門の浸透を阻止するために、南蛮船の入港地を限定して管理しようというのである。つまり、秀吉《ひでよし》・家康以来の禁教と貿易振興の二律背反を、バテレン潜入の手段となる南蛮船自体の管理によって、解消しようとしたのである。

しかし、元和の段階では、将軍朱印状《しゅいんじょう》を携行する朱印船貿易制度については、引き続き推進する立場に立っていた。その点からすると、元和

9

◉二代将軍徳川秀忠
家康の三男に生まれる。秀吉の命で浅井《あさい》長政《ながまさ》三女江与《えよ》と結婚。一七歳で将軍となり力を発揮する。椿を愛し、鉄砲の名手でもあった。

二年令は、家光《いえみつ》の「鎖国」政策に一直線につながるのではなく、家康の朱印船政策の深化・発展策とみることもできる。

だが、朱印船貿易が拡大するにつれて、競合する南蛮船との紛争は頻発し、朱印船を隠《かく》れ蓑《みの》にしたバテレン潜入も跡を絶たない。この路線の維持はしだいに困難となった。寛永《かんえい》八年（一六三一）、秀忠の最晩年に始まった奉書船《ほうしょせん》制度も、スペイン艦隊に朱印状を奪われるといったトラブルののちに、将軍の権威を守るために導入された苦心の策である。奉書船とは、幕府老中《ろうじゅう》の長崎奉行宛奉書を携行して渡航した貿易船のことである。

なお、スペインとは、これより先の寛永《かんえい》元年（一六二四）に通交を絶っていた。スペイン領ルソンを宣教師潜入基地と見なしたためである。他方、平戸に商館を開いたイギリスは、日本に物資を供給する中国貿易が実現せず、元和九年に日本から撤退している。

家光によって遂行された寛永一〇年代の一連の施策は、それまでの南蛮船入港地限定に加え、日本人の海外渡航を禁じることで、禁教と貿易振興の統一を図った究極的政策だった。便宜的に鎖国令と総称して整理してみよう。長崎奉行竹中重義《たけなかしげよし》の不正摘発と並行して進められたこの政策は、寛永十年二月二十八日令、同十一年五月二十八日令、同十二年令を経て、島原《しまばら》・天草一揆《あまくさいっき》の勃発《ぼっぱつ》する前年、寛永十三年五月十九日の第四次令において枠組みが確定する。

鎖国令の内容は、①日本人の海外往来の禁止、②バテレン、キリシタンの取り締まり、③外国船貿易に関する取り決め、の三点に集約される。中心は①の日本人の海外渡航禁止である。まず寛永十年令において、奉書船以外の日本船の渡航および日本人渡航を禁じ、次いで寛永十二年令で日本船の派遣をいっさい禁止する。

外国在住日本人の帰国に関しては、寛永十年令では五年以内の帰国は認めるという特例を設けていたが、十二年令になると無条件に死罪として帰国を拒否している。さらに十三年五月令では、南蛮人の子供と、南蛮人と日本人のあいだに生まれた子供の国外追放を命じる。この年秋、彼らの養父母を含む二八七人がマカオへ追放された。

日本人渡航の禁止によって、朱印船による制海権掌握型の交易政策は、外国船管理型へと大きく方向転換した。その具体的指示が、一連の鎖国令の第三点目にうたわれた外国船貿易に関する取り決めである。そこでは、糸割符《いとわっぷ》制度を中軸とした管理貿易の徹底化が指示されている。「朱印船貿易と日本人渡航の禁止」「ポルトガル船・中国船の長崎着岸」「オランダ船の平戸着岸」。これが第四次令までに描かれた構図だった。

ちなみに、中国船については、元和二年以来、「何方《いずかた》へ着き候とも、舟主次第商売仕るべし」の規定が適用されていたが、寛永一一年六月の鹿児島着岸禁止を契機として、長崎限定へと

10

◉平戸のオランダ商館
オランダ人モンタヌスの『遣日使節紀行《けんにちしせっきこう》』に描かれた、松浦《まつら》氏の城下町FIRANDO（平戸）。立地条件のよさから古来貿易港として栄えてきた。

向かった。

しかし、第四次令の翌年、島原・天草一揆が勃発する。キリシタン一揆に衝撃を受けた家光政権は、事件終息後の寛永一六年七月五日に第五次の鎖国令を発した。ポルトガル船の来航禁止という、より強い形の管理貿易形態の選択である。この第五次令は、それまでのような長崎奉行宛通達の形ではなく、オランダ人や中国船および九州大名にも直接通達され、さらに国持《くにもち》大名や一〇万石《ごく》以上の大名にも、江戸城で大老酒井《たいろうさかい》忠勝《ただかつ》から周知徹底された。とくに、オランダ人には「かの法（キリスト教）を弘むるもの乗せ来るべからず」と強調した。そして、翌々年の寛永一八年、ポルトガル人の追放で空き家となった長崎出島《でじま》に平戸のオランダ商館を移して、「鎖国」の完成となる。

秀吉の神国宣言に始まる禁教と南蛮貿易振興という二つの命題は、日本人と南蛮人との接触を排除しつつ、新教国オランダの東インド会社および中国民間商船の来航を長崎に限定するという形で、論理的な決着がつけられることになった。

沿岸を防備せよ

しかし、日本側の一片の法令で、ポルトガル船が日本渡航をあきらめるという保証はどこにもなかった。第五次の鎖国令を発した翌八月、家光《いえみつ》は、細川忠利《ほそかわただとし》（熊本）、黒田《くろだ》忠之《ただゆき》（福岡）、有馬《ありま》豊氏《とようじ》（久留米《くるめ》）、鍋島勝茂《なべしまかつしげ》（佐賀）、立花宗茂《たちばなむねしげ》（柳川《やながわ》）らを江戸城に召集し、異国船来航時の江戸と長崎への注進、および事件が生じたときは島原《しまばら》藩主高力忠房《こうりきただふさ》に相談することなどを命じた。

実際、翌寛永《かんえい》一七年（一六四〇）、ポルトガル船が貿易再開を求めてマカオから来航した。家光の命により長崎に派遣された大目付《おおめつけ》の加々爪忠澄《かがづめただずみ》・目付野々山兼綱《ののやまかねつな》は、日本渡航の禁令を侵犯したとして乗組員の死刑を宣告し、六月一八日、黒人の水夫などを除く六一人を斬首《ざんしゅ》、船は大村《おおむら》藩が焼き払った。

来航船への強硬措置と並行して、報復攻撃に対抗する大がかりな沿岸防備の態勢が構築された。加々爪らは長崎での任務終了後、肥前国《ひぜんのくに》島原、豊前《ぶぜん》国小倉《こくら》などに九州諸大名の家臣を集め、指示を出している。「各領内に異国船到来を監視する遠見番所《とおみばんしょ》を設置せよ。ポルトガル船発見の場合は島原の高力氏・長崎奉行・大坂・隣国に通報せよ。また高力氏と長崎奉行の指揮に従うように」と。

遠見番所の設置場所も、加々爪らがじきじきに選定した。福岡藩領内では姫島《ひめしま》・西浦《にしのうら》・相島《あいのしま》・大《おお》島《しま》・岩屋《いわや》の五か所、鹿児島藩（薩摩《さつま》藩）領では両甑《こしき》島・坊之津《ぼうのつ》が選ばれた。福岡藩では、それぞれに番兵を配置するとともに、ほかの島々の巡見も強化した。鹿児島藩では、指示場所に加えて薩摩国西部に全部で二一か所の番所を設け、番兵を置いた。また、大坂城に武器庫をもつ大坂町奉行に対しては、非常時、現地に出向いて、国持大名の出動を指揮する任務が与えられた。

さらに寛永一八年二月、家光は福岡藩黒田氏に長崎警固の役を課した。藩主黒田忠之に届いた幕府老中の奉書《ほうしょ》には、「来航を禁じた異国船の到来が予想されるゆえ、在国してそれに備えよ」としたためられていた。福岡藩は折り返し警固の詳細について問い合わせ、公儀《こうぎ》の石火矢《いしびや》・大筒《おおづつ》の借用を願った。四月、石火矢・大筒大小三〇挺《ちょう》と玉薬《たまぐすり》の貸し出しが許可され、大坂城武器庫から福岡へ回漕される。長崎の戸町《とまち》と西泊《にしどまり》には、番所が設置された。この長崎警固役は、翌年には佐賀藩鍋島《なべしま》氏との交替制となり、以後幕末まで両藩隔年担当で続けられる。

長崎をはじめとする沿岸防備の態勢は、正保《しょうほう》四年（一六四七）に実戦を経験することになる。この年六月二六日、ポルトガルの使節船二隻《せき》が長崎に入港したのである。遠見番所から通報を受けた長崎奉行の連絡により、同日、佐賀藩鍋島氏の軍勢が長崎に到着。二九日には福岡藩黒田氏、熊本藩細川氏の軍勢も到着し、臨戦態勢に入った。

七月一日には、長崎奉行が舵《かじ》・帆・弾薬の陸揚げを要求するが拒否される。日本側は長崎湾を封鎖してポルトガル船の脱出を阻止した。その後、江戸から到着した大目付井上政重《いのうえまさしげ》や長崎奉行が交渉を進め、ようやく八月六日に至りポルトガル船は退去する。湾内に配備された日本側の兵力は五万人、船数は一五八四艘《そう》にのぼった。

沿岸防備問題はポルトガルの来航に限らず、中国大陸における明《みん》の滅亡、清《しん》の成立という動乱の関係でも生じた。大陸では

11

●ポルトガル船を包囲する
長崎湾を閉め切り、九州諸藩の船が二隻のポルトガル船を取り巻いている。図の左が長崎の町。徳川前期の長崎図は、この方位から描かれる。
（『葡萄牙船入港ニ付長崎警備図』）

一六三一年六月、李自成《りじせい》が蜂起《ほうき》し、一六四四年三月には北京《ペキン》を攻め落とした。これを契機に長城《ちょうじょう》内に侵入した清軍は、同年九月に首都を瀋陽《しんよう》から北京に移し、中国全土の征服に乗り出す。中国南部に逃れた明人は各地に南明政権をつくり、さかんに日本に対して援軍要請（日本乞師《にほんきつし》）を行なった。

こうしたなか、正保三年一〇月、福州《ふくしゅう》に樹立されていた南明政権のひとつ唐王《とうおう》政権が、二か月前に清軍に滅ぼされたとの情報が届いた。幕府は即座に全国の大名に対して、明への援軍派遣はしない旨を通達し、あわせて異国船の来航を警戒するように命じている。清の日本への侵攻を恐れたのである。

弘前《ひろさき》藩の史書は、「慶安《けいあん》元年（一六四八）、清が高麗《こうらい》を攻め取り日本に押し寄せるとのうわさが伝わり、西国・四国・中国の大名は軍勢を長崎に派遣した」と記録している。国土の防衛対策は、現実的な危機に向き合うなかで進められた。

ポルトガル船入港事件を契機に、長崎奉行と九州諸藩との連絡強化を図る「長崎聞役《ながさききききやく》」制度も導入された。元禄《げんろく》元年（一六八八）までに、福岡、熊本、佐賀、鹿児島、対馬《つしま》、萩《はぎ》など一四藩に設置される。聞役は、長崎市内に設置された各藩蔵屋敷《くらやしき》に詰め、長崎奉行と警備や貿易にかかわる情報交換を行なうとともに、年貢米・国産品の販売や輸入品の購入など、大名領内と長崎を結ぶ地域経済の担い手としても活動した。「鎖国」を画期に、長崎を集散地とする新しい地域的物流の構造もつくられていく。

島原・天草一揆と「日本国民」

原の古城に立てこもる

時計の針が少し進みすぎた。寛永《かんえい》一四年（一六三七）の島原《しまばら》・天草《あまくさ》一揆《いっき》勃発《ぼっぱつ》の時点にまで戻ることにしよう。

九州島原と天草で百姓たちが起こした騒動を、幕府は当初から「キリシタン一揆」ととらえていた。一揆は、その理念において、またその行動において、形を整えつつあった徳川《とくがわ》国家に対する真っ向からの敵対であり、それゆえに、徹底的に粉砕される運命にあった。

一揆は寛永一四年一〇月二五日、肥前国有馬《ひぜんのくにありま》村百姓による代官《だいかん》殺害に始まり、翌寛永一五年二月二八日の原城《はらじょう》落城まで、四か月に及んだ。

肥前国島原は、キリシタン大名有馬氏が長らく本拠とし、湾を挟んで向かい合う肥後《ひご》国天草も、関ヶ《せきが》原《はら》の戦いまではキリシタン大名小《こ》西行長《にしゆきなが》の領地だった。関ヶ原の敗北で、小西行長が斬首《ざんしゅ》されたのち、天草は肥前国唐津《からつ》城主寺沢《てらさわ》氏の領地となり、また、島原には元和《げんな》二年（一六一六）に松倉重《まつくらしげ》政《まさ》が入封《にゅうほう》したが、しばらくのあいだキリシタンは黙認されていた。しかし、寺沢・松倉氏とも、寛永年間に入ると激しい迫害に転じ、寛永五、六年には多くのキリシタンが改宗を余儀なくされた。

寛永一四年の蜂起《ほうき》は、いちど改宗したキリシタンの立ち帰りの形で始まった。一〇月二六日、島原の一揆勢は寺社を焼き討ちしながら島原城下に進軍し、島原城を攻撃したが、城は容易に落ちなかった。そこで彼らは、島原半島南部の古城原城を修築して本拠とする。

島原に呼応して、天草でも一揆が起きた。天草勢は加勢する島原勢とともに、一一月一九日から四日間にわたり唐津藩の富岡《とみおか》城を攻めたが、堅固な海城の守りに阻まれて攻略できず、一揆勢は一二月にはすべて原城に籠城《ろうじょう》することになった。この間、富岡城城代の三宅藤兵衛《みやけとうべえ》が、本渡《ほんど》の攻防戦で戦死する一幕もあった。

一揆勢が立てこもった原城は、慶長《けいちょう》二〇年閏《うるう》六月の一国一城令《いっこくいちじょうれい》で廃城となった有馬《ありま》時代の古城である。史料には、「はるの古城」「はるのじやう」などとも記される。有明海《ありあけかい》を背に、崩れた土塁《どるい》に土盛《ども》りをし、空堀《からぼり》を掘り直した古城は、一揆の城としてよみがえった。城内の守備は、出身地域ごとに分担が決められた。天草丸は天草勢、二の丸は加津佐《かづさ》勢、三の丸は有馬村が守り、田町門《たまちもん》から本丸は口之津《くちのつ》勢、本丸から二の丸には小浜《おばま》村勢が配された。口之津湊にある松倉氏の倉庫を襲撃して米や武器も奪取した。

キリシタン一揆の第一報が江戸に届いたのは、寛永一四年一一月九日だった。知らせを受けた将軍家光《いえみつ》は、すぐに上使として板倉重昌《いたくらしげまさ》と石谷貞清《いしがいさだきよ》の派遣を決定し、島原藩主松倉勝家《まつくらかついえ》と豊後国府内《ぶんごのくにふない》藩主日根野吉明《ひねのよしあき》に対して帰国を命じた。次いで、江戸在中の九州大名の帰国や松倉への加勢、長崎警固に関する指示を矢継ぎ早に出す。さらに二七日、鎮圧後の仕置き役として、老中のひとり松平《まつだいら》信綱《のぶつな》と、大垣《おおがき》藩主戸田氏鉄《とだうじかね》を指名した。

一二月五日に島原に到着した上使の板倉・石谷は、一二月一〇日・二〇日と五万を超える諸大名の鎮圧軍を率いて原城に向かうが、一揆勢の反撃にあって攻め落とせない。それどころか、寛永一五年元旦の総攻撃では、指揮官の板倉重昌が鉄砲で眉間《みけん》を撃ち抜かれて戦死、石谷も負傷してしまう。

和泉《いずみ》国熊取谷《くまとりだに》の庄屋中家《なかけ》の古文書に、島原・天草一揆に関する書状が残っている。松平信綱の鉄砲奉行として従軍し、一揆鎮圧後、天草代官として活躍した鈴木重成《すずきしげなり》の書状である。差し出しの日付は板倉重昌が戦死した直後の一月七日、宛名《あてな》は大坂近辺の幕府領を管理する代官衆《だいかんしゅう》である。代官衆のひとり根来《ねごろ》右《う》京《きょう》が中家の出身だったことから、ここに伝来したものと思われる。書状はなまなましく原城の攻防を伝える。

キリシタン一揆が立てこもる古城は、ひじょうに強固につくられている。元日に惣攻《そうぜ》めの命令が下り、朝六時から攻めかかったが、城中から雨のごとく鉄砲を撃たれ、塀際に取り付いた者には、目も開けられないほどの石飛礫《いしつぶて》が投げ

12

◉原城への攻撃
島原半島先端の太い実線内が原城。左上のオランダ船デ・ライプ号からの砲撃には、敵味方双方から非難の声が上がった。(『島原城攻撃図』)

られた。寄せ手はことごとく討ち倒され撤退した。板倉内膳《ないぜん》は討ち死に、石谷十蔵《じゅうぞう》殿も左腕を負傷。手負い・死人の数は、鍋島勢死人三八一人・手負い二一二〇人。有馬勢死人一一二人・手負い八六七人。松倉勢死人一一〇人・手負い二〇七人。板倉殿の死人・手負いの人数は不明。城中の本丸・二の丸・三の丸、そのほか砦《とりで》に堀を掘り、内側に武者走《むしゃばし》りをつくって、そこから鉄砲や石飛礫を撃ってくる。こちらから石火矢《いしびや》や大筒《おおづつ》を撃っても、塀の内側に掘った穴に隠れるので敵の被害は少ない。城中から先に鉄砲を撃つことはなく、攻め込もうとすると際限なく撃ってくる。鹿や鳥を撃ちつけているものばかりで、無駄玉は一発もない。

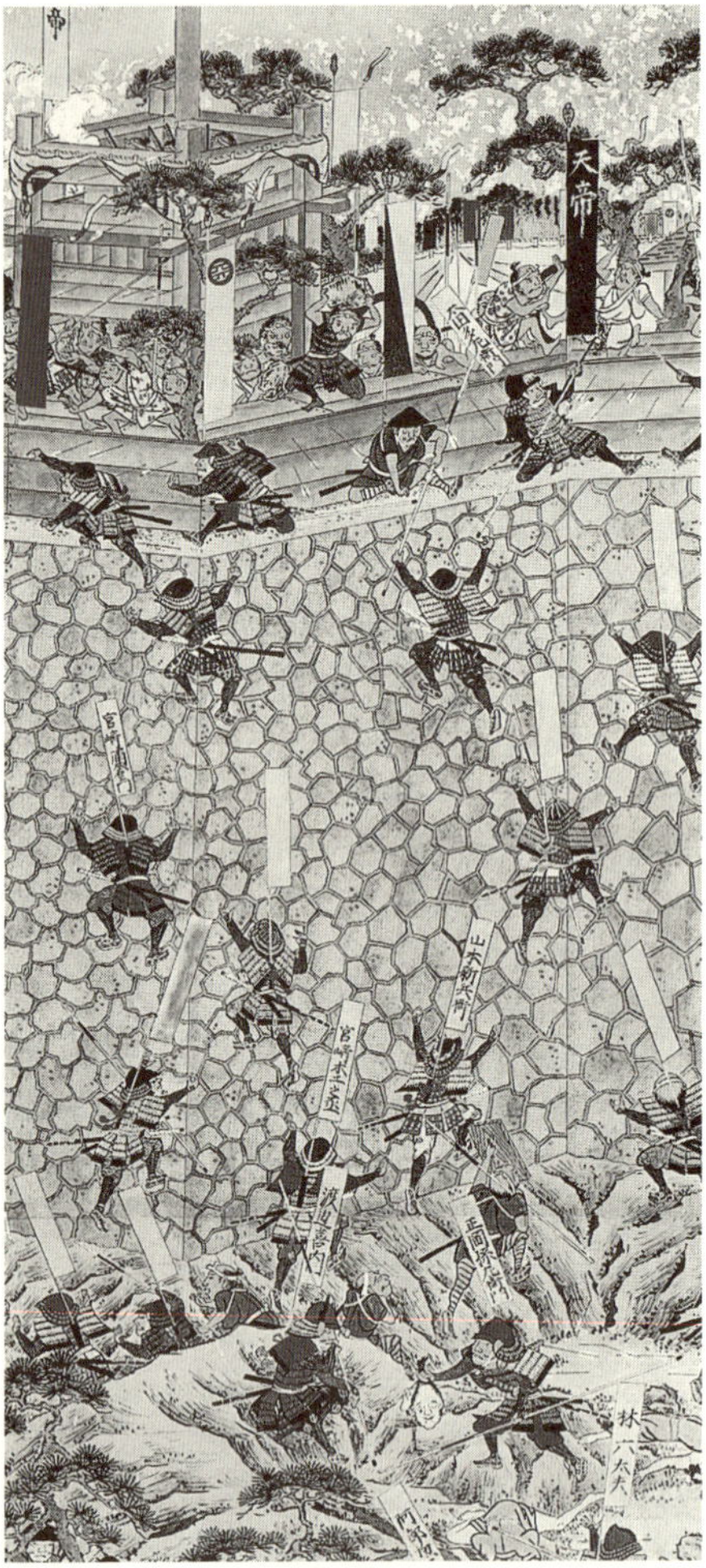

13

◉原城石垣をよじ登る黒田兵
城内には「天帝（デウス）」の旗印も見える。島原・天草一揆の鎮圧二〇〇年を記念して、高鍋《たかなべ》藩（秋月藩）黒田氏の命で描かれる。八年の歳月をかけ、天保《てんぽう》八年（一八三七）に完成した。（『島原陣図《しまばらじんのず》屏風《びょうぶ》』）

よく統率された一揆軍の様子がわかる。鈴木重成の別の手紙には、「女どもまで拳《にすき》をかけ、くるすを額にあて鉢巻《はちまき》をいたし、石飛礫を雨の降るほど撃つ」とも記されている。

ついに、松平信綱を指揮官とした総攻撃が、二月二七日から二八日にかけて行なわれた。総勢一二万五〇〇〇余の大軍を前に、一揆勢は壊滅した。いまの暦になおすと、春の盛りの（一六三八年）四月一二日にあたる。この時点での籠城者は、二万三〇〇〇人とも三万七〇〇〇人ともいわれる。彼らは、女・子供に至るまで殺戮《さつりく》の対象となった。領主側の被害も多く、死傷者の数は八〇〇〇人ないしは一万二〇〇〇人と記録されている。

キリシタン宗と「日本宗」

島原《しまばら》・天草一揆《あまくさいっき》の原因とその性格については、事件当時から二つの見方があった。領主松倉《まつくら》・寺沢《てらさわ》氏の悪政に対する百姓一揆とするものと、キリシタンの宗教一揆とみるものである。たしかに島原藩では、検地のたびに石高《こくだか》を増やして年貢の高額徴収を図っていた。滞納者に対しては蓑《みの》を体に巻きつけて火をつけ、あるいは逆さ吊《づ》りにするなどの苛政《かせい》を敷いており、一揆発生の条件は十分にあった。寺沢領でも課税基準となる領地の石高が、過大に算定されていた。

一方、一揆の参加者には地域的な偏りがあり、島原半島北部の村々からの参加はなかった。くわえて領外の天草の一揆と合流し、四か月ものあいだ領主の大軍と戦ったこと、キリシタン宗門に立ち帰った旨の誓詞《せいし》を作成したことなどを重視するならば、宗教色の濃厚な一揆とみることもできる。

近年、島原・天草一揆について精力的に研究を進める神田千里《かんだちさと》は、こうした二つの評価をふまえたうえで、一揆の性格について新しい解釈を示している。要約するとつぎのようになる。

一揆勢が寺社を破壊し僧侶を殺害したことや、信仰を強制して拒否した村を襲撃したことなどから、一揆はきわめて宗教運動の色彩が濃いものであった。当時の人々はこの紛争を、「南蛮《なんばん》」と「日本宗」との対立とみていた。「日本宗」とは、伊勢《いせ》を中心とする日本の神々や「天道《てんどう》」を信じる宗教意識を中身とする。このことからすれば、対立は領主の迫害に対する民衆の殉教といった図式ではなく、「日本宗」の神々とデウスの戦争とみることができる。

ある領主もしくは民衆が日本の神々を信じ、その指し示す天道を信じることと、別の領主がデウスの恩寵《おんちょう》を信じてキリシタン大名になり、民衆がデウスに望みを託してキリシタンの信仰にすがることとは、「双子の兄弟のような似た者同士」だったのではないか。超自然的な絶対者による加護と制裁を信じるという点で、日本宗もキリシタンも似ている。イエズス会が刊行した『日葡辞書《にっぽじしょ》』にも天道をデウスとしている。島原・天草一揆は、この双子の兄弟の不幸にして悲劇的な対立だったのではないか。

神田は、このように述べている。

島原・天草一揆を「南蛮・キリシタン」と「日本宗」との対立としてとらえる、という神田の理解をいいかえれば、キリシタン一揆は「徳川の国家デザイン」に歯向かう決定的な敵対物だったということになろう。

原城《はらじょう》のキリシタンからの矢文《やぶみ》には、「われらは国家を望んだり国主に背く者ではなく、後生の救済のために信仰の容認を求めているのだ」とあったという。しかし、彼らが選択した救世主デウスこそが、新政権の国家デザインに対する根底的な敵対物だった。新しい国家は、まさに「非キリシタン」を国是《こくぜ》に掲げたからである。

一揆鎮圧のために四か月近くを費やし、一二万を超える軍勢を要したという事実は、幕府に大きな衝撃を与え、ポルトガル人追放というもっとも厳しい選択肢を採用させることになった。翌寛永一六年七月、第五次の鎖国令が発せられる。幕府は、島原・天草一揆の要因が宣教師と日本人との接触にあるととらえ、それを後押しするポルトガル人の追放が最善の方策と考えたのである。幕府はオランダ商館長フランソワ・カロンと会談し、日蘭《にちらん》貿易の続行を確認したうえで、ポルトガル人の追放を決定した。

全国に高札を掲げる

島原《しまばら》・天草一揆《あまくさいっき》を鎮圧した七か月後の寛永《かんえい》一五年（一六三八）九月、将軍家光《いえみつ》は諸大名に対してキリシタンの取り締まり強化を命じた。これを伝えた老中《ろうじゅう》の通達は、「伴天連《バテレン》門徒、累年御制禁たりと

14

15

◉花十字紋瓦（右）と箱型十字架　瓦の意匠はイエズス会宣教師ジョヴァンニ・ニコラオの考案という。長崎市内各所で出土する。十字架は原城籠城軍の遺品。

いえども断絶なく、この度《たび》九州において悪逆を企て畢《おわんぬ》」と島原・天草一揆に触れながら、「訴人いたす族《やから》は、たとえ同宗門なりともその科《とが》を許し、公儀よりご褒美《ほうび》下さるべきの旨、仰せ出《いだ》さる」としている。

なお、これには別紙がついており、バテレンの訴人には銀二〇〇枚（金一四〇両余）、イルマン（Irmão ＝法兄弟。バテレンに次ぐ宣教師）には一〇〇枚、キリシタンには三〇枚または五〇枚を与える、とあった。

この通達は、二つの点でそれまでとは大きく異なっていた。ひとつは、キリシタン宗門に対する密告について、それが大名の藩領内の者であっても公儀（幕府）が褒美を与えるという点である。訴人への褒賞自体は、寛永一〇年の第一次鎖国令以来示されていたが、それらは長崎奉行に宛《あ》てた通達の範囲内においてだった。それがここに至り、全国の藩領をも対象にしたのである。島原・天草一揆を経て、藩内の民衆にまで幕府の権限が及ぶことになった。

二つ目の変化は、キリシタンの分類が細かくなり、摘発に対する褒賞金額も明確にされたことである。それまでの「バテレン」対象から、「バテレン」「イルマン」「キリシタン」と細分化され、キリシタン訴人に対する金額も明示された。近年のキリシタン民衆史研究は、こうした

年＼分類	バテレン	イルマン	その他
寛永３年（1626）	金額の記載なし		
10年（1633）	銀100枚	―	―
15年（1638）	銀200枚	銀100枚	キリシタン 銀30枚または50枚
承応３年（1654）	銀300枚	銀200枚	同宿・宗旨 銀50枚
延宝８年（1680）	銀500枚	銀300枚	同宿・宗旨 銀50枚または100枚

●値上がりする褒美金
銀一枚は銀四三匁《もんめ》にあたる。褒美金は年々、吊り上げられた。貞享《じょうきょう》四年（一六八七）には、転びキリシタンの一族改めも始まる。

変化に注目し、キリスト教の禁制は、島原・天草一揆を契機として、宣教師や武士のキリシタン対象から、キリシタン民衆を含む弾圧へ重点を移していくと指摘している。

寛永一五年令では大名領内への掲示強制はなかったが、承応《じょうおう》三年（一六五四）正月、三代家光から四代家綱《いえつな》への代替わりを機に、全国の大名に対してキリシタン高札《こうさつ》の案文が示された。これにより、幕府領・藩領を問わず全国すべての地域に、訴人を奨励する高札が立てられることになった。

幕府が全国に掲示を命じた高札の種類には、ほかに忠孝札、毒薬札、駄賃《だちん》札、火付け札など各種あったが、町村どこにでも掲示されたのはキリシタン札だった。札《ふだ》の辻《つじ》（高札場のある交叉点）や町の入り口、集落中央の広場などの高札場を「キリシタン高札場」と呼ぶところも少なくない。キリシタン高札は、徳川日本の住民に向けて、日々、非キリシタン国家の「国民」であることを意識させる国家的な仕掛けとなった。

この高札は、徳川にとってかわった明治国家も、当初継承する。廃棄されるのは明治六年（一八七三）のことである。

「非キリシタン」というアイデンティティ

徳川《とくがわ》日本の住民に対して、非キリシタン国家の国民であることを確認させつづけるもうひとつの方法が宗門改《しゅうもんあらた》めである。この制度は、慶長《けいちょう》一八年から一九年（一六一三〜一四）に京都や九州で行なわれたキリシタン登録を出発点としている。その後、島原《しまばら》・天草一揆《あまくさいっき》を経て、寛永《かんえい》年間（一六二四〜

四四）の末期に全国的制度として確立する。

現存する最古の宗門改帳は、寛永一一年の肥前国《ひぜんのくに》長崎の「平《ひら》戸《ど》町・横瀬《よこせ》浦《うら》町人数改帳」で、一人ひとりの宗旨と檀那寺《だんなでら》が記入され、男女別に合計人数が書き上げられている。

寛永一二年、京都では所司代《しょしだい》板倉重宗《いたくらしげむね》がキリシタン訴人に褒《ほう》美《び》を出すと通達し、町々に宗門改帳面の作成を命じた。家持ち・借家を問わず、家ごとに妻子・同居の親類・下人《げにん》を含め、ひとり残らず判をつかせ、転《ころ》びの者には立ち帰らない旨を、ほかの者には禁制を守る旨を誓約させている。寺院に対しては、檀家《だんか》が証明を求めたときは偽りなく提出するよう申し渡した。

宗門を登録する宗門改帳は、当初からすべて寺院の証明があったわけではない。多くの民衆は、キリシタンではないにしても、特定寺院の檀家でもなかったからである。そのため、庄屋などの村役人が証明する俗請《ぞくう》けもしばしばみられた。キリシタン摘発が進行する過程で寺檀《じだん》制度が確立し、仏教寺院は新しい国家的役割を割り振られることになる。

全国の大名領でも宗門改めが始まった。水戸藩、米沢《よねざわ》藩では

◉宗門改帳
書式は幕府領、藩領によって違いがあるが、全住民を登録する点では共通している。宗門改めを通じた国民把握が、徳川国家の特色である。

寛永一六年から開始される。熊本藩では同年から毎月実施、佐賀藩では毎年実施となった。

近江《おうみ》国彦根《ひこね》藩では寛永二一年正月、藩主井伊直孝《いいなおたか》が家老らに宛《あ》てて、キリシタン改方《あらためかた》について細かい指示を出している。対象は知行取《ちぎょうどり》の家臣・その妻子・下男下女から、町中男女、在々男女、はては城下在々の乞食にまで及ぶ。

「居宅のはっきりしない出家《しゅっけ》・山伏《やまぶし》などの宗教者、医師なども区域を分けて細かく調査すること」「怪しげな宗教者や他国の商人体《てい》の者には一夜の宿も提供しないように」「請《う》け人《にん》のいない奉公人は町にも在にも置かないように」「現在の『日本国』には、これ以上の公儀《こうぎ》へのご奉公はないのだから、精を出して毎月でも改めるように」「これは主君への奉公でもあり、自身の身のためでもある」と指示している。同年二月には、領内すべての住民に対して、それぞれ「頼み候寺（檀那寺）」からキリシタン宗門ではない旨の手形を取るようにと命じる。大名たちが、公儀（幕府）への奉公として、宗門改めに奔走する様子がよくわかる。

島原・天草一揆を大きな契機として進捗《しんちょく》した宗門改めは、キリシタン高札と同様に、四代将軍家《いえ》綱《つな》の時代に、全国的に統一した制度として整備されることになった。万治《まんじ》二年（一六五九）六月、幕府は諸藩に対して「家中《かちゅう》の者、中間《ちゅうげん》・小《こ》者《もの》に至るまで油《ゆ》断《だん》なく宗旨を改めよ」「百姓町人は五人組・檀那寺について改め、不審な宗旨がある場合は厳しく調査せよ」と通達した。

そして、寛文《かんぶん》四年（一六六四）一一月、幕府は大名・旗本《はたもと》など、すべての領主に対して宗門改めの実施を命じる。「一万石以上の大名は宗門改めの役を置き、毎年家中・領内を調査せよ。九〇〇〇石以下の中小領主は、村役人・百姓から毎年、五人組手形を取るように。幕府領は代官《だいかん》の手代《てだい》を改役とすること。転《ころ》びキリシタンの名簿を幕府の宗門改役に提出せよ」としている。この前年に改定された「武家諸法度《ぶけしょはっと》」にも、新しく「耶蘇《ヤソ》宗門の儀、国々所々において、いよいよ堅くこれを禁止すべきこと」という条文が加えられた。

全国津々浦々、神国日本の住民は身分の別なく、出生とともにいずれかの仏教寺院に属する「国民」として登録されることになった。宗門改帳は、非キリシタン国家の戸籍台帳となり、婚姻・奉公・転居・旅行など、あらゆる移動に対しても檀那寺発行の宗旨手形が必要となった。「非キリシタン」という日本国民ができあがる。

ところで、南蛮《なんばん》のもたらしたキリスト教は、日本のみならずアジアのほかの諸国においても、多くの信者を獲得していった。たとえば、中国では明《みん》の末期からキリシタンが増加しはじめ、一六七〇年代には二七万人を超えたと記録されている。この宗教へのアジア各国の対応は、おおむね否定的だったが、禁教の時期には遅速があった。清《しん》では、一六九二年にはキリスト教をいったん公認し、その後一七〇六年に至って宣教師を追放、一七二三年に禁教令を敷く。朝鮮では、長期間容認のまま推移し、一八世紀末に至り禁教策がとられている。

同じ北東アジアでも、対応に各国それぞれの個性がうかがわれて興味深い。

武家の統制と編成

受け継がれる改易・転封政策

島原《しまばら》・天草一揆《あまくさいっき》を挟みながら推進された「鎖国」政策と並行して、国家の内枠づくりが、二つの側面から進められた。ひとつは武家集団を将軍のもとに強固に編成する施策であり、二つ目は、その中核部分を国家の担い手として機構化することである。これらを最終的に推し進めたのが、三代将軍徳川家光《とくがわいえみつ》と松平信綱《まつだいらのぶつな》らのブレーンたちであった。

家光といえば、私たちはすでに『江《え》戸《ど》図《ず》屏風《びょうぶ》』の狩りや東照社参拝などの場面で、寛永《かんえい》一〇年（一六三三）頃の彼の姿を目撃している。慶長《けいちょう》九年（一六〇四）生まれの家光は、屏風絵の時点で三〇から三一歳。すでに一〇年前から将軍だったが、寛永九年一月、大御所《おおごしょ》として実権を握っていた父秀忠《ひでただ》の死を契機に、家康《いえやす》晩年以来二極化していた大御所と将軍の権力を統合し、最終的な体制づくりに向かっていた。

権力一元化を果たした家光が最初に行なったのは、加藤清正《かとうきよまさ》の三男で肥後国《ひごのくに》熊本藩五二万石を継いでいた加藤忠広《ただひろ》の改易《かいえき》である。嫡男光広《みつひろ》の

17

●家康を崇拝した三代将軍家光
秀忠の次男として生まれる。母は正室の江与《えよ》。二〇歳で将軍職を継ぐ。鬱《うつ》的症状に悩まされながら、果断に国政を推し進めた。

不届きや妻子の無断帰国が、その理由だった。寛永九年五月二四日、家光は江戸城に伊達政宗《だてまさむね》、前田利常《まえだとしつね》、島津家久《しまづいえひさ》、上杉定勝《うえすぎさだかつ》、佐竹義宣《さたけよしのぶ》ら五人の外様《とざま》大名を呼び集めて、このことを申し渡した。六月一日、在府大名には老中から江戸城でじきじきに、在国大名に対しては老中奉書《ほうしょ》をもってこれを伝えた。

「御代始《みよはじ》めの御法度《ごはっと》に候《そうろう》間、きっと仰せつけらるべし」と命じられたこの処分は、秀忠亡きあとの家光が、その武威《ぶい》を誇示するための強力な先制パンチだった。最初に有力外様大名を呼び集めて宣言したところに、そのねらいがよく現われている。

以後、慶安《けいあん》四年（一六五一）に死去するまでの一九年のあいだに、外様大名二九名（二七六万石余）、徳川一門・譜代《ふだい》大名二〇名（一二一万石余）が改易された。外様のなかには島原・天草一揆の当事者松倉勝家《まつくらかついえ》（肥前《ひぜん》国島原《しまばら》藩四万石）も含まれる。

一門・譜代で最大の改易は、弟駿河大納言忠長《するがだいなごんただなが》（駿河国駿府《すんぷ》、五〇万石）だった。幼少より聡明の誉れ高く、母江与《えよ》にかわいがられた最大のライバルは、すでに寛永八年、父秀忠によって甲斐《かい》に幽閉されていたが、家光は改めて寛永九年一〇月に領地を没収し、上野国高崎《こうずけのくにたかさき》への逼塞《ひっそく》を命じた（翌年一二月自害）。

大名改易は祖父の家康以来、大名統制の常套《じょうとう》手段とされた。改易研究によれば、戦後処理などの軍事的理由とそれ以外に分類される。豊臣秀吉《とよとみひでよし》の五大老の位置から出発し、関ヶ原《せきがはら》の戦い・大坂《おおさか》の役《えき》を通じて全国を制圧した家康の場合は、当然のことながら軍事的改易が多い。対して、秀忠・家光の場合は、世継ぎ断絶、大名の不行跡《ふぎょうせき》・発狂、御家騒動《おいえそうどう》など、その他の理由が大勢を占めた。

家康は、関ヶ原の戦い後、石田三成《いしだみつなり》をはじめ西軍に与《くみ》した大名八八名の所領四一六万石余を没収し、毛利輝元《もうりてるもと》、上杉景勝《うえすぎかげかつ》、佐竹義宣らから二一六万石余を削りとった。戦後処理が終了した慶長七年以後も、元和《げんな》二年（一六一六）に死去するまでさかんに改易・転封《てんぽう》を命じ、改易数は外様二八名（一二六六万石余）、一門・譜代一三名（一一〇万石余）に及んだ。外様のうち豊臣秀頼《ひでより》と彼に内通した

年	大名		藩	処罰理由
慶長7年(1602)	外	小早川秀秋	備前・岡山	無嗣子
12年(1607)	一	松平忠吉	尾張・清洲	無嗣子
13年(1608)	外	筒井定次	伊賀・上野	御家騒動
13年(1608)	外	前田茂勝	丹波・八上	乱心
15年(1610)	外	堀忠俊	越後・福島	御家騒動
19年(1614)	譜	大久保忠隣	相模・小田原	無許可の婚姻
元和1年(1615)	外	豊臣秀頼	摂津・大坂	大坂の役
2年(1616)	一	松平忠輝	越後・高田	不行跡
2年(1616)	外	坂崎直盛	石見・津和野	反逆未遂
4年(1618)	外	村上忠勝	越後・村上	御家騒動
6年(1620)	外	田中忠政	筑後・柳川	無嗣子
8年(1622)	譜	本多正純	下野・宇都宮	武家諸法度違反
9年(1623)	一	松平忠直	越前・福井	乱行
寛永5年(1628)	外	別所吉治	丹波・綾部	武家諸法度違反
9年(1632)	外	加藤忠広	肥後・熊本	嫡子の不届きなど
9年(1632)	一	徳川忠長	駿河・府中	不行跡
10年(1633)	外	堀尾忠晴	出雲・松江	無嗣子
11年(1634)	外	蒲生忠知	伊予・松山	無嗣子
14年(1637)	外	京極忠高	出雲・松江	無嗣子
15年(1638)	外	松倉勝家	肥前・島原	島原・天草一揆
17年(1640)	外	生駒高俊	讃岐・高松	御家騒動
20年(1643)	外	加藤明成	陸奥・会津	御家騒動

一＝一門　譜＝譜代　外＝外様

●おもな改易大名

家康から家光までの三代は、さかんに大名の改易・転封を行なった。この結果、一七世紀の前半世紀で推定四〇万人に及ぶ牢人《ろうにん》が出た。

古田《ふるた》重然《しげなり》は軍事的理由による改易だが、小早川秀秋《こばやかわひであき》（備前《びぜん》国岡山藩五一万石）など、それ以外も家康による疑獄を匂《にお》わせるものが多い。他方、一門・譜代の場合は世継ぎ断絶が主流を占めた。

元和二年の家康死後、駿府の権力を吸収して全権を握った秀忠も、弟の松平忠輝《ただてる》（越後《えちご》国高田藩六〇万石）の改易を皮切りに、この政策を多用した。寛永八年に至る一五年のあいだに改易した大名は、外様二五名（二六三万石余）、一門・譜代一六名（一七五万石余）。家康、家光とほぼ同じ比率である。

家康・秀忠・家光三代にわたる大名改易政策によって、一四〇〇万石に及ぶ領地が没収されたが、その多くは新たに創出された徳川一門・譜代大名の領地となり、また幕府・旗本《はたもと》領となった。一門・譜代大名は、関ヶ原の戦いのあと新たに六八名が生み出され、その後、三代のあいだに八八名が創出されて、総数一七二名が全国に配置された。

家光の代始めの加藤改易に即していえば、その後の熊本へは豊前《ぶぜん》国小倉《こくら》の細川忠利《ほそかわただとし》を移し、これに連動させて、小笠原忠真《おがさわらただざね》（播磨《はりま》国明石《あかし》→豊前国小倉）、小笠原長次《ながつぐ》（播磨国龍野《たつの》→豊前国中津《なかつ》）、小笠原忠知《ただとも》（小笠原忠真の弟、新たに豊後国杵築《きつき》）、松平重直《しげなお》（摂津《せっつ》国三田《さんだ》→豊前国龍王《りゅうおう》）と、多数の譜代大名を九州に配置している。

この政策はその後も続けられ、一門大名も中国・四国につぎつぎと配置されていった。松山《まつやま》松平氏、今治《いまばり》松平氏、高松《たかまつ》松平氏、松江《まつえ》松平氏などである。家光末期までに、一門・譜代の配置は全国に拡大し、徳川勢の主導する領国体制が確立する。

惣目付と国廻り衆

寛永《かんえい》九年（一六三二）一二月、水野守信《みずのもりのぶ》、柳生宗矩《やぎゅうむねのり》、秋山正重《あきやままさしげ》、井上政重《いのうえまさしげ》の四人が惣目付《そうめつけ》に任命され、職務が申し渡された。「法度《はっと》に背《そむ》く大名旗本《はたもと》や、公儀に対して批判的な者を摘発せよ。年寄《としより》職や御用人《ごようにん》、代官《だいかん》などでも不奉公や後ろ暗い者は摘発せよ。軍役準備の様子、素行のよくない諸奉公人の様子を知らせよ。民の疲弊《ひへい》、諸人の迷惑の様子については届け出よ」。のちに「大目付《おおめつけ》」と呼ばれる大名監察職の創出である。

翌年正月には、道筋や境目の見分《けんぶん》を目的とする国廻り衆《くにまわりしゅう》（巡見使《じゅんけんし》）の派遣が命じられた。全国を九州、奥羽《おうう》・松前《まつまえ》、北国《ほっこく》、中国、五畿内・南海、東海・関東の六ブロックに分け、書院番《しょいんばん》・使番《つかいばん》などの直属軍団の旗本が、三人一組みで各国の様子を調査してまわるものであった。

国家が全国の様子を調査・監察するために使節を各地に派遣する制度は、古く奈良《なら》時代、律令《りつりょう》国家のもとで行なわれていた。天平宝字《てんぴょうほうじ》二年（七五八）、京・畿内をはじめ七道に問民苦使《もんみんくし》が派遣され、百姓の要求や不満を聞き、負担軽減、貧民・病人の救済にあたったという。全国の統治権者であることを明示し誇示する制度といえる。家光はこのあと四回の巡見使を派遣し、つぎの家綱《いえつな》も四回派遣する。以後、将軍代替わりに伴う恒例事業として定着する。

惣目付や巡見使の監察対象となった大名たちは、自己流で領内統治を行なうことはできなくなった。何事もお江戸の政治を見習った機構整備や政策が、全国の藩領で急速に進行する。

バージョンアップした武家諸法度

監察制度制定のつぎに、軍役令《ぐんやくれい》の改定が行なわれた。軍役とは主従の関係において、家臣に義務づけられた軍事的奉公のことである。すでに秀吉《ひでよし》の段階から、検地で算出された石高《こくだか》にもとづいた軍役が課されていたが、その量は秀吉との親疎などによってバラツキがあった。

石高軍役方式を継承した徳川《とくがわ》国家は、元和《げんな》二年（一六一六）六月、家康《いえやす》の死の直後に軍役令を公布した。しかし、その対象はいまだ徳川直臣《じきしん》団の範囲に限られていた。寛永《かんえい》一〇年（一六三三）二月、家光《いえみつ》はこれを改定して、大名・旗本《はたもと》を問わず全国の武士団を対象にした軍役令を制定した。一万石の大名であれば騎馬一〇騎《き》、鉄砲二〇挺《ちょう》、弓一〇張《はり》、鑓《やり》三〇本、旗三本を備えること。一〇万石ならば騎馬一七〇騎、鉄砲三五〇挺、弓六〇張、鑓一五〇本、旗二〇本という具合に、領地の石高に対応した定量的な軍役規定だった。この基準は、幕末まで徳川軍制の基準として用いられる。

そして寛永一二年六月、江戸城大広間において、新しい武家諸法度《ぶけしょはっと》の公布となる。慶長《けいちょう》二〇年（一六一五）に家康によって最初の武家諸法度が制定され、寛永六年、秀忠《ひでただ》による若干の手直しを経て、今回が三度目となる。

初代の武家諸法度にさかのぼると、それは、大坂夏《おおさかなつ》の陣《じん》の終了した三か月後、伏見城《ふしみじょう》において起草者金地院《こんちいん》（以心《いしん》）崇伝《すうでん》によって読み上げられた。家康の命で作成された一三か条からなる法度は、第一条で「文武弓馬の道、専《もっぱ》らあい嗜《たしな》むべきこと」としたうえで、以下、飲酒・好色をつつしめ。法度違反者を隠しおかず、反逆者・殺人者を追放せよ。居城修理には許可を得ること。隣国での不審な動きを報告すること。私婚の禁止。国主は政務にすぐれた人物であるべし、などと続く。

初代武家諸法度は、中国・日本の古典などを抜粋して作成した漢文体の難解なものだったが、各領国の支配者である大名に対して統治者としての自覚を求め、また彼らを統制する法として提示されたところに、その画期的な意義があった。

家光の発布した三代目の武家諸法度は、全一九条、林羅山《はやしらざん》（道春《どうしゅん》）と弟永喜《えいき》が起草した。「文武弓馬の道」に始まる第一条のみを残し、ほかは大幅に加除・修正され、法令としての体裁も整えられた。以後、これが将軍の代替わりごとに示される武家諸法度の基本形となる。

家光法度の内容は、大名の参勤交代《さんきんこうたい》の制度化から、城郭の新築禁止と修復の申告制、異変に際しての領国離脱の禁止、円滑な交通の確保、私《し》関《せき》（私的な関所）の禁止、五〇〇石以上の大船建造禁止、寺社領の没収禁止などに及んでいる。とりわけ、江戸への参勤交代の制度化と、武家諸法度が対象とする「武家」の範囲を確定した点に大きな特色がある。

参勤交代は、第二条にうたわれる。「在江戸交替」を命じ、毎年四月に交替せよとしている。慶長の武家諸法度においても参勤交代は掲げられていたが、それは朝廷（京都）への参勤を内容とした抽象的なものだった。寛永六年の秀忠《ひでただ》による改正で一度削除され、今回改めて江戸への

18

19

●**金地院崇伝**（右）と**林羅山**（左）　崇伝は臨済宗の僧。羅山も建仁寺《けんにんじ》の僧侶出身。徳川国家は、武力・経済力のみならず、知識人（僧侶や神官）らの知力も動員した。

参勤として制度化された。

法度発布の寛永一二年は、島津《しまづ》・細川《ほそかわ》氏など六一名が在府を命じられ、前田《まえだ》・伊達《だて》氏など三八名は翌年四月の参府と決められた。このときには江戸《えど》詰《づめ》を原則とする譜代《ふだい》大名は制度外だったが、寛永一九年、寛永の飢饉《ききん》への対応を機に外様《とざま》と同様の扱いとなり、関八州《かんはっしゅう》（相模《さがみ》・武蔵《むさし》・安房《あわ》・上総《かずさ》・下総《しもうさ》・常陸《ひたち》・上野《こうずけ》・下野《しもつけ》）の譜代大名は半年交替、それ以外は一年交替となった。

この法度は、法度自身が対象とする「武家」の範囲を、「国主・城主・一万石以上ならびに近習《きんじゅう》・物頭《ものがしら》」（第八条）と明瞭に定めた点にも大きな特色があった。近習とは将軍の近臣、物頭は直属軍団（旗本《はたもと》）の軍団長を指す。この年一二月には、旗本・御家人を対象とした諸士《しょし》法度《はっと》二三か条も制定され、武家との区分が明確にされた。

武士を官僚にする

家康《いえやす》・秀忠《ひでただ》時代の国政は、大御所《おおごしょ》家康や将軍秀忠から信頼され、彼らの恩寵《おんちょう》にもとづいて取り立てられた、特定の個人（出頭人《しゅっとうにん》）によって担われていた。家康の側近として政治的手腕をふるった本《ほん》多《だ》正信《まさのぶ》や、父とともに幕政の枢機《すうき》をあずかった本多正純《まさずみ》、検地《けんち》・宿駅整備・鉱山開発など多方面にわたって活躍した大久保《おおくぼ》長安《ながやす》はその代表格である。

その他、家康の周囲で活躍した南光坊天海《なんこうぼうてんかい》や金地院《こんちいん》（以心《いしん》）崇伝《すうでん》、儒者《じゅしゃ》の林羅山《はやしらざん》、金座の後藤光《ごとうみつ》次《つぐ》、豪商の茶屋《ちゃや》四郎《しろう》次郎《じろう》、外交顧問ウィリアム・アダムズらも、それぞれの能力によって内政外交の任にあたった。大久保忠隣《ただちか》、土井《どい》利勝《としかつ》、酒井《さかい》忠世《ただよ》など、大御所家康や将軍秀忠に近侍《きんじ》し政治の中枢を担った三河《みかわ》以来の譜代《ふだい》層もまた、出頭人としての性格を強くもっていた。こうした有能な側近を多数抱え、彼らを使いこなしたところに、家康・秀忠の大きさと強さがあった。

しかし、出頭人による政治は、効率的な半面、恣《し》意《い》的な判断に陥りがちで、政権の安定的継承という点で弱点をもっていた。家光《いえみつ》が寛永《かんえい》一一年から一五年（一六三四〜三八）にかけて行なった幕政機構の整備は、出頭人政治に終止符を打ち、権限の範囲や職務内容を明確にした政治への転換をめざしていた。

大坂《おおさか》の役《えき》の終了によって訪れた平和（元和偃武《げんなえんぶ》）のもとで、社会は急速に各身分集団が、それぞれの生《なり》業《わい》に出精《しゅっせい》する時代へと進みつつあった。そうしたなかで、国家もまた、統治組織の整備が急務となっていたのである。

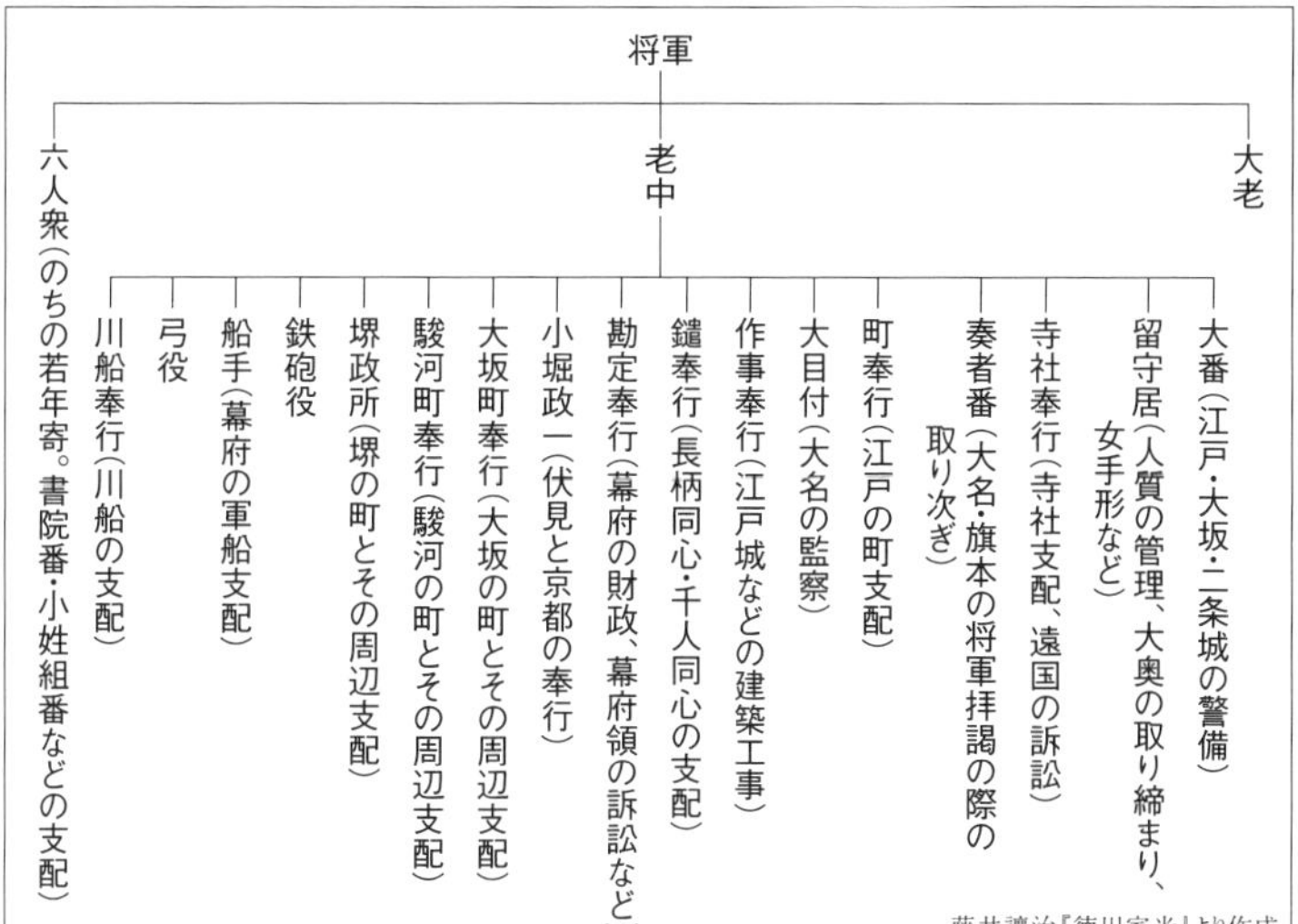

藤井譲治『徳川家光』より作成

◉幕府機構
寛永一五年一一月の機構改革でできあがった。将軍を頂点に、老中が諸職を束ねるピラミッド型の組織となっている。中核の老中は三〜五名。譜代大名から任命された。

寛永一一年、老中《ろうじゅう》・六人衆（若年寄《わかどしより》）・町奉行の職務規程が定められた。酒井忠世、土井利勝、酒井忠勝《ただかつ》の三人の老中は、徳川幕府の国家統治にかかわる「公儀」の側面を職務とする。すなわち、禁中《きんちゅう》・公家《くげ》・門跡《もんぜき》の朝廷関係、大名の統率、直轄領代官の管理、外交・財政、大規模な土木・建築工事などである。

一方、六人衆に対しては、直属家臣団（旗本《はたもと》・御家人《ごけにん》）の統括、江戸城などの防衛と城下の行政など、徳川氏の大名としての側面にかかわる事項が命じられた。この職には、家光政権の最大のブレーンだった松平信綱《まつだいらのぶつな》を筆頭に、阿部忠秋《あべただあき》、堀田正盛《ほったまさもり》、三浦正次《みうらまさつぐ》、太田資宗《おおたすけむね》、阿部重次《しげつぐ》ら近臣が任命された。

この規程によって、それまで将軍の側近として権力をふるってきた集団の権限や役割が明文化され、それぞれの職務が明確となった。家光の政治改革を分析した藤井譲治《ふじいじょうじ》は、こうした動向を、「人」による幕府運営から「職」による運営への転換と評している。主君に仕える家臣から、国家を担う官僚への変換といえるだろう。

翌寛永一二年には、先の職務分掌で老中担当となった事項のいくつかを分離し、寺社奉行、勘定頭、留守居《るすい》などの「職」として独立させた。さらに、寛永一五年には、六人衆支配以外の職を老中の下に一元化する機構改革が行なわれ、改革は完了した。老中をはじめ、各職の訴訟受理日も定められ、政務全体を調整する評定所《ひょうじょうしょ》の寄合日《よりあいび》も、月三回開催されることになる。

京都から日光へ

家光最後の上洛

寛永《かんえい》一一年（一六三四）七月、三代将軍徳川家光《とくがわいえみつ》は大軍を率いて上洛する。元和《げんな》九年（一六二三）の将軍宣下《せんげ》、寛永三年の後水尾《ごみずのお》天皇二条城《にじょうじょう》行幸に際しての上洛に次ぐもので、今回は国権を掌握した将軍として「御代替わりの御上洛」だった。父の秀忠《ひでただ》も、大御所《おおごしょ》家康《いえやす》が死去した直後の元和三年、数万の軍勢を従えて京都に上っていた。

武家の棟梁《とうりょう》として天皇や西国の大名などに権威・権力を顕示するためには、京都でのパフォーマンスが不可欠だった。二条城での大名に対する領知朱印状《りょうちしゅいんじょう》の発行など、家光も父親の手法を踏襲《とうしゅう》する。

家光は、総勢三〇万七〇〇〇人という膨大な軍勢を従えて上洛した。関ケ原《せきがはら》の戦いの東西両軍一五万五〇〇〇人をはるかに上まわり、大坂冬《おおさかふゆ》の陣《じん》の徳川方二〇万、豊臣《とよとみ》方一〇万を合わせた数に匹敵する。前年に改定されたばかりの軍役令《ぐんやくれい》が、さっそく適用されていた。

六月二〇日に江戸を出発した家光は、七月一一日に入洛し、二条城に

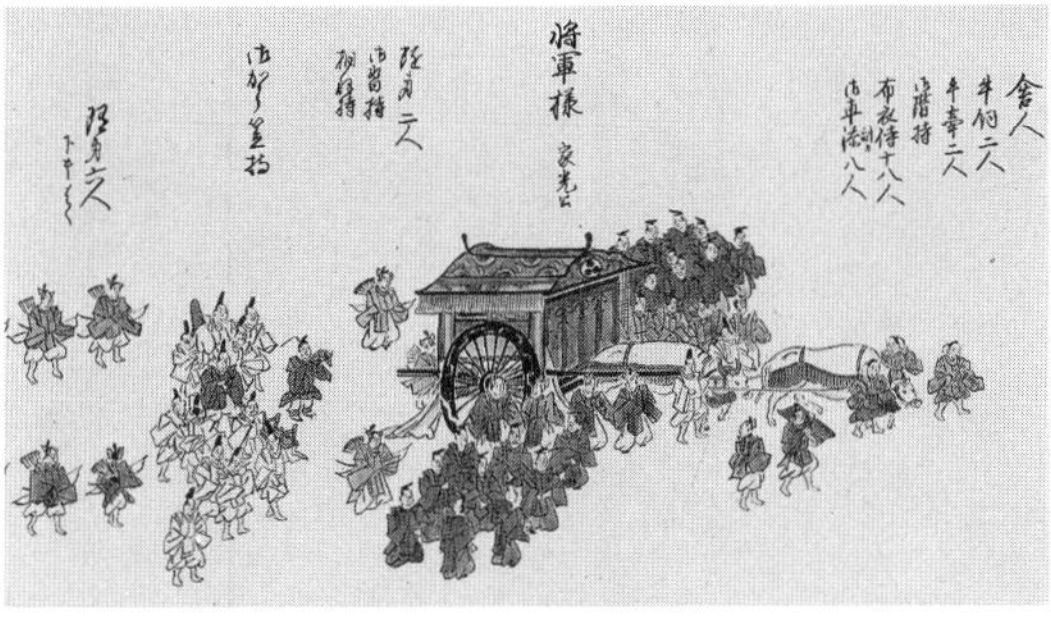

20

●京都と家光
家光は三回上洛し、七回参内した。「将軍様　家光公」を乗せた牛車が都大路を行く。寛永三年上洛時のもの。（『将軍上洛絵巻《しょうぐんじょうらくえまき》』）

入る。一二日には、姪《めい》にあたる明正《めいしょう》天皇の勅使や、退位した後水尾上皇の院使が二条城を訪問。大名に対する将軍のお目見《めみえ》も行なわれた。一八日には参内《さんだい》して明正天皇に対面し、次いで後水尾上皇や妹東福門院《とうふくもんいん》（徳川和子《かずこ》）を訪問する。二一日には親王、公家《くげ》衆、門跡《もんぜき》や諸大名を二条城に招いて饗応《きょうおう》している。

この時期の朝幕関係は、天皇勅許の紫衣と上人《しょうにん》号をめぐる紛争（紫衣《しえ》事件）の後遺症がいまだ残っていた。京都の外側から朝廷を管理・統制する方式は、すでに家康の時代に定まり、元和元年の「禁中並公家諸法度《きんちゅうならびにくげしょはっと》」の制定によって大勢は決していた。元和六年に秀忠が実現させた娘和子の入内で、その体制はさらに固まりつつあった。

だが、そこに紫衣事件が生じた。元来、紫衣や上人号の認可は天皇の権限に属していたが、「禁中並公家諸法度」では条件がつけられていた。「みだりの紫衣勅許は、はなはだ宜《よろ》しくない。当人の力量を精査したうえで与えるように（第一六条）」「仏法修行の未熟者がみだりに上人号を望む場合は流罪に処する（第一七条）」と。幕府が法度を盾に、この間の勅許を無効としたため、騒動となったのである。幕府の措置に抵抗した大徳寺《だいとくじ》沢庵《たくあん》らは流罪となり、以前から譲位の希望のあった後水尾天皇は退位してしまった。幕府もこれをやむなしとして承認し、その結果、和子の娘、七歳の興子《おきこ》が即位して明正天皇の誕生となった。古代の称徳《しょうとく》天皇以来八五九年ぶりの女帝であった。

上洛した家光は、大軍を率いながらも「公武《こうぶ》の和《わ》」に努め、院御料《いんごりょう》七〇〇〇石の献上（退位時の三〇〇〇石と合わせて一万石）、後水尾上皇の院政承認などの手を打ち、朝廷との関係修復に成功した。

永禄《えいろく》一一年（一五六八）の信長《のぶなが》上洛から数えて六六年、家光の今回の上洛を大きな画期として、武家の国家は朝廷・京都を自己のもとに従える安定的な構造を完成させた。

さて、京都市中への下賜《かし》金も今回の目玉政策のひとつだった。七月二三日、家光は二条城に京中の町年寄《ちょうどしより》を招き、町家三万五〇〇〇軒余に銀五〇〇〇貫《かん》を配布した。閏《うるう》七月二五日には大坂に出向き、大坂および堺《さかい》・奈良の地子銭《じしせん》も免除している。徳川国家にとって、都市の掌握、都市民の懐柔が統治のポイントだったことがよくわかる。

父秀忠と同様に、家光も京都において、大名の転封《てんぽう》と領知朱印状の交付を行なった。七月晦日《みそか》、下野国壬生《しもつけのくにみぶ》藩の日根野吉明《ひねのよしあき》を一万石加増して豊後《ぶんご》国府内《ふない》に移したのを皮切りに、閏《うるう》七月六日には、老中で武蔵《むさし》国川越《かわごえ》藩主の酒井忠勝《さかいただかつ》を若狭《わかさ》国小浜《おばま》へ、小浜の外様《とざま》大名京極忠高《きょうごくただたか》は出雲《いずも》国松江《まつえ》へ、下総《しもうさ》国佐倉《さくら》の石川忠総《いしかわただふさ》を近江《おうみ》国膳所《ぜぜ》へ、また膳所の菅沼定芳《すがぬまさだよし》を一万石加増して丹波《たんば》国亀山《かめやま》へ移し、亀山の松平忠昭《まつだいらただあき》は新たに立藩した豊後国亀川《かめがわ》へと移動させている。なお壬生と川越には翌年、側近の阿部《あべ》忠秋《ただあき》と堀田《ほった》正盛《まさもり》を入れる。

閏七月一六日には、二条城において五万石以上の大名と城持《しろもち》大名に対して、将軍代替わりの領知朱印状を与えた。家光が日

徳川国家における天皇・朝廷の仕事

天皇
朝廷

①将軍の権威づけ
将軍宣下、東照大権現号宣下、日光例幣使の派遣など

②国家安全や将軍病気平癒のための祈禱

③律令制以来の国家的機能の遂行
元号宣下、官位叙任

④公家や門跡を通じての身分編成
宮門跡・摂家門跡による天台・真言・浄土・修験諸派の編成。公家の家職による職人・芸能民などの編成

本国土の掌握者であり、大名たちはその家来であることを再確認させる最重要の儀式だった。

朝廷勢力との最終的な融和、全国の武家集団の棟梁《とうりょう》であることの顕示、京都を中心とした都市民への施しをすませた家光は、八月五日に京都を発《た》ち、同二〇日に江戸に帰る。以後二二九年のち文久《ぶんきゅう》三年（一八六三）、条約問題を抱えて一四代将軍家茂《いえもち》が上洛するまでのあいだ、将軍が京都に赴くことはなかった。江戸による京都統制は完了した。京都は江戸に従属するミヤコ町になり下がる。

伊勢と並んだ東照宮

江戸に戻った家光《いえみつ》は寛永《かんえい》一一年（一六三四）九月、今度は日光に社参し、同一三年に家康《いえやす》二十一年神忌《しんき》を迎える日光の大改造に取りかかった。工期一年余をかけて、本堂・拝殿ほか東照社《とうしょうしゃ》のほぼすべての建物がつくりかえられた。総奉行秋元泰朝《あきもとやすとも》のもとに、近江国犬上郡《おうみのくにいぬかみ》出身の作事方大棟梁《さくじかただいとうりょう》の甲《こう》良宗広《らむねひろ》が、一門を率いて取り仕切った。総工費は金五六万八〇〇〇両、銀一〇〇貫目《かんめ》、米一〇〇〇石にのぼった。参加延べ人数は、大工ら一六八万人余、箔押《はくお》し二万三〇〇〇人余、日傭《ひよう》二八三万人余など、家光政権総力をあげての大がかりな工事だった。

寛永一三年四月一七日の神忌祭礼当日、家光は束帯《そくたい》で社参し、太刀《たち》・馬・幣帛《へいはく》を献じた。廟塔《びょうとう》では南光坊天海《なんこうぼうてんかい》を戒師《かいし》とする戒灌《かいかん》の作法などが執行された。一八日は勅会《ちょくえ》として御経供養《おきょうくよう》・法華《ほっけ》曼荼《まんだ》羅供《らく》、一九日にも法要が行なわれた。

ところで、日光に東照社がつくられて家康がここに祀《まつ》られたのは、これより二〇年ほどさかのぼった元和《げんな》三年（一六一七）四月。駿府城《すんぷじょう》で家康が死去した翌年のことだった。天台《てんだい》僧南光坊天海によって日光山に権現造《ごんげんづく》りの霊廟が建設され、家康の遺体を駿河《するが》国久能山《くのうざん》から日光に移して正遷宮《しょうせんぐう》が行なわれた。

家康は生前、日光への埋葬はとくに指示していなかった。遺言は「遺体は久能山におさめ、葬礼は増上寺《ぞうじょうじ》で行なえ。位牌は三河《みかわ》の大樹寺《だいじゅじ》に立て、一周忌を過ぎてのち、日光山に小堂を建てて勧請《かんじょう》せよ。そうすれば八州の鎮守となるであろう」という内容にとどまっていた。日光山への改葬や東照大権現号の神号勅許は、金地院《こんちいん》（以心《いしん》）崇伝《すうでん》と論争して勝利した天海の主導によるものである。家康の葬儀は吉田《よしだ》家の名代神龍院梵舜《しんりゅういんぼんしゅん》が主宰しており、神号も秀吉《ひでよし》と同様に吉田流唯一神道《ゆいいつしんとう》にもとづく明《みょう》神《じん》号賜与《しょ》となるはずだった。しかし、天海の猛烈な反対で、山《さん》王一実神道《のういちじつしんとう》による権現《ごんげん》号へと変更された。

天海が強力に推薦した山王権現は、「自分は日域《じちいき》の冥神《めいしん》である」とか、「自分は三界すべてに存在し、衆生《しゅじょう》はことごとく自分の子供である」とみずから託宣《たくせん》したという。朝尾《あさお》直弘《なおひろ》はこの主張を検討して、ここにはキリスト教の一神教的な体系と対決

21

●日光山に向かう家康霊柩の行列
元和三年四月四日の日光到着直前の様子。白《はく》丁《ちょう》が霊柩の輿《こし》を担ぐ。前方には天海ら僧侶、後方には家康近習の重臣。（『東照社縁起絵《とうしょうしゃえんぎえ》巻《まき》』）

した思索の跡が認められるとする。デウスは、家康の神号をめぐる神学論争をも巻き起こしたのであった。なお、朝廷から幕府に提示された権現号は、「東照大権現」「日本大権現」「威霊大権現」「東光大権現」の四案があった。いずれも日本を統治する神の意味が込められていた。

家光による寛永の大造替《だいぞうたい》は、東照大権現の社を日本の総鎮守としてふさわしいものに荘厳《しょうごん》する取り組みであった。これを果たした家光は、正保《しょうほう》二年（一六四五）、東照社の東照宮への格上げを朝廷に認めさせ、翌年には、朝廷から日光に幣帛を奉納する使節団（例幣使《れいへいし》）の派遣を実現させる。このとき家光は、伊勢神宮《いせじんぐう》、石清水八幡宮《いわしみずはちまんぐう》、賀茂神社《かもじんじゃ》への奉幣《ほうへい》も要請し、長らく中絶していた伊勢への例幣使派遣を再開させた。日光例幣使と伊勢例幣使、東照大権現は伊勢と並ぶ日本の神になった。

軌道に乗った日朝関係

日光東照社《にっこうとうしょうしゃ》には、朝鮮使節や琉球《りゅうきゅう》使節も参詣《さんけい》している。寛永《かんえい》一三年（一六三六）一二月、神忌《しんき》祭を終えたばかりの日光へ朝鮮通信使《ちょうせんつうしんし》が参拝した。ちょうど泰平を賀して訪日中の通信使に強要しての参拝だった。社参の国命は受けていないと渋る使節に対して、幕府の意を体《てい》した対馬《つしま》藩主宗義成《そうよしなり》の強い求めで実現した。

じつは、徳川《とくがわ》国家が唯一国交を結んだこの朝鮮との関係については、秀吉《ひでよし》の朝鮮出兵以後ここに至るまでに、込み入った歴史があった。

秀吉の朝鮮侵略によって途絶した日朝関係が改善の方向に向かったのは、ひとえに家康《いえやす》の指示を受けて奔走した対馬国の宗氏の努力によるものだった。交易と漁業をおもな生業《なりわい》とする対馬にとって、朝鮮との友好関係は死活問題だった。宗氏のたび重なる働きかけの結果、秀吉の死後六年を経た慶長《けいちょう》九年（一六〇四）一二月、日本の内情視察と朝鮮人捕虜の返還を目的に、朝鮮国王から使いが派遣されてきた。翌年二月に上洛した家康は、三月、伏見城《ふしみじょう》に彼らを招き、講和交渉に入る。

その後、慶長一二年には、総勢五〇〇人に及ぶ使節団が到来。一行は、江戸で将軍秀忠《ひでただ》に国書と土産物を献じ、次いで駿府《すんぷ》に赴いて家康に面会している。

慶長一四年には、朝鮮政府と宗氏とのあいだで己酉《きゆう》約条（慶長条約）が締結された。約条の内容は、対馬から朝鮮への年間二〇艘の歳遣船《さいけんせん》（朝貢船《ちょうこう》）の派遣、釜山《プサン》の倭館《わかん》（外国人居留地）での交易、日本人の漢城《かんじょう》《ハンソン》（ソウル）往還禁止などである。約条締結によって、対馬・朝鮮間の交易は正式に再開された。元和《げんな》三年（一六一七）、寛永元年と、引き続き使節が来日する。捕虜の返還事業も進み、このこち寛永二〇年までに帰還した人数

22

◉**東照社参詣の朝鮮通信使**
正使・副使が輿に乗る。参詣は寛永一三年一二月一七日。幕府は使節の応接に、毎回一〇〇万両の経費を計上したという。（『東照社縁起絵巻』）

は、七〇〇〇人から八〇〇〇〇人にのぼった。

ところが、この日朝関係進展の裏には、宗氏による国書の改竄《かいざん》という重大な問題が隠されていた。家康の国書を偽造したり、「日本国」「日本国主」と記した将軍秀忠の肩書きを「日本国王」と改作していたのである。

「日本国王」号は、中国皇帝に任命された辺境の国王という意味をもっていた。足利義満《あしかがよしみつ》はこれにのっとり、「日本国王」と署名して日明《にちみん》貿易を推進した。朝鮮もまた、中国を華として周辺諸国を夷《い》とみる華夷《かい》意識に従って、日朝を対等（交隣）の関係と位置づけ、「日本国王」「朝鮮国王」の文言を用いたのである。しかし、徳川国家は、中国に従属する朝鮮を一段格下と見なし、「日本国王」の用語を嫌っていた。国書の改竄は、両国の認識のズレの板挟みとなった宗氏の苦肉の策だった。

この操作は、寛永八年に生じた宗義成と家臣柳川調興《やながわしげおき》との御家騒動の過程で、柳川氏が暴露して幕府の知るところとなった。長期間に及ぶ審理の結果、将軍家光は寛永一二年三月、藩主宗氏の領主権を認めるという主君の権威優先の裁定を下し、柳川調興を津軽《つがる》へ配流とした。関連して、対馬府中で外交文書の作成にあたり、偽日本国王使としてたびたび渡海していた臨済《りんざい》宗以酊庵《いていあん》の規伯玄方《きはくげんぽう》は盛岡へ流された。

柳川一件の結果を朝鮮に伝えた幕府は、「日本国王」にかえて、武家の棟梁《とうりょう》で日本国家の統治権者であることを含意する「日本国大君」を用いること、および日本から朝鮮宛《あて》の国書には日本年号を用いることの承認を求めた。朝鮮側が同意したため、宗氏を仲介役とする日朝外交関係がようやく軌道に乗った。以酊庵には京都五山の僧が交替で派遣され、対朝鮮外交を管掌・監察することになる。寛永一三年暮れ、泰平を賀す通信使が、「日本国大君」宛の国書を携えて到来した。国書改竄問題を経たあとの正式な通信使である。この使節団が、日光東照社《にっこうとうしょうしゃ》への社参を強制された。

朝鮮通信使の派遣について、日本側はこれを公儀の威光を称《たた》える使節と解釈した。一方、朝鮮側は、朝鮮に朝貢する宗氏に先導させた日本巡察使と位置づけていた。相互の思惑《おもわく》の違いを内包しつつ、軌道に乗った大君外交は、徳川国家解体まで維持される。

琉球使節も日光へ

朝鮮使節が日光《にっこう》に赴いた八年後の寛永《かんえい》二一年(一六四四)、今度は家綱《いえつな》誕生を賀すために初めて参府していた琉球《りゅうきゅう》使節が、東照社《とうしょうしゃ》参拝を強要された。日朝関係と同様に、日本と琉球の関係も複雑な経緯をたどっていた。

一四二〇年代、尚《しょう》氏により統一された琉球王国は、中国明《みん》皇帝から琉球国王の称号を得、立地条件を生かした貿易活動を得意としていた。東南アジアからは香辛料や象牙《ぞうげ》などを、また日本からは金銀、屛風《びょうぶ》や工芸品を仕入れて明に朝貢し、かわりに下賜《かし》された生糸や絹織物、陶磁器を各地に販売する中継ぎ貿易である。一五世紀中ごろ、尚真王の時代には、王国の基盤も整備され、首里《しゅり》を中心に王朝文化が花開いた。

しかし、一六世紀になると、ポルトガルやスペインなど南蛮《なんばん》勢力の進出によって貿易活動は後退を余儀なくされ、日本列島における天下統一の余波も押し寄せてきた。秀吉《ひでよし》は、朝鮮出兵に際して琉球の加担を要求し、家康《いえやす》も明との国交の斡旋《あっせん》を琉球に要求する。そして、慶長《けいちょう》一四年（一六〇九）、かねてより琉球に野心を抱いていた島津《しまづ》氏によって、征服されてしまった。

島津氏は、奄美《あまみ》をはじめとして、琉球全島に検地を実施した。家光《いえみつ》が上洛中に行なった領知朱印状の発行の際には、島津家久《いえひさ》は琉球石高《こくだか》一二万三七〇〇石を領地の一部として認められた。このとき、随行した琉球の佐敷《さしき》王子と金武《きん》王子を家光に拝《はい》謁《えつ》させている。

他方、島津氏は幕府の意を受け、寛永初年からは、それまで強制した日本色を薄める方針を採用した。琉球に日明関係の仲介役を期待したためである。琉球王府に広汎な権限を与え、日本風俗を禁止する。その結果、琉球は島津氏の領分でありながら、他方、中国に進貢使を派遣し、中国から冊封《さくほう》を受ける「異国」でもあるという二重の性格を負わされることになった。

寛永一一年の江戸上がりを初回として、琉球国王は「将軍の

23

◉琉球使節の江戸上がり
一行を乗せた船が淀川をさかのぼる。鹿児島藩のほか九州諸藩も警固にあたる。鹿児島—江戸に二か月半を要した。（『中山王来朝図《ちゅうざんおうらいちょうず》』）

陪臣《ばいしん》である異国の王」の位置づけのもとに、将軍の代替わりごとに慶賀使《けいがし》を、琉球国王の就封には謝恩使《しゃおんし》（恩謝使）を、江戸に派遣することになる。

松前藩（福山藩）とアイヌ

対馬《つしま》藩―朝鮮、鹿児島藩（薩摩《さつま》藩）―琉球と並んで、徳川《とくがわ》国家の確立期に形づくられた対外関係のひとつに松前《まつまえ》藩（福山《ふくやま》藩）―アイヌの関係があった。戦国時代、蝦夷《えぞ》地南部に割拠した地域権力のひとつだった蠣崎《かきざき》（松前）氏が、秀吉《ひでよし》・家康《いえやす》の支持を背景に、地域の統一権力として成長し、徳川国家の対アイヌ関係を独占する地位を獲得した。

北奥羽地方から千島《ちしま》列島・樺太《からふと》（サハリン）にかけての広い範囲を生活圏としたアイヌ民族は、古来、北方の風土のなかで成育する鹿・熊・ラッコ・オットセイや鮭《さけ》・鱒《ます》などを捕獲する狩猟・漁労を生業《なりわい》とする一方、ギリヤーク人やオロッコ人の住む北樺太や、山靼《さんたん》人（オロチ）の居住する黒龍江《こくりゅうこう》（アムール川）下流域との中継ぎ交易をさかんに行なっていた。近年の研究では、それらに加えて、鉄製農具を用いた畑作農業もかなりの程度進んでいたことが明らかとなっている。

室町《むろまち》時代に「日《ひ》の本《もと》将軍」と称し、津軽十三湊《つがるとさみなと》を本拠地に北奥羽から道南にかけて勢力を張った安東《あんどう》氏なども、アイヌとの交易を経済基盤としていた。東北北部から蝦夷地南部地域は和人（日本人）とアイヌの生活圏・文化圏が重なり合う境界領域だった。

一六世紀末から一七世紀初頭、この境界領域に、公儀権力の一分枝としての松前藩をつくりあげたのが、もと安東氏の代官の位置にあった松前大館《おおだて》の蠣崎氏である。
天正《てんしょう》一八年（一五九〇）、蠣崎慶広《よしひろ》は上洛して聚楽第《じゅらくだい》で秀吉にまみえ、翌一九年にはアイヌを率いて陸奥国《むつのくに》九戸《くのへ》政実《まさざね》の攻撃に参加した。文禄《ぶんろく》二年（一五九三）正月、朝鮮出兵のために肥前国名護屋《ひぜんのくになごや》に参陣した蠣崎氏は、秀吉から「思いもよらず狄《えびす》の千嶋《ちしま》の屋形《やかた》（大名）、遼遠《りょうとう》の路を凌《しの》ぎ来たるの儀、誠にもって神妙なり」と賞賛され、松前に入港する船舶への課税権を認める朱印状《しゅいんじょう》を下付された。

次いで、慶長《けいちょう》九年（一六〇四）一月、松前慶広（蠣崎から改姓）は、将軍に就任したばかりの家康《いえやす》から蝦夷地との交易の独占権を獲得し、三か条からなる制札の交付を受けた。「夷仁《えびすびと》」（アイヌ）との商売は松前氏の許可を必要とする（第一条・第二条）、アイヌに対して無法を働いてはならない（第三条）、アイヌの松前への出入りは自由とする（第二条付則）、といった内容だった。統一権力を後ろ盾にした強力な大名権力＝松前藩が成立する。

松前藩の成立により、アイヌと和人とが入り組んで生活し、交易しあっていた境界地域は、三エリアに截然《せつぜん》と区分されることになった。松前藩が独占的

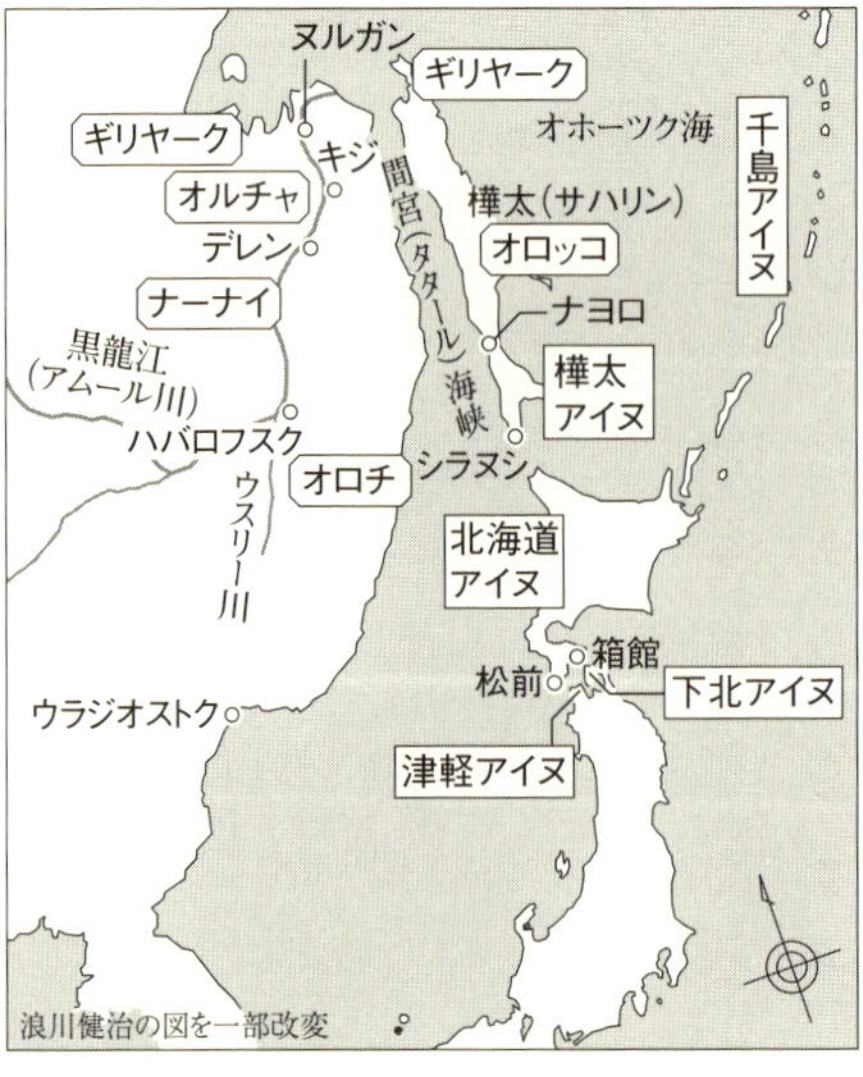

◉アイヌと東北アジア
アイヌ民族の居住域は、東北北部から北海道、樺太（サハリン）にまで及び、他の北方民族との交易も盛んだった。

に交易対象とする蝦夷地、松前城下を中心にした松前地（和人地）、および弘前《ひろさき》藩・盛岡藩などに支配される北奥地域である。

ところで、当初、松前藩は城下において、アイヌと自由な取り引きを行なう城下交易制を採用していた。しかし、交易活動をおもな経済基盤とする同藩は、より多くの物産獲得とその独占をめざし、寛永《かんえい》年間（一六二四～四四）に至り商場《あきないば》知行制と呼ばれる新制度を導入した。アイヌの漁労圏をもとに交易単位「商場」を設定し、藩主と上級家臣が「商場」において独占的にアイヌと交易活動を行なうというものである。農地に乏しく石高《こくだか》制が敷かれなかった松前藩において、「商場」が家臣への知行地となった。この制度の導入により、松前へのアイヌの立ち入りは禁止された。

寛文《かんぶん》九年（一六六九）に生じた静内《しずない》の首長シャクシャインを先頭とする戦いは、商場知行制など松前藩の政策に対するアイヌ側からの攻撃だった。アイヌ人どうしの漁場争いに端を発した紛争は、商場における交換比率の不公平さや暴力的強制をめぐって反松前の戦いへと転化し、東はシラヌカから西はマシケに至るアイヌ集団による「寛文蝦夷地蜂起《かんぶんえぞちほうき》」となった。和人の商船が襲撃され、船頭・水主などが多数殺害された。驚いた松前藩は、急遽《きゆうきよ》軍隊を編成して鎮圧に乗り出し、幕府も弘前藩などに出兵を命じる。シャクシャインは松前藩の計略によって殺害され、戦いは終焉《しゆうえん》する。商場知行制は、やがて商人による商場請負方式に切り替えられながら一九世紀まで継続される。

長崎、対馬、薩摩、松前。それぞれに固有の経緯をたどりながら、寛永年間、これらを窓口にした徳川国家の対外関係が確立する。

コラム4

「寛永の飢饉」という試練

この世界には「人間の歴史」と「自然の歴史」のふたつがあり相互に干渉しあっている、と哲学者の内山節《うちやまたかし》はいう。家光《いえみつ》政権下の寛永《かんえい》一八年（一六四一）、一九年、「自然の歴史」が「人間の歴史」を直撃し大きな被害を与えた。牛の大量疫病死という同一六、一七年の不吉な前兆に始まり、一八年、西日本を日照りが、東日本を霖雨《りんう》・冷害が襲う。翌一九年も大凶作が続く。各地で大雨・洪水による被害が続出し、くわえて西日本では日照りや虫害、東日本では霜害や虫害も生じた。飢饉《ききん》は翌二〇年にも及び、全国に餓死、流浪、身売りが蔓延《まんえん》した。

家光政権は一九年春から本格的な対策に乗り出す。全領主に対し、交替で帰国して飢饉・凶作対策を講じるよう命じるとともに、老中を中心にした「飢饉奉行」チームを編成した。年貢軽減指令や、米価対策・作柄調査などの対飢饉政策は、幕府領のみならず、全国の大名・旗本領内にまで及んだ。

飢饉（自然）に襲われ、この試練と格闘するなかで、政権は鍛えられ、国家権力として強く大きく成長する。

◉塩商人の記録にも
武蔵国川越《むさしのくにかわごえ》の塩商人榎本弥左衛門《えのもとやざえもん》が、飢饉《ききん》の様子を記録している。「日本にて、五万人も十万人もかつえ死に候」と記す。

第五章

農と自然の風景

1

村の景観

『四季耕作図屏風』を鑑賞する

一七世紀の中ごろに確立した徳川《とくがわ》国家のもとで、新しい農村社会・都市社会が安定的に回転しはじめる。

武士と町人が都市に集住したあとの徳川農村は、百姓が生業に専念する社会としてできあがった。百姓が主役となった在方《ざいかた》世界の様子を、いくつかの場面から眺めてみたい。

絵師が一七世紀後期の農村風景を描写している（『四季《しき》耕作図《こうさくず》屏風《びょうぶ》』。下図参照）。作者は狩野探幽《かのうたんゆう》門下四天王のひとりで、寛《かん》永《えい》年間から元禄《げんろく》にかけて活躍した狩野派絵師の久隅守景《くすみもりかげ》である。風景は、滞在して画作に励んだという加賀国《かがのくに》の金沢付近だろうか。

左隻《せき》には田植え作業を中心とした春の農村が描写される。種《たね》籾《もみ》用に保存しておいた俵を運び出して川水に浸し、牛を使って田起こしをする。そして田植え。田楽囃子《でんがくばやし》がにぎやかに奏でら

れる（227ページ参照）。左の農家の前には、猟犬を躾《しつけ》る犬飼いの姿も見られる。集落は柵で囲われ、出入り口には吊上《つりあ》げ式の門が設置されている。橋上では、牛を牽《ひ》く百姓が旅の一行とすれ違う。馬の背には子連れの女性が乗っている

やがて季節は右隻の秋へと移る。刈り取られた稲が、馬に積まれて農家の庭に運ばれる。庭では唐棹《からさお》による脱穀、屋内では土臼《つちうす》を使った籾摺《もみす》り作業がはかどっている。右奥の農家の馬小屋前では、米搗《こめつ》きも始まっている。右下では三頭の駄馬《だば》が待機中だ。年貢米の俵を積んで城の米蔵に向かう手《て》はずだろう。家屋や農具に鋭角的な描線がみられる以外は、全体に丸みを帯びた筆致で描かれる。村どうしの村づくり競争などを経て、安定期を迎えた徳川農村のゆったりとうつろう時間の流れが、巧みにとらえられている。

こうした「耕作図」は、室町《むろまち》時代より日本で広く描かれるようになった風俗画の一ジャンルである。手本には、中国江南《こうなん》の農村を描いた南宋《なんそう》画家梁楷《りょうかい》の『耕織図《こうしょくず》』などが使われた。室町幕府同朋衆《どうぼうしゅう》を経由して狩野派に伝えられ、同派のレパートリー

2

◉『四季耕作図屏風』

となる。当初は手本に従って登場人物は中国風に描かれたが、やがて日本の百姓と農村風景に置き換えられ、日本農業を描写する図となった。百姓世界の充実が、美の対象となりはじめた証拠だろう。守景が制作した多数の『四季耕作図屏風』にも、日本風俗系と中国風俗系の二系統がある。

村絵図の村

久隅守景《くすみもりかげ》の『四季耕作図屏風《しきこうさくずびょうぶ》』では、中央の河川を挟んで、百姓家と田畑は左右両隻《せき》に分散していた。徳川《とくがわ》後期、全国合わせて六万にまで増加する村々は、それぞれの置かれた自然的立地条件や社会的関係から、実際にはさまざまな形をとっていた。

山城国《やましろのくに》の南部に実在した相楽郡《そうらく》植田村《うえだ》（京都府精華町《せいかちょう》）は、シンプルですっきりした姿を村絵図にとどめている。村域中央部の集落には、五〇軒ほどの百姓家が密集して立ち並ぶ。明治初年の調査では人口三四四人、家数七一軒とある。集落の東には、大きな農業用溜池《ためいけ》「しゃか（釈迦《しゃか》）が池」が築造されている。家々の影を水面に映し出す美しい風景である。このほか、谷筋および集落に接して、多数の農業用溜池が築造されている。集落背後（西方）の山は、刈敷《かりしき》肥料や燃料の薪《たきぎ》を採取する村山である。東方に広がる耕地は、ほとんどが水田化されている。

集落南部の字畑ノ前《あざはたのまえ》の遺跡で、六世紀後半から七世紀前半築造の後期群集墳《ぐんしゅうふん》が発掘されているから、この地域での生活の歴史ははるか古代にまでさかのぼる。その後、中世後期には応仁《おうにん》の乱《らん》や畠《はたけ》山《やま》氏内部の勢力争いでたびたび戦場となり、また、研究史のうえで「戦国時代の国民議会」と高く評価された地域権力＝山城国一揆《やましろのくにいっき》のエリア内でもあった。しかし、統一政権成立後は百姓社会に純化した。

山腹の「氏神」は、長禄《ちょうろく》年間（一四五七〜六〇）に勧請《かんじょう》されたと伝えられる村氏神の祇園社《ぎおんしゃ》（稲植神社《いなうえじんじゃ》）で、神宮寺《じんぐうじ》の東福寺《とうふくじ》とともに鎮座する。現在も大晦日《おおみそか》・元旦の神楽《かぐら》奉納をはじめとして、一月四日の注連縄《しめなわ》づくり、同八日の御田植祭《おたうえまつ》り、七月一四日の夏祭り（祇園さん）、一〇月一七日の「百芽寄《ひゃくめよ》せ」などの年中行事が営まれている。氏神祭礼は、村の生産活動や生活にリズムを与え、実りを感謝する節目《ふしめ》となる。

村域東北部には、融通念仏宗来迎寺《ゆうずうねんぶつしゅうらいごうじ》がある。村民の宗旨寺であるこの寺は、本尊に鎌倉《かまくら》時代作の阿弥陀如来立《あみだにょらいりつ》像《ぞう》を据え、来世への道筋を示している。同寺は、近松門《ちかまつもん》左衛門《ざえもん》の浄瑠璃《じょうるり》『心中宵庚申《しんじゅうよいごうしん》』の主人公、お千世と半兵衛の墓所として名高い。浄瑠璃は、姑《しゅうとめ》と折り合いが悪く離縁させられた大坂《おおさか》の八百屋《やおや》半兵衛と妻お千世が、享保《きょうほう》六年（一七二一）四月五日（庚申の日）に心中した事

植田村村絵図

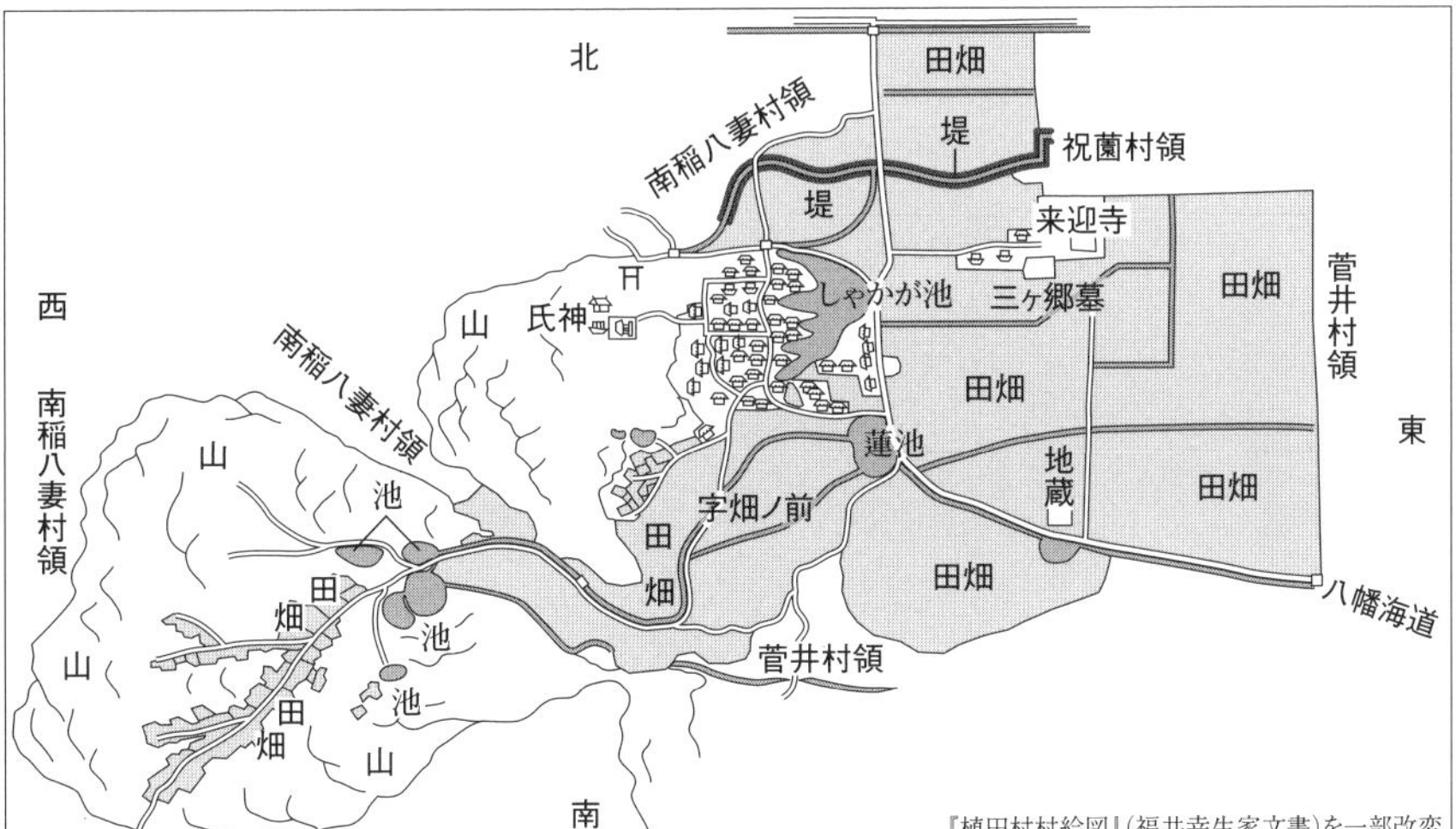

『植田村村絵図』(福井幸生家文書)を一部改変

件をもとにするが、ヒロインお千世の実家が、ここ植田村の大百姓だった。

徳川農村は、近隣村々とも密接な関係をもっていた。植田村でいうと、鎮守の稲植神社は、じつは北隣の南稲八妻《みなみいなやづま》村と共有の氏神だったし、「しゃかが池」をはじめとする多くの溜池は南隣の菅井《すがい》村との共用だった。また、村山の一部は、植田・菅井両村の入会《いりあい》山で、来迎寺近くの墓地は、植田・菅井・南稲八妻三か村の共同墓地となっている。村どうしの濃密な連合関係のなかで営まれる農村生活も、徳川の村社会の特色である。

産業技術の視点から

屏風《びょうぶ》絵《え》や村絵図に描写された徳川《とくがわ》農村は、産業技術の視点からは、世界に比類のない、資源循環利用のクローズド・システムと評価されている。産業技術史研究によりながら、中核的な稲作農村の仕組みを解析してみよう。

このシステムにおける、外からの資源（エネルギー）の入力は、日光および雨水を主力とする。雨水は河川や溜池《ためいけ》から灌漑《かんがい》水路を経て水田に供給され、日光のもとに稲が生育する。収穫された稲は人力や水力を用いて藁《わら》・糠《ぬか》・米に分別されるが、三種類ともすべて資源化された。

藁は筵《むしろ》や屋根葺《ふ》き資材、縄・俵・叺《かます》などの包装材、草履《ぞうり》や蓑《みの》などの服装材として多面的に利用された。糠は肥料としても活用され、ふたたび水田に戻る。

水田の裏作や屋敷まわりの土地は畑作に利用され、同じく日光と水の入力によって雑穀や芋《いも》・

豆・野菜類が栽培される。都市近郊農村では、とくに多様な畑作物が栽培され、徳川中期・後期になると、綿や菜《な》種《たね》などの商品作物も栽培されるようになっていく。

雑木林に生育する木材は、家屋の建築・修築や生産資材製作の原材料となり、柴木《しばき》は藁などとともに、囲炉裏《いろり》・竈《かまど》、風呂焚《た》きの自家燃料源となる。とくに竹は多様な用途が開発され、文化的にも欠かせない資材となった。

田畑の地力を維持するためには、肥料が重視された。草柴山から採取される草柴、農民および家畜の排泄《はいせつ》物、藁製品の廃物など、すべてが厩肥《きゅうひ》・堆肥《たいひ》・刈敷《かりしき》・下肥《しもごえ》（人糞尿《じんぷんにょう》）などとして投入された。藁や草を厩舎に敷いて牛馬の糞尿とブレンドした肥料が厩肥、積み重ねて腐らせたのが堆肥、草や柴をそのまま田畑に施すのが刈敷である。薪《たきぎ》や藁を燃やしたあとの灰も、貴重な肥料源だった。

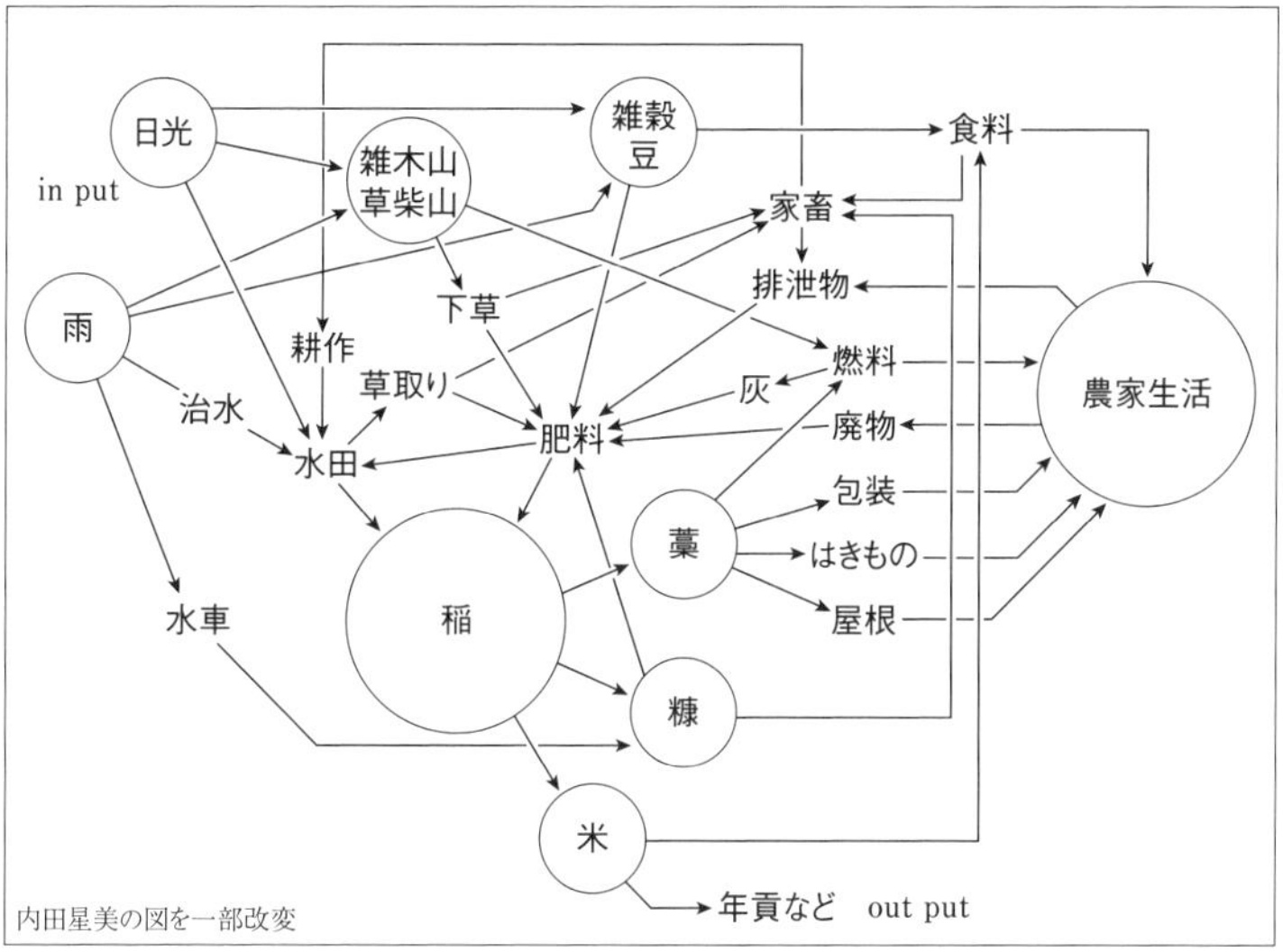

内田星美の図を一部改変

●資源循環利用のクローズド・システム
徳川時代を通じて人口は三倍近くに増大し、耕地面積も一・五倍に拡大した。発展の基礎になったのが、百姓の粒々辛苦と、徹底した資源の循環利用である。

このように徳川稲作農村は、日光と雨水という自然のインプットに依存する資源利用のクローズド・システムとして確立した。ただし、そのうえで、この社会は外部とのさまざまな物資交換を行なった。

外部への流出としては、まず、領主に上納する米があげられる。兵粮米《ひょうろうまい》や年貢米、飯米《はんまい》として都市や鉱山などに向かう米の量は、内部の消費率をかなり上まわっていた。この流出割合が、農村システムの維持に大きな影響を及ぼすことになるのだが、総じて内部消費を凌駕《りょうが》する移出量の多さは、このシステムが高い効率で機能したことを示すものとなっている。

外部からの移入に依存する資源も各種存在した。農具の中心である鍬《くわ》の刃先や鎌、および生活用品として欠かせない鉄釜・鉄瓶などの鉄製品は、外部からの移入に頼らねばならない。生命の再生産に必要な塩も外部からの供給だった。衣料品の繊維もかなりの程度までシステム内でまかなわれたが、青苧《あおそ》・繰綿《くりわた》・屑繭《くずまゆ》のような中間原料や古着の形で移入されるものもあった。資源の自給を基本とする稲作中心の農村においても、システム外との分業関係は不可欠だった。

牛馬とともに

飼い方と歴史

『四季耕作図屏風《しきこうさくずびょうぶ》』には六疋《ひき》の馬と二疋の牛が描かれていた。徳川《とくがわ》農村には多数の牛馬が人間とともに働き暮らしており、彼らの鳴き声や糞尿《ふんにょう》の臭いを抜きにして、この社会を語ることはできない。クローズド・システムの模式図でも、家畜（牛馬）は重要な役割を果たしていた。

この時代、多数著わされるようになった農書《のうしょ》をひもとくと、そこには牛馬の飼い方も解説されている。一七世紀後半の三河《みかわ》農村をフィールドにした『百姓伝記《ひゃくしょうでんき》』は、馬の飼育についてつぎのように記している。

百姓の馬屋《うまや》は広くつくり、湿気の少ないところを選んで深く掘り、敷草《しきぐさ》を多く入れて踏ませること。馬はつないでおいてはいけない。冬は寒くないように藁《わら》で外側を囲い、

3

◉仙台の馬市
毎年三月上旬から四月中旬にかけて、城下の国分《こくぶん》町で開催される。この町には、戦国時代から伝馬に携わる集団が居住し、活躍していた。（『日本山海名物図会《にほんさんかいめいぶつずえ》』）

夏は涼しくして、馬屋に入れて飼うこと。百姓にとって肥料は第一に大切なものだから、馬屋には十分な配慮をすること。武士の馬屋のように敷草をしばしば取り出すことは、糞尿が藁に浸み込まないので肥料とするにはよくない。

馬に草を食わせることについて。一般的には五月から九月まで草を与えると決まっているが、農民は厩肥《きゆうひ》をつくるために三月から一〇月まで草で飼う。そのうち六月、七月の草には悪渋《あくしぶ》が多く厩肥にすると効き目がよい。三月から五月までは若草なので灰汁《あく》が少ない。

秣《まぐさ》は朝露のあるうちに刈り取って馬に与えるとよい。日の出のあとでは草の質が悪くなって馬の害になり、肥料にしても効き目が少ない。

馬を藁で飼うのは一〇月から年を越して二月下旬までである。上等の藁を与える。虫がついたり蒸れた藁は味が悪く、食べても馬がやせるし厩肥にしてもよくない。

馬小屋のつくり方から、敷草の踏ませ方、飼料としての草・藁などまで、きめ細かい指導である。生きた耕耘機《こううんき》として、また有機肥料の製造機として、牛馬はかけがえのない家畜だった。情も移ったことだろう。

日本列島における牛馬の歴史をたどってみると、考古遺物から、牛馬の生息は縄文《じようもん》時代以来ということが判明している。だが、本格的に家畜として飼われるのは、牛の場合は三世紀中葉、馬は四世紀末のようだ。

古代律令《こだいりつりょう》国家においては、馬を中心的対象とした行政が整備され、兵部省《ひょうぶしょう》には馬事を扱う馬寮《めりょう》が設けられた。関東や九州を中心に国牧《くにまき》、勅旨牧《ちょくしまき》などの牧場が開かれ、生産・飼育・調教には渡来人の技術者が活躍した。牛についても、平安《へいあん》前期につくられた『延喜式《えんぎしき》』に、牛乳を濃縮した「蘇《そ》」が、関東・中部を中心に全国二二か国から献納されたとある。このころは、東国でも牛は広く飼育されていた。

中世に入ると牛馬の飼育圏が分化しはじめる。延慶《えんきょう》三年（一三一〇）に著わされた『国牛十図《こくぎゅうじゅうず》』には「馬は関東をもって先とし、牛は西国をもってもととす」とある。牛車《ぎっしゃ》用の良牛産地として、筑《ちく》前《ぜん》、筑後《ちくご》、肥前《ひぜん》、但馬《たじま》、丹波《たんば》など西国の国々が多くあげられるようになる。

徳川《とくがわ》時代から明治にかけての牛馬分布をみると、東日本は馬地域、西日本は牛ないし牛馬混在地域と明瞭に二分される。若狭《わかさ》湾と伊勢《いせ》湾を結ぶ線より東の地域で、牛が馬を凌駕《りょうが》するのは佐渡《さど》、伊《い》豆《ず》、安房《あわ》の三国にとどまり、残りの国々は圧倒的に馬地域である。飼育数も多い。

他方、西日本では近畿および讃岐《さぬき》国で牛が卓越し、讃岐以外の四国や中国・九州は牛馬が混在する。北九州は相対的に牛が多く、南九州には馬が多い。牛が西日本に多いのは、この地に犂耕《すき》や牛車が早くから普及したことと関係があるらしい。八世紀に唐《とう》から輸入された犂は、近畿地方を中心に広がり、水田耕起《こうき》に用いられた。また、この地域では早くから道路整備が進み、牛車の利用が可能だった。

東日本に馬が多いのは、東国武士団による騎馬《きば》重視と密接に関係する。交通手段に駄馬《だば》を多く用いたことも馬への依存度を高めた。徳川幕府も軍用馬の飼育のため、安房国の嶺岡牧《みねおかまき》、下総国《しもうさ》の佐倉《さくら》七牧、同国小金《こがね》五牧など一七の直営牧場を経営した。諸藩でも盛岡藩九牧、弘前藩《ひろさき》六牧、仙台藩一牧、水戸藩一牧、鹿児島藩（薩摩藩《さつま》）七牧など、軍馬の生産に努めている。

西日本に比べて耕地が広く、田植えの適期が短いという東日本の自然条件にも、足の速い馬のほうが適していた。馬の厩肥の温度が牛のそれよりも六度程度高く、寒冷地や高地の多い東日本の肥料として、より適合的だったという指摘もある。

急増する牛馬

徳川《とくがわ》社会において、どのぐらいの数の牛馬が飼育されていただろうか。統計に粗密があるが、いくつかのデータをあげてみる。

寛文《かんぶん》四年（一六六四）、会津《あいづ》藩領では三万六八二四軒の百姓家に対して、二万六一二三疋《ひき》の馬と五五一疋の牛が飼育されていた。元禄《げんろく》一五年（一七〇二）の中村藩《なかむら》（相馬藩《そうま》）では、領内一万五二九二軒に対して、それを超える一万六九二二疋の馬がいた。

寛文一二年に名古屋藩（尾張藩《おわり》）で行なった領内村々の調査報告「寛文村々覚書《おぼえがき》」のなかに、牛馬の記録がある。馬文化圏に属する尾張国は、そのほとんどが馬だが、総数は一万八〇〇〇疋にのぼる。平均して三・七軒に一疋の割合である。所持率の高い海西郡《かいさい》のなかには二一軒で一八疋（落伏《おちぶし》村）、一三軒で一一疋（荒井新田）と一軒一疋に近いところさえある。総じて新田村落に飼育数が多い。なお、鳴海《なるみ》村（東海道）一一〇疋、岩塚《いわつか》村（佐屋路《さやじ》）四五疋のように、街道伝馬《てんま》の必要からの大量飼育と推定される村もあるが、これは全体のごく一部である。

「宇治河原《うじかわら》村の戦争」で注目した近江《おうみ》国甲賀《こうか》郡地域では、水口《みなくち》藩領村々の徳川中期のデータが残っている。ここでは二・八軒に一疋の割合で牛馬いずれかが飼われている。伊勢《いせ》・伊賀《いが》と国境を接するこのあたりが、牛と馬の分岐点であることもわかる。宇治河原村でも牛馬の放し飼いが、紛争理由のひとつだった。秣場《まぐさば》確保は、村々にとって死活問題だったのである。

とはいえ、徳川農村は、当初から多数の牛馬を飼っていたわけではない。一七世紀を通じて急激に増加したものである。備前《びぜん》・備中《びっちゅう》・播磨《はりま》国の様子が報告されている。

備前一国でみると、延宝《えんぽう》七年から元禄一七年（一六七九〜一七〇四）に至る二五年のあいだに、牛数は一万七八〇二疋台から二万一四三八疋台へと一・二倍、三六〇〇疋の増加となっている。同国では、その後は明治に至るまで二万疋台前半にとどまっており、一七世紀の急増が特徴的である。なお、同国では馬数は減少の一途《いっと》をたどるが、こちらはもとも

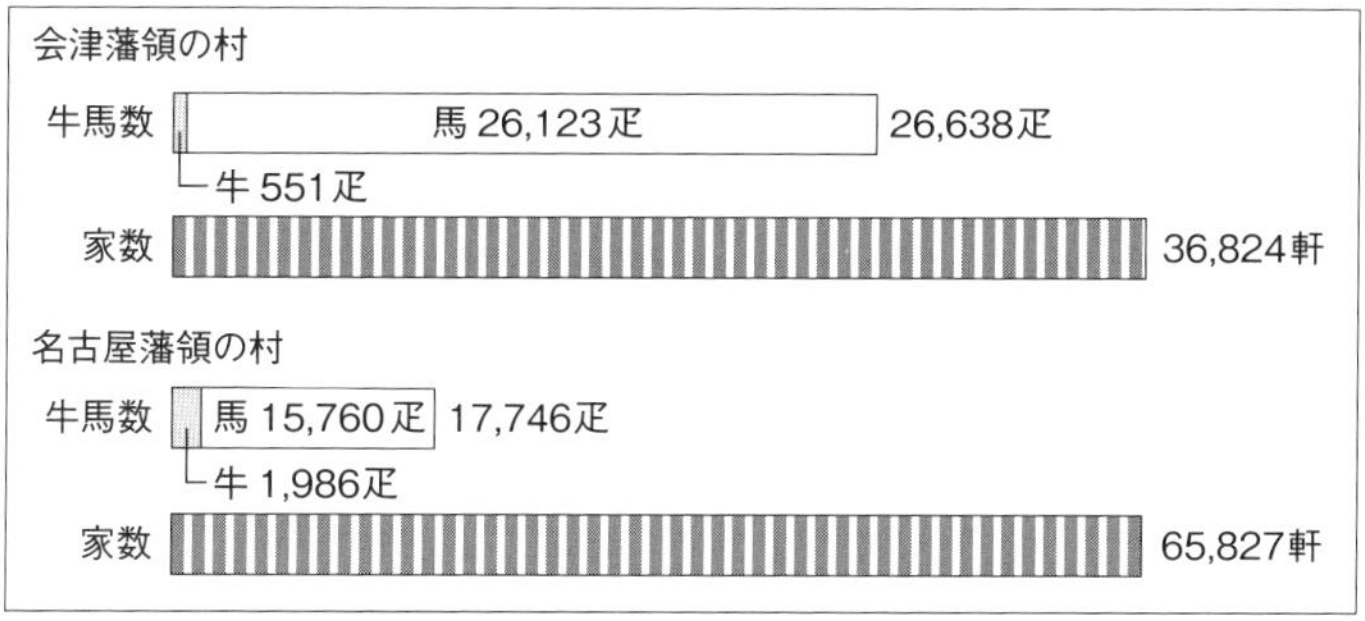

●牛馬数と家数
飼育牛馬にも性差がある。農村で飼われる牛馬の多くは牝で、他方、駄馬や牛車は牡が中心である。

と数が少なかった。
播磨国山崎《やまさき》藩では慶安《けいあん》二年（一六四九）からの牛馬数が判明する。ここでは牛馬ともに増加傾向にあり、寛文四年に至る一五年間に、牛は二一三二疋から三七三三疋へ一・七五倍の増加、馬も九三八疋から一〇五二疋へと増加している。一七世紀は人間のみならず、牛馬世界にあっても急成長の世紀だった。

小農民との結合

一五、六世紀から一七世紀に至る時期、全国の百姓家族の生活形態は大きく変わりつつあった。同一敷地内に複数の家族や隷属《れいぞく》民が一緒に住み共同で農業活動を行なう「屋敷地共住《きょうじゅう》集団型」から、一夫一妻（単婚）ないしは直系家族の小百姓たちが、家族単位で独立して生産・生活を営む「小農民経営型」への移行である。

変化の地域的偏差は大きいものの、畿内地方でも、信濃国《しなののくに》でも九州肥後《ひご》国でも、同様の傾向が報告されている。戦国大名や統一政権の推進した広域土木事業が、小農民経営自立化の基礎条件をつくった。私たちはすでに、河内《かわち》国狭山池《さやまいけ》の改修などの事例から、そうした動向を観察ずみである。

ところで、この農業生産・生活形態の変化と牛馬の増加のあいだには、深い関係があったと考えられる。岡山県倉敷市の南西部に位置する備中《びっちゅう》国浅口《あさくち》郡乙嶋《おとしま》村で、このことが実証されている。この村に残る古文書《こもんじょ》「家付帳《いえつきちょう》」「人付帳《ひとつきちょう》」から、寛永《かんえい》二〇年（一六四三）と万治《まんじ》四年（一六六一）の人口や牛数、家族形態などを比較してみよう。両帳によれば、この間、同村では人口は三一五人から三五〇人へ、家数は六二軒から八七軒へ、また牛数は二〇疋《ひき》から四七疋へと増加しており、生産活動の拡大化がうかがえるが、とりわけ興味深いのは、人口・家数・牛数の増加に伴い生じた家族形態や牛所有形態の変化である。

まず、家族形態についてみると、寛永二〇年の時点で乙嶋村は、「本家」三二軒、「内子《うちのこ》」一八軒、「下人《げにん》」一二軒の合わせて六二軒から構成されていた。「本家」とは本百姓のことで、「内子」は本家の血縁別家、「下人」は本家に従属する家来百姓とされる。そして、この本家三二軒のうちの過半一八軒が、内子や下人家族とともに生産・生活する集団を形成していた。つまり、寛永年間(一六二四～四四)、乙嶋村では「屋敷地共住集団型」が主流だった。

これに対して、万治四年になると様相は一変する。寛永年間に本家とほぼ同軒数あった内子・下人家族が激減する一方、一夫一妻や直系家族型の本家(小農民経営)が急増するのである。三二軒から七九軒へと増加した本家のうち、じつに七五軒が、下人・内子なしとなっている。この二〇年ほどのあいだに、同村の生活・生産形態は大きく変化した。

寛永20年(1643)

数＼構成	本家・内子・下人組	本家・内子組	本家・下人組	本家のみ	計
本家軒数	3	10	5	14	32
内子・下人軒数	7	14	9	0	30
牛数	3	10	5	2	20

備考：帳末牛数20疋

万治4年(1661)

数＼構成	本家・内子・下人組	本家・内子組	本家・下人組	本家のみ	計
本家軒数	0	2	2	75	79
内子・下人軒数	0	2	6	0	8
牛数	0	5	6	61	72

備考：帳末牛数47疋

◉乙嶋村における従属百姓の消滅
寛永二〇年に三〇軒あった内子・下人家族は、万治四年では八軒に激減する。「本家のみ」(単婚家族)の急増とは対照的である。

この流れと歩調を合わせながら変わったのが、牛の所有形態である。牛を所有する単位が、屋敷地共住集団から小農民経営単位へと変化するのである。寛永二〇年には、おおむね屋敷地共住集団一組につき牛一疋の割合で所有されていた。これに対して万治四年には、内子・下人をもたない本家七五軒の八〇パーセントにあたる六一軒が牛所有となる。小農民経営の増加と牛所有のあいだには、強い相関関係がみられる。

そして、万治四年でさらに注目されるのが、牛の実数（四七疋）と家別牛所有数（七二疋）のズレである。これは、何軒かで一疋を共有する「相合《あいあい》」形態の結果であり、小農民経営の輩出の過程で、牛の増加と共有化が並行して進んだことを示している。

小農民経営の発展が牛馬入手の資金を生み、逆に、所持した牛馬が耕耘《こううん》や厩肥《きゅうひ》供給に役立ち、経営の発展を促進する。そうした経営と牛馬の相乗効果が、各地に展開したとみて間違いない。

死牛馬の処理

資源のクローズド・システムの図では家畜は村内にいるものとされていたが、村の牛馬は、仲買《なかがい》博労《ばくろう》を通じて村にやってきた。

畿内地方を例にとると、ここで活躍する牛は、因幡《いなば》・出雲《いずも》・伯耆《ほうき》・但馬国《たじまのくに》や、備前《びぜん》・備中《びっちゅう》・美作《みまさか》・播磨《はりま》国など、もっぱら中国地方の生まれだった。備後《びんご》国三次《みよし》や十日市《とおかいち》、美作国久世《くせ》市のように、生産地近くで大きな牛市が開かれ、そこから「国衆《くにしゅう》」と呼ばれる博労に連れられて、大坂天王寺《おおさかてんのうじ》の牛市などで売買された。

天王寺の牛市は、遅くとも一六世紀後半には開設されていた。牛問屋《といや》を務めた石橋家《いしばし》には、豊臣家《とよとみ》の蔵入地《くらいりち》代官《だいかん》小出《こいで》秀政《ひでまさ》の許可状類が保存されている。

一方、牛馬が落命すると、飼い主の手から無償で「かわた村」に引き渡される慣習だった。牛馬の死体は解体されたあと、皮を原料とした有用品となる。穢多《えた》という蔑称《べっしょう》で呼ばれたかわたは、士農工商より下の身分として位置づけられ、非人身分とともに蔑視されていた。

かわた村が所持した死牛馬取得の権利は、畿内地方を中心に中世日本を通じて形成されたものである。戦国期には、各地の戦国大名も皮革上納と引き換えにこれを保証した。豊臣《とよとみ》・徳川《とくがわ》の政権も、戦国大名に引き続いてかわたの権利を公認し、見返りとして皮役の納入に加え、牢番《ろうばん》役や掃除役、行刑役《ぎょうけいやく》などの業務を命じることもあった。

どのかわた集団がどの地域の死牛馬を取得するかは、慣習で決まっており、その範囲を草場《くさば》とか職場《しょくば》、旦那場《だんなば》といった。この権利は、かわた村全体か、あるいは村内集団の共同所有だったが、個

4

◉大坂天王寺の牛市
二か所あった牛改め所の徴収手数料から逆算すると、寛永後期、年間一三〇〇疋《ぴき》前後の牛が、天王寺に供給された計算になる。(『日本山海名物図会《にほんさんかいめいぶつずえ》』)

人持ちの株として売買の対象にもなった。

一草場の範囲は、数か村を対象とする小規模なものから、数十か村を含む大きな草場まで大小さまざまあった。この範囲内で死去した牛馬が、特定のかわた村に取得されるのである。草場の境界は、川筋や尾根筋などの自然景観を利用したり、寺社や橋・塚など目印となるものを結んだ直線によって決められていた。

草場の権利がやや複雑な構成をとり、「草場」と「掃除」（死去した牛馬の厩舎を掃除し清める）という二つの原理から成り立つところもあった。播磨国のある地域では、二つのかわたグループがひとつの草場を半分ずつ所持していたが、ここでは、他地域飼育の牛馬がこの草場内で死去した場合には草場で配分し、他方、草場内村々で飼育の牛馬が死去した場合は、草場区分にかかわらず、飼い主と「掃除」関係のあるかわたグループが権利をもつ、と取り決めている。草場の広狭を含め、地域により、いろいろな形で権利の仕組みがつくられていたことがわかる。

こうした草場の権利をめぐり、一七世紀後半ごろから各地で紛争が頻発しはじめる。大坂を中心に皮革市場が開設されて皮革値段が上昇したことや、履き物など皮革を用いた製品の需要が高まったことによる。一八世紀なかばになると、かわた集団のもつ死牛馬の処理権そのものを否定する動きも生じるようになる。かわた集団内の無株層や牛馬博労《ばくろう》が仲介して、死牛馬や老牛馬を有償で買い取るケースが増加したためである。その後、死牛馬の権利をめぐる紛争は、身分制度ともからみ合いながら、明治四年（一八七一）の太政官達《だじょうかんたっし》「斃牛馬《へいぎゅうば》処理勝手令」まで続いていく。

里山と草肥

木の少ない里山

『四季耕作図屏風《しきこうさくずびょうぶ》』『植田村絵図《うえだむらえず》』は、ともに集落や田畑の背後に広がる山々も描写していた。徳川《とくがわ》農村における山野の状態に目を向けたい。

一七世紀前半の里山の様子を書き上げた史料に、三代将軍徳川家光《とくがわいえみつ》が全国に作成を命じた郷帳《ごうちょう》があげられる。正保《しょうほう》元年（一六四四）、幕府はこの事業の実施にあたり、林産物への課税目的から「村に付き候《そうろう》はへ山（生え山）並びに芝山これある所は書き付け候事」と命じた。このことがデータ収集に幸いする。簡単ながら、村ごとに「草山・芝山・柴山・茅《かや》山・松山・小松山・杉山・はへ山・雑《ぞう》木《き》山・木山・竹」などと、山の様子が報告されたのである。

草山とはススキ・チガヤ・ササなどの山、芝山はシバ、また柴山はハギ・馬酔木《あしび》・山ツツジ・捩《ねじ》木《き》・黒文字《くろもじ》・小松などの低木類の山とみられる。いま、これらを草柴系とし、それ以外の松山・雑木山などを木山系と大別して、いくつかの国の林相を観察してみる。

まず、現在の大阪府東部地域に相当する河内国《かわちのくに》。この国は、正保の時点で全村数は四六二か村、うち山持ち村は四割弱、東部の生駒《いこま》・金剛《こんごう》の山地・山麓《さんろく》を中心に一八四か村を数える。これらの村々の山の様子を観察すると、草柴山をもつ村が三割強、草柴と木山混在村が四割、木山系が三割弱となっており、全体として草柴山と木山が相なかばする植生となっている。北河内・中河内では草山が多く、南河内は木山が多い。草柴系の内訳はほとんどが草山で、木山系は松を中心とする。

北陸の越中国《えっちゅう》はどうか。立山《たてやま》・五箇山《ごかやま》などから森林国の印象があるが、河内国より草柴傾向が強く、山持ち村の七五パーセントが草柴系である。なお、草柴系の中心は柴山で、木山系は「はへ山」を主流とし、若干の「小松山」「松林」を含む構成となっている。

草柴優占の傾向は、陸奥国《むつ》棚倉《たなくら》・磐城平《いわきたいら》・中村藩《なかむら》（相馬藩《そうま》）領域（福島県東部・中部地域）でも同じだった。

対象村四五二か村のうち山付き村は三七四か村にのぼるが、その七割（二六一か村）が草柴系である。内訳は草山村二一六、芝山村四、柴山村三八、草柴混在三となっている。一方、木山系は八四か村で、山付き村の二割にとどまっている。林相《りんそう》は雑木山が中心で（六七か村）、松山は少数である（一三か村）。

どうやら、山は樹木で覆われているという常識は、徳川農村においては全国どこへ行っても通用しない。

正保郷帳の山の様子

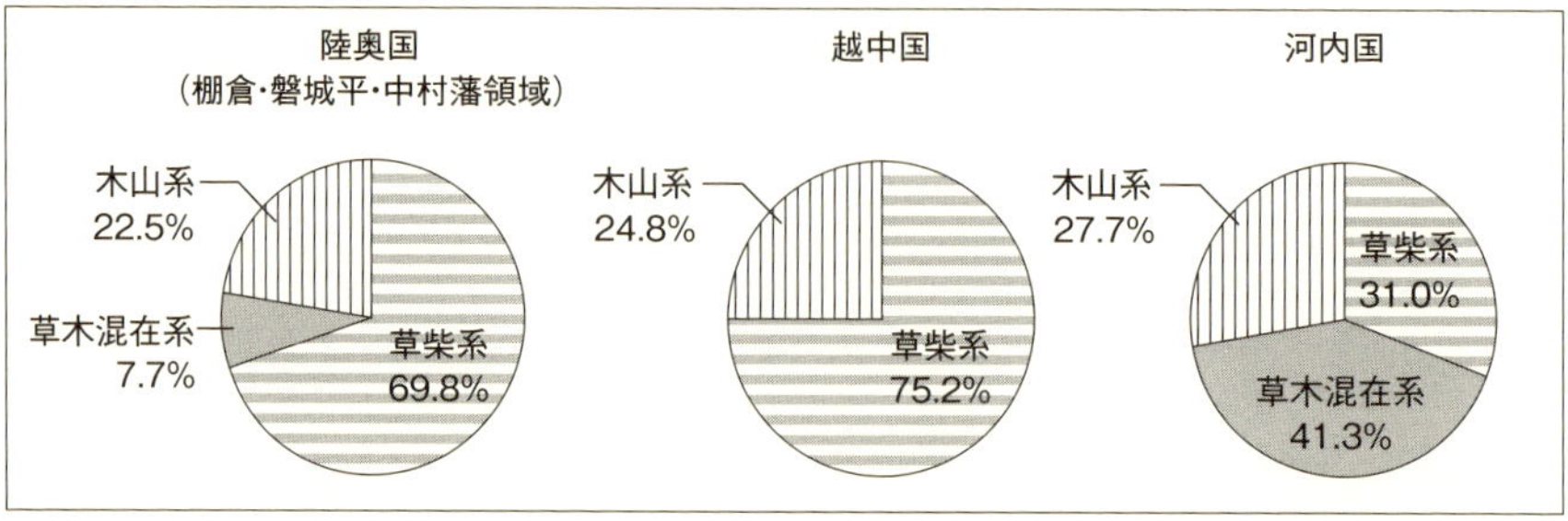

主流は草肥

里山のかなりの部分が草柴状態だったのには訳がある。高度に発達した稲作畑作農業が、山野で取得する草柴を重要な肥料源としたからである。急増した牛馬の飼い葉も山野の草であった。徳川《とくがわ》農業を支えた肥料について、古島敏雄《ふるしまとしお》がつぎのようにまとめている。

近世を通じてわが国農業全般の生産を可能にしたのは金肥《きんぴ》ではなかった。農書《のうしょ》に記された肥料論は、最初は山野の草木葉の利用が中心であり、草木葉の肥料としての適否の判定法が中心をなしている。徳川時代、刈敷《かりしき》が水田の主要肥料となっている地帯は、東北・関東・東山・九州など、きわめて広範囲に及び、比較的金肥使用の著しい地域とされる近畿区・東海区にあっても刈敷・廐肥《きゅうひ》の利用は著しく、丹波《たんば》などは刈敷・廐肥が主流であった。

徳川農業は、草や木の葉を直接敷き込む刈敷や、牛馬を介した廐肥に多くを負っていたのである。農書の代表とされる宮崎安貞《みやざきやすさだ》『農業全書』（元禄《げんろく》一〇年〔一六九七〕）は、「草肥《くさごえ》とは、山野の若い柴や草を肥料にしたものである。これを牛馬に敷かせたり、積み重ねて腐らせたり、またはそのまま田畑に多く施すと、とりわけ効果が大きい」と記したうえで、草肥を、苗肥《なえごえ》（豆類）、灰肥《はいごえ》、泥肥《どろごえ》とともに田畑を肥やす四大肥料のひとつと評している。

鹿児島藩（薩摩《さつま》藩）編纂《へんさん》の博物誌『成形図説《せいけいずせつ》』が、刈り取った草や柴を田に踏み込む刈敷の作業を挿絵にしている。畦《あぜ》に置かれたり、百姓が手に持つ束は、一見したところ稲の苗のようだが、よく見ると山野で刈り取られた草の束である。中段では百姓がこれを足で田に踏み込んでいる。遠方では馬が同じ作業をしている。図に添えられた歌を読むと、「春深き　小田《おだ》の沢水《さわみず》せきとめて　草かり入《いる》る　賤《しづ》がなハしろ（苗代）」とある。

信濃《しなの》の善光寺《ぜんこうじ》参りをテーマとした『善光寺道名所図会《ぜんこうじみちめいしょずえ》』（天《てん》保《ぽう》一四年（一八四三）刊）のなかにも、刈敷作業が活写されている。前後のページの記事から推して、安曇《あずみ》郡穂高《ほたか》村付近の農村風景と思われるが、そこでは、田に運ばれた小枝状のものを人馬が踏み込んでいる。図の上方には、山中で小枝を伐り取る人たちの姿も見える。

刈敷には「草刈敷」と「木刈敷」の二系統があったが、この場合は柴を鋤《す》き込む「木刈敷」である。木の葉が腐ったころに枝だけを抜き取った。

弥生《やよい》時代以来の伝統をもつ刈敷農法が、徳川の稲作農業のなかで絶頂期を迎えていた。

5

◉『成形図説《せいけいずせつ》』にみる刈敷
刈り取った山野の草を田に踏み込み、元肥《もとごえ》とする。田植え前に、牛馬や、かんじきを履いた人間の足で踏み込む。弥生時代の遺跡から出土する大足《おおあし》も刈敷踏み込み用と思われる。

広大な山野が必要

刈敷《かりしき》をはじめ、牛馬の飼い葉、厩肥《きゆうひ》用の草などを取得するために、どのくらいの山野を必要としたのだろうか。徳川《とくがわ》中期、信濃国《しなののくに》松本藩領村々のデータがある。

水田一反《たん》に対して刈敷一五〜三五駄《だ》、畑一反には一五駄ほどを施す。

刈敷一駄＝六尺縄で四束＝重さ三〇貫《かん》（約一一二・五キログラム）＝山地〇・五〜〇・六反から採取。

この換算によると、一反あたりの必要刈敷量を平均二〇駄として、「（一駄あたり〇・五〜〇・六反）×二〇駄＝（一〇〜一二反）」となり、田畑面積の一〇倍に及ぶ山野が必要という計算になる。仮に田畑五〇町歩《ちようぶ》・一〇〇軒の村を想定すると、必要山野一軒あたり五町歩、村全体で五〇〇町歩となる。膨大な面積である。

牛馬関係ではどうか。こちらは明治に入ってからだが、牛一疋《ぴき》の飼育に、六町歩近くの生草《なまくさ》が必要というデータがある。この場合は、春先から秋までのあいだの繰り返しの刈り取りだから延べ面積となるが、これに加えて厩舎でつくる厩肥の原料として同程度の生草が刈られた。牛馬飼育、厩肥製造においても、想像をはるかに超える広大な山野が必要だった。なお、牛は、年間一疋あたり一五〇〇貫（約五六二五キロ）の厩肥をつくりだした。厩舎は最高の有機肥料製造工場である。

草肥《くさごえ》取得のために山野を草山・柴山状態に保つには、人為的な働きかけが必要だった。冷温帯・暖温帯に属し、降水量も多い日本列島にあっては、草柴地を放置すれば数年のうちにアカマツなどの陽樹が侵入し、森林への遷移が始まってしまうからである。草肥農業を推進するために、山野を草柴山として維持するさまざまな手立てが講じられた。各地からの報告がある。

①一七世紀のなかばごろ、美作《みまさか》国津山《つやま》藩領内では、百姓たちが「共有山に立木があっては、芝草が生育せず、肥やしの確保の妨げになる」として、数百年来の大木や小木を伐り払い、山々を木樹のまったくない山にしてしまった。

②一七世紀後半、常陸《ひたち》国筑波《つくば》郡小田《おだ》村では、山野の草刈場にとび松が茂り、刈り草の障害になるので、領主に断わって伐り取っている。

③高知藩（土佐《とさ》藩）では延宝《えんぽう》二年（一六七四）の法令で、芝山を林にすることを禁じた。理由は、牛馬の飼い葉や肥草を刈る場所が減少し、百姓たちが迷惑するからである。

④弘前《ひろさき》藩の農政担当奉行は、元禄《げんろく》一四年（一七〇一）に野焼き・山焼きの効用をつぎのように説明している。「年々枯れ草が重なると、青草の生育が悪くなり、田畑の肥やし草や馬草などの確保が困難になる。枯れ草を焼却して若草の生育を促進させる野火《のび》付け（野焼き）は、いずれの国でも行なう作業である」

6

◉**山焼き**（**静岡県伊東市の大室山**《おおむろやま》）
肥草や秣《まぐさ》の生育のために古い枯れ草を焼き払う。この山も古くから山焼きを行なってきた。きれいに焼けると豊年になるという。

里山の多くは、人間の生業《なりわい》のために植物自身の遷移を阻止され、草山・柴山状態を強制されつづけることになった。

生業と災害の相克

草肥《くさごえ》確保のために進められた樹木伐採や草柴状態の強制は、土砂災害の原因ともなった。草山化・柴山化された山々は崩れやすくなり、土砂を谷川に押し流して、中・下流域に繰り返し水害をもたらす。その結果、各地で土砂災害をめぐる争論も増加した。

①山城国相楽郡《やましろのくにそうらくぐん》菱田《ひしだ》村は、たくさんの山川が流入する在所です。川上は北稲八間《きたいなやづま》村・下狛《しもこま》村・菱田村三か村立合《たちあい》の柴草山ですが、風雨の時分にはこの山から土砂が流出します。公儀より毎年、杭《くい》・柵《しがらみ》工事の人夫賃を下付《かふ》されて防災工事をしていますが、たびたび堤防が決壊し、本田《ほんでん》へ土砂が入って荒地となり、しだいに村が衰微してきています。（延宝《えんぽう》五年〔一六七七〕）

②備前《びぜん》国津高《つだか》郡栢谷《かいだに》村の苫田《とまだ》山は、三年以前の洪水でだいぶん崩れたため、横井《よこい》川へ土砂が流れ出し、近年、川が埋まり迷惑しています。この山は栢谷・吉宗《よしむね》両村の入会《いりあい》山ですが、近年熊手《くまで》を入れ、草の根を掻《か》き切るため、土砂が多く流れ出るようになりました。見分のうえ、熊手を入れないように仰せつけてください。（宝永《ほうえい》七年〔一七一〇〕）

③山城《やましろ》国宇治《うじ》郡木幡《こはた》村領の山内《さんない》は、土砂が流出しないように立ち木・草・柴などいっさいの伐採禁止を申し合わせ、土砂留め工事を行なっています。けれども、争論相手の五ケ庄《ごかしょう》山は草山なので

年々、土砂が流出します。そのため川筋が埋まり、木幡村の用水井《ゆ》溝《みぞ》や土砂留めの柵や山林などまで押し流し、年々、難儀に及んでいます。

（元文《げんぶん》四年（一七三九））

①と③にもみられるように、淀川《よどがわ》・大和川《やまとがわ》水系は、土砂災害がとりわけ頻発した地域である。この水系の山々は、徳川《とくがわ》の初期から土砂流出が進み、しばしば水害を引き起こし、川舟通行にも悪影響を及ぼしていた。幕府は、万治《まんじ》三年（一六六〇）の通達を皮切りに、寛文《かんぶん》六年（一六六六）、延宝四年と、繰り返し当該地域の領主に対して木の根・草の根の掘り取りを禁じ、植林を命じるが、いっこうに効果が上がらない。そこで、五代将軍綱吉《つなよし》治世下の貞享《じょうきょう》元年（一六八四）に至り、この水系全体を対象とした広域土砂留め管理制度を立ち上げた。

京都町奉行所を総括役所として、畿内近国のおもな大名に関係地域を郡単位で割り当て、山地の土砂留め事業を推進させる大がかりな制度である。「検地帳に登録された年貢地でも、土砂流出箇所は田畑を廃棄して植林せよ」と、老中から不退転《ふたいてん》の決意も示された。

担当大名は、通常は年に二回程度、災害時には何度も担当郡に役人（土砂留奉行）を派遣し、村々

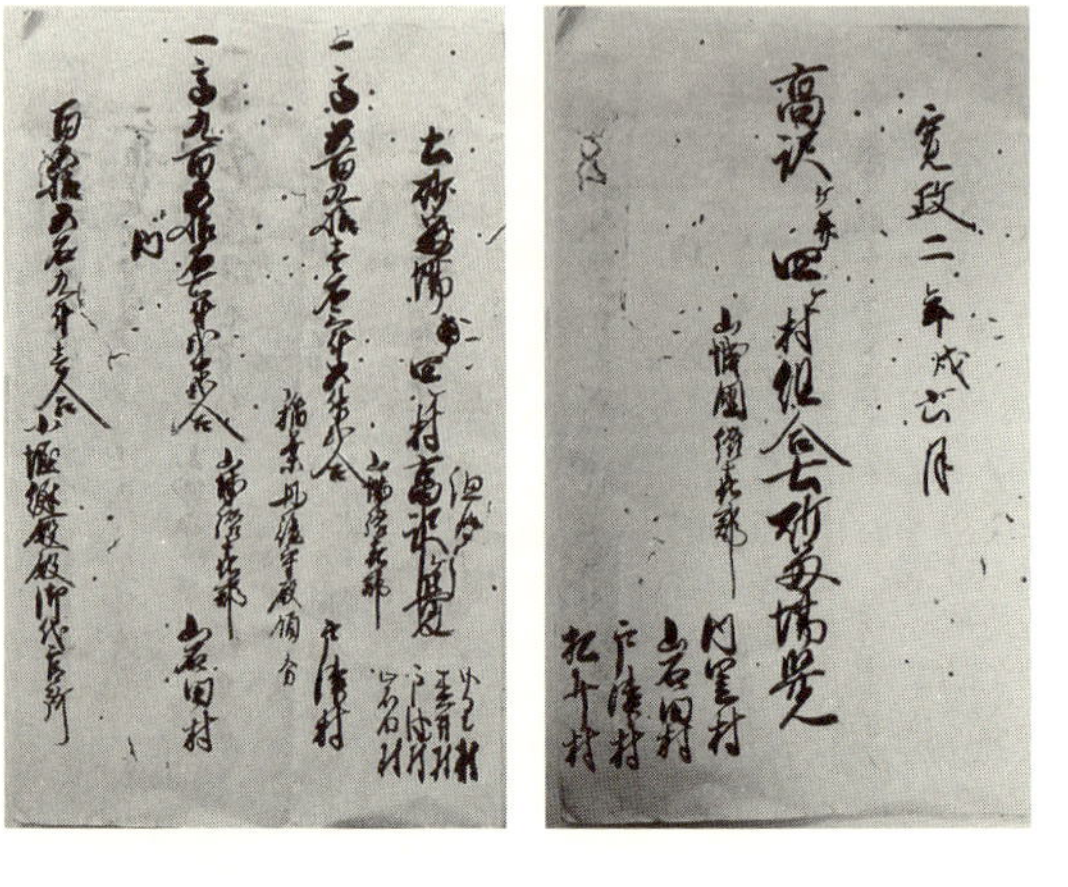

7

◉山城国綴喜《つづき》郡の「土砂留め場覚書」
寛政《かんせい》二年（一七九〇）に幕府役人に提出された。石清水八幡宮《いわしみずはちまんぐう》南方の共有山は土砂山で、多数の土砂留めダムが築造されていた。

が行なう土砂留め工事を指揮・監督させた。担当郡内の開発は、誰の領地であれ土砂留奉行の了解が必要となった。元禄《げんろく》二年（一六八九）からは大坂町奉行所も総括役所のひとつに加え、充実が図られる。山城、大和、摂津《せつつ》、河内《かわち》、近江《おうみ》の五か国に及ぶ地域の住民にとって、土砂留奉行は自領主の代官などにもまして、なじみの武士となった。

奉行は、来村にあたり廻状《かいじよう》をまわしたうえで到来した。山城国久世《くせ》郡寺田《てらだ》村《むら》庄屋が書き留めた元禄一〇年三月の通達をみると、こんな文面だった。

きっと申し遣わす。天気が晴れれば、当月二十八日より砂留場見分のために、石川治部右衛《いしかわじぶえ》門《もん》、多山弥一左衛門《たやまやいちざえもん》が巡回する。土砂流出箇所があれば砂留をするように。かねて申し付けているので油断はないと思うが、もし粗雑であれば吟味のうえ処分する。念のために記し置く。この廻状は触れ止まりの村で保管し、奉行巡回の折に返却すること。

久世郡は淀《よど》藩の担当で、石川、多山は淀藩土砂留奉行である。同藩では土砂留を砂留といった。生業《なりわい》に専念した百姓身分社会の発展が、自然とのあいだに新しい矛盾を生み出していく。そしてこの矛盾は、右の土砂留め管理制度のような新しい行政の仕組みを考案させる原動力ともなった。

雨乞いの祈り

さまざまな試み

日照りの夏、神仏に降雨を祈願する雨乞《あまご》いは、徳川《とくがわ》農村においてもよくみられる情景だった。

大規模な灌漑《かんがい》工事によって水利条件は格段に向上したものの、とりわけ田植えの時期や穂孕《ほばら》み期に用水が不足すると稲は致命的なダメージを受ける。水利条件を凌駕《りょうが》する旱《かん》魃《ばつ》に見舞われたとき、人々は村氏神に、あるいは霊験あらたかな神仏に降雨を祈願した。神仏を主役にした世界が再現され、演出される。古代や中世において国家行事の一環として営まれた祈雨《きう》の試みは、この徳川日本においては、百姓をおもな担い手として立案され、実行された。

村絵図で俯瞰《ふかん》した山城国相楽《やましろのくにそうらく》郡植田《うえだ》村に隣接する相楽《さがなか》村（木津川《きづがわ》市）に、雨乞い関係の史料が残っている。大里《おおざと》、曾根山《そねやま》、北之庄《きたのしょう》の三集落からなるこの村は、大里東北部に位置する八幡宮《はちまんぐう》（東宮《ひがしのみや》、相楽神社）を村氏神として尊崇していた。この社の境内が、雨乞いの中心的舞台である。

8

◉雨乞い山への登山
松明《たいまつ》を掲げ太鼓を鳴らしながら登る。日本の雨乞いには、氏神への祈願と、山・川での雨の神への祈願の二系統がある。（『四季農耕図屏風』）

永禄《えいろく》七年から文政《ぶんせい》四年（一五六四〜一八二一）に至る神社記録「当役記録」のなかに、簡単ながら年々の雨乞い記事が付記されている。関係記事は、寛永《かんえい》四年から文化《ぶんか》七年（一六二七〜一八一〇）までの一八三年間に及び、ほぼ三年に一度の頻度で登場する。催しを分類すると、①能・狂言、②踊り（笹踊り、太鼓踊り）、③各種の行事（相撲《すもう》、競馬《くらべうま》）、④火《ひ》灯《とも》し（千灯籠《せんどうろう》、神泉苑《しんせんえん》の火、百八灯籠）、⑤千度《せんど》参《まい》り、⑥絵馬・鳥居などの奉納、⑦その他、となる。

①の能・狂言や②の踊りは、同村の雨乞いの基本である。能は「能」ないし演目の「翁《おきな》」として記録され、踊りは「踊」「雨請踊」「笹踊」などと記されている。雨乞い習俗の研究によると、雨乞いと諸芸能の結びつきは中世後期から顕著になるとされる。相楽村付近でも、綴喜《つづき》郡の朱智《しゅち》神社《じんじゃ》（京田辺《きょうたなべ》市）や奈良興福寺《こうふくじ》では中世以来、「雨乞立願能」「祈雨立願猿楽《さるがく》」が催されており、雨乞い踊りも盛んだった。

山城国相楽村の雨乞い

年	催し
寛永4（1627）	踊
6（1629）	能
7（1630）	能
8（1631）	能
12（1635）	能
15（1638）	能
16（1639）	能、狂言
18（1641）	能
19（1642）	雨請踊
正保2（1645）	能
慶安1（1648）	能（昨年分）
5（1652）	能
承応2（1653）	能
明暦1（1655）	能、踊
2（1656）	能
寛文4（1664）	鳥居（前年立願）
10（1670）	能
貞享1（1684）	九頭大明神で池掘り
2（1685）	能
4（1687）	神泉苑の火を灯す
元禄3（1690）	神泉苑の火
4（1691）	千灯籠
6（1693）	神泉苑の火、千灯籠
8（1695）	千灯籠
10（1697）	千度
12（1699）	千度、神泉苑の火、千灯籠
13（1700）	千度、神泉苑の火、篠踊、絵馬
16（1703）	笹踊
宝永1（1704）	笹踊、眉間寺の本尊
2（1705）	笹踊
4（1707）	笹踊
6（1709）	笹踊、千度、千灯籠
正徳1（1711）	笹踊
享保9（1724）	相撲、日待、操狂言
10（1725）	翁（神主仲間）
11（1726）	絵馬、翁（若者）
12（1727）	翁
13（1728）	絵馬
14（1729）	笹踊
15（1730）	翁、小舞、狂言、花掛
16（1731）	翁
18（1733）	石灯籠2本
19（1734）	競馬6疋
寛保3（1743）	競馬6疋
宝暦8（1758）	翁、金灯籠1つ
10（1760）	千灯籠
11（1761）	翁
12（1762）	翁
明和5（1768）	絵馬
6（1769）	翁
安永9（1780）	俄狂言
寛政5（1793）	手洗い鉢
6（1794）	伊賀の大仏へ奉納の踊（氏神神前）
享和4（1804）	翁、樅木50本
文化2（1805）	百八灯籠、たいこ踊
3（1806）	百八灯籠、翁
7（1810）	豊作につき神輿、はやし太鼓

「相楽神社当役記録」より作成

③のうち競馬はおもしろい経緯をたどっている。享保《きょうほう》一九年（一七三四）の項に「雨乞成就　競馬六疋《ひき》」とあるのが始まりだが、その後、豊作の年にも催され、宝暦《ほうれき》四年（一七五四）からは豊凶にかかわらず、九月一日開催の村の恒例行事へと昇格した。

④の火灯しや⑤の千度参りは、この村では一七〇〇年前後に集中して現われる。千灯籠は境内の灯籠群に火を灯しての雨乞いであり、千度参りは氏神に一〇〇〇回参って祈願する。空海《くうかい》の雨乞い修法《ずほう》で有名な神泉苑の祠《ほこら》から灯明を持ち帰り、氏神に供える祈願方法もあった。貞享《じょうきょう》四年（一六八七）の記事には、

六月、旱魃につき、色々願《がん》立て申し候えども《そうら》、雨降り申さず候故《ゆえ》、京都神泉苑の火を取りに遣《つか》わす、七月三日四日両日灯し申し候ところ、四日に雨降り、悦び申し候。

とある。相楽村から京都二条の神泉苑までは、直線距離でも三〇キロメートルあまり、徒歩時速四キロメートルとして、往復にまる一日近くを要する行程である。

⑥にまとめた絵馬・鳥居などの奉納は、寛文《かんぶん》四年（一六六四）の鳥居に始まり、石灯籠、金《かな》灯籠、手洗い鉢、樅木《もみのき》五〇本などと、しだいに多様化していく。

宝永《ほうえい》元年（一七〇四）には、南都《なんと》眉間寺《みけんじ》の雨乞観音絵像を借り受け、八幡宮の宮寺（不動寺）に掛けて雨乞い祈願を行なった。伝《つて》をたどっての特別の借用だった。観音の霊験でたちまちのうちに

「おびただしく雨降り申し、旱魃の難これなく候」という好結果を得られたという。この絵像は、いまも奈良市法蓮《ほうれん》町に伝えられて健在である。菅原道真《すがわらのみちざね》真筆といわれる十一面観音像の上部に、風《ふう》神《じん》・雷神《らいじん》の姿が添えられている。

「乞う」と「返し」

現在の広島県福山《ふくやま》市南部、備後国沼隈《びんごのくにぬまくま》郡地方でもさかんに雨乞い踊りが踊られていた。一九世紀初めごろの民俗資料『備後国福山領風俗問状答《ふうぞくといじょうこたえ》』に挿絵がある。扇を手にして歌う二人を真ん中に、大太鼓三名、小太鼓三名、鉦《かね》打ち三名の計一一名が野良着《のらぎ》姿で踊っている。ヴォーカル二人のよく通る声や鉦太鼓の音がいまにも聞こえてきそうである。

同資料本文によると、中山南《なかさんな》村の場合では、まず扇を持つ男が「えいえいおう」と音頭をとる。つぎに、鉦・太鼓持ちが「さんまいどう（さあ参ろう）」とこたえ、それから跳ね踊りが始まる。扇持ちの音頭に合わせて雨乞い歌が歌われる。この間、村の神主は八大龍王《はちだいりゅうおう》の社前で祝詞《のりと》をあげる。

しかし、挿絵の踊り歌う男たちの様子をよく観察してみる

9

●雨乞い踊り
「沼隈郡はねおとり図」の注釈がある。本図の両わきでは、大人や子供たちが、おもしろげに見物している。（『備後国福山領風俗問状答』）

と、さほど切迫した様子はなく、むしろ楽しげである。見物人もくつろいで眺めている。これはどうしたことだろうと本文をよく読むと、事情がわかってくる。雨乞い踊りは「乞い候《そうろう》時も、降り候時も同じことにござ候」「還《かえ》り願いの時も同断に候」とある。つまり、雨を乞うときだけでなく、返礼のときにも踊るというのである。この挿絵は、降雨を謝す返礼踊りを描いたものと思われる。

事実、雨乞いの研究によれば、雨乞い踊りには降雨を願うものと返礼踊りの二種類があり、いずれも「雨乞い踊り」とされている。乞うときは野良着のままで、御礼踊りは着飾って、という事例の紹介もある。『備後国福山領風俗問状答』の場合は野良着だが、この地方でも着飾った返礼踊りの図もある。いずれにしろ雨乞い踊りには、「乞う」と「返し」の二種類があり、それで一対《いっつい》だった。

踊りに限らず、もろもろの雨乞い行為がみな、自然（＝その象形としての龍神など）への祈願と、「願満《がんまん》」に対する返礼の組み合わせから成り立っていた。相楽《さがなか》村の事例からも、それは明瞭に確認される。文政《ぶんせい》九年（一八二六）の神主日記から一部引用する。

この年、五月初めから日照りが続いた。堪《たま》りかねて、五月一七日、庄屋をはじめ村役人たちが揃《そろ》って南都奈良の古神へ雨乞いに出かけた。翌一八日には諌《いさ》め踊りと提灯《ちょうちん》祈願を実施した。これに対して、翌一九日に降雨があった。村民は大いに喜び、すかさず二〇日、半日を臨時の休み日として御礼の勇《いさ》み踊りを踊った。二一日には「願果《がんは》たし」の御礼参りに、村役人たちが南都に出かけた。この日、また雨が降った。

松明《たいまつ》の火による局地気候の変化など多少の科学性を含むにしても、神仏に自然のコントロールを依存する雨乞いは、近代・現代からみれば非文明的・非科学的なものである。

しかし、その半面、雨乞い踊りをはじめ、さまざまな「乞う」「返し」の営みのなかには、近代的精神が切り捨ててしまった自然に対する畏敬の心性《マンタリテ》が息づいている。

雨乞い民俗の国際比較

雨乞いの試みは日本農村の専売特許ではない。時間と空間の視界を少し広げ、徳川《とくがわ》農村と一九三〇年から四〇年代の朝鮮・中国の農村とを比べてみよう。

一九三六年頃の朝鮮農村における祈雨祭の様子が、朝鮮総督府によって記録されている。

朝鮮社会において降雨を祈る相手は、主として天《てん》神《じん》である。次いで龍神《りゅうじん》・川神となる。一部に土地

	郡名	祈雨場所	祭主(参加者)	祈願対象	供え物など
京畿道	高陽	山頂	村の長老		神饌
	広州	山頂	(村民全員)		黄牛1頭
	楊平	付近の主峰	面長(面内有力者)		豚1頭、白米など
	龍仁	山上	郡守		牛または豚の生肉、酒
	安城	山上	郡守、面長		生豚、三色果、玄酒
	水原	山上	(村民一同)	天神	生豚1頭、酒、果実など
	始興	付近の大山の頂	郡守		豚、牛肉、果実
	富川	山上、沼辺	(村民有志)	天神	
	金浦	山上	区長(村民全員)		
	江華	名勝山	(村民多数)		供物、焚火
慶尚南道	晋州	高山上	村民で無忌服の者	天地の神	供物、焚火
	宜寧	山上	村民代表	天地の神	供物、焚火
	昌寧	高山	面長		生豚肉、焚火
	金海	名山、大川	(村民多数)		供物、焚火
	咸陽	名山、大川	(村民集合)		生豚、白犬

◉朝鮮半島のおもな祈雨祭
山上での祈雨が多い。祭壇を設置し、牛・豚の肉や果物・酒を捧げ、焚火《たきび》をしながら祈願する。天神が降雨をもたらす。

神・始祖神もあげられるが、これは少ない。祈願する場所は、祈る相手との対応関係をもちながら、山系・水系の二系統に分類される。主催単位は、郡《ぐん》・区・面《めん》など、地方行政組織の各レベルが担当している。

一方、中国農村における祈雨祭については、一九四〇年から四二年に満鉄《まんてつ》調査部慣行班が行なった華北《かほく》農村慣行調査の報告書がある。

朝鮮とは違い、この地方では、自村内の龍王廟《びょう》や関帝《かんてい》廟・五《ご》道《どう》廟・玉皇《ぎょっこう》廟・観音《かんのん》廟などの前で、龍王や関帝・玉皇上帝に祈る雨乞いが主流だった。主催者という点でみると、一部、村連合や県主催のものもあるが、個人・村民・村長・老人など、おおむね村内の人間である。

こうしてみると、朝鮮と中国華北地方の祈雨祭には大きな違いがある。

まず、祈願対象では、朝鮮では天神・山神系や龍神・川神系が中心をなすのに対して、中国では王・帝系（玉皇上帝、龍王、関帝など）となる。

また、朝鮮では山・川・淵などに祭壇を特設して祈願場所をしつらえるのに対して、中国では常設廟前で行ない、取水に行

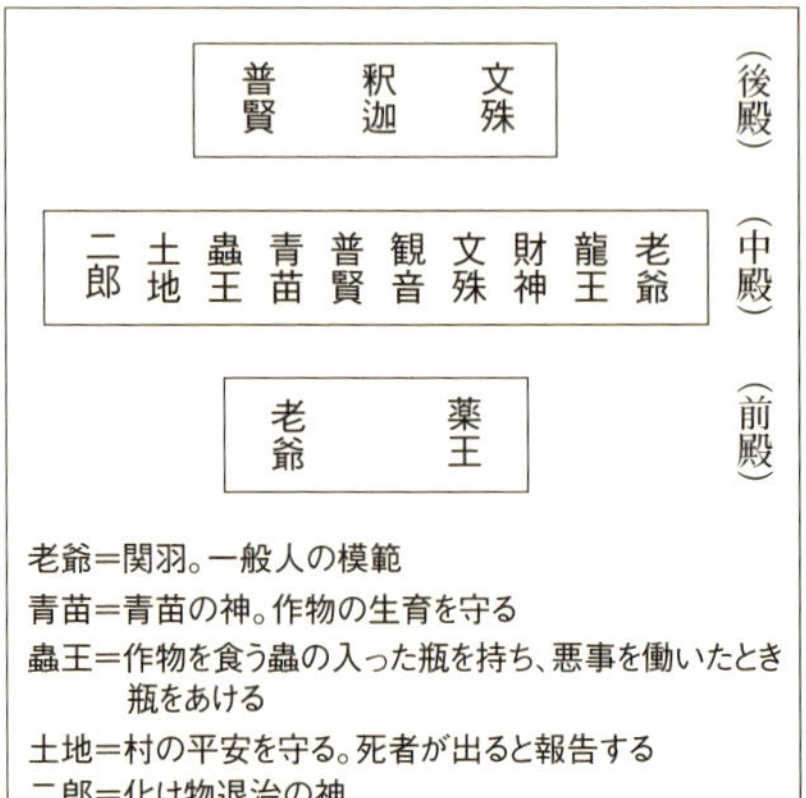

●中国華北省沙井村の観音寺祭神
中国農村では、ご利益のある神仏がすべて自村の廟に勧請されており、降雨をつかさどる龍王もそのなかに含まれている。廟は、日本の村氏神に対応する。

くときも廟で祈る。

祈願の発議・祭主などは、朝鮮では郡守、面長と、地方行政の各段階の代表が行ない、中国では個人、村の老人、村長など村人が中心となる。

仮に、山や川など神の坐《まし》ます現地に赴いて祈願する形をA型、村の宗教施設に祈願する形をB型とし、また、行政の各レベルでの実施型をⅠ型、村内型をⅡ型としてみると、朝鮮は「A―Ⅰ」型が主流で、中国は「B―Ⅱ」型と分類できる。

この分類を、山城《やましろ》国相楽《さがなか》村およびその近辺の雨乞い行事に照らし合わせるとどうなるか。おもしろい結果が得られた。日本は、村氏神に祈願するB型を中心にしながらも、焚火《たきび》・登山・池掘りなどA型要素も加えたA・B混合型と判定できる。また、主催者に関しても村を基本とするが、一部領主主催の雨乞いも散見するから、こちらもⅠ・Ⅱの混合型となる。朝鮮の「A―Ⅰ」型、中国の「B―Ⅱ」型に対して、日本は「A・B―Ⅰ・Ⅱ」折衷型となる。

北東アジアの最外延部に位置する日本列島にふさわしい混合民俗といえるのではなかろうか。

コラム5

野良仕事の歳時記

◉桜のもとでの農作業
出羽《でわ》国村山地方では、桜満開のころ、紅花《べにばな》畑の整地や種まきの農作業を行なう。人と自然が織りなす春の光景。（『紅花屛風《べにばなびょうぶ》』）

農業を生業《なりわい》とする社会では、しばしば四季のうつろいが農作業の物差しになった。幕末に常陸国那珂郡《ひたちのくになかぐん》の庄屋が記した農書から、同郡小里郷《おさとごう》の場合をみると、

▽水田　桜花が散り残るころ、田の苗代に種をまく。卯《う》の花が咲き、勧農鳥《かんのうちょう》のほととぎすがひと声鳴きわたるころ、田に刈敷《かりしき》を入れ耕しはじめる。栗の花咲くときに田植えをする。

▽畑　山吹の花咲くころ、胡瓜《きゅうり》など野菜の種をまく。桃の花開き、にわとこ（庭常）の木の芽が出ると芋《いも》を植える。薔薇《ばら》の花の咲くころを目安に大豆《だいず》・小豆《あずき》・粟《あわ》・稗《ひえ》・黍《きび》をまき、合歓《ねむ》の花・百合の花咲くころに大根の種をまく。

近辺の村々では、ほかにもさまざまな季節の目盛りがあった。木々の芽が双葉になる、柿の葉が茂る、杜鵑花《とけんか》（さつき）のつぼみ・開花・盛り、つつじの花盛り、諸木の下葉の紅葉、などなど。自然のリズムに合わせ野良仕事がはかどっていく。

顧みて、私たち現代の社会は、自然とのあいだにどのような交歓の物差しをつくっているだろうか。

第六章

内国のネットワーク

1

コメと大坂

資源交流システム

百姓身分が担う稲作農業を基幹的産業とし、米を物流の中心とした徳《とく》川《がわ》日本は、当初から、諸物産を輸送する運輸・流通部門や販売市場を必要とした。徴収された年貢米は武士と町人の住む都市や鉱山などに運ばれて知行米《ちぎょうまい》や飯米《はんまい》となり、城づくりや他の土木事業などの人足扶持米《にんそくふちまい》に支給された。また、米を栽培できない山村や漁村は、それぞれの産品を換金して、年貢米や生活必要物資を確保した。石高《こくだか》制と身分制によって編成された徳川日本は、資源循環利用の農村を中核としながら、山村・漁村や都市・輸送部門が組み合わされた高度な分業関係を必要とし、大量の物流を特色とした。

山村の主要な資源は、日光と雨水で生育する草木や地下に埋蔵される鉱物である。木材は、都市に送られて住宅・公共建造物の資材となり、漁村に送られて造船材料ともなる。木柴や木炭は、燃料として都市や鉱山で大量に用いられ、陶磁器窯《とうじきよう》や製塩業にも必要とされた。草や柴が田畑の肥料や牛馬の飼料となることは、前章で触れたところである。木地師《きじし》のつくる林産加工品や楮《こうぞ》・三椏《みつまた》・雁皮《がんぴ》を原料とする紙製品は、世界的にも高水準に達するものだった。

◉弁才船が行く
徳川社会の物流は水上輸送が中心だった。主役は帆走専用に改良された弁才船《べざいせん》型。少数の乗組員で大量積載が可能な実用船である。
前ページ図版

日本列島を囲む海洋からの水産資源を対象とする漁業も大きく発達した。多種多様な魚介類や海藻類は、都市に供給されて特色ある食文化を発達させた。塩田で生産された塩は、そのまま調味料として、あるいは加工・保存食料を経由して農山村・都市で消費された。

米をはじめ、農山漁村の生み出す資源や物産、情報の交流のためには、輸送部門が必要だった。物資輸送の幹線は、菱《ひ》垣廻《がきかい》船《せん》・樽廻船《たるかいせん》や北前船《きたまえぶね》などの沿海航路と大規模河川の舟運《しゅううん》で、これらに駄馬《だば》・牛車《ぎゅうしゃ》・人力による陸運が連動していた。街道整備や宿場町の設置が国家的規模で進められ、安定的な貨幣の供給や枡《ます》・秤《はかり》など度量衡《どりょうこう》の統一も不可欠となった。

長崎・対馬《つしま》・薩摩《さつま》・松前《まつまえ》の四つの口を介して行なわれる交易活動も順調に進展した。中心の長崎貿易では、輸出品としては初期・前期は銀や銅の鉱山資源が多く、中・後期になると俵《たわら》物《もの》が主流となった。輸入品としては生糸・絹織物・砂糖・毛織物・染料素材・人参《にんじん》などがあげられる。とりわけ中国生糸の輸入は徳川初期、日本社会に衣料革命をもたらし、この国の衣料事情を大きく変えるものとなった。

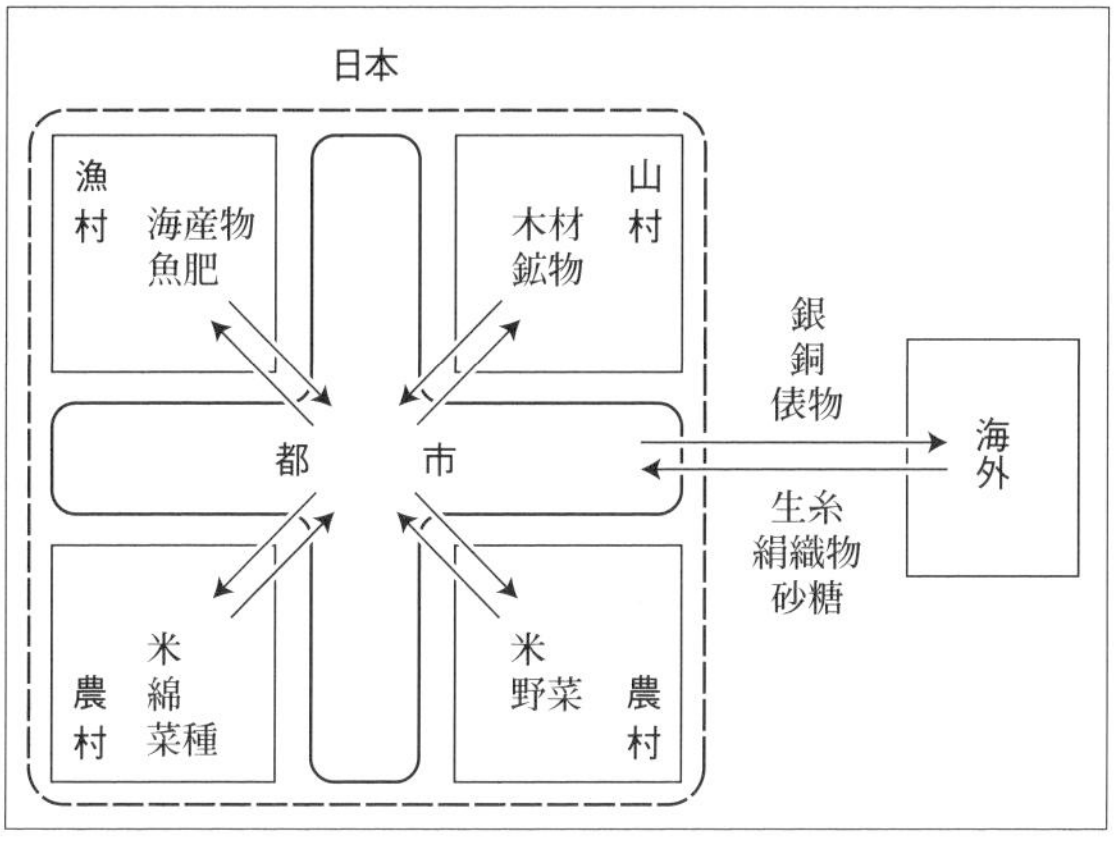

◉徳川の分業システム
徳川社会では林業や漁業の発達も著しい。農山漁村と都市を結ぶ物流の手段として、陸路・水路の整備も進められる。

大名の年貢米販売

『四季耕作図屏風《しきこうさくずびょうぶ》』では、馬の背に米俵が乗せられる場面が描かれていた。大量の米俵が、牛車や馬背で、あるいは舟に積まれて村から町へ向かう姿が、徳川日本の日常的な風景である。杖《つえ》を手に米俵を背負う米運び（歩荷《ぼっか》）の姿もよくみられた。

標準で四斗《と》入った米俵（約六〇キログラム）を、馬ならば二、三俵、牛車では最大九俵を積んだ。他方、中級の川舟は一艘《そう》で二五〇俵前後、千石積みの廻船《かいせん》は文字どおり一〇〇〇石（二五〇〇俵）を輸送した。舟運は陸送に比べて大量に運べ、かつ人手も少なくてすんだから、おのずとこちらに頼ることが多くなった。列島各地を結ぶ舟運の発達は、石高制《こくだかせい》によるところが大きい。

中野等《なかのひとし》の研究によって、福岡藩や中津藩《なかつ》（小倉藩《こくら》）の年貢米販売の詳細が明らかになっている。慶長《けいちょう》五年（一六〇〇）の関ヶ原《せきがはら》の戦いのあと、五二万石をもって福岡に入封《にゅうほう》した黒田《くろだ》氏は、早い時期から上方《かみがた》での年貢米販売に取り組んでいる。すでに慶長八年の時点で大坂天満《てんま》に屋敷を置き、ここを上方廻米や大豆《だいず》の販売拠点とした。慶長一二年、藩主黒田長政《ながまさ》は領内の芦屋代官《あしやだいかん》に宛《あ》てて、「収納した米と大豆は、福岡へまわすか、上方へ回漕するか、それとも芦屋で売却するか、相場をよく調査して販売するように」と命じている。元和《げんな》三年（一六一七）には、遠賀川《おんががわ》河口の芦屋湊《みなと》に、年貢米の保管や販売、売上代金を管理する役人を配し、本格的な販売活動を始めた。

ただし、この時期、上方といっても販売先は必ずしも大坂だけではなかった。同地は慶長・元和期（一五九六～一六二四）には、需要量はさほど多くはなく、相場も不安定だった。福岡藩では、和泉《いず》泉国堺《みのくにさかい》にも蔵屋《くらや》敷《しき》を設けて販路の拡大を図り、また大坂廻米の江戸への転送も行なった。紀伊半島の安乗《あのり》（三重県志摩《しま》市）に蔵屋敷を設置し、鳥羽《とば》を荷物積み替えの中継地として、米を中心に領内産物を江戸へも回漕している。

　慶長五年に豊前《ぶぜん》一国と豊後《ぶんご》の一部を与えられて中津に入封した細川《ほそかわ》氏も、黒田氏と同様に、年貢米の販売先を自領内外に求め、領主主導の米穀販売を積極的に推進した。領内では城下町の中津やその後に移転した小倉、そのほか在町《ざいまち》や鉱山町を消費地とし、領外では大坂を中心に江戸・長崎・下関などを販売先とした。なお、同藩は、元和・寛永《かんえい》期（一六一五～四四）には、山陰各地で買い付けた材木・薪《たきぎ》を小倉・大坂・江戸の市場で販売する商売も手がけ、北陸米や出羽《でわ》米を転売する隔地《かくち》間の交易にも携わっていた。

　東北諸藩からも江戸や大坂をめざして米穀の回漕が行なわれた。江戸廻米を最初に始めた仙台藩については、『仙台市史』に詳しい。慶長・元和年間に北上川《きたかみがわ》流路の改修と石巻湊《いしのまき》の整備を行ない、元和八年には、内陸部からの年貢米や大豆を保管する蔵も建設した。江戸回漕を記す史料の初見は元和六年だが、

2

◉年貢米の蔵収め
大坂中之島の蔵屋敷に年貢米を運び入れる。屋敷内に舟溜まりがつくられ、川舟による直接の搬入が可能だった。（『久留米《くるめ》藩蔵屋《はんくらや》敷《しき》図《ず》屏風《びょうぶ》』）

寛永期に入って本格化する。五大力船《ごたぎぶね》と呼ばれる数百石積みの石巻穀船《こくぶね》に積まれた米穀は、常陸国《ひたち》那珂湊《なかみなと》あるいは銚子《ちょうし》まで回漕され、そこから利根川舟運《とねがわしゅううん》などを利用して江戸へ運ばれた。

寛永四年（一六二七）には、江戸廻米の輸送規程も定められた。「北上・鳴瀬川《なるせがわ》流域の米は石巻から回漕すること。仙台近辺の年貢米回漕は代官が管轄すること。一俵は五斗二升《しょう》入りで精選すること」などとしている。仙台付近の年貢米は、蒲崎《かまがさき》、閖上《ゆりあげ》、塩竈《しおがま》などを積み出し港として江戸に向かった。

全国各地で徴収された年貢米は、このように、初期には各地の有利な市場をめざす大名、ないしは大名と結んだ豪商の手で投機的に販売されることが多かった。しかし、やがて一七世紀後期、山陰・瀬戸内を経由して北陸と大坂を結ぶ西廻り航路が整備され、また、日本海側から三陸を経て江戸に向かう東廻り航路も開発されると、大坂と江戸を中核にした全国的な物流構造が安定的に展開するようになる。

大坂を鳥瞰する

日本列島の物流の中核として、新たにつくりあげられた都市が大坂である。古代の難波宮《なにわのみや》を起点に、中世の渡辺津《わたなべのつ》、そして石山本願寺《いしやまほんがんじ》寺内町《じないちょう》、豊臣《とよとみ》氏の城下町と華やかにして数奇な歴史を重ね、大坂《おおさか》の役《えき》で表舞台から退いたかにみえたこの町は、徳川《とくがわ》日本において米穀取引を中心にした全国的流通センターとしてよみがえった。なお、大坂を「天下の台所」と呼びはじめるのは、じつは近代に入ってからで、近世では「日本の賄《まかな》い所」とか「諸国の台所」といわれていたことが、最近の研究で判明した。

安政《あんせい》三年（一八五六）、玄々堂緑山《げんげんどうろくざん》が描いた『扇面大坂鳥瞰図《せんめんおおさかちょうかんず》』は、幕末の図であるが、徳川日本の賄い所＝大坂の姿を明快に映し出している（次ページ参照）。

図中央の山麓《さんろく》に四天王寺《してんのうじ》の塔を配し、左側に大坂市街を、右側に住吉神社《すみよしじんしゃ》から大和川《やまとがわ》を経て堺《さかい》に至る世界をダイナミックに描く。視座は大坂湾上空に据えられ、目線は東方に向けられている。扇面の奥に広がるのが生駒《いこま》の山々、向こう側は大和国《やまとのくに》となる。ちなみに、生駒の山々は草山のはずだ。

まず目を引くのが、手前の瀬戸内海側から大坂市中に列をなして入津《にゅうしん》する帆船《はんせん》群である。左側の安治川《あじがわ》、右側の木津川《きづがわ》河口の水路（澪筋《みおすじ》）を多数の船がさかのぼっていく。すでに接岸して帆を降ろした船もたくさん見られる。船載《はくさい》貨物はここで上荷《うわに》舟《ぶね》・茶舟《ちゃぶね》などの小舟に積み替えられ、市中の堀《ほり》川《かわ》を通じて船場《せんば》・島之内《しまのうち》・堀江《ほりえ》の町々へ運ばれる。

まさに徳川の大坂は、瀬戸内海を東進してきた西廻《にしまわ》り航路の終着港にふさわしく、西に立って東を向いて眺めたときに、据わりよくいきいきとした都市として発展していた。この図をはじめ、徳川の大坂を描く屛風絵《びょうぶえ》・古地図のほとんどが、この方位を採用するが、それは大坂が西から東へのベクトルで都市空間を構成したからにほかならない。身分空間としても、東（武士）が上、西（町人）が下となっている。

ただし、大坂はこのあと近代に入ると、九〇度旋回して南北主軸へと変化する。梅田《うめだ》、難波《なんば》、天《てん》王寺《のうじ》に出現する鉄道ターミナルが転回要因となった。御堂筋《みどうすじ》、天神橋《てんじんばし》筋など、徳川の大坂ではマイナーだった南北「筋」が、一転してメインストリートになっていく。

さて、扇面左奥から、多数の橋の下をくぐって手前に流れるのが堂島川《どうじまがわ》と土佐堀《とさぼり》（川）、横長（南北）にのびる二本の堀が東横《ひがしよこ》堀《ぼり》と西横堀、そして二つの横堀の右端を結ぶ縦（東西）の堀が道頓堀《どうとんぼり》である。東横堀は、豊臣秀吉《とよとみひでよし》時代の大坂城惣構《そうがま》えの西側ラインにあたる。

一方、西横堀は、従来、慶長《けいちょう》五年（一六〇〇）の開削とされてきたが、近年、これより一〇数年後の大坂の役後の完成という新説が出されている。とすると、西横堀川を含め、これに接続する手前の堀群のほとんどが、徳川の大坂になってからの開削・完

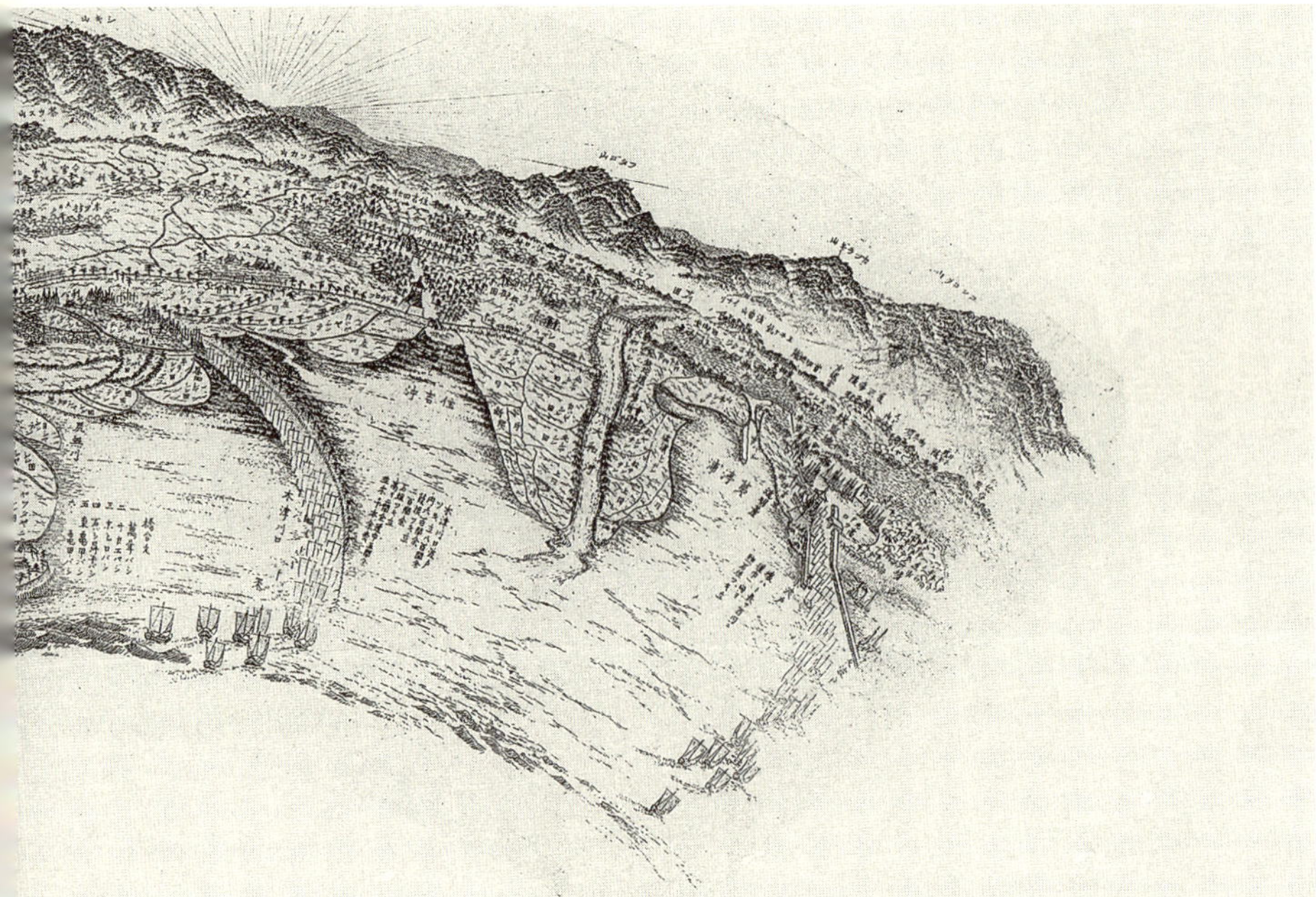

成となる。瀬戸内海を東進した弁才船《べざいせん》の船載貨物を多数の堀を通じて迎え入れる大坂の形は、徳川に入って急速に形成された。

これらの堀群の開削は、大坂町奉行所など幕府の出先機関が主導し、大坂近郊や伏《ふし》見《み》から移住した有力町人の財力を活用して進められたという。たとえば長堀《ながほり》の開発は、伏見出身の岡田《おかだ》心斎《しんさい》ら四人が請け負った。堀の予定地を含む幅七五間《けん》（約一三五メートル）の帯状の土地が配分され、「堀二五間、両側五間ずつの浜道《はまみち》と、奥行き二〇間ずつの町屋敷」の形に開発された。

新しくつくられた町の運営は、開発主から任命された町年寄《まちどしより》が取り仕切り、彼らが町人を呼び入れる手順で進んだ。江戸と同様に、町社会が上から下へとピラミッド型につくられていく。寛永《かんえい》一一年（一六三四）

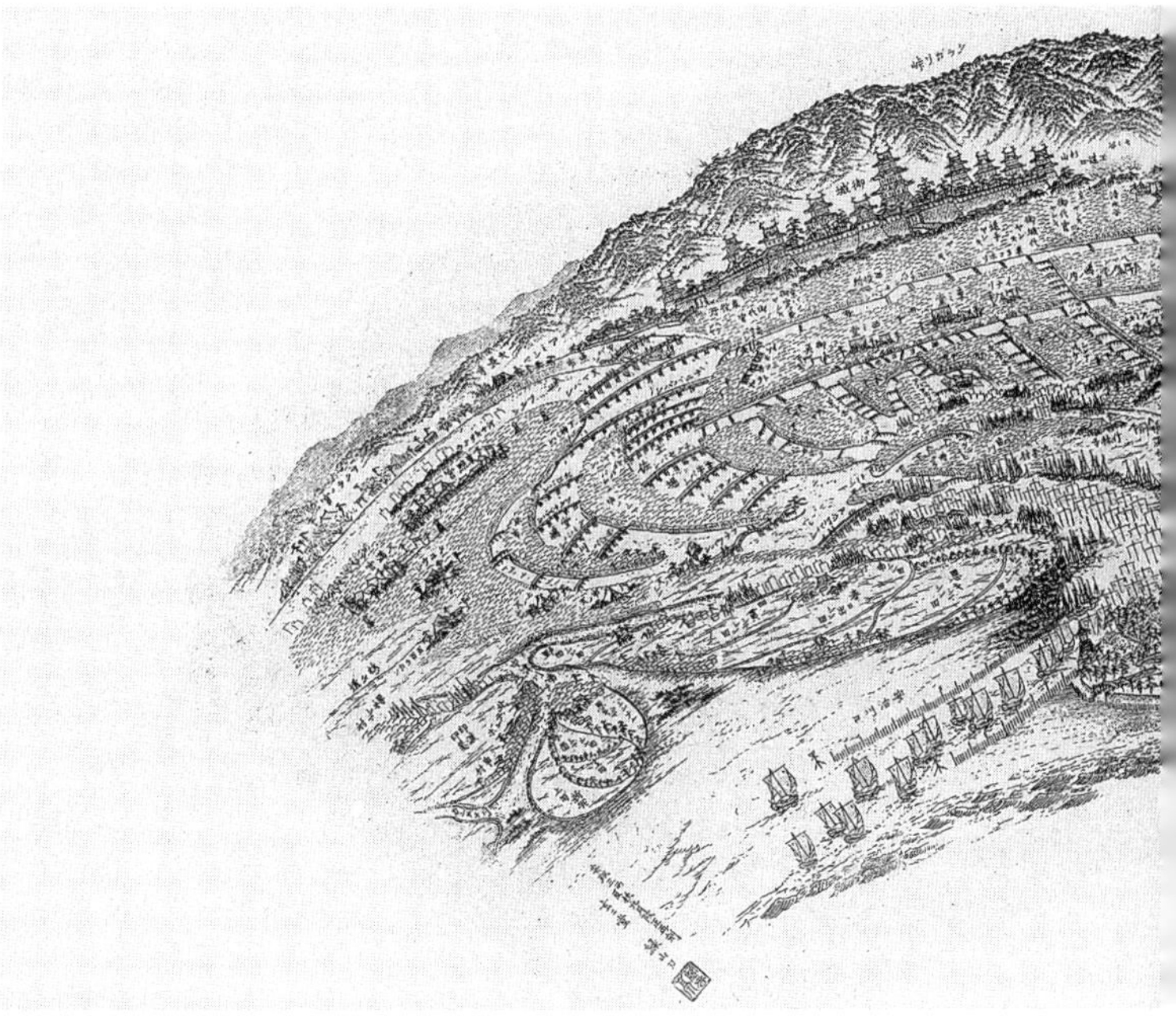

3

●「日本の賄い所」大坂を西から眺める
作者の玄々堂緑山は、この絵を描いた同じ年（安政三年）に『江戸鳥瞰図』も描いている。そちらは大坂とはまったく逆に、東方からの眺めである。（『扇面大坂鳥瞰図《せんめんおおさかちょうかんず》』）

に三代将軍徳川家光《いえみつ》が上洛中に訪れた大坂は、その形がほぼできあがった時期にあたっていた。市中地子《じし》免除の特権が、町の発展に拍車をかけた。

扇面図ではよく見えないが、土佐堀川と堂島川に接する中之《なかの》島《しま》・堂島付近には、諸国大名の蔵屋《くらや》敷《しき》が立ち並んだ。明暦《めいれき》三年（一六五七）段階で二五軒だった蔵屋敷は、西廻り航路が軌道に乗った元《げん》禄《ろく》三年（一六九〇）には、九州・四国・中国地方の大名を中心に九五軒へと増加している。延享《えんきょう》四年（一七四七）には一〇三軒を数える。蔵屋敷をもたない関東・東北の大名も用聞き商人を登用して、

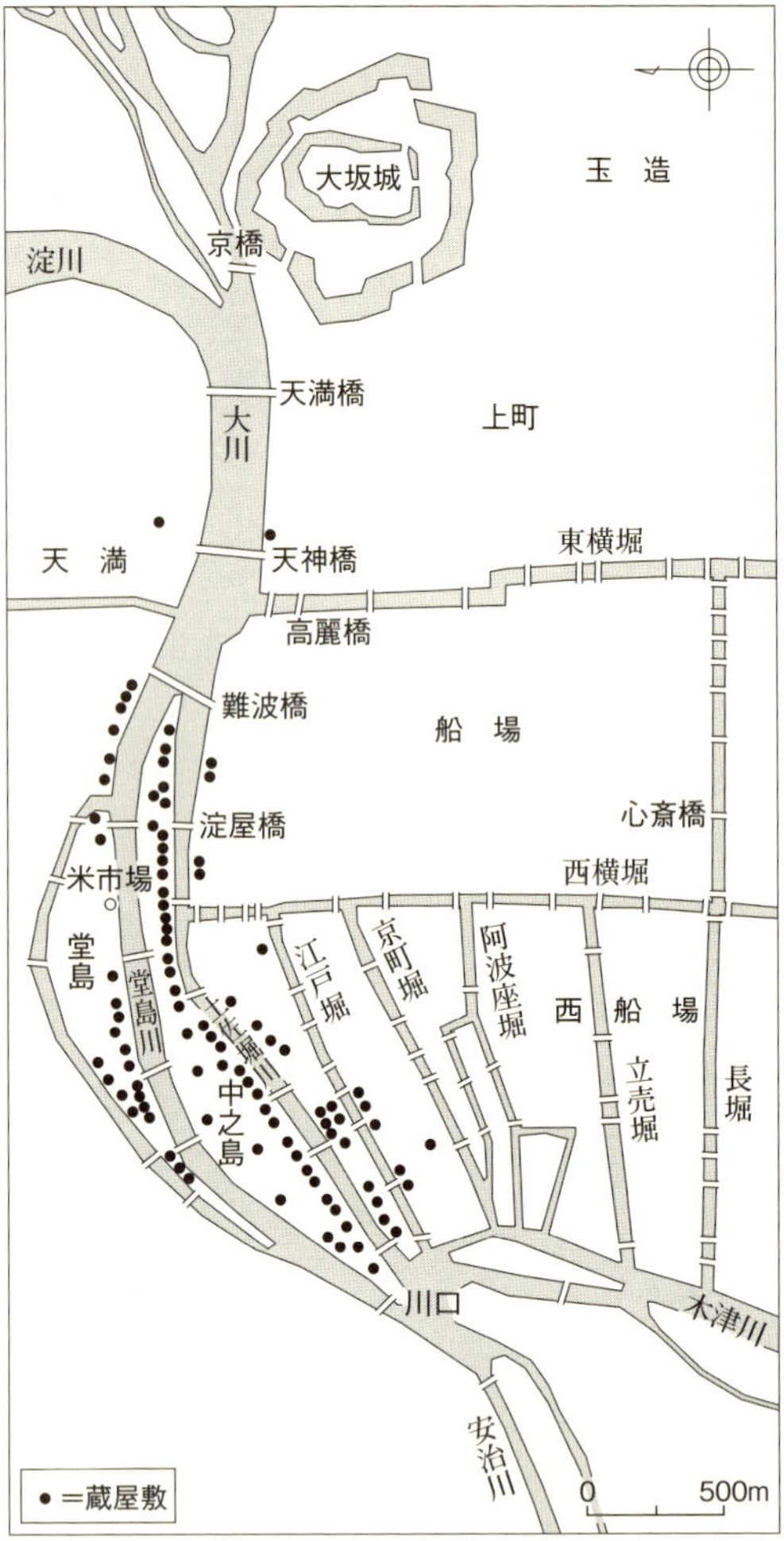

◉水の町・大坂
大廻船で運ばれてきた諸国の物産は、安治川《あじがわ》・木津川《きづがわ》合流点の川口《かわぐち》で、小舟へと積み替えられる。上荷舟、茶舟などの小舟の数は、一八世紀末の調査では三六〇〇艘にのぼった。なお、長堀の右手（南）にもう一本、道頓堀が平行して走る。この道頓堀が都市大坂の南限である。

国許《くにもと》と大坂を結ぶパイプ役とした。その商人数は同年一二二人にのぼっている。

扇面図のいちばん奥、上町《うえまち》台地上には徳川の大坂城が見える。慶長二〇年五月の大坂夏《なつ》の陣《じん》で、豊臣の大坂城は炎上し、落城した。二代将軍秀忠《ひでただ》は、戦後処理を担当させた松平忠明《まつだいらただあき》を元和《げんな》五年（一六一九）に大和郡山《やまとこおりやま》に転封《てんぽう》したあと、大坂城の再建に着手した。藤堂高虎《とうどうたかとら》に縄張《なわば》りを命じ、金沢藩（加賀《かが》藩）前田《まえだ》家をはじめ近畿・北陸・西日本の大名六四家を動員した。

元和六年から一〇年の歳月をかけて完成した大坂城は、豊臣の大坂城三の丸部分を町人地にあてたため、城域は縮小したが、堀の深さや石垣の石の大きさなどに権力誇示が見てとれる。以後、五、六万石以上の譜代《ふだい》大名から選任された大坂城代が、定番《じょうばん》・大番《おおばん》・加番《かばん》などの在番衆とともに、警衛の任にあたっていた。

ところで、この扇面の画面構成は、大坂城や大坂の町を中心に据えず、中央に四天王寺、右半分に住吉神社と堺を配するという点で、江戸城中心の「江戸図」とは少々趣を異にしている。大坂湾岸地域が広く瀬戸内海の始点・終点ゾーンとして、多彩な歴史を刻んできたことの反映だろう。

いうまでもなく四天王寺は聖徳太子《しょうとくたいし》発願の寺と伝えられ、中世には太子信仰のメッカとなった。住吉神社は難波津《なにわのつ》の地主神として、また航海神・国家守護神として古代以来の伝統をもつ。堺は大坂に先行して栄えた日本随一の貿易港だった。幕末のいまも、少なくない船が堺をめざして航行中である。この扇面図を見ていると、大坂や堺、瀬戸内海を主役にした列島通史が構想される。

街道・宿場と女旅

街道を管理する

徳川《とくがわ》国家のメイン道路といえば、やはり東海道《とうかいどう》だろう。徳川の街道整備も京都・伏見《ふしみ》・大坂と駿府《すんぷ》・江戸を結ぶこの道から始められた。

後北条《ごほうじょう》氏や今川《いまがわ》氏が勢力を張った東海道では、すでに戦国大名たちの伝馬《てんま》制度が展開していた。後北条氏については大永《だいえい》四年（一五二四）の伝馬史料が残り、今川氏の領国でも駿府の豪商友野《ともの》氏や松木《まつき》氏が担った伝馬が知られている。豊臣《とよとみ》政権下では、駿河国《するがのくに》府中の中村一氏《なかむらかずうじ》領の岡部《おかべ》宿・丸子《まりこ》宿・藤枝《ふじえだ》宿などが伝馬で結ばれていた。関東に移った徳川領国においても、小田原《おだわら》・大磯《おおいそ》・藤沢《ふじさわ》・保土ケ谷《ほどがや》・神奈川《かながわ》・品川《しながわ》の各宿が、三島《みしま》・江戸間に設置されていた。

慶長《けいちょう》六年（一六〇一）正月、家康《いえやす》は東海道の宿場を定め、各宿場に伝馬を常備するようにと「伝馬定書《さだめがき》」「伝馬朱印状《しゅいんじょう》」を与えた。天下分け目の合戦、関ケ原《せきがはら》の戦いのわずか半年後のことである。同じ年、家康は大判・小判や丁銀《ちょうぎん》・豆板銀《まめいたぎん》の鋳造を命じ、佐渡《さど》鉱山を直轄化している。家康の国家構想力の大きさがよく現われた施策群である。

幕府の民政を広く担当した代官頭大久保長安《だいかんがしらおおくぼながやす》・彦坂元正《ひこさかもとまさ》・伊奈忠次《いなただつぐ》の連名で発行された「伝馬定書」は、全五か条からなる。第一条で宿場常備の伝馬数を三六疋《ひき》と定め、第二条で輸送区間を指定する。たとえば舞坂《まいさか》宿であれば、上りは新居《あらい》宿まで、下りは浜松《はままつ》宿までとする。第三条・四条では、馬一疋に対して四〇坪、計一四四〇坪の屋敷地を無税とうたい、第五条では馬一疋（一駄《だ》）につき三〇貫《かん》（約一一二・五キログラム）を積荷重量の上限にせよ、としている。

このとき同時に下付された「伝馬朱印状」には、馬を牽《ひ》く馬方《うまかた》を描いた伝馬朱印（駒曳《こまひ》き朱印）が捺《お》され、「この御朱印なくして伝馬出すべからざるものなり」と記されていた。朱印付きの手形を持参した者にのみ、宿場人馬を無償で提供する仕組みである。

翌慶長七年には、中山道《なかせんどう》と奥州道中《おうしゅうどうちゅう》にもこの制度が適用される。奥州道中の宇都宮《うつのみや》には、正月一八日に大久保ら三名から定書が下付され、「当町中の地子を永代免除するので、公儀の伝馬や当領主の定役をきちんと務めるように」と命じられた。この町は前年八月に入封《にゅうほう》した譜代《ふだい》大名奥平《おくだいら》氏の城下町だったが、伝馬制度は大名領と否《いな》とにかかわらず、幕府の権限として設定されていった。

東海道の宿場は、寛永《かんえい》元年（一六二四）に伊勢《いせ》の庄野《しょうの》宿の設置により完了し、奥州・日光《にっこう》道中も、寛永年間にほぼ整備された。甲州《こうしゅう》道中は慶長九年に江戸から甲府までの三六宿が確定し、同一五年頃には中山道の下諏訪《しもすわ》まで延長されている。他方、中山道は元禄《げんろく》七年（一六九四）の美《み》

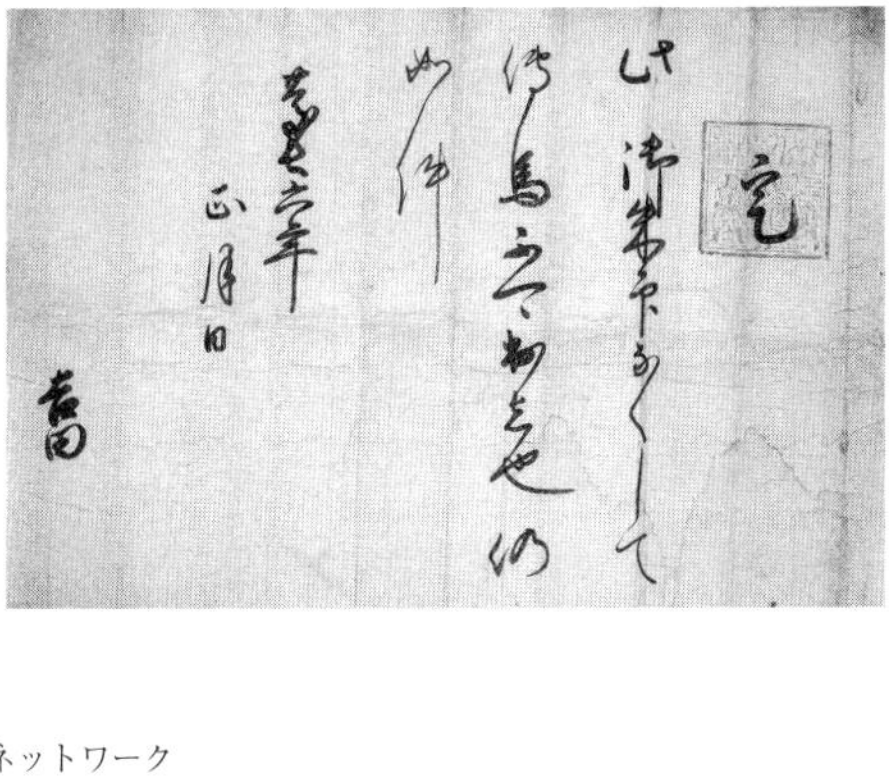
4

◉伝馬朱印状
「定」の箇所に、「傳馬朱印」の印が捺されている。慶長一二年からは別の印判がつくられ、縦に二分して家康と秀忠が半分ずつ用いた。

濃《の》国伏見宿設置を待って六七宿が出そろった。

五街道に付属する街道として、美濃路、佐屋通《さやどおり》、壬生《みぶ》通、水戸《みと》佐倉《さくら》道、例幣使《れいへいし》街道、日光御成《おなり》道が整備された。このほか伊勢路、佐渡路、長崎道、北国《ほっこく》街道、松前《まつまえ》道、羽州《うしゅう》街道、伊賀《いが》越《ごえ》道中、御代参《ごだいさん》街道などの脇街道《わきかいどう》（脇往還《わきおうかん》、脇道）も幕府の管轄下に置かれた。

幕府の街道支配は、当初は代官頭や江戸町奉行、京都所司《しょし》代《だい》、さらには老中《ろうじゅう》・六人衆（若年寄《わかどしより》）などが担当したが、万治《まんじ》二年（一六五九）、四代将軍家綱《いえつな》の時代に、勘定奉行と大目《おおめ》付《つけ》が兼任する道中奉行が設置された。

道中奉行は、五街道と付属街道を管理し、周辺農村に宿駅業務を補佐させる助郷《すけごう》も管轄した。脇街道については勘定奉行の担当とし、当該宿場の領主や幕府代官に業務をゆだねる間接的支配としている。

●五街道と脇街道
主要街道には三六町（約三・九km）ごとに一里塚がつくられた。落葉高木の榎《えのき》の植樹が多く、初夏に淡黄色の花が咲く。

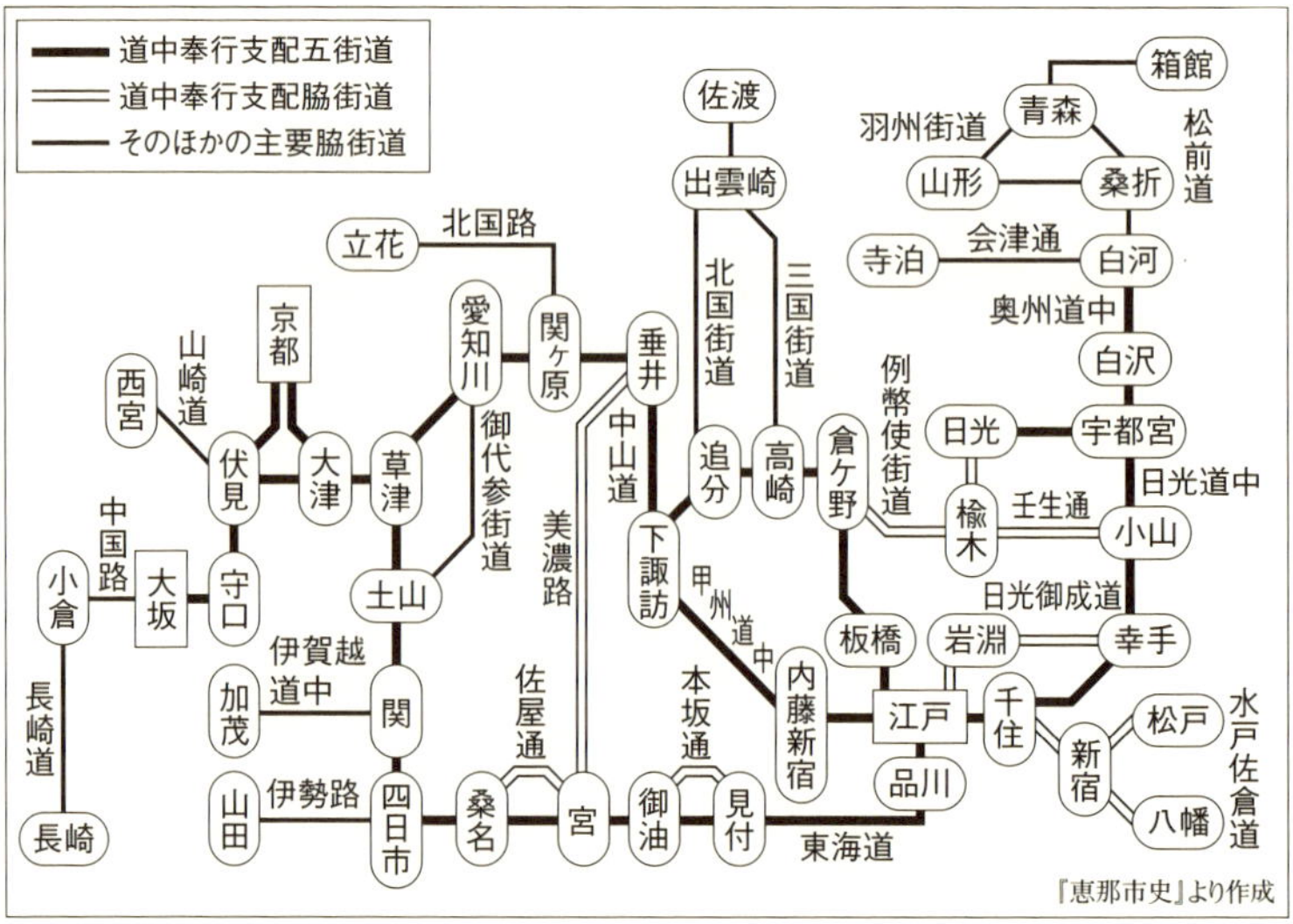

宿場町もニュータウン

街道に沿って配置された宿場町もまた、徳川《とくがわ》日本を特徴づけるニュータウンだった。複数の村域にまたがるもの、城下町の一角に伝馬《てんま》町としてつくられる場合など、形態はいろいろあったが、いずれも本陣《ほんじん》・脇《わき》本陣・問屋《といや》場《ば》を置くということでは、規格タウンといってよい。

碓氷峠《うすいとうげ》の東、上野国《こうずけのくに》の西端に位置する中山道坂本宿《さかもと》は、徳川に入って町立てされた言葉どおりのニュータウンである。『松井田《まついだ》町誌』によれば、延喜《えんぎ》五年（九〇五）の『延喜式』にも登載された坂本駅《えき》が近隣の原《はら》村にあった模様だが、徳川の中山道整備に伴い、松井田宿から二里《り》一五町《ちょう》、軽井沢《かるいざわ》宿から二里半一六町余の地に新しい坂本宿が営まれた。付近の集落からの移住が命じられ、安中《あんなか》や高崎《たかさき》領からの移転組も加えて、寛永《かんえい》二年（一六二五）に地割が完了、宿場の形が整えられた。

享和《きょうわ》元年（一八〇一）の「宿方明細帳《しゅくかためいさいちょう》」によれば、東の木戸から西の木戸までの距離は四六三間《けん》三尺《しゃく》（約八四〇メートル。一間は約一・八メートル、一尺約三〇センチメートル）、道の真ん中を幅四尺の用水が流れる。水路から北側屋敷までの道幅は三間五尺ほど、南側は三間四尺ほどで、南北をつなぐ一七の石橋が架けられていた。家並みは北側に八二軒、南側に七九軒あり、人口は八二二人。各家の裏手には、一軒あたり四反《たん》五畝《せ》ほどの短冊《たんざく》状の畑が付設されている。裏手の狭い南側屋敷には、別途、宿の西はずれの畑地が与えられた。

町並みの中ほど（中宿《なかじゅく》）に本陣が二軒あり、参勤交代《さんきんこうたい》の大名や幕府役人、日光例幣使《にっこうれいへいし》などの休泊施設にあてられた。脇本陣も二〜四軒あった。この宿は碓氷峠のふもとに位置したために宿泊客が多く、旅籠《はたご》は大きいものが一五軒、中七軒、小三三軒、合わせて五五軒にのぼった。酒屋・風呂屋・女郎屋《じょろう》・茶屋が各六軒、炭焼・木挽《こびき》が各三軒。ほかに酒造屋・米屋・水車場・医者・あんま・表具師・魚屋・豆腐屋・材木屋・板割り・大工・鳶《とび》・左官・下駄屋・呉服屋・仕立屋などもあり、宿場町としての典型的なにぎわいを見せた。

入り鉄砲に出女?

東海道や中山道などの街道整備に先立ち、関所《せきしょ》が設置された。徳川《とくがわ》の関所は、家康《いえやす》の関東領国時代に原形が成立する。その後、関ケ原《せきがはら》の戦い（一六〇〇年）、大坂《おおさか》の役《えき》（一六一四～一五年）による徳川勢力圏の拡大、全国政権としての確立に伴い、西は近江《おうみ》から北は越後《えちご》方面にまで広げられた。延《えん》享《きょう》二年（一七四五）、「諸国御関所覚書《おぼえがき》」で国別の分布を見ると、上野《こうずけ》一五、武蔵《むさし》九、相模《さがみ》八、信濃《しなの》七、越後五、下総《しもうさ》四、甲斐《かい》・遠江《とおとうみ》・近江各三、計五七関となっている。

寛永《かんえい》二年（一六二五）八月、幕府は箱根《はこね》以下の関所に通行作法に関する三か条の高札《こうさつ》を立てた。

第一条　往来の者は番所《ばんしょ》（関所）の前で、笠《かさ》や頭巾《ずきん》を脱いで通らなければならない。

第二条　乗り物で通る者は、戸を開けて通らなければならない。女乗り物は女が調べること。

第三条　公家《くげ》や門跡《もんぜき》、大名衆は前もって連絡があるはずだから、改めなくてよい。ただし、不《ふ》審《しん》の事があった場合はこの限りではない。

また、寛永八年九月には、関東一円の関所に対して、手負い、女性、その他不審な者が手形なしで通行することを禁じた。違反した場合は、番人はもちろん村の者まで処罰する、欠落人《かけおち》を捕らえた場合には褒美《ほうび》を与える、としている。

これに先立つ四月には、信濃・相模の諸関所を調査して絵図を提出させるなど、関所の整備が急速に進んだ。ちなみに、四年後の寛永一二年には武《ぶ》家《け》諸《しょ》法度《はっと》の改定により、大名の参勤交代《さんきんこうたい》が制度化される。

配置年代や配置場所からわかるように、関所は江戸を防衛するための軍事的色彩を強くもっていた。その性格は鉄砲改めによく現われている。

この時代の関所の役割を評して「入《い》り鉄砲に出女《でおんな》」というが、これは誤解であり、多くの関所では、江戸に向かう「入り鉄砲」だけでなく、江戸から出る「出鉄砲」も調べた。鉄砲の搬出搬入を認めない関所も多数あった。江戸に向かう鉄砲については、幕府

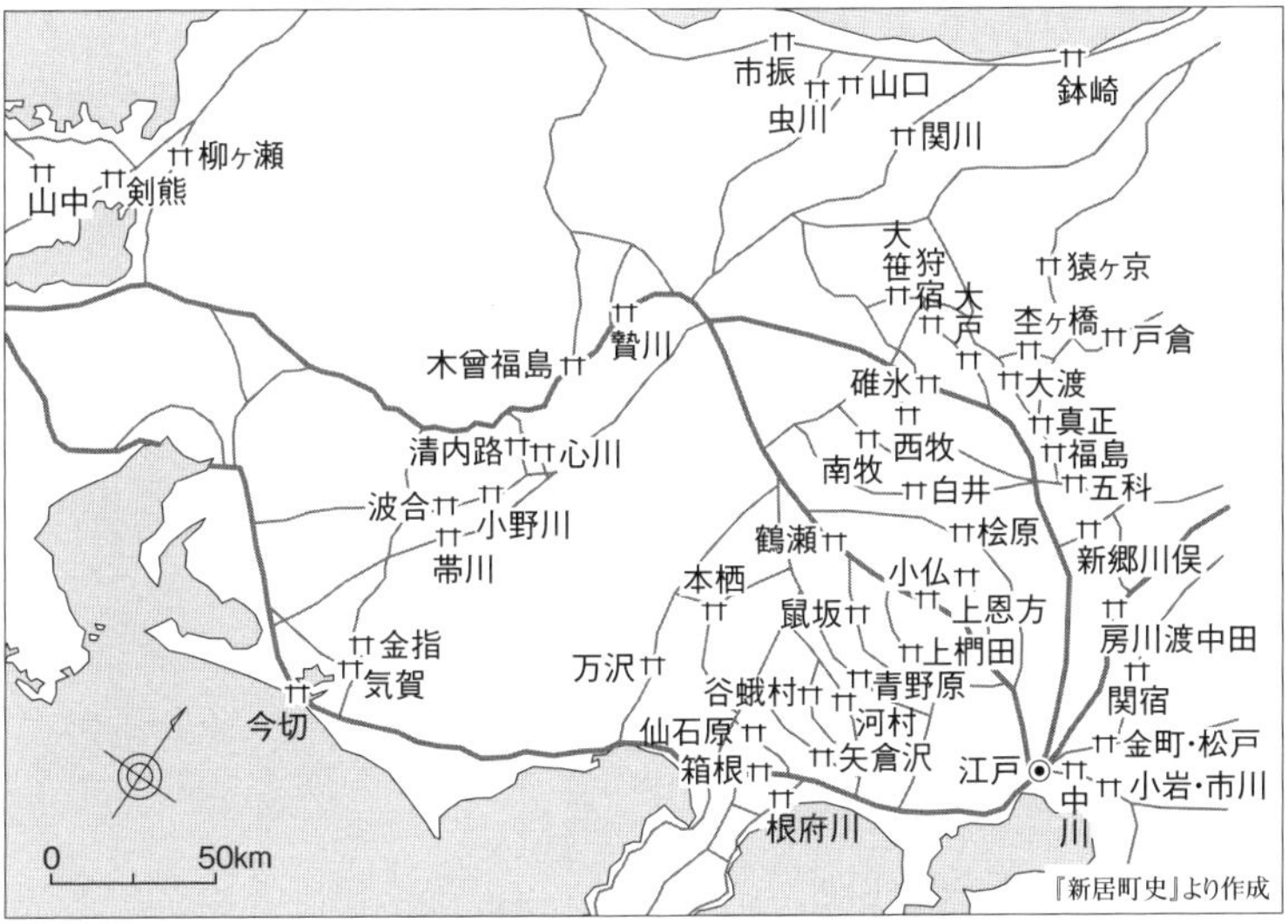

●幕府設置の全関所
江戸を中心に、二重、三重に、関所が配置されている。上野国がもっとも多く、次いで武蔵、相模、信濃と続く。

老中《ろうじゅう》ないしは幕府留守居《るすい》の手形を必要とした。逆に、江戸から国許《くにもと》へ向かう鉄砲は、幕府老中・留守居の手形を必要とする関所と、大名家発行の手形で可能な関所があった。

鉄砲改めにもまして厳しくチェックされたのが、女性の通行だった。箱根《はこね》や小仏《こぼとけ》など、「出女」のみを監視するところもあったが、今切《いまぎれ》（新居《あらい》）、福島、碓氷《うすい》、大笹《おおざさ》、猿ヶ京《さるがきょう》、関宿などでは、「出」「入り」ともに調べた。女性の通行をいっさい禁じる関所も少なくなかった。

女性の関所通行には、決められた役所が発行する女手形を必要とした。たとえば、「上り」「下り」のいずれも検閲した今切関所でみると、江戸・駿河《するが》方面から上方《かみがた》に向けての通行の場合、江戸在住の女性であれば幕府留守居発行の女手形が必要で、駿河在住の女性ならば駿府町奉行、遠江国《とおとうみ》なら浜松《はままつ》藩主（のち横須賀《よこすか》藩主・掛川《かけがわ》藩主）発行の女手形が要求された。上方方面から江戸に向かう場合も、それぞれの居住地や身分に応じて発行役所の指定があった。

自分の所属する町村の町年寄《まちどしより》や庄屋《しょうや》、あるいは檀那寺《だんなでら》発行の

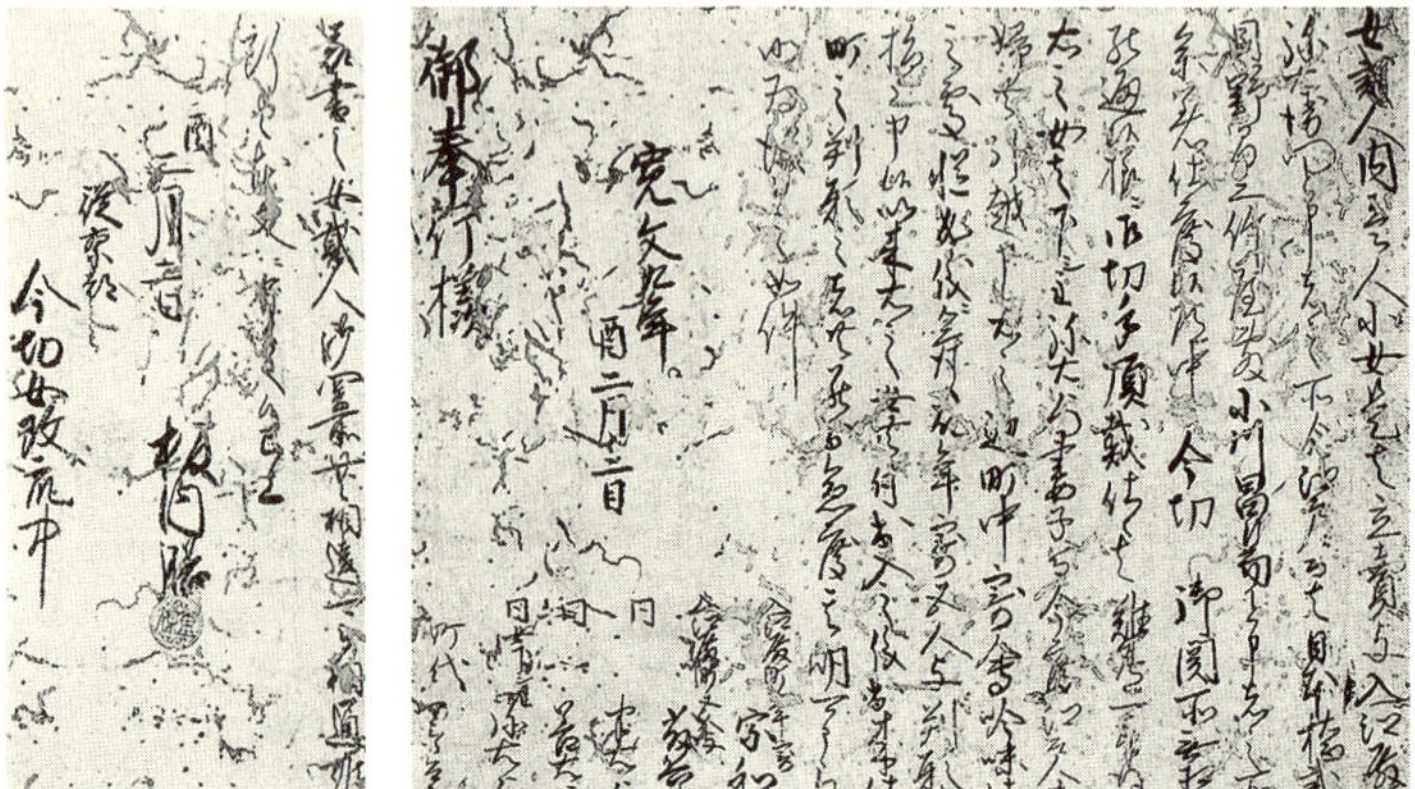

◉女手形
京都所司代板倉内膳正重矩《いたくらないぜんのかみしげのり》が、京都の女町人二人の今切関所通行を許可した女手形。宛名は「今切女改衆中」。

往来手形で通過できる男性に比べ、女旅に対してはこのように大きな制約があった。「出」「入り」ともに女性の移動を監視した関所や「出」「入り」ともに禁じた関所が少なくないことに注目すれば、この規制は、大名子女の江戸からの逃亡阻止といった従来の解釈にとどまらず、女性の移動・流出そのものを否定する原理が働いていたと推測できる。交通史家の渡辺和敏《わたなべかずとし》は、これを領主の人口政策に関係するとみている。

各藩が自領内に設置した関所（口留《くちどめ》番所）においても興味深い対応がみられる。たとえば、若狭《わかさ》国小浜《おばま》藩。同藩では、徳川中期、藩内の若狭エリアに四つ（熊川《くまがわ》、蒜畑《ひるばた》、佐《さ》柿《かき》、栗柄《くりから》）、越前エリアに四つ（疋田《ひきた》、刀根《とね》、新保《しんぽ》、大比田《おおひだ》浦《うら》）の女留《おんなどめ》番所を設置していた。そして、藩内女性がこれらの番所を通過して出国しようとする場合は、小浜町奉行、敦賀《つるが》町奉行、熊川町奉行など、関係奉行所発行の女手形が必要不可欠だった。

他方、同藩では他国から藩内に入る女性については、女改めを行なわない習わしだった。史料の文言をそのまま示すと、「他より領内へ入り候女、改め申さざる先法にてござ候」としている。つまり、藩内女性の出国については、女手形提示という厳しい制限を加えるのに対して、流入する女性については、チェックなしで抱え入れるという方針だったのである。これは、明らかに藩単位での女性抱え込み戦略といえるだろう。

物流の促進と武器や女性の移動規制という二側面をもちつつ、列島規模の社会活動が展開する。

鉱山の恵み

シルバー・ラッシュ

戦国から織田《おだ》信長《のぶなが》・豊臣秀吉《とよとみひでよし》を経て徳川《とくがわ》国家が確立する時代は、日本列島における鉱山史のうえでも、歴史を二分する大きな画期だった。戦国大名を開発の推進者や後ろ盾としながら、各地で新しい鉱山が開かれたのである。

兵粮米《ひょうろうまい》の確保や武器の購入、論功行賞や贈答用に、大名たちは大量の金銀を必要とした。伊達《だて》氏の陸奥国半田《むつのくにはんだ》銀山や、上杉《うえすぎ》氏の佐渡《さど》金山、今川《いまがわ》氏の駿河《するが》国梅ヶ島《うめがしま》金山、武田《たけだ》氏の甲斐《かい》国黒《くろ》川《かわ》金山、大内・毛利《もうり》氏らの石見《いわみ》銀山など金山銀山を掌握する大名は、それらを政治・軍事・経済の力に変えながら勢力を広げていった。

信長、秀吉、家康《いえやす》もまた、鉱山開発・鉱山掌握に力を入れた大名だった。信長は但馬《たじま》国生野《いくの》銀山を、秀吉は摂津《せっつ》国多田《ただ》銀山を手中に収めた。家康も、武田氏の金山衆を配下に組み入れて

6

◉金を掘る
鉱脈を立合《たてあい》と呼び、鉱石は鏈《くさり》といった。鎚《つち》と鏨《たがね》を使って掘り進む。掘り方には、上向き・正面向き・下向きがあった。（『佐渡国金堀之図《さどのくにかねほりのず》』）

さかんに鉱山経営を進め、各地の鉱山をつぎつぎと幕府領に取り込んでいった。

鉱山開発のなかで、この時期、とりわけ大量に発見されたのが銀だった。ヴェネツィア商人マルコ・ポーロは、『世界の記述』(『東方見聞録《とうほうけんぶんろく》』)で一三世紀末のジパングを「黄金の島」と紹介したが、一六、七世紀の日本は「銀の島」として世界的に有名だった。フランシスコ・ザビエルは天文《てんぶん》二一年(一五五二)の書簡で、「カスティリャ人(スペインの中心民族)はこの島々をプラタレアス(銀)群島と呼んでいる」と記している。

この一六、七世紀は、メキシコや中央アンデスをはじめ世界的にも銀の発見が相次ぎ、シルバー・ラッシュと呼ばれる銀ブームに沸いていた。アジア貿易においても銀が中心的な貿易品となった。こうしたなかで日本銀は、世界の主役の地位を占めるようになる。一七世紀、全世界の銀産出量は年間六〇万キログラム前後と推定されているが、日本銀は、最盛期には輸出額に限ってもその三~四割に達していた。

銀に続いて銅もまた、日本の輸出品の中心となった。一七世紀後半をピークに、日本銅はアジア諸国のみならずヨーロッパ市場にまで出まわり、かの地の市場価格に影響を及ぼすほどだった。

日光と雨水を用いて大量に生産される米が、徳川社会の土台となる自然の恵みとすれば、地中から採掘された金銀銅もまた、新しい国づくりを推進し、社会と生活文化の革命に寄与する、もうひとつの自然の恵みとなった。

宝の山「石見銀山」

石見《いわみ》銀山は、但馬《たじま》の生野《いくの》や佐渡《さど》の相川《あいかわ》、出羽《でわ》の院内《いんない》などと並び、一六、七世紀、日本でもっとも活況を呈した銀山であり、ヨーロッパにも知られていた。一五六八年にポルトガル人のフェルナン・ヴァス・ドラードがインドのゴアで作成した日本図には、石見の位置に「RAS MINAS DA PRATA（銀鉱山王国群）」とある。また一五九五年、ベルギーのアントワープで印刷されたティセラの『日本図』も、ラテン語で「Hivami（石見）」「Argenti fodine（銀鉱山）」と記している。

徳川《とくがわ》幕府の銀山付《つき》地役人が記した『石見銀山旧記《いわみぎんざんきゅうき》』によると、発見は鎌倉《かまくら》時代後期の延慶《えんきょう》二年（一三〇九）にさかのぼる。周防国大内《すおうのくにおおうち》氏の守護神である北辰《ほくしん》星が、石州銀峰山《せきしゅうぎんぽうざん》（仙山《せんざん》）に銀が出ると告げたらしい。大内弘幸《ひろゆき》が訪れてみると山頂からふもとまで、あたり一面露出した銀で真っ白で、雪を踏むような状態だったという。

鉱石をたどって間歩《まぶ》（坑道）を掘り、地中で採掘する本格的な開発は、一六世紀初めの大永《だいえい》六年（一五二六）、博多の豪商神屋寿禎《かみやじゅてい》によって始められた。大内氏の庇護《ひご》を受けた神屋は、日明《にちみん》貿易の輸出品だった銅を求めて出雲《いずも》方面に買い付けに来ており、そこで銀山の存在を知った。その後、天文《てんぶん》二年（一五三三）には、朝鮮から伝わった新しい精錬《せいれん》法「灰吹法《はいふき》」も導入され、飛躍的な増産となった。「灰吹法」は、まず銀鉱石と鉛などとを溶かし合わせて合金をつくる。次いでこの合金を灰を詰めた炉の上で溶かし、灰にしみ込んだ鉛を除去して銀を抽出する。日朝交易を通じて博多経由で石見に伝えられたこの技術は、その後、但馬の生野銀山や、佐渡の鶴子《つるし》銀山など各地の鉱山に広まり、それぞれ飛躍的な増産をもたらした。
「宝の山」石見銀山をめぐっては、周防の大内氏、出雲の尼子《あまこ》氏、安芸《あき》の毛利《もうり》氏および地元の小笠原《おがさわら》氏らが激しい争奪戦を展開した。天文六年、尼子晴久《はるひさ》が銀山を攻略。同八年、大内義隆《よしたか》が銀山を奪回。そして翌九年、尼子晴久がふたたび銀山を攻略。その後、弘治《こうじ》三年（一五五七）、今度は毛利元就《もとなり》が銀山を攻略。永禄《えいろく》元年（一五五八）、尼子晴久が毛利軍を撃破……。永禄五年に至り、ようやく毛利氏の領有となる。当時この銀山は「温泉《ゆの》銀山」と呼ばれ、温泉津を積み出し港とした。毛利氏は銀と引き換えに、さかんに鉄砲火薬製造のための硝石《しょうせき》を購入したという。豊臣秀吉《とよとみひでよし》による全国統一のあとは、年間五〇〇〇〇枚にのぼる運上銀が、毛利氏から秀吉に納められた。

関ヶ原《せきがはら》の戦い後、徳川家康《とくがわいえやす》はいち早く銀山を幕府領に組み入れ、周辺約一五〇か村を銀山付御料《つきごりょう》とした。慶長《けいちょう》六年（一六〇一）には、その高い鉱山技術や治水・検地技術を見込んで登用していた武田《たけだ》氏の遺臣大久保長安《おおくぼながやす》を、初代奉行に任じた。駿府《すんぷ》に集う出頭人《しゅつとうにん》として、大久保は検地事業をはじめ、幕府領の管理、木曾《きそ》林業の育成、宿駅制度の整備、江戸城・駿府《すんぷ》城などの築城資材調達と、八面六臂《はちめんろっぴ》の活躍をしていた。彼は、石見のほか、佐渡、伊豆などの鉱山開発も手がけている。

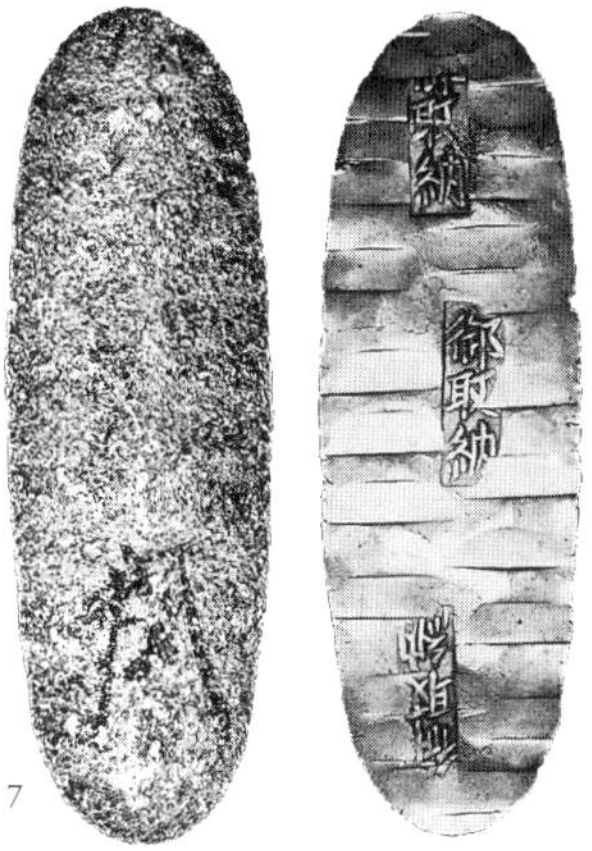

7

◉天皇に献上された石見銀
毛利《もうり》元就《もとなり》が正親町《おおぎまち》天皇の即位料として献納した丁銀。表に「御取納《おとりおさめ》」の極印《こくいん》があり、裏に「四拾参匁　銀山御蔵（花押）」とある。

銀とシルク革命

シルバー・ラッシュに伴い、全国各地に鉱山町が形成された。慶長《けいちょう》一二年（一六〇七）に開坑した出羽《でわ》の院内《いんない》銀山は、そこで消費された米の分量から、寛永《かんえい》初年に人口一万人を擁したと推定されている。

また、この銀山については、住人二〇〇〇人分の出身地を記す資料も残っている。江戸、京都、大坂をはじめ、南は九州薩《さつ》摩《ま》・大隅《おおすみ》・壱岐《いき》・対馬《つしま》など、全国各地から銀山をめざして多くの人々が殺到した様子がよくわかる。

採掘された金銀は、軍資金や商品交換のための財貨となり、貿易品としても輸出された。『南蛮屏風《なんばんびょうぶ》』では渡来した南蛮船が舶載《はくさい》品の積み下ろしを行なっていたが、その対価として積み込まれる輸出品の中心が日本銀だった。

天正《てんしょう》年間（一五七三~九二）、ポルトガル船によって日本からマカオ方面へ運び出された銀は、年間二万キログラムに達したといわれる。ポルトガルに遅れて到来したオランダもまた、日本銀をお

院内銀山における生国別人数（元和3年）

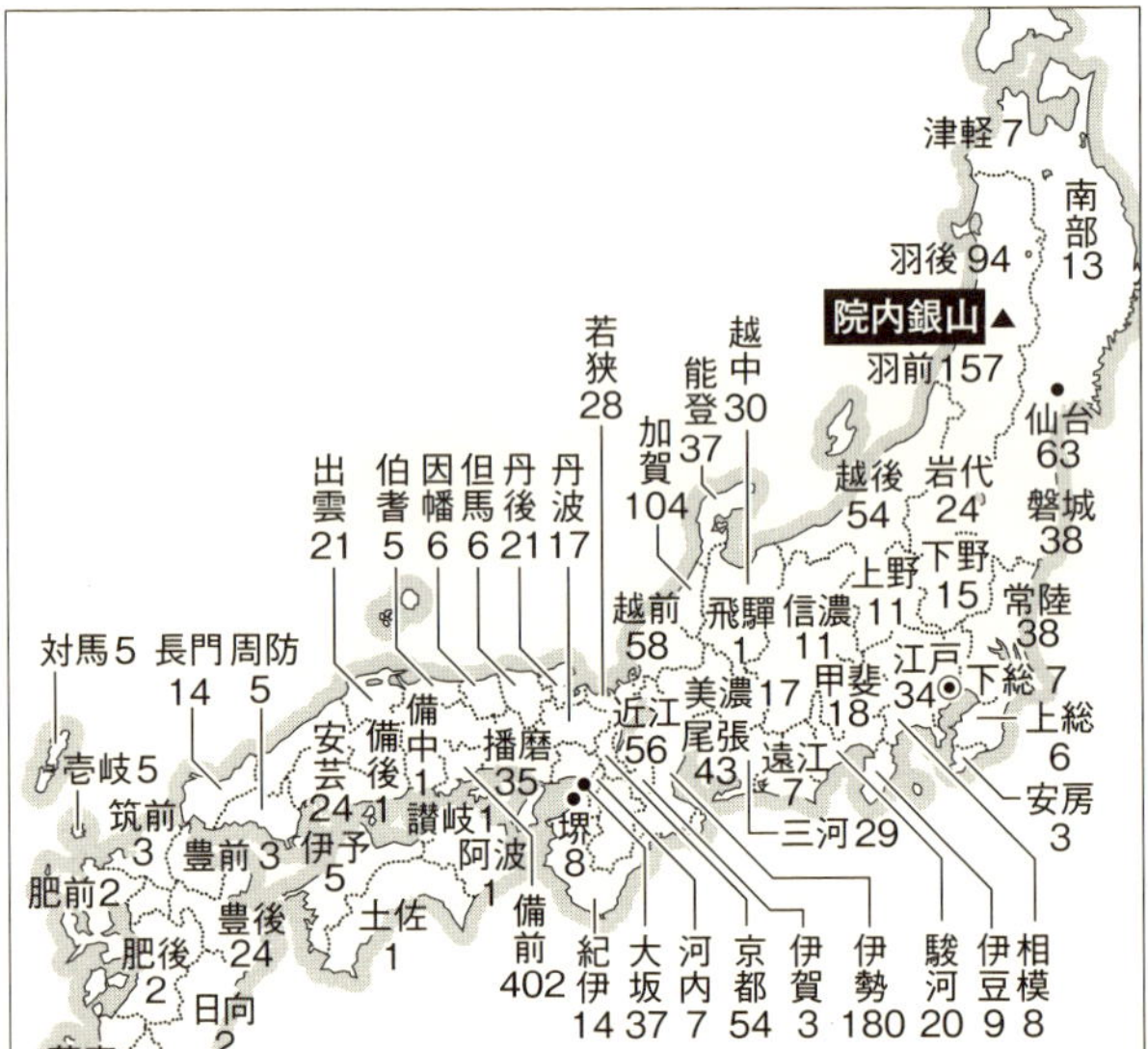

もな貿易品とした。

オランダ船によって平戸《ひらど》商館や長崎出島《でじま》から積み出された日本銀は、台湾経由でインドのコロマンデル沿岸、ベンガル、グジャラート地方などへ運ばれた。寛永一四年（一六三七）から一八年の四年間には、年平均五万七〇〇〇キロ、輸出銀総額は二九万キロにものぼった。さらに、中国船による流出が加わる。最盛期の寛文《かんぶん》元年（一六六一）に中国船が搬出した量は、六万八〇〇〇キロにも及んだ。

銀の著しい流出に対して、家康《いえやす》は慶長一四年（一六〇九）九月、幕府貨幣の丁銀《ちょうぎん》以外の海外輸出を禁じ、元和《げんな》二年（一六一六）には長崎に銀座を置いてこれを監視させた。しかし、その後も流出はやまず、寛文八年、四代家綱《いえつな》政権は、灰吹《はいふき》銀のみならず丁銀から銀道具に至るまで、いっさいの銀輸出を禁じる。また、国内でも長いあいだ、藩内にのみ通用する領国貨幣が灰吹銀で鋳造されていたが、これも元禄《げんろく》年間（一六八八〜一七〇四）には全面的に禁止された。

輸出銀の交換物資として、中国産の生糸が大量に日本社会にもたらされた。地中から採掘された日本銀は、膨大な中国産生糸を供給する地下資源となったわけである。生糸の輸入をめぐる幕府の糸割符《いとわっぷ》制度についてはすでに触れたが、一六世紀後半にもたらされた生糸は年間六万〜一五万キロ、一六三〇年代には年間一八〜二四万キロに達した。原料糸の数量から絹織物の製造量を試算した田《た》代和生《しろかずい》は、この分量から一三万〜一八万着分の衣類が製造可能としている。

生糸輸入による生活文化の大きな変化は、南蛮人《なんばん》の目にもはっきりと映っていた。文禄《ぶんろく》三年（一五九四）、平戸《ひらど》に到来し、長崎に住んだスペイン商人アビラ・ヒロンは、『日本王国記《にほんおうこくき》』のなかでつぎのように言っている。

この王国では（生糸を）年々歳々、三千から三千五百ピコ（一ピコ約六三キログラム）、どうかするとその上（それ以上に）消費する。…この生糸は白い生絹《すずし》で、まことに上質であるが、彼らはそれを実に見事に精製し、すばらしい手際《てぎわ》で白い絹に織ると、ついで着物Quimonosすなわち衣服《ローパ》になるように裁断する。さて断ち終わると、もう一度その断片で元の布にまとめて、それを縫い、でき上ったものに下絵を描き、薔薇《ばら》や小鳥やそのほかのものを色彩をほどこしたり染めたりしていくし、染めたくないものには、実に珍しい技術で塗りつける…。この生糸の外に、無地や刺繍《ししゅう》をほどこしたびろうど《テルシオペロ》（天鵞絨）、無地の琥珀織《タフエタン》、緞子《ダマスコ》、薄羅紗《テリーリヤ》、そのほかいろいろの布地が何千反《たん》も渡来していて、それが全部、毎年毎年売られ消費される。男女の別なく、み

8

◉絹の小袖
貴族の下着だった小袖《こそで》は、室町後期より表着《うわぎ》化が進んだ。絹の輸入とも相まって、色鮮やかな高級小袖が大量に出まわる。

んないろんな色で色彩をほどこした着物をまとっているし、少女も、未婚の娘も、たとえ五十歳を越した人妻もである。

一五世紀末ごろから栽培が始まった木綿が、麻布にかわって庶民の日常着の主役となったことはよく知られているが、地中の恵みの銀がもたらした生糸は、鮮やかな彩りと柔らかな風合いの絹織物となって、この国にもうひとつの衣料革命を起こしていた。絢爛豪華《けんらんごうか》な桃山《ももやま》文化も、後水尾院《ごみずのおいん》を中心に花開いた寛永文化も、絹の肌触りを抜きに語ることはできないだろう。

銀から銅へ

地中からの自然の恵みには限りがあり、世界的産銀国の時代も長くは続かなかった。石見《いわみ》銀山の記録によれば、慶長《けいちょう》初年に幕府に上納した運上銀高は三六〇〇貫《かん》、寛永《かんえい》元年（一六二四）には一二〇〇貫とある。だが、この後、産出量は一気に減少に向かった。金銀両者を産出した佐渡の相川《あいかわ》鉱山も同様だった。

相川では、最盛期の元和《げんな》七年（一六二一）に上納された運上額は、銀が六二三〇貫余、筋金《すじきん》三五貫余、砂金《さきん》四・八貫余、小判《こばん》二万三七七六両《りょう》にのぼった。しかし、寛永以降、減少の一途《いっと》をたどり、寛永二〇年には銀一三七二貫余、寛文《かんぶん》元年（一六六一）になるとわずか銀八六〇貫余へと激減した。

生野《いくの》銀山でも同様の推移をたどっている。

銀の減少と逆比例して、採掘の増加した鉱物が銅である。すでに金銀山の隆盛期に並行して一定度の発展を見せていたが、金銀山が衰退に向かった一七世紀後半にピークを迎えた。金銀山として開発された鉱山が、銅山として再開発されたものも少なくない。

出羽国《でわのくに》尾去沢《おさりざわ》銅山は、慶長年間(一五九六〜一六一五)に開かれた西道《さいどう》金山が衰退したあと、寛文六年に銅鉱が発見されて繁栄に向かった。同じく出羽の阿仁《あに》銅山も元来は金銀山だったが、寛文一〇年に鉱脈が発見されて大銅山になった。元禄《げんろく》三年(一六九〇)に新しく発見された伊予《いよ》の別子《べっし》銅山は、翌年から大坂の泉屋《いずみや》が請け負って稼動しはじめた。

元禄八年には年産六〇万キログラムを超え、同一〇年には一二〇万キロ、同一一年には一五二万キロに達するという高成長ぶりだった。

寛永一四年、幕府は前年から鋳造を始めた寛永通宝《かんえいつうほう》のため、いったん長崎貿易における銅の輸出を禁止したが、正保《しょうほう》年間(一六四四〜四八)に解禁した。その後、銅の輸出額は増加の一途をたどり、寛文八年の銀輸出禁止とも相まって、寛文末年には全国産銅額五四〇万キロのうちの七〇パーセント近くは輸出に向けられた。銃器など軍需品の原料として、また貨幣原料として銅の需要は高く、日本産の銅はオランダ船・中国船を通じて広くアジア諸地域に販売され、また対馬《つしま》経由で朝鮮へ輸出された。一六五〇年代の後半からはオランダ東インド会社の手で、遠くヨーロッパ市場へも送られるようになる。

銀にかわって銅はもっとも重要な貿易品となった。元禄一四年、幕府は輸出銅を管理する機関として大坂に銅座《どうざ》を設置し、銅の集荷・精錬《せいれん》から輸出までの全過程の掌握に乗り出している。

大判・小判

一六世紀における大量の金銀の産出と流通は、京都・奈良・堺《さかい》や大名の城下町に、金屋《きんや》・銀屋《ぎんや》と呼ばれる両替商を輩出していた。彼らは各自の信用を基礎に、公家《くげ》や寺院が入手した貢租《こうそ》や贈り物としての金銀の両替や、遠隔地への支払い、あるいは携帯用の金銀販売などを業とした。

統一政権をはじめ各地の領主は、金屋・銀屋のなかから特定の者を選んで座《ざ》の特権を与え、御用の金貨・銀貨の鋳造を行なわせた。豊臣秀吉《とよとみひでよし》に金貨鋳造を命じられたのが、京都上京《かみぎょう》の彫金師後藤徳乗《ごとうとくじょう》（四郎兵衛《しろべえ》）である。徳乗は天正《てんしょう》一六年（一五八八）、命を受けて一〇両《りょう》（一両＝一六・五グラム）の重さの大判（天正大判）を作製した。ちょうど後陽成《ごようぜい》天皇を聚楽第《じゅらくだい》に招くなど、秀吉権力絶頂のころである。

大判は、表面に「天正十六」「拾両」「後藤（花押《かおう》）」と墨書《ぼくしょ》

9

◉小判をつくる
小判の端を木槌でたたいて形を整える、端打ち《はしうち》場の光景。現在の日本銀行は、この作業場の跡地に建つ。（『金座絵巻《きんざえまき》』）

され、上方一か所・下方二か所に後藤家の桐紋《きりもん》の極印《ごくいん》が打たれた。極印が菱形《ひしがた》をしていたところから天正菱大判と呼ばれた。「天正十七」年・「天正十九」年製のものもある。

その後、天正二〇年からは天正長《なが》大判が、秀頼《ひでより》時代の慶長《けいちょう》一四年（一六〇九）には大仏大判と呼ばれる大判が鋳造される。

地方でも信用のある金屋・銀屋が判金銀《はんきんぎん》をつくっていた。加賀国小松《かがのくにこまつ》の大文字屋《だいもんじや》は、領主丹羽《にわ》氏から特権を与えられて、領内に通用する判金銀を鋳造している。江戸にも「金に判する人」として四条《しじょう》・佐野《さの》・松田《まつだ》の三氏がいた。彼らは、後藤光次《みつつぐ》（庄三郎《しょうざぶろう》）が家康《いえやす》の招きで下向するまで、金貨の品位や重量の保証を業とした。

関ヶ原《せきがはら》の戦いが終わった翌年の慶長六年、家康は新たな貨幣鋳造に着手し、大判・小判・一分金《いちぶきん》の金貨と丁銀《ちょうぎん》・豆板《まめいた》銀の銀貨を発行した。金貨は両・分《ぶ》・朱《しゅ》を単位とし、表面に額面が表示された。このうち大判は、秀吉に登用された後藤四郎兵衛家が鋳造にあたり、通貨として一般に使用される小判と一分金は、傍流後藤庄三郎家を長とする金座で鋳造された。

徳川初期の銀貨の製造は、豪商末吉勘兵衛《すえよしかんべえ》と後藤庄右衛門《しょうえもん》が差配する銀座のもとで、堺の銀吹き業者湯浅作兵衛《ゆあささくべえ》（大黒常是《だいこくじょうぜ》）を吹き手として始められた。当初、伏見《ふしみ》の両替町《りょうがえまち》に、銀会所《かいしょ》、座人《ざにん》家屋、常是吹き所が建てられたが、慶長一三年には京都に移され、両替町通二条《にじょう》から三条の地に敷地が与えられた。

また、慶長一一年には、駿府《すんぷ》にも銀座屋敷と常是吹き所などが特設されたが、こちらは同一七年に江戸へ移され、京橋《きょうばし》より南四町を地所とした。このほか大坂、長崎にも銀座が設置され、諸国産出の灰吹《はいふき》銀の集荷や海外流出の管理にあたった。

銀貨は匁《もんめ》の単位で量られる秤量《しょうりょう》貨幣の形をとり、なまこ形をした丁銀は一枚が三〇〜五〇匁（約一一二・五〜一八七・五グラム）で、初期には鏨《たがね》で切り分けて使用された。小額貨幣として用いられた豆板銀も、重さ・大きさ・形など、すべて雑多だった。幕府は当初、金貨中心の貨幣制度を企図した模様だが、経済力のある上方がもっぱら銀を使用していたため、金貨銀貨の併用となり、これに銭《ぜに》を加えた三貨制度が採用されることになった。

銭貨《せんか》については、室町《むろまち》時代に中国から大量に流入した舶載《はくさい》銭や私鋳銭が長らく流通していた。本格的な鋳造は三代将軍家光《いえみつ》時代に入ってからとなる。日光東照社《にっこうとうしょうしゃ》の大改造と家康二十一年神忌《しんき》祭が終了してまもない寛永《かんえい》一三年（一六三六）六月、幕府は江戸と近江《おうみ》国坂本《さかもと》および京都、大坂の四か所で寛永通宝の鋳造を始めた。さらに同年一一月には、水戸（徳川氏）、仙台（伊達《だて》氏）、三河《みかわ》国吉田《よしだ》（水野《みずの》氏）、越後《えちご》国高田《たかだ》（松平氏）など、全国八か所の大名に見本を渡して鋳造を命じている。

寛永通宝の鋳造に際しては、「銭四貫文《かんもん》＝金一両」の交換基準が設定されるとともに、従来流通していた粗悪《そあくせん》銭の使用が禁止され、諸大名の自由な銭貨鋳造も禁止された。家光による貨幣鋳造権の掌握といってよいだろう。寛永通宝という自前の良質な銅銭鋳造に、家光の中国（中国銭）中心世界からの自立意識を指摘する研究者も少なくない。

家綱時代の達成

物流に関するさまざま制度は、家光《いえみつ》を継いだ四代将軍家綱《いえつな》の時代に整備された。代替わりの空白時をねらって計画された由井正雪《ゆいしょうせつ》らの反乱計画（慶安事件《けいあんじけん》）を未然に鎮圧した家綱政権は、度量衡《どりょうこう》の統一や、寛永通宝《かんえいつうほう》の大量鋳造、輸送部門の充実など、流通・金融部門の整備に乗り出していく。おもな施策を列挙してみると、列島内が統一的な基準で均《なら》され、ネットワーク化されていく様子がよくわかる。

①諸国巡見使の派遣　寛文《かんぶん》七年（一六六七）、諸国に巡見使《じゅんけんし》が派遣され、全国の民情調査が行なわれた。この施策は家光の国廻《くにまわ》り衆を継承したものだが、調査項目に諸国の物価調査があげられていた。「買い置き、〆売《しめう》りをする者がいないか調査せよ」「金銀米銭の相場を調査せよ」と命じ、海辺の巡見に対しては「その所から江戸大坂への船賃について調査せよ」とも指示している。幕府が商業・流通に対して、強い関心をもちはじめた証拠である。

翌八年二月には、江戸市中の問屋《といや》・諸商人の商品在庫量が調査され、四月には諸国の特産品や津留《つどめ》物品の調査も行なわれている。

②浦高札《うらこうさつ》　寛文七年閏《うるう》二月、諸国巡見使の派遣と軌を一にして、全国の「諸国海辺浦々」に宛《あ》てて浦高札が発令された。法文は七か条から

10

◉武断から文治へ向かった家綱
家光の長男に生まれる。一一歳で将軍になった家綱は、保科正之《ほしなまさゆき》、酒井忠勝《さかいただかつ》、松平信綱《まつだいらのぶつな》らの補佐を得て、文治主義的な政策を推進した。

なる。公儀の船・諸廻船《かいせん》を問わず遭難船の救助に努めるべしとしたうえで、難破船積み荷の配分方法、長期滞船の禁止、漂流船・漂流荷の管理などが指示されている。

幕府は、すでに秀忠《ひでただ》時代の元和《げんな》七年（一六二一）に、廻船の救助を命じた三か条の浦高札を出し、家光時代の寛永《かんえい》一三年（一六三六）にも諸船救助、救助報酬の基準などを規定した高札文を示していた。ただし、その対象は江戸—大坂ないしは西国大名領域に限られていた。全国的には、この寛文高札が海事に関する初めての基本法令ということになる。

以後、この高札は、延宝《えんぽう》八年（一六八〇）九月、五代将軍綱吉《つなよし》の代始めや、高札群を整備した正徳《しょうとく》元年（一七一一）にも再達され、徹底が図られる。

③寛永通宝　先にみたように、寛永通宝の鋳造は家光の時代に開始されたが、産銅の増加を背景に、寛文八年から大量に鋳造されるに至った。文銭《ぶんせん》と呼ばれる最良質の寛永通宝である。その量は寛文八年から天《てん》和《な》三年（一六八三）の一五年間に、一九七万貫《かん》に及んだという。

文銭の鋳造によって、寛永通宝はようやく日本の津々浦々に普及するようになった。寛文一〇年には古銭《こせん》（＝中国銭）の通用が禁じられ、名実ともに公儀幣制《へいせい》の確立となる。

④秤《はかり》　幕府は、家康《いえやす》以来、江戸の守随彦太郎《しゅずいひこたろう》と京都の神善四郎《じんぜんしろう》の製作する秤を公定し、両家に秤の販売も独占させていたが、神家の江戸進出

11

◉寛永通宝（古寛永）
寛文八年以前の古寛永は、寶の字の貝の下部分が「ス」の形、新寛永は「ハ」の形という説もある。

により、両者のあいだで紛争となった。

承応《じょうおう》二年（一六五三）、幕府はこの紛争を調停し、東国は守随の秤、西国は神の秤とする東西分掌の体制を命じた。寛文八年には、それぞれの支配国も確定され、出羽《でわ》・陸奥《むつ》から近江《おうみ》・丹波《たんば》・丹後《たんご》・但馬《たじま》に至る東三三か国は守随秤のエリア、山城《やましろ》・大和《やまと》・摂津《せっつ》・河内《かわち》から壱岐《いき》・対馬《つしま》を含む西の三五か国は神秤のエリアとなった。以後、この体制で公定秤の製作や秤改めが実施される。

⑤枡《ます》　枡の大きさの統一も、家綱時代に実現した。すでに戦国時代末期から、京都で使われていた商業枡（京枡）が全国的に優勢となり、秀吉《ひでよし》も太閤検地《たいこうけんち》に際して京枡の使用を指示したが、徳川国家になってもなお、各地の枡の統一は果たされていなかった。

寛文八年、幕府が諸大名に命じて行なった使用枡の調査によれば、上方《かみがた》では京枡座福井源太夫《ふくいげんだゆう》製作の京枡が流通していた。対して江戸では、江戸枡座樽屋藤左衛門《たるやとうざえもん》製作の江戸枡が使われ、多くの藩では、領内独自の枡が用いられていた。藤井譲治《ふじいじょうじ》の研究によれば、京枡は縦横四寸《すん》九分《ぶ》・深さ二寸七分・容量六万四八二七立方分。江戸枡は縦横四寸七分五厘《りん》・深さ二寸九分・容量六万五四三一・二五立方分。江戸枡のほうが一斗《と》あたり一合《ごう》ほど大きかった。会津《あいづ》藩領内で普及して

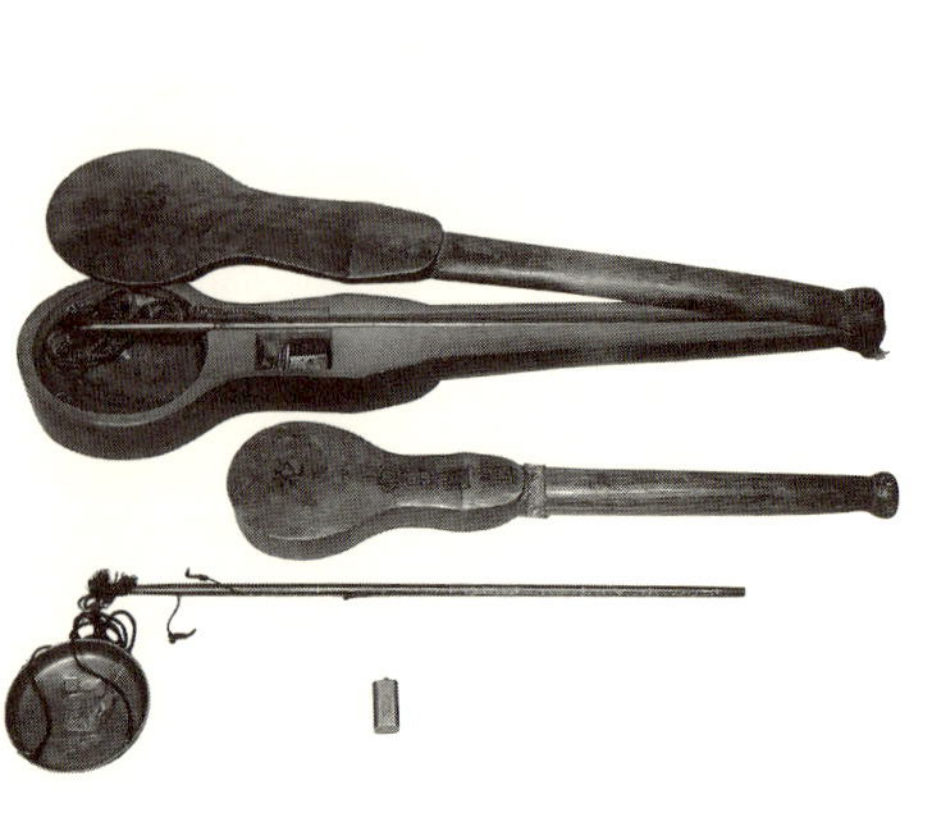

◉神家の秤
神《じん》家は代々豊後掾《ぶんごのじょう》善四郎を襲名した。同家には、秤、分銅《ふんどう》、刻印を捺《お》す道具などの関係資料が伝わる。図は善四郎秤と称される皿秤。

いた会津枡などは、江戸枡よりさらに大きかったという。

幕府は、全国調査の翌九年二月、江戸市中の枡の大きさを京枡に統一するように命じ、さらに同年一一月、全国の大名に対しても京枡への統一を命じた。枡の販売所も、江戸の樽屋と京都の福井に限定された。これを画期として、同一規格の枡による量制が確立する。
⑥東廻《ひがしまわ》り・西廻り航路の開拓　幕府に登用された伊勢《いせ》出身の商人河村瑞賢《かわむらずいけん》によって、寛文一一年、日本海側から津軽《つがる》海峡をまわり、房総半島を迂回《うかい》して江戸に直航する東廻り航路が開拓された。従来、三陸《さんりく》方面と江戸との物流は利根川《とねがわ》水系を用いていたが、以後、この航路が主流となり、諸藩にも普及した。また翌年には、下関《しものせき》、瀬戸内海を経由して、大坂と日本海側を結ぶ西廻り航路も開発され、江戸・大坂と全国各地が舟運《しゅううん》で結ばれることになった。
このように、伝馬《てんま》制度や貨幣鋳造をはじめとする流通・金融部門の整備は、家綱期に完了した。全国を結ぶ内国経済のネットワークができあがったのである。

コラム6

関ヶ原——日本海と伊勢湾を結ぶ——

美濃国関ヶ原《みののくにせきがはら》は、慶長《けいちょう》五年（一六〇〇）九月一五日の東西決戦地として後世に名を残しているが、ここは南北通路の結節点としても枢要の地だった。

関ヶ原から北へ延びる街道は、越前《えちぜん》・加賀《かが》へと向かう北国《ほっこく》街道（北国脇往還《わきおうかん》）である。佐々木京極《ささききょうごく》氏の上平寺《じょうへいじ》城も、浅井《あざい》氏の小谷《おだに》城もこの街道沿線に位置した。宿場町春照《すいじょう》で西に向かうと、その先には琵琶湖《びわこ》湖岸の長浜《ながはま》がある。そこから舟運で塩津《しおつ》・大浦《おおうら》へとたどり、越前国敦賀《つるが》経由で日本海北部へ。長浜から今津《いまづ》へ渡れば、若狭《わかさ》国小浜《おばま》を経て日本海西部へと続く。

関ヶ原は、伊勢《いせ》への始点でもある。東街道（牧田《まきた》道《みち》）と西街道の二ルートがある。東街道の東方に位置する濃州《のうしゅう》三湊（烏江《からすえ》・栗《くり》笠《がさ》・舟付《ふなつき》）は、揖斐《いび》川舟運で伊勢湾に向かう発着港。日本海方面・東海方面の各特産品は、この三湊を活用し、伊勢湾—三湊—関ヶ原—琵琶湖—日本海のルートで運ばれていた。

関ヶ原は、東国と西国の接点にとどまらず、南北物流の要所でもあった。

◉行き交う産品
日本海側からは鰊《にしん》・昆布・塩魚・干魚・打物・釘・奉書など。東海方面からは瀬戸物・茶・綿・元結《もとゆい》・煙草《たばこ》などが運ばれた。

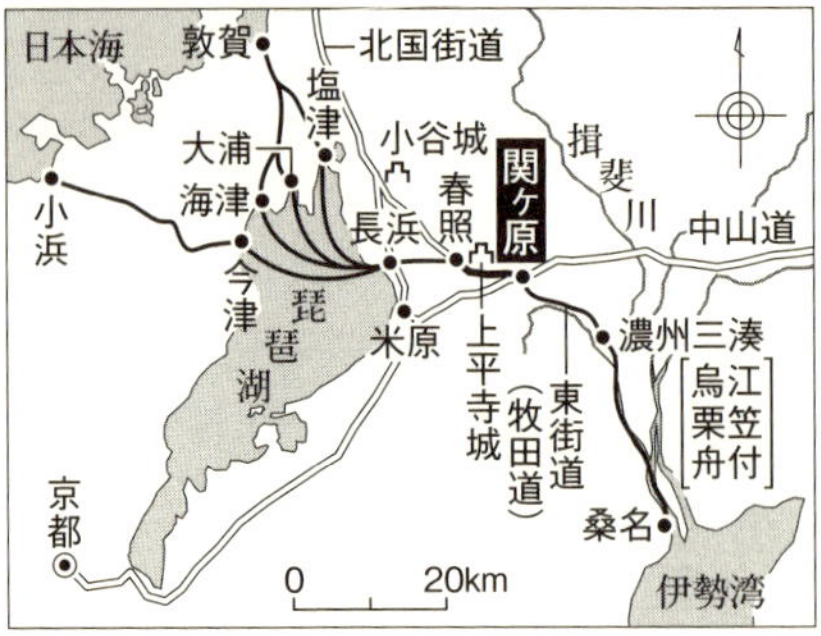

第七章

徳川の「自治」と「権力」

1

法度と行政

法度と掟

国の政治を担当する公儀権力（幕府およびその分枝としての藩）と、生業《なりわい》や生活の安定的な発展を第一義とする百姓・町人社会とは、徳川《とくがわ》日本においてどのような関係を取り結んだのだろうか。

この時代を対象とした従来の研究では、幕藩権力による民衆支配や搾取《さくしゅ》を重視する立場から、両者の対立的な側面が強調されてきた。しかし子細《しさい》に観察すると、対立し敵対しあう一方で、両者は相互に依存し補完しあいながら、それぞれの目的を達成するための関係をもつくりだしていた。公儀を担い手とする徳川の国家と、町や村を拠点とする民衆社会は、そうした相互の依存と競合のバランスのなかで、長期間にわたり維持されたといってよい。

では、徳川将軍を頂点に組み立てられた幕府組織を中核に、地域管理を担う藩（大名）を包含した公儀による法や刑罰はどのようなものだったか。

近江国《おうみのくに》湖東地域に領地をもった仙台藩や旗本板倉《はたもといたくら》氏が各自の領内に発した法令は、支配の現場に通達された公儀法度の好例である。仙台藩伊達《だて》氏は関ヶ原《せきがはら》の戦いの翌年、京都での活動費（在京賄《まかな》い料）として五〇〇〇石《ごく》を近江国蒲生《がもう》郡内に与えられ、領内上羽田《かみはねだ》村に江州《ごうしゅう》代官を配して領地経営を

◉町奉行の通達（町触《まちぶれ》）を伝える
江戸では、町奉行→年寄→町名主のルートで伝えられる。火の用心触《ふれ》の読み上げ場面。まわりで子供たちが騒々しい。（『藤岡屋日記《ふじおかやにっき》』）
前ページ図版

開始した（寛永《かんえい》一一年〔一六三四〕に五〇〇〇石加増）。そして、寛永一一年から徳川国家の理念を体現した法度を、領内村々に繰り返し通達しはじめる。おもな内容はつぎの六点にまとめられる。

①毎年、五人組内でキリシタンの詮索《せんさく》を行ない、宗門帳を作成せよ。牢人《ろうにん》や身元の不確かな者、街道の往来人へ宿を提供してはいけない。博奕《ばくち》・賭《か》け勝負を禁じ、徒党を禁止する。

②山や林の境目争い、水争い、そのほか万事、他領との紛争を禁止する。

③街道を往来する他大名の侍衆へ無礼をはたらかないこと。

④年貢や諸役の徴収に際して、庄屋《しょうや》・肝煎《きもいり》の指示に背《そむ》く者は言上せよ。また、庄屋・肝煎の非分についても訴え出ること。

⑤竹木の無断伐採の禁止。

⑥頼母子講《たのもしこう》などの禁止。倹約の励行。

神国日本の国民であることを徹底するためのキリシタン改めを初めに掲げ、以下、治安の維持、紛争の禁止、公平な村運営と倹約を命じている。

元禄《げんろく》一一年（一六九八）に、旗本板倉氏が領地の蒲生郡士器《どき》村に通達した法度も、同種の内容となっている。第一条で「公儀法度を堅く守るべきこと。キリシタン改めに念を入れよ」と、幕府法令の遵守とキリシタン改めを強く命じたうえで、全

2

◉裁判を行なう京都所司代
二条城内で裁判が進行中。与力《よりき》が訴状を読み、所司代板倉勝重《いたくらかつしげ》が耳を傾ける。地べたの女性は被告人か訴人か。（舟木本『洛中洛外図屏風《らくちゅうらくがいずびょうぶ》』）

一九か条を掲げる。人身売買の禁止、博奕・賭け勝負の禁止、火の用心、堤・道橋普請《ふしん》の徹底、農耕への専念、田畑永代売り《でんぱたえいたいう》の禁止や分地の制限、徒党の禁止などである。戦国時代に各レベルの地域権力が担った地域秩序維持の課題と、新たに徳川国家が掲げた課題とを合体させた内容となっている。

法度違反者に対しては、各種の刑罰が用意された。たとえば盗みの場合、寛保《かんぽう》二年（一七四二）に成立したとされる「公事方御定書《くじかたおさだめがき》」によれば、幕府は、入墨《いれずみ》・敲《たた》きの刑を中心に、追剝《おいはぎ》や押し込みには獄門《ごくもん》・死罪を科していた。

ただし、これらの刑罰は、徳川前期に比べるとかなり緩和されたもので、享保年間《きょうほう》（一七一六〜三六）以前、盗みはおおむね死刑だった。寛永一四年から明暦《めいれき》元年（一六五五）のあいだに、京都所司代《しょしだい》板倉重宗《いたくらしげむね》が行なった裁判の記録「板倉籠屋証文《ろうやしょうもん》」によると、窃盗《せっとう》に対して磔刑《たっけい》や晒首刑《さらしくび》が執行されている。長崎奉行所においても、一七世紀後半、盗犯の過半に死刑が科されている。

一、二の藩で、徳川前期の刑罰執行状況を知ることができる。陸奥《むつ》国中村藩《なかむら》（相馬藩《そうま》）の裁判記録「罪案《ざいあん》」で、明暦元年から宝永《ほうえい》三年（一七〇六）に至る領内の盗み一四五件に対する刑罰をみると、火炙刑《ひあぶり》を最高に、磔刑・斬刑《ざんけい》などの生命刑、耳削《そ》ぎなどの身体刑、追放刑、身分刑、および拘禁《こうきん》、過料《かりょう》、晒刑が科されている。

岡山藩の「刑罰書抜《かきぬき》」は、寛永一九年に始まり、寛政《かんせい》九年（一七九七）に至る判決を記録する。第一冊（一六四二〜六四年）から盗み関係の記事を拾うと、ここでも斬刑などの生命刑や身体刑（耳削ぎ・指切りなど)、国払いなどの追放刑、拘禁刑、晒刑が科されていた。中村藩と共通する体系といってよい。

公儀は国家秩序を維持管理する権力として、国民が守るべき法度を定め、違反者に対する制裁を用意していた。その制裁は死刑、身体刑を中心とした苛酷《かこく》なものだったといえる。

さまざまな広域行政

公儀権力はまた、武士を奉行や代官に任命して、各種の広域行政を推進した。

河内国《かわちのくに》狭山池《さやまいけ》の修築工事や江戸の上水道事業、里山土砂留め管理制度などの項で触れたように、その中核をなしたのが、広範囲の領域をカバーする水利土木事業である。この権力は、個々の町や村では対応できない広域的な土木行政の面において強い指導力を発揮し、それらを梃子《てこ》に百姓身分・町人身分を管理・掌握した。

山城《やましろ》国南部の木津川《きづがわ》流域に位置する相楽《そうらく》郡鹿背山《かせやま》村の村明細帳(享保《きょうほう》五年〔一七二〇〕)は、この地域を覆った広域行政を項目別に書き上げている。

刑罰の種類	人数	備考
晒しのうえ斬刑	1	
斬刑	14	うち2人再犯、6人複合罪
成敗	6	うち1人複合罪
身体刑のうえ国払い	6	うち4人再犯、2人複合罪
国払い	1	複合罪
身体刑のうえ追放	4	
晒しのうえ追放	1	
追放	8	うち5人複合罪
身体刑のうえ在所預け	3	
在所預け	1	
計	45	

寛永19年〜寛文4年(1642〜64)

●盗みに対する岡山藩の刑罰

盗みの半数近くに死刑が科されている。耳削《みみそ》ぎなどの身体刑は、一七世紀末を境になくなるが、厳刑の体系は徳川後期まで続く。

①木津川堤防は、幕府代官《だいかん》の玉虫左兵衛《たまむしさへえ》様が支配している。恒常的に点検が行なわれる。修復工事の際、人足にはひとりに五合ずつの日当米が支給される。また、洪水で堤防が破損した場合も、御公儀様（幕府）から杭竹《くいだけ》などの資材代金が支給される。

②村内には、農業用水のための用水樋《ひ》が大小一四か所ある。最大のものは木津川堤防に設置された石樋《いしひ》である。これは鹿背山を含む近隣六か村の共同管理だが、破損したときは、幕府の京都代官玉虫左兵衛様が吟味して、御公儀様の費用で付け替え工事が行なわれる。

③木津川の水流改めは、一年に四回、伏見《ふしみ》奉行所の与力《よりき》・同心《どうしん》が巡回する。水行を妨げる川淵・川岸の芝《しば》・葦《よし》・ススキ・茨《いばら》などの刈り払い状態が点検される。

④山内の土砂留め工事は、毎年、春のうちに木津郷村々が分担して行なう。鹿背山村を含む相楽郡の土砂留め管理は、藤堂和泉守《とうどういずみのかみ》様（伊勢《いせ》国津《つ》藩）が担当しており、津藩の土砂留め奉行が春と秋に点検のために巡回してくる。

木津川堤に設置された樋の普請や堤防管理、河川の水流管理、山間部の砂防工事など、広域に及ぶ水利土木事業が、公儀の諸機関や関係諸大名によって組織的に推進された様子がうかがえる。なお、この地域は、中小領主の領地が錯綜《さくそう》したこともあって、各種機関が複合的に関与しているが、一般の大名領では、これらはいずれも一括して藩の農政担当奉行の業務とされるものである。

百姓身分の活発な生産活動の進展に伴って生じる村どうしの紛争の解決も、公儀の管轄するところだった。先に私たちは、近江《おうみ》国甲賀《こうか》郡宇治河原《うじかわら》村と近隣村の激しい山争い・水争いを観察したが、同一領主内部の村々の紛争についての裁判は、その領主の奉行所が担当し、複数領主にまたがる「支配違い」の裁判は、幕府評定所などの第三者機関が行なった。

鹿背山村を含む山城国内の「支配違い」裁判は、当初は京都所司代が担当し、寛文《かんぶん》八年（一六六八）からは京都町奉行所の管轄となった。京都二条の京都所司代《しょしだい》・町奉行所周辺には、上洛した裁判関係者に宿を提供し、訴訟手続きをサポートする多数の公事宿《くじやど》が軒を並べた。

京都所司代の都市行政

町方においても公儀の都市行政が進展する。

織田信長《おだのぶなが》、豊臣秀吉《とよとみひでよし》の段階にあっては、軍隊の乱暴狼藉《ろうぜき》を禁じる禁制高札《こうさつ》形式の通達を中心としたが、大坂《おおさか》の役《えき》を経た元和《げんな》年間（一六一五〜二四）から、本格的な都市行政が始まった。ここでも京都が先駆けとなった。

徳川和子《とくがわかずこ》が入内した元和六年（一六二〇）、父板倉勝重《かつしげ》の跡を受けて京都所司代に就任した板倉重《しげ》宗《むね》は、元和八年から寛永《かんえい》六年（一六二九）にかけて、京都町中に対して触れ知らせるべき条々を三回にわたって発令した。後年に板倉二一か条と呼び習わされるようになったこの法令は、つぎのよう

3

◉激しい水争い
衝突する利害の折り合いをどうつけるか。公儀と地域の力を組み合わせた「内済《ないさい》」という方法も生み出される。（『四季《しき》農耕《のうこう》図屏風《びょうぶ》』）

な項目からなる。

①元和八年八月の九か条　訴訟に際して奉行所へ出頭する人数の制限。商人の自由交易の推進と組合結成の禁止。質物《しちもつ》取り扱いの注意。証文類への町内周知の印判使用。私札《しさつ》運用に際しての注意。消防活動での注意。牢人《ろうにん》隠し置きの禁止。バテレン門徒の禁止。新寺の建立禁止。

②元和八年一一月の七か条　生糸の手形売買の禁止。消防活動の際の刀脇差《わきざし》帯刀禁止。人夫や武家奉公人と雇い主との紛争の取り扱い方。一宿貸しの吟味、借屋貸借期限について。不審人物の監視。不行跡《ふぎょうせき》な子供への対処。鉄砲撃ちの禁止。

③寛永六年一〇月の五か条　町人の大脇差帯刀禁止。傾城町《けいせいちょう》（遊廓《ゆうかく》）での殺人事件の不受理。質物の取り扱い方法。欠落者《かけおちもの》の家の処分。請け人なき宿貸しの禁止。

キリシタン禁止や牢人取り締まりなどの国家的な治安対策とともに、都市社会で営まれる商業活動や、そこで生じる紛争の処理、防災といった都市行政全般が対象とされている。

こうした方針は、つぎの京都所司代牧野親成《まきのちかしげ》の九か条の法度《はっと》

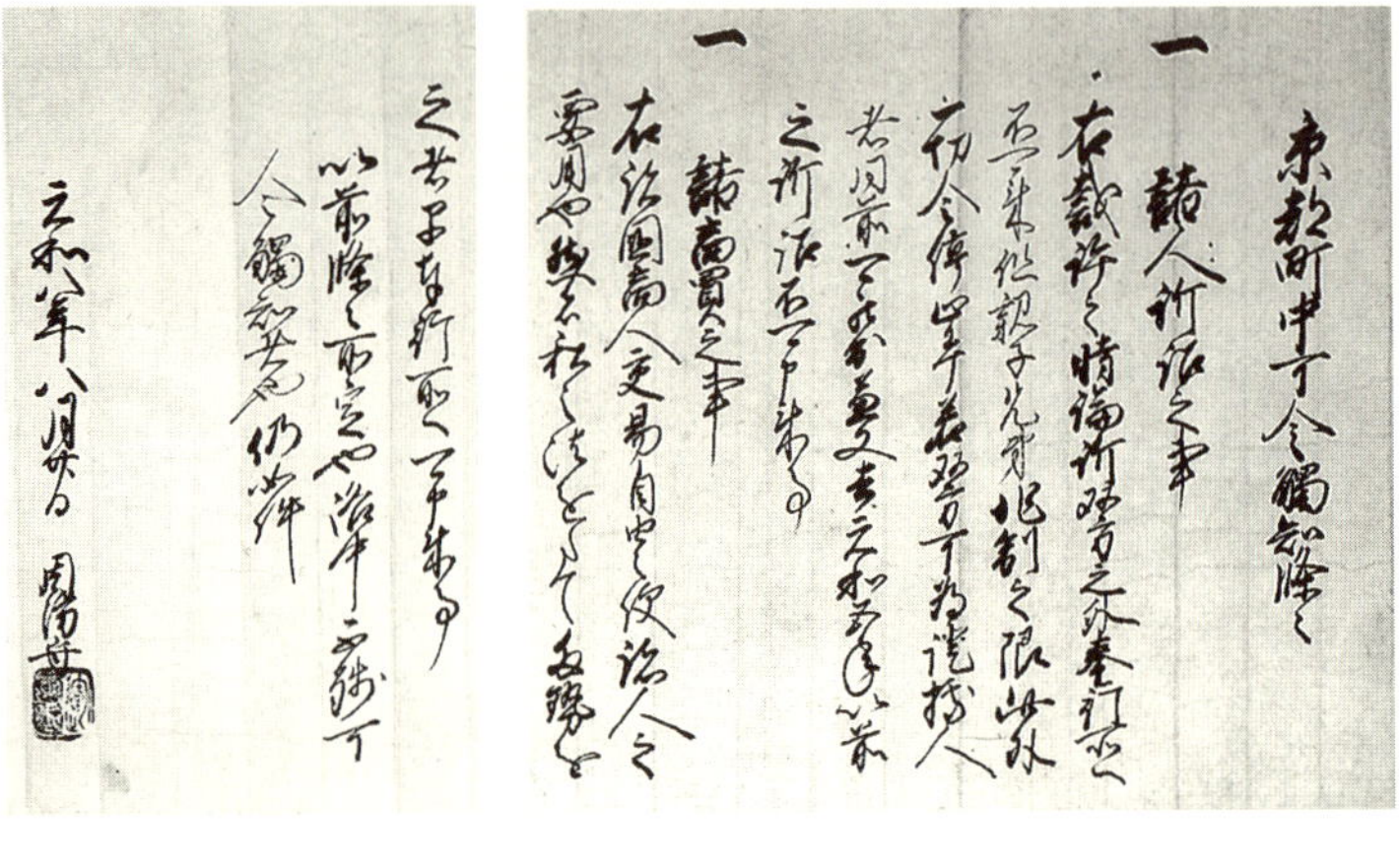

4

◉京都所司代板倉重宗の触書
重宗の二一か条は、民政の祖法として重んじられた。所司代は、京都と周辺の民政や司法、朝廷の監督、西国大名の監視などを職務とした。

（明暦《めいれき》元年〔一六五五〕）にも受け継がれた。「毎月二日に町中で寄合諸事吟味せよ」「相続については生前に町内五人組に知らせておけ。養子や入《い》り婿《むこ》についても同様」「博奕《ばくち》などの諸勝負宿は町内ごとに詮索《せんさく》せよ」などとする。

都市社会全体を覆う広域行政が進む。

告訴・告発を命じる

ところで、公儀の法や行政は、百姓や町人の積極的な協力を必要不可決の条件としていた。民衆の協力なしには法度《はっと》は十分な効力を発せず、刑罰もお題目《だいもく》のままにとどまらざるをえなかった。

そのことは、先の仙台藩や旗本《はたもと》の法度に象徴的に現われている。たとえば、万治《まんじ》元年（一六五八）に仙台藩領村々に通達された九か条の法度は、領内の治安維持について、百姓の協力・援助を随所にうたい、義務づけている。

「キリシタンの詮索《せんさく》を油断なく行ない、不審な者については早々に届け出よ」とか、「村内に徒党を組むいたずら者がいたら、早々に申し上げよ」と、百姓からの告発を奨励する。「庄屋《しょうや》・肝煎《きもいり》の申し付けに背《そむ》く小百姓がいたら、すぐに申し上げよ」「非分を申しかける庄屋・肝煎がいたら、百姓たちは代官へ訴えてこい」ともいっている。つまり、百姓側の協力がなければ、法は効力を発しない。

元禄《げんろく》一一年（一六九八）の旗本板倉《いたくら》氏の条目も同様である。第一条の冒頭から、「キリシタン宗門についてよく改め、不審な者については早々に名主から代官に届け出よ。代官不在の場合は江戸まで届けにくるように。路銭《ろせん》は支給する」とする。

キリシタンの詮索に始まり、いたずら者の摘発、村運営のトラブル解決に至るまで、百姓からの告訴や告発、届け出を前提にしている。公儀法度は、百姓の了解や協力を得て初めて機能するのである。

法度に対する承諾書の提出も、この仕組みの一環である。仙台藩の法度は文末に、「御村中庄屋・肝煎小百姓まで残らず寄り合い、承り届け、十人組仕り、申し渡し候条々たしかに承り届け候と連判にて書物指《さ》し上げ申すべく候」と、法度承知の連判状提出を義務づけている。公儀法度は、百姓たちの承認行為を組み込んでいる。

こうした関係は、町政担当奉行と町民との関係においても共通する。京都所司《しょし》代板倉《だいいたくら》二一か条では、「証文類には町内の皆が知る印判を用いること」と、証文管理に町人どうしの知り合い関係を組み入れていた。「牢人《ろうにん》やキリシタン隠匿《いんとく》は町内全体を処罰する、不審な者の調査も町中で行なえ」と、町内会による治安維持活動も指示している。

この国家は、国政推進のために、能動的で協力的な百姓・町人社会を必須の要件としていた。彼らの協力なしには、支配は徹底せず、刑罰の執行にも困難が伴った。

村の掟・町の式目

村掟を定める

公儀による法度《はっと》支配と並行して、村々では百姓たちの掟《おきて》づくりが始まった。戦国時代に各種地域権力が担った地域運営のなかの、主として生業《なりわい》や生活スタイルにかかわる部分が、徳川《とくがわ》の百姓社会に継承された。

掟の制定には、それぞれの村が置かれた自然的・社会的条件により遅速があった。近江国甲賀郡《おうみのくにこうか》のように隣村との軋轢《あつれき》が厳しい場合は、早くから結束を固める掟がつくられた。上下関係の強い土豪《どごう》型村落では、掟づくりに先行して下人《げにん》や傍系家族による主家からの独立運動が必要だった。全国的には、一七世紀の中ごろから後半期、夫婦中心の小農民経営の確立に対応する形で掟づくりが進行した。自立に向かう小農民経営は、危機回避のためにも強い相互規制を必要としたのである。

近江国湖東の一農村、面積三二町余（約三一・七ヘクタール）、家数四〇軒余からなる蒲生《がもう》郡三津屋《みつや》村（東近江市）では、寛永《かんえい》年間（一六二四〜四四）から村掟の制定が始まっている。第一号は、ちょうど島原《しまばら》・天草《あまくさ》の一揆《いっき》勢が原《はら》城に籠城《ろうじょう》した寛永一四年（一六三七）一二月の日付をもつ。以後、農作業についての取り決めや作物荒らしに対する制裁を中心的テーマとして、繰り返し制定される。

承応《じょうおう》二年（一六五三）の掟は、典型的な村掟のひとつである。「作物、木柴とも暮れ六つ（午後六時前後）以後は取り入れてはいけない」「落ち葉は二月一日から霜月《しもつき》一日までいっさい掻《か》き取ってはいけない」など七か条に及ぶ。「盗人を仕止めた場合には米三俵の褒美」「田地の草の盗み刈りはその場で道具取り上げのうえ酒一斗《と》の罰」「牛馬に農作物を食べさせた場合は米三斗の罰」と、褒賞額や制裁方法も盛り込まれる。

日常生活にかかわってとくに興味深いのは、「暮れ六つ以後は禁止」と、作物などの取り入れ時刻を厳しく制限したことである。村方の生活では、暮れ六つと明け六つ（午前六時前後）が昼夜の境であり、暮れ六つ以後の不審行為は盗人同然とされた。個々の村人の活動を制約する村掟の強い力が示されている。丹後《たんご》国熊野《くまの》郡久美浜《くみはま》村などでは、さらに就寝時刻（夜四つ・午後一〇時前後）、起床時刻（明け六つ）まで決めており、この時刻には夜番が合図の太鼓を打ち鳴らした。

農業生産に欠かせない用水の確保や秣場《まぐさば》利用問題も、村掟の中心テーマである。万治《まんじ》四年（一六六一）には、村民三六名の連名で「川堀置目《かわほりおきめ》」を定めた。「農業用水路の開削により川床となる田畑の年貢は、村民全員の均等負担とする」「開削工事には一五歳以

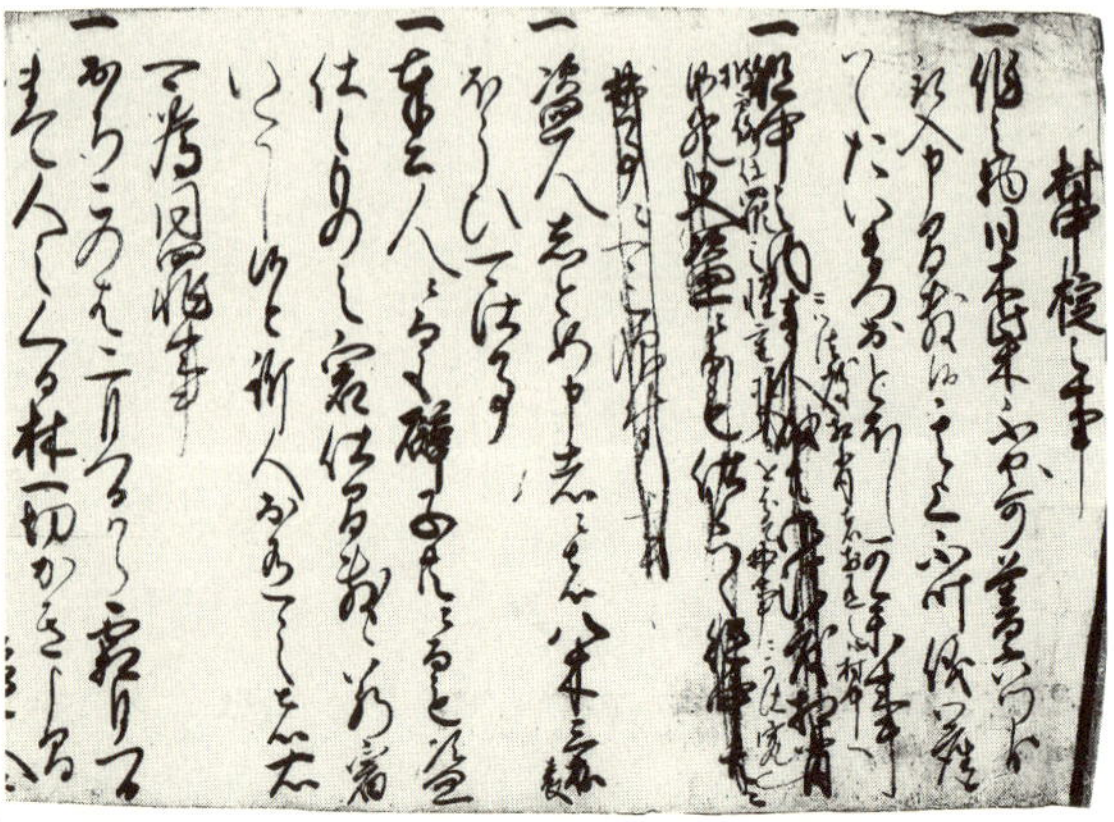

◉三津屋村の村掟
承応二年一二月一九日、各家代表三五人が連判して制定した。自分たちの掟を「御法度《ごはっと》」と呼ぶなど、村の強い規制力が現れている。

上の村人が総出であたる」としている。村社会では、こうした村民が果たさねばならない村仕事を「村役《むらやく》」とか「家役《いえやく》」と呼んだ。水番や夜番、祭礼行事、道普請、雨乞い準備などさまざまな種類があり、隣村との山争い・水争いに際しての団体行動も重要な村役・家役だった。

町には町の式目あり

城下町を中心とした都市社会は、狭い間口《まぐち》と細長い奥行きの屋敷地に建てられた町屋が軒を並べる形態をとる。そうした町屋一〇数軒から数十軒が道を挟む形でつくった共同社会が「町《ちょう》」であり、村社会に対応する町社会である。三都や城下町を構成した町々もまた、町づくりのなかで、町の掟を定めていく。

江戸や大坂、あるいは各地の城下町・宿場町ニュータウンに先駆けて、町掟の制定が始まったのもまた京都である。ミヤコの伝統を継承しながら一挙に巨大化した京都では、急増する地方出身者との融合や借屋層の統制のため、「町儀《ちょうぎ》」「町式目《ちょうしきもく》」「町中定《ちょうちゅう》」「町内法度」などと名付けられた掟が早くからつくられた。以下、「町式目」と総称することにする。

織田信長《おだのぶなが》の入京より三〇年ほど以前の天文《てんぶん》六年（一五三七）が最初という伝承もあるが、現存する最古の町式目は、天正《てんしょう》一三年（一五八五）正月および同一六年の冷泉町《れいせん》（室町夷川下ル《むろまちえびすがわさがる》）の町式目である。天正一三年といえば、豊臣秀吉《とよとみひでよし》が紀州惣国一揆《きしゅうそうこくいっき》を制圧して刀狩りを始め、関白に就任して京都の改造に着手した年である。町人による町づくりが、秀吉の国づくりに並行して始まったことが意義深い。以後、文禄《ぶんろく》三年（一五九四）下本能寺《しもほんのうじ》前《まえ》町、文禄五年鶏鉾《にわとりぼこ》町、慶長《けいちょう》一〇年（一六〇五）三条衣棚南《さんじょうころもたなみなみ》町、慶長一八年堀之《ほりの》内《うち》町、慶長二〇年西方寺《さいほうじ》町と、町式目はつぎつぎに制定されていく。

　冷泉町の二つの町式目は、いずれも町内の家屋敷売買がテーマだった。天正一三年の規程では三点を取り決めている。①家の買い主は売買代金の一〇分の一を町内に上納すること、②町内へ挨拶料銀五〇疋《ひき》を出すこと、③祝い酒を振る舞うこと。

　天正一六年のものも三点からなる。①武家の奉公人に家を売った場合は、銭三〇貫《かん》の罰金を紹介者から徴収する、②町人どうしの売買の場合も、町内の賛成を必要とし、売り主は一貫文を町に納める、③貸屋の場合は宿老衆《しゅくろうしゅう》（町内運営層）の了解を必要とし、挨拶料二〇〇文を納める、としている。町内を構成するメンバーの資格や受け入れ方法は、都市生活を営むうえでもっとも重要な問題であり、そのため町式目は、家の売買や借屋人の条件など、町構成員問題を中心的なテーマとした。

　冷泉町の掟では武家奉公人に家を売らないとしたが、各町内

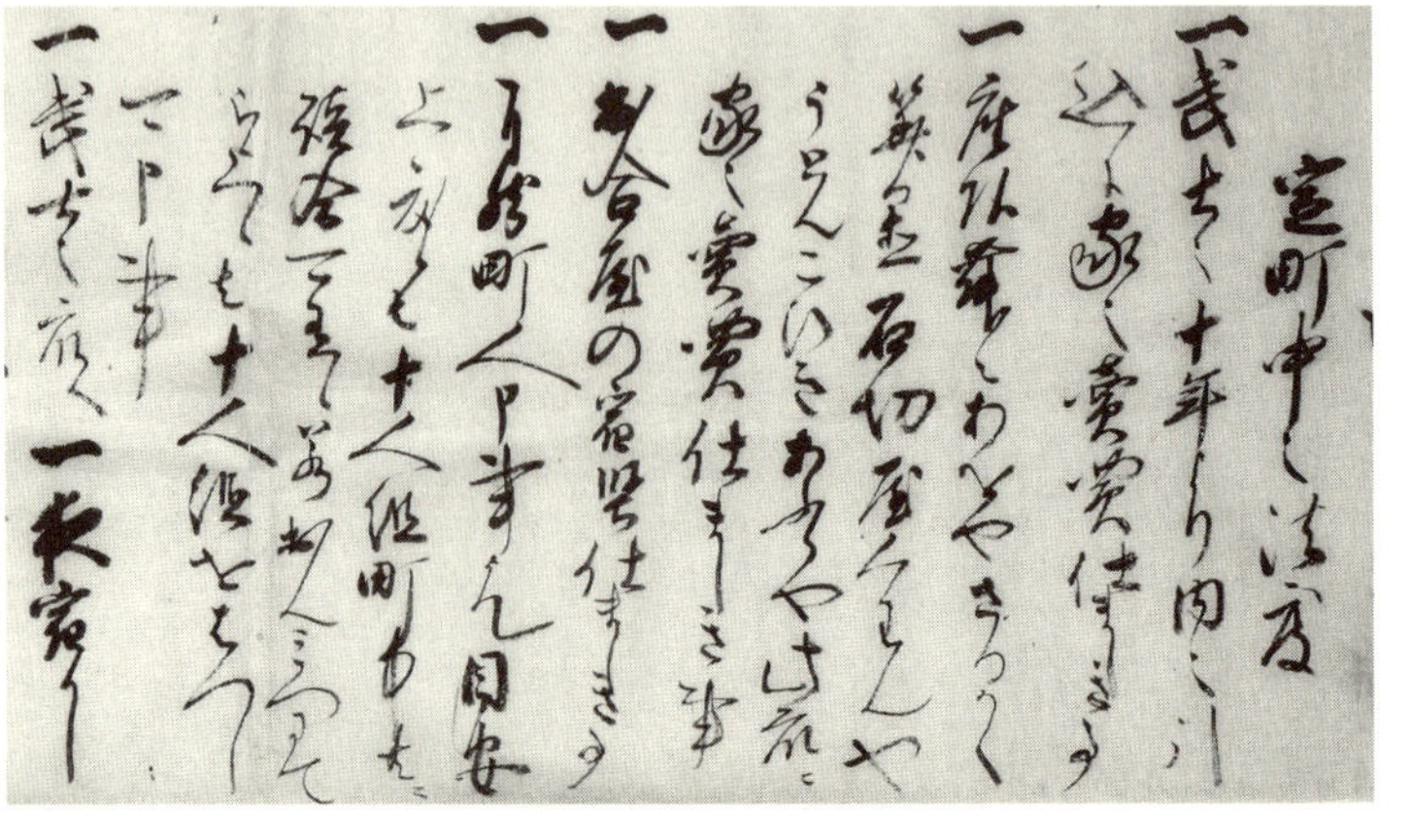

6

◉下本能寺前町の式目
元和六年九月五日制定。全八か条からなり、二〇人が連判する。町内の職種を規制し、家屋敷の勝手な質入れや、勝手な訴訟を禁じている。

ではさまざまな職種の規制をしている。元和《げんな》六年（一六二〇）の下本能寺前町の式目では、家屋敷の売却を禁じる職種として一二種類をあげる。武士《ぶし》・座頭《ざとう》・舞々《まいまい》・青屋《あおや》・猿楽《さるがく》・算置《さんおき》・石切《いしきり》・薬缶《やかん》屋《や》・饂飩《うどん》・木挽《こびき》・油屋《あぶらや》・鍛冶《かじ》屋である。明暦《めいれき》二年（一六五六）の中立売《なかたちうり》町のように、「当町は糸商い・呉服のほか一切の家職なされまじきこと」として、異業種の居住を排除する同業者町もあった。

職種規制は家屋敷の売買だけでなく、借屋人にも及ぶ。正保《しょうほう》四年（一六四七）の清和院《せいわいん》町の式目では、酒屋・茶染《ちゃぞめ》屋などの規制職種を列挙したうえで、たとえ借屋であっても居住を拒否するとしている。享保《きょうほう》元年（一七一六）の柳八幡《やなぎはちまん》町のように、借屋に対する職種規制を二〇種ほどあげ、これを家屋敷売買に適用するとしたところもある。

町式目には町の構成員に関する規程のほかにも、多様なテーマが取り上げられている。①町組織の運営や治安・消防活動に関すること、②人生儀礼や神事・祭礼・風俗・生活習慣関係、③隣町や町組（町連合体）との関係、④町入用《ちょうにゅうよう》・出銀《しゅつぎん》規程などである。

①では、「町汁《ちょうじる》」と呼ばれる寄合《よりあい》のもち方や、町年寄《ちょうどしより》・日行事《ひぎょうじ》の人数・選出方法といった町運営の根幹にかかわる問題群がテーマである。享保一八年の蛸薬師《たこやくし》町の式目では、年寄・五人組・相談衆・家之組・日行事など町役人それぞれの役割を記し、また夜番、木戸門の開閉、消防、清掃、道筋の修繕など、町内の業務（町役）を詳しく取り決めている。火災に関しては火消役を設け、組合をつくって消火にあたるとする。

町式目自体が、寄合の場で繰り返し確認され、改正もこの場で行なわれる。②〜④の項目も含め、町内は「親疎《しんそ》に限らず互いにむつまじく致すべき」であり、「難儀のこと出来《しゆつたい》の節、または孤独の人などは互いにあい救い候ようにあい心得、諸事懇《ねんご》ろにあい交わるべきこと」とされた。

自治と権力

先に紹介した近江国《おうみのくに》三津屋《みつや》村の村掟《むらおきて》には、「田地の草の盗み刈りはその場で道具取り上げのうえ酒一斗《と》の罰」などとあった。村掟は、違反者に対する制裁も定めていた。

全国各地の掟を通覧すると、村の制裁は、おおむね、追放刑・付き合い禁止・見せしめ刑・罰金刑にまとめられる。追放刑は村エリアからの排除、付き合い禁止は村八分ともいわれる。見せしめ刑には耳削《みみそ》ぎなどの身体刑や、赤頭巾を着せる、盗人札を下げさせる、橋の上に晒《さら》すなど各種あった。このほか氏神の罰をうたう掟も少なくない。

町の制裁もまた、追放刑を最高刑として、付き合い禁止、罰金刑などから成り立っていた。京都の町式目からいくつかを紹介しよう。

追放刑は火災に関係した条項に掲げられる。寛文《かんぶん》九年（一六六九）、京都塩屋《しおや》町では火事場に駆け付けなかった町民に対して、「家屋敷を指図次第に売り払い、町を立ち退《の》き申すべく候」とする。また、享保《きようほう》一八年（一七三三）役行者《えんのぎようじや》町でも、出火のときにすぐに町中に知らせなかった者は「町中追い出し申すべく候」と厳しい処分を取り決めている。家屋が密集した町場の生活において、火災こそ最大の制裁対象であり、消火活動怠慢は追放に値するものだった。

付き合い禁止は、嘉永《かえい》七年（一八五四）の橋弁慶《はしべんけい》町の式目では、火災を知らせなかった者に科すとしている。また、寛政《かんせい》八年（一七九六）下柳原南半《しもやなぎはらみなみはん》町では、寄合問題に対して付き合い禁止の制裁が適用される。「寄合において、我意《がい》を申し募る者は今後は座外として諸事相談から外す」とし、あわせて「寄合への不参加者には罰金（寄合銭）を科す」としている。元和《げんな》六年（一六二〇）、「十人組や町中への相談なしに奉行所へ訴願した者は組を外す」とする下本能寺前《しもほんのうじまえ》町の式目も、付き合い禁止の事例である。

町社会でもっとも一般的な制裁は、過銭《かせん》（罰金刑）である。寄合不参に始まり、各種の取り決めに対する違反者、過怠者に対して科される。寛永《かんえい》一六年（一六三九）清和院《せいわいん》町では、夜番・家売買・跡目・町用銭・汁《しる》（寄合）・町振る舞い・借屋など一九か条を書き上げたうえで、「右の条々あい背くにおいては、過料として銀一枚出すべきものなり」とうたう。典型的な罰金刑である。

氏神の罰をあげたものもある。慶長《けいちょう》一八年（一六一三）堀之内《ほりのうち》町では、烏帽子《えぼし》着・町振る舞い・官《かん》途《と》成《な》り（町内運営集団への加入）などに際しての拠出金未納者に対して、「氏神の御罰をこうむるべきものなり」とする。町人身分社会の発展のなかで、町もまた村と同様にみずからの法と刑罰を備えた組織として成長していく。

7

◉勧請縄（滋賀県東近江市妙法寺町）村の入り口に注連縄《しめなわ》を張り「村中安全、五穀豊穣、悪疫退散」などを祈願する。村の追放刑は勧請縄《かんじょうなわ》のエリアからの放逐である。

ところで、従来の研究では、こうした村掟や町式目にみられる自主・自律については、「国家権力」や「領主権力」に対抗する「民衆自治」の象徴として高い評価を与えてきた。みずからの共同組織の維持・防衛を目的とすることにかんがみての評価であり、私もそのように考えてきたひとりである。

しかし、追放刑を頂点とした違反者に対する強い制裁権という点に着目するならば、「民衆自治」のもつ権力的な側面を見逃すことはできない。「権力」に対置された「自治」自身が、権力を内包し、これを行使する。古来、自治の担い手が権力者へと反転する事例は数多いが、それは、「自治」の範疇《はんちゅう》内に「権力」が包含されていることに由来するのだろう。

村掟や町式目の内包するこうした権力的要素を勘案して、徳川の町村社会を「町人・百姓身分による自治権力」と規定してみたい。公儀（幕藩権力）が法度《はっと》や刑罰をもって「国民」を統治する国家権力だったのに対して、町村社会はみずからの掟をもって「町民」「村民」を規制し、違反者に制裁を科す自治権力である。

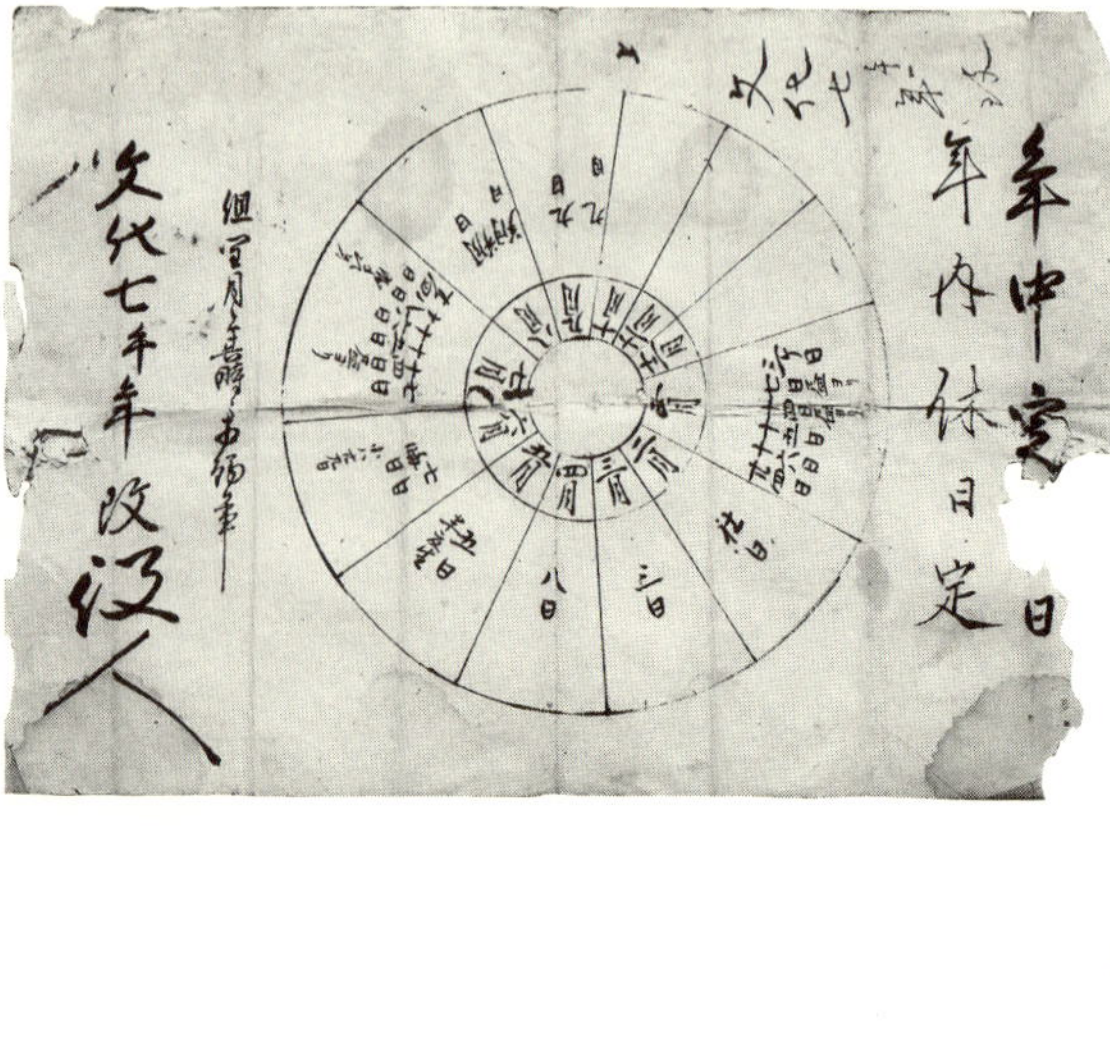

◉村の休み日（山城国久世郡上津屋村）
年間の休日も村で決める。農作業の節目や社寺の祭礼を中心に、二〇〜三〇日が休日の標準日数である。ほかに雨乞い返しなど臨時の休み日が入る。

8

「せめぎ合い」と「もたれ合い」

一方は国家統治、他方は生業《なりわい》・生活の維持発展という、それぞれが担う目的の違いから、両権力は、対立し矛盾しあうことも少なくはなかった。矛盾は多くの場合、町村側にしわ寄せされるが、そうした時には、町や村は各種の手立てを講じて抵抗し、あるいは法度《はっと》の形骸化《けいがいか》を図った。

近江国仙台藩領《おうみのくにせんだいはん》の一村だった蒲生郡中野村《がもうなかの》では、寛永《かんえい》一五年(一六三八)、藩に内密の「隠田《おんでん》」について掟《おきて》を定めている。各家の当主一〇七名が連判した掟は、「堅く究めのこと」と題して、「地下《じげ》(村)の儀につき、他郷へ参り悪しき事申すまじきこと」「隠田の義につき、妻子にも語り申すまじきこと」の二か条を記す。表わし方は異なるものの、ここに示されたマインドは、この年に原《はら》城で玉砕した島原《しまばら》・天草《あまくさ》のキリシタンに通じている。村権力は、村民の権益を他村から守り、自村民を公儀権力から保護する権力でもある。

同村では、万治《まんじ》元年(一六五八)にも、領主の頼母子講《たのもしこう》禁止令に対し、それでは小百姓の生活が立ち行かぬとして、内々の継続を約束している。村民連名の誓約書には、「もしこのことが脇々より御公儀様へあい聞こえ、庄屋・肝煎《きもいり》が曲《くせ》ごとに仰せつけられたならば、御村中の皆で出頭して、庄屋・肝煎に落ち度がないと申し訳を仕《つかまつ》り、詫《わ》びごとを申し上げるべく候」と記されている。自治権力は、組織ぐるみで動くことによって強い力を発揮する。

他方、町村の掟は、さまざまな形で幕府や藩が制定した公儀の法度や刑罰に依存していた。たとえば、盗みや作荒らしなどの窃盗《せっとう》については町村の制裁対象とするものの、殺人事件や町村域を超えた広域的問題群に対しては非力であり、それらについては公儀の法度や刑罰への依存を基本とした。延宝《えんぽう》三年（一六七五）の近江国野洲《やす》郡安治《あわじ》村の掟は、「家に入り盗みを働いた者は公儀に訴え、村を払う。作荒らしをした者には過料を科す」と定め、公儀へ届ける犯罪と村掟で処理する犯罪とを区分している。「もしふたたび盗みを働いたときは、公儀に訴えられてもかまわない」といった文言が、村掟に違反した者の詫び状にしばしば記されるが、これもまた、公儀への依存を示すものである。

公儀の刑罰体系は、死刑や見せしめ刑を内容とする苛《か》酷《こく》なものだった。公儀へ告発されてもかまわないと誓わせる背後に、公儀の刑罰で威嚇《いかく》しながら村掟の実効度を高めようとする自治権力の思惑《おもわく》がかいま見える。村掟や町式目の冒頭に、「御公儀様より仰せ出され候御法度の趣を堅く守り申すべく候」という条項を掲げるのも、同様の考えによるものだろう。

百姓・町人の協力を組み込むことで成り立つ公儀の法度（国法）と、公儀への依存を含みつつ自律的な町村社会の掟。両者の競合と依存の構造が、徳川日本の枠組みとなる。

9

◉引廻し
死罪以上の重刑者に科された付加刑。死刑の執行に先立ち、囚人を馬に乗せ市中を引廻《ひきまわ》す。非人が罪状札や幟《のぼり》を掲げる。（『刑罪大秘録《けいざいだいひろく》』）

「内証」の間柄

村を分け合う領主たち

公儀と百姓・町人の身分社会との相互関係は、土地支配の問題や、日常的な町村運営の場面においてもみられる。

そうした関係を象徴する事例として、一村を複数領主が分け合う相給《あいきゅう》村の世界があげられる。土地や百姓に対する公儀の支配原則は、幕府、藩を問わずおおむね共通していたが、その特色は、相給村においてもっとも明瞭に観察できる。

上総国《かずさのくに》との国境に接して、下総《しもうさ》国千葉郡平川《ひらかわ》村（千葉市）がある。幕末の安政《あんせい》二年（一八五五）の時点で、村高二四二石《こく》余、家数四二軒。この地域としては標準的な規模だが、同村はひとつの藩と旗本《はたもと》三家、つまり四人の領主に分有される相給村だった。

平川村を領地とした領主たちの支配田畑と百姓家を示した村絵図が作成されている。戸塚《とつか》氏領は少量のために割愛された模様だが、堀田《ほった》氏の佐倉《さくら》藩領、旗本の林《はやし》氏領・神谷《かみや》氏領、そして共有地がそれぞれ色分けされている。色の分布から、一目瞭然、村内は全域において各領主の支配地が入り混じり、百姓家も隣家は別領主に所属するという入り組み状態だった。数えてみると、各領主所属の百姓の軒数は、各領主の持ち高の割合にほぼ一致する。

相給村は、旗本領の多い関東農村や、公家・寺社・天皇領などが集中する山城《やましろ》・大和《やまと》など畿内近国農村に広くみられた現象である。名古屋藩（尾張《おわり》藩）など家臣に領地を配分する知行《ちぎょう》方式（地方《じかた》知行制）を採用した藩領にも存在した。ここには、公儀の領地・領民支配の特色がよく現われている。

特色の第一は、たとえひじょうに小規模の領主であっても、その支配権は田畑の一枚一枚、百姓家の一軒一軒にまで及んでいるということである。このような細かな配分をせずに、領主代表が一括管理したうえで、比率に応じて年貢配分をすればよさそうだが、そうはしていない。全国どこの相給村でも、領主ごとに村役人を置き、領主単位で年貢・諸税を徴収し、宗門改帳《しゅうもんあらためちょう》をつくっている。こうした方式は、鎌倉《かまくら》武士

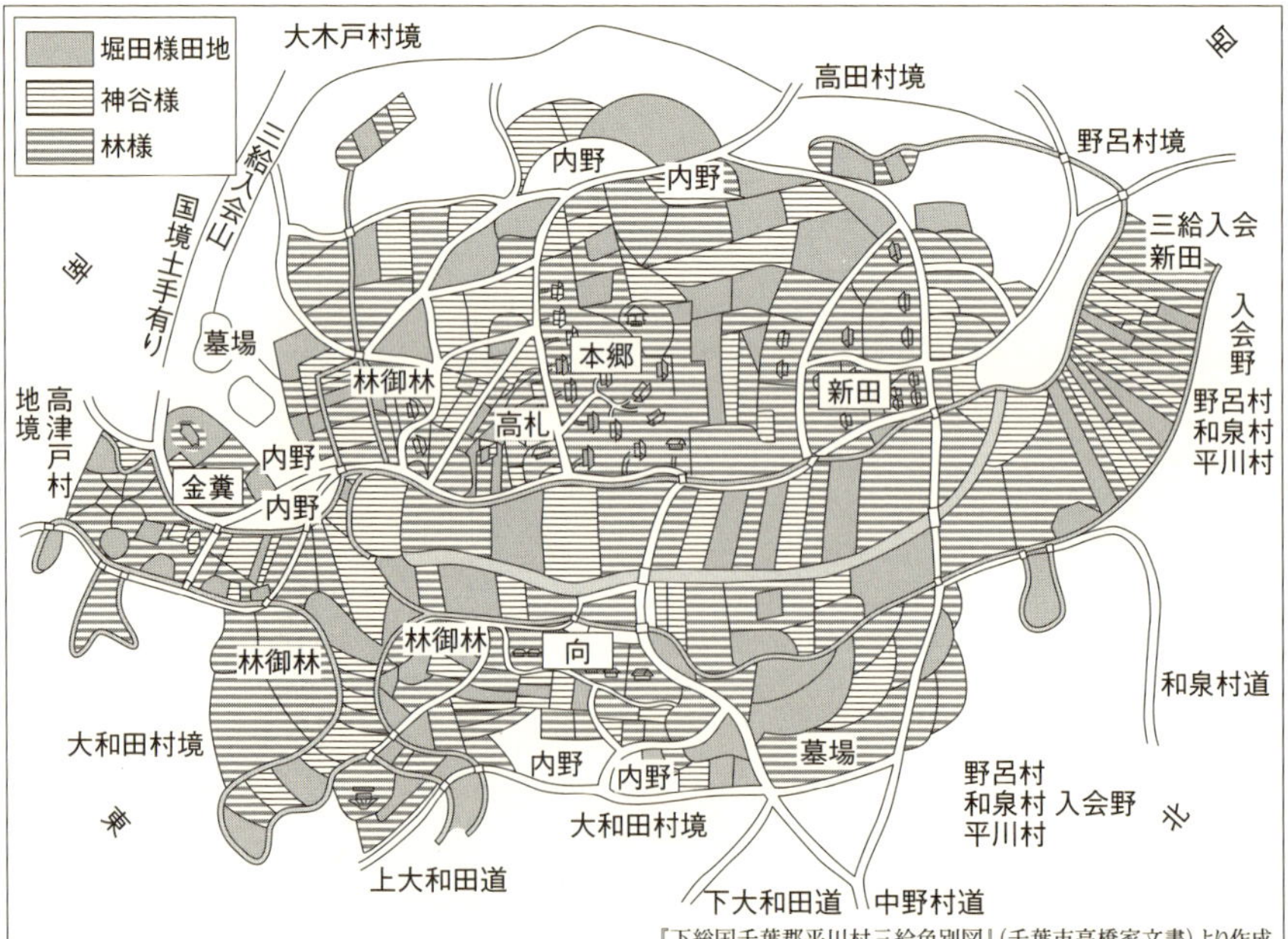

『下総国千葉郡平川村三給色別図』（千葉市高橋家文書）より作成

以来の伝統的な主従制的原理の継承と見受けられる。自分の家来や百姓との私的な人間関係を基礎に、武力をもって彼らを庇護《ひご》し、課税し使役する。相給村絵図は、徳川の領主もまた、まぎれもなく、そうした武士の末裔《まつえい》だったことを明瞭に物語っている。

そのうえで、この絵図は、徳川領主の支配が現場の生産・生活からは遊離した、形式的で観念的なものだったことも示している。四人の領主に分有されても、平川村の農業は領主別だったわけではないし、生活が所属領主ごとに営まれたわけでもないのである。百姓たちの生産・生活は、村としてのまとまりや、その下部の小集落を単位に進められていた。

田畑や百姓家の分属方法それ自体が、村のやり方に任されていた。山城国久世《くせ》郡寺田《てらだ》村は、宝暦《ほうれき》六年（一七五六）に村内が三分割されたが、その際、領主側は「村方にて得《とく》と吟味仕《つかまつ》り、分け地帳面・百姓分けまで書き上げ候様《そうろうよう》」にと指示した。これを受けて寺田村では、百姓間で不公平が生じないように、同じランクの田畑をグループ分けし、籤《くじ》引きによって所属領主を決めている。百姓家の分属についても同じ操作をした模様である。別の村では、一軒一軒の百姓家の所持田畑を、領主の分有石高の比率で分割したところもあった。

こうした分割の結果、相給村では、百姓家の所属領主と、その百姓が所持する田畑の領主とが違っていたり、一軒の百姓が複数領主の領地を所持する事態が日常的となった。しかし、それで生産

◉下総国千葉郡平川村の相給絵図
原図では、田畑や百姓家が所属領主ごとに色分けされている。相給村では、所属確認のため、こうした色分け絵図がよく作成される。

活動が停滞・混乱することはなかった。領主への分属は帳簿上、絵図上の形式的なものであり、実際の運営は百姓たち自身の手で担われたからである。

他方、これまで随所で触れたように、村社会に対しては公儀の広域行政の網が掛けられていた。百姓たちは、個別村で対応しきれない広域的課題についてはそれに依存していた。「公儀に依存する村」と「村に依存する公儀」という両者の関係が、ここにも明瞭に現われている。

隠す「内々」、連なる「内々」

幕府や藩の奉行・代官と、百姓・町人が相互に意見交換しながら問題を解決する、「内々《ないない》」「内証《ないしょう》」「内分《ないぶん》」という手法があった。日常的な行政や紛争処理などによく用いられる。

一例として、岡山藩池田《いけだ》氏の城下町、備前国《びぜんのくに》岡山の町政を題材としてみよう。

あらかじめ、一七世紀中ごろの城下町岡山について概観すると、城下は武家町と町人町、寺社に分かれ、六二町ある町人町にはそれぞれに目代《もくだい》（町名主《まちなぬし》）が置かれていた。目代は、補佐役の年寄《としより》とともに町人の入札で選ばれ、町奉行から任命される。町人の移動、訴訟・紛争の調停、町奉行所への訴状・届け書の取り次ぎ、触書《ふれがき》の布達など、町政全般を担当した。

六二町は上《かみ》組、中《なか》組、下《しも》組の三つに分けられ、各組には武士身分の格付けの豪商が大年寄（惣《そう》年寄）として配置された。彼らは補佐役の惣年寄格とともに、奉行所と各町とをつなぐ役割を担った。家屋敷売買に際しての一〇分の一税の徴収や、飢え人救済、奇特者《きとくもの》の表彰などを業務とする。一方、藩側の町政担当者は、町奉行である。知行二〇〇〇〜六〇〇〇石《こく》級の物頭《ものがしら》から任命され、配下の町目付《まちめつけ》・同《どう》心《しん》らとともに、城下の行政・徴税・治安にあたった。

さて、この岡山城下町に、大年寄を務めた高知《こうち》屋が書きつづった万治《まんじ》二年から寛文《かんぶん》一二年（一六五九〜七二）に至る職務日記の写しが残っている。町奉行からの通達をはじめ、職務上の覚書《おぼえがき》、事務処理事項など、徳川前期の城下町運営を詳しく伝える。将軍でいえば四代家綱《いえつな》、岡山藩では池田光政《みつまさ》が藩主の時代のことである。

この日記に、頻繁に「内証」「内々」「内意《ないい》」という文言が登場する。よく読んでみると、これらには、二つの異なる意味が含まれることが判明する。ひとつは岡山藩（公儀）に知られないようにという秘匿《ひとく》を意味する「内」であり、もうひとつは藩の奉行と町のあいだで内々に意思疎通を図り連携する「内」である。秘匿の事例をひとつあげる。

寛文九年閏《うるう》一〇月、石関《いしぜき》町弥三《やさ》右《え》衛門《もん》が破産して身代限《しんだいかぎ》りとなった。町内では「内証」で家屋敷を売却して、借銀を清算した。

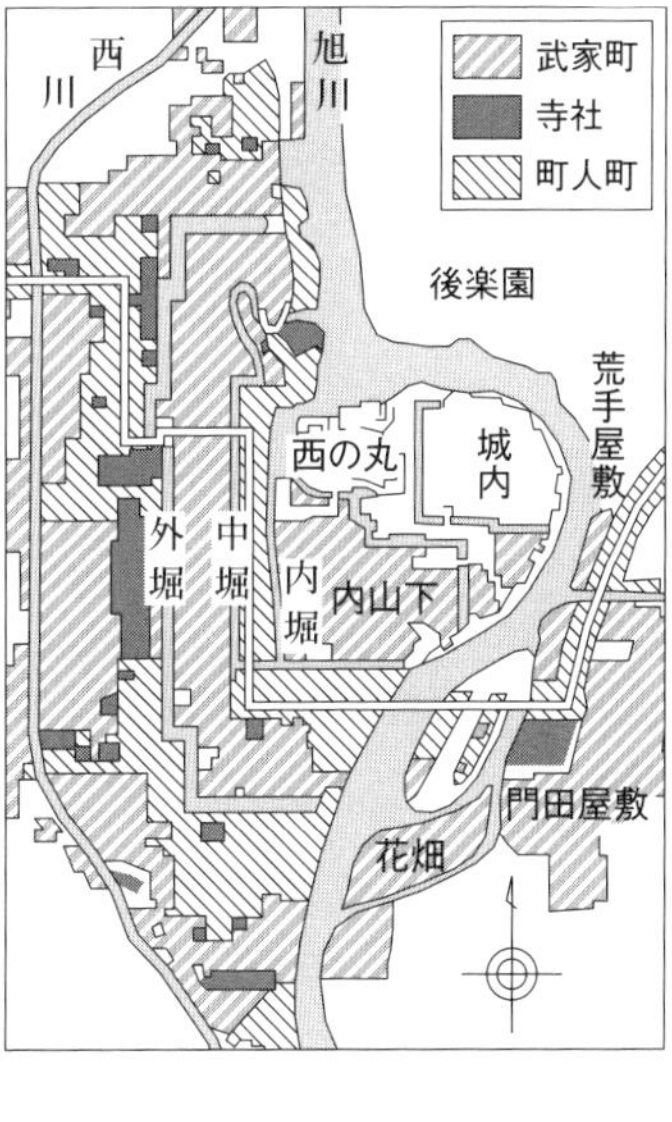

●城下町岡山
宇喜多直家《うきたなおいえ》・秀家《ひでいえ》親子が築く。寛永年間には近世城下町として完成していた。東を上にすると、都市構造がよくわかる。

この「内証」は、秘匿する「内証」である。貸し主が奉行所に訴えて「御公儀様のお耳」に入るのは面倒と、町内の目代・年寄・五人組ら町中の者どもが「内証」で事を運んだのである。町内が公儀（岡山藩）に対して内々に、独自の力で問題を処理した「内証」である。

もちろん、町奉行所は町々の「内証」事を禁じている。

一昨年宗旨《しゅうし》請けを申し渡した際、老人・隠居人は心次第《しだい》、その外《ほか》は神道《しんとう》請けか坊主《ぼうず》請けにするよう申し付けたが、今回江戸（公儀）より不受不施《ふじゅふせ》禁止という天下の御法が仰せ出された。もし背《そむ》いたり、「内証」で不受不施にかかわる者は曲《くせ》ごとである。（寛文九年六月五日）

日蓮《にちれん》宗不受不施派の禁止にかかわる通達だが、ここでの「内証」も、秘匿する「内」の意味で用いられている。

他方、町々と町奉行所が了解を取り合う行為としての「内証」がある。こちらの用法が、むしろ多数を占める。

石関町の一郎左衛門《いちろうざえもん》と九郎兵衛《くろべえ》が、地子米《じしまい》（土地税）をめぐって争った。大年寄が調停案を示し、双方了解して落着した。大年寄から町奉行所へも「内証」に申し上げ、了解を得ておいた。（寛文一〇年一二月）

奉行所から町々の目代宛《あて》に、「内証」に申し聞かせるよう通達があった。通達内容は、祝言《しゅうげん》や葬儀があった場合に、座頭《ざとう》・瞽女《ごぜ》に遣わす祝儀金・不祝儀金についてである。上々の町人は銀一二匁《もんめ》、上は六匁、中は三匁、下は「なし」とせよ、との指示だった。

（寛文八年一〇月）

城下町で生じるさまざまな問題を、町奉行所（公儀の役所）と町々が、大年寄を通じて「内々」「内証」に調整し、解決している。

町社会は、各町内がそれぞれに、独自のルールをもつ自治権力として町内運営を進めていた。しかし、問題が生じた場合、町は調整結果を内々に町奉行所に伝えて了解を得、あるいは奉行所の意向を斟酌《しんしゃく》しながら解決にあたることを常套《じょうとう》手法とした。奉行所の側も、みずからの意向を「内々」に町内に伝え、町々の了解を得ながら都市行政にあたっていた。

「内済」という知恵

「内々」関係は町社会に限らず、村と公儀の関係においても形成された。徳川《とくがわ》中期の事例だが、小《お》田《だ》原《わら》藩領だった駿河国駿東《するがのくにすんとう》郡山之《やまの》尻《しり》村（御殿場《ごてんば》市）名主の日記から、抜き書きしてみる。

10

◉不受不施派の隠れ部屋
幕府は、日蓮宗不受不施派を禁止し、弾圧した。しかし、ひそかに信じつづける「内信者」も多く、地下集団が組織された。隠す「内々」である。

百姓某の女房と藤次右衛門《とうじえもん》弟某のあいだで不義があった。名主が吟味したところ、両人とも初めてとのことだった。女と荷物は親元へ返し、男は兄が勘当《かんどう》処分にすることで落着した。このことは「内分」にてすませた。（安永《あんえい》三年〔一七七四〕五月）

御殿場のみよしや源八《げんぱち》下女と印野《いんの》村の男が心中した。それぞれの檀那寺《だんなでら》に渡して「内々」にすませた。ところが、小田原（小田原藩）の知るところとなり、関係村の村役人と両寺が呼び出されて刑罰が科された。両寺は、公儀の御定法では遠島だが、殿様の御慈悲をもって「押し込め（戸を閉めて謹慎する）」、名主たちも、御慈悲により追放を免じて役目取り上げとなった。（寛政《かんせい》九年〔一七九七〕正月）

いずれも秘匿する「内々」である。後者では、「内々」の処置が小田原藩（公儀）の耳に入り、表沙汰になってしまった。

つぎに、藩と村とが連携する「内々」をあげよう。

水利紛争の処理をめぐって、奉行と村役人が「内々」相談の結果、調停で解決する道が選択されている。

六日市場《むいかいちば》村半左衛門《はんざえもん》と順右衛門《じゅんえもん》のあいだで、用水路をめぐる紛争が生じた。順右衛門から村役人に対し、奉行所に訴訟したいとの相談があった。ちょうど村々巡見中の奉行松田常左衛門《まつだつねざえもん》様に申し上げたところ、近隣村の名主と協力して「内済《ないさい》」するようにとの指示だった。仲裁のうえ、「内済取り交わし証文」を作成した。結果について松田様にも申し上げた。

（安永二年一二月）

こうした問題解決の形は、藩の裁判そのものにも取り入れられていた。

深沢《ふかさわ》村と東山《ひがしやま》新田の堀をめぐる争論、および東山新田と入会《いりあい》七か村との野をめぐる争論が生じた。自分を含む近隣村々の名主ら八人が嗳《あつかい》（仲裁）に入ったが不首尾に終わり、それぞれが小田原へ出訴した。小田原藩の担当役人から山之尻《やまのしり》村・杉名沢《すぎなさわ》村、仁杉《ひとすぎ》村名主に対して呼び出しがあり、三か村で取り嗳うようにと指示があった。ことのほか仲裁に手間どったが、「内済」が成立し、紛争は落着した。

（寛政二年四月）

事件は、①「紛争の勃発《ぼっぱつ》→近隣で調停するが失敗」→②「藩の奉行所への訴訟→奉行より嗳人の指名→嗳人による調停の成立」という過程をたどっている。

法制史の研究では、このうち近隣が調停に入った①部分を「和済《わさい》」と呼び、②の部分を「内済」と呼んで区別している。

②の「内済」部分が、奉行と村々連携の「内々」に相当する。奉行は嗳人（＝村社会）のもつ知識

や調停能力に依存する。曖人は、それが奉行の指示である旨を強調しながら解決案を探るのである。「内済」で解決に至らず、幕府や藩の奉行所の「裁許」にゆだねられることも少なくなかったが、紛争解決の手法としての「内済」方式は、連携する「内々」関係を制度化した仕組みといえる。

町や村の自律を支える「秘匿する内々」と、公儀と折衝し折り合いを模索する「連携する内々」。徳川の民衆社会（自治権力）は、二つの「内々」を使い分けることで、徳川国家（公儀権力）とのあいだに相対的に安定した関係をつくりあげていた。公儀権力もまた「連携する内々」を統治手段として、民衆社会との意思疎通を図っていた。二つの「内々」のバランスの軌跡として、公儀権力と自治権力の関係が展開する。

ちなみに、私たちはこうした関係を、すでに二系統の『江戸《えど》図《ず》屏風《びょうぶ》』で観察していた（第二章参照）。『江戸図屏風』の公儀的要素と『江戸名所図屏風』の町人的要素との、ズレと重なり合いである。首都城下町江戸が二要素の組み合わせから成り立っていたように、徳川日本全体もまた、国家と民衆社会の「せめぎ合い」と「もたれ合い」の構図をもって展開したといえるだろう。

おわりに

国家デザイン

一七世紀、日本列島に生まれた「徳川《とくがわ》国家」の成り立ちや特色について、復習しておきたい。

新しい国づくりの契機は、列島の内と外の両方から生じた。列島内における契機は、一五世紀から一六世紀、各地に発生したさまざまな地域権力のせめぎ合いだった。武田《たけだ》・上杉《うえすぎ》・毛利《もうり》などの戦国大名、土豪・地侍を担い手とする「山城国一揆《やましろのくにいっき》」「紀州惣国一揆《きしゅうそうこく》」「甲賀郡中惣《こうかぐんちゅうそう》」など、いろいろな規模と形態の地域権力組織が生まれていた。一向宗《いっこうしゅう》僧侶を中核とする本願寺《ほんがんじ》法王国もここに含まれる。

各権力は武装し、自領内限定の法や身分秩序、流通の仕組みをつくった。多くの地域権力が自分たちの世界を「国」と呼んだように、それぞれがミニチュア国家といってもよかった。そして、それらが相互に利害をめぐり、紛争を繰り返していた。

統一政権を樹立した織田信長《おだのぶなが》・豊臣秀吉《とよとみひでよし》・徳川家康《いえやす》もまた、地域権力のひとつである戦国大名の系列から出発した。彼らは鉄砲を使って強力な軍団を組織し、各地・各レベルの地域権力を制圧し、天皇権威をも活用しながら、日本列島の大部分を版図《はんと》とする新しい国づくりに向かっていった。

事業なかばで死去した信長を継いだ秀吉は、刀狩りや検地政策を通じて、新国家の基礎をつくりあげた。列島内部を大きく都市と農村に分離し、住民を武士、百姓、町人（商人・職人）といった身分に編成する。この施策は、地域権力がそれぞれの国内でローカルに組織していた分業や身分の仕組みをいったん解体したうえで、改めて列島規模で再配置したものとみることができる。

検地によって全国に石高《こくだか》のローラーが掛けられ、年貢徴収や人夫の徴発から領地の配分・軍役《ぐんやく》奉仕に至るまで、社会の基本的な関係がコメの収量単位で示されることになった。身分制と石高制でデザインされた国家の誕生である。家康・秀忠《ひでただ》・家光《いえみつ》はこれを継承し、徳川国家に仕上げた。

新しい国づくりのもうひとつの契機は、大航海時代という地球的規模の波に乗り、キリスト教と貿易をセットに到来したヨーロッパ（南蛮《なんばん》）の圧力である。この力に対抗するなかで、日本国家としての自己認識が深まり、対外的な国家デザインが固まった。

キリスト教に対しては、伝統的な三国世界（唐《から》・天竺《てんじく》・本朝《ほんちょう》）内部での自己主張だった「神国日本」が相手を変えて転用された。キリスト教禁止が国是となり、「非キリシタン＝日本国民」づくりが強力に進められる。国民の海外渡航は禁止となった。そして、島原《しまばら》・天草《あまくさ》一揆が、この流れに大きな影響を与えた。

南蛮の参入で活況を呈した東アジア交易に対しては、当初は朱印船《しゅいんせん》などによる積極策がとられた。しかし、キリスト教禁止との兼ね合いで、最終的には、相手をオランダ東インド会社と中国民間船に限定した、長崎での国家管理貿易（鎖国）に落ち着いた。

秀吉の朝鮮出兵で不通となった日朝関係や、鹿児島藩（薩摩《さつま》藩）が征服した琉球《りゅうきゅう》との関係なども、曲折を経ながら、三代将軍家光の時代に形が整えられた。松前《まつまえ》藩（福山《ふくやま》藩）によるアイヌ交易独占体制も、このころに完成する。「公儀」が国家権力の呼び名として定着し、「日本国大君」が将軍の対外的称号となった。

一六三〇年代末から四〇年代初め、身分制と石高制で国内を編成し、非キリシタンと国家管理外交で外枠を囲う徳川国家が確立する。

発展する身分社会

新国家のもとで、職能意識に支えられた身分ごとの活動が活発に進み、身分社会が発展し充実していく。

中央・地方の公儀の担い手として編成され、国家統治・地方管理を進める武士集団。村方・町方ではそれぞれの生業《なりわい》に専念する百姓・町人たちの営みが進む。自然の大改造、生産力の大幅な増大、爆発的な人口増、物流の拡大……。生産・生活を律する自村・自町単位の掟《おきて》もつくられるようになる。会津《あいづ》藩の農政担当奉行はこうした世相を評して、「慶安《けいあん》元年より元禄元年（一六四八〜八八）まで四十一か年、民勢さし潮のごとく、盛時にござ候」と記している。社会活動の深化・専門化に対応して、差別・選別意識を増幅させながら諸身分の細分化も始まる。

しかし、歴史の展開がいつもそうであるように、国家と社会はやがて、それ自身のなかに変容・解体の要素を胚胎《はいたい》する。武士と町人が密集して生活する都市では、火災やゴミ処理などの都市問題が発生する。草肥《くさごえ》農業の進展は、山野の過剰利用に伴う土砂災害を誘発した。身分社会の発展は、奉公人雇用など大量の身分移動をもたらし、アナーキーな身分的逸脱層を輩出するようにもなる。山野の開発に伴い、人間と鳥獣との接触・葛藤《かっとう》も増大した。徳川《とくがわ》の国家を高く評価した河内国大《かわちのくにだい》ケ塚《がつか》村の河内屋可正《かわちやかしよう》の悩みの種は、山中の田畑を荒らす鳥獣の害だった。「天下の人民を養う」農業活動の推進という課題と、鳥獣駆除による殺生の罪の二律背反に直面した彼は、とりあえずこんなふうに結論づけている。

平和に治《おさま》ったこの御世《みよ》では、国土に人民が増えたため、山野を開発して田畠とすることが多くなった。そうなると、鳥類・畜類も増え、盛んに作物を食い荒らすようになるのもまた道理である。しかし、これらを憎んで殺せば重い殺生の咎《とが》を受けることになる。かといって、放置すれば田畠は荒れ果ててしまう。我々には、「かゞし僧都《そうづ》」(案山子《かかし》)を立てて追い払うという、従来からの方法しかないのだろう。

形を変えながら現代にまで続く環境問題の発生である。徳川社会における人間の能動的な活動は、鳥獣との関係においても新しい難問を抱え込むことになった。

一八世紀に入るころより、あちこちで社会の軋《きし》みが聞こえるようになる。新しい課題がつぎつぎと生まれる。国家デザインがゆがみだし、見直し・手直しが必要になってくる。「徳川社会のゆらぎ」(第十一巻)が始まる。

寺牛市石橋家文書を中心に」『部落問題研究』147、1999

第六章

- 新居関所資料館編『館蔵図録1　関所手形』1997
- 内田九州男「都市建設と町の開発」高橋康夫・吉田伸之編『日本都市史入門Ⅱ　町』東京大学出版会、1990
- 内田九州男「船場の成立と展開」『ヒストリア』139、1993
- 金指正三『近世海難救助制度の研究』吉川弘文館、1968
- 川崎茂「近世の鉱山町」豊田武ほか編『講座日本の封建都市2　機能と構造』文一総合出版、1983
- 小葉田淳『鉱山の歴史』至文堂、1956
- 小葉田淳『日本の貨幣』至文堂、1966
- 佐々木潤之介編『技術の社会史2　在来技術の発展と近世社会』有斐閣、1983
- 泉屋博古館編『貨幣』1994
- 瀧澤武雄・西脇康編『日本史小百科　貨幣』東京堂出版、1999
- 田代和生「徳川時代の貿易」速水融・宮本又郎編『日本経済史1　経済社会の成立』岩波書店、1988
- 田谷博吉『近世銀座の研究』吉川弘文館、1963
- 塚田孝『歴史のなかの大坂―都市に生きた人たち』岩波書店、2002
- 中野等「幕藩制成立期の領主米流通―福岡藩の上方・江戸廻米について」『交通史研究』12、1984
- 中野等「幕藩制成立期における領主的商品流通の展開―豊前小倉細川藩の場合」交通史研究会編『日本近世交通史論集』吉川弘文館、1986
- 中野等「慶長・元和期における福岡藩の年貢払方」『日本歴史』499、1989
- 永原慶二・山口啓二編『講座・日本技術の社会史5　採鉱と冶金』日本評論社、1983
- 丸山雍成『日本近世交通史の研究』吉川弘文館、1989
- 水本邦彦「北国脇往還と長浜道」『中近世古道調査報告7　北国街道・北国脇往還（補遺）』滋賀県教育委員会、2004
- 渡辺和敏『東海道交通施設と幕藩制社会』岩田書院、2005

第七章

- 猪熊兼勝「板倉籠屋証文」『法学論叢』67-2・3、1960
- 宇佐美英機「近世前期京都の触留」『社会科学』39、1987
- 籠橋俊光「『隠密』と『内意』」『日本歴史』636、2001
- 鎌田道隆『近世京都の都市と民衆』思文閣出版、2000
- 京都市歴史資料館『叢書京都の史料3　京都町式目集成』1999
- 久留島浩「支配の諸相2―相給支配を中心に」千葉県史料研究財団編『千葉県の歴史　通史編　近世1』2007
- 御殿場市史編さん委員会編『山の尻村の「名主日記」』1977
- 辻まゆみ「近世村落と『張外』」『史苑』49-1、1989
- 水本邦彦『近世の郷村自治と行政』東京大学出版会、1993
- 宮島敬一「近世農民支配の成立について（1）―中世在地法の「否定」と「内済」」『地方史研究』171、1981
- 安国良一「近世京都の町と家屋敷所持」『日本史研究』283、1986

全編にわたるもの

- 朝尾直弘『日本の歴史17　鎖国』小学館、1975
- 朝尾直弘『大系日本の歴史8　天下一統』小学館、1988
- 朝尾直弘『朝尾直弘著作集1～8』岩波書店、2003・04
- 朝尾直弘編『日本の近世1　世界史のなかの近世』中央公論社、1991
- 朝尾直弘・田端泰子編『天下人の時代―16～17世紀の京都』平凡社、2003
- 鬼頭宏『日本の歴史19　文明としての江戸システム』講談社、2002
- 佐々木潤之介「統一政権論の歴史的前提―その整理・ノート」『歴史評論』241、1970
- 鈴木康子『近世日蘭貿易史の研究』思文閣出版、2004
- 高尾一彦『国民の歴史13　江戸幕府』文英堂、1969
- 所理喜夫ほか編『古文書の語る日本史6　江戸前期』筑摩書房、1989
- 林屋辰三郎『国民の歴史14　寛永鎖国』文英堂、1969
- 藤井讓治『日本の歴史12　江戸開幕』集英社、1992
- 藤井讓治『幕藩領主の権力構造』岩波書店、2002
- 藤田覚編『史料を読み解く3　近世の政治と外交』山川出版社、2008
- 水本邦彦『絵図と景観の近世』校倉書房、2002
- 横田冬彦『日本の歴史16　天下泰平』講談社、2002
- 歴史学研究会編『日本史史料3　近世』岩波書店、20060

近江国甲賀郡を事例として」『歴史科学』152、1998

第四章

• 荒野泰典『近世日本と東アジア』東京大学出版会、1988
• 荒野泰典編『江戸幕府と東アジア』吉川弘文館、2003
• 安野真幸「『キリシタン禁令』の研究」尾藤正英先生還暦記念会編『日本近世史論叢』吉川弘文館、1984
• 池内敏『大君外交と「武威」—近世日本の国際秩序と朝鮮観』名古屋大学出版会、2006
• 井手勝美「十六世紀日本におけるキリスト教の受容」『近世風俗図譜 13　南蛮』小学館、1984
• 内山節『「里」という思想』新潮社、2005
• 応地利明『絵地図の世界像』岩波書店、1996
• 大橋幸泰『キリシタン民衆史の研究』東京堂出版、2001
• 海保嶺夫『史料と語る北海道の歴史—中世・近世編』北海道出版企画センター、1985
• 紙屋敦之「琉球・アイヌと近世国家」朝尾直弘ほか編『岩波講座　日本通史 11　近世 1』岩波書店、1993
• 紙屋敦之『琉球と日本・中国』山川出版社、2003
• 神田千里「宗教一揆としての島原の乱」『東洋大学文学部紀要』第 58 集　史学科編第 30 号、2005
• 神田千里『島原の乱—キリシタン信仰と武装蜂起』中央公論新社、2005
• 菊池勇夫『エトロフ島—つくられた国境』吉川弘文館、1999
• 鍛代敏雄『神国論の系譜』法藏館、2006
• 久留島浩「近世の村の高札」永原慶二編『大名領国を歩く』吉川弘文館、1993
• コリャード　大塚光信校注『懺悔録』岩波書店、1986
• 坂本満編『日本の美術 135　南蛮屏風』至文堂、1977
• 桜井英治・中西聡編『新体系日本史 12　流通経済史』山川出版社、2002
• 島田孝右・島田ゆり子『踏み絵—外国人による踏み絵の記録』雄松堂出版、1994
• 高木昭作『将軍権力と天皇—秀吉・家康の神国観』青木書店、2003
• 高埜利彦『江戸幕府と朝廷』山川出版社、2001
• 武田万里子『鎖国と国境の成立』同成社、2005
• 浪川健治『アイヌ民族の軌跡』山川出版社、2004
• 服藤弘司『幕府法と藩法』創文社、1980
• 藤井讓治「一七世紀の日本—武家の国家の形成」朝尾直弘ほか編『岩波講座　日本通史 12　近世 2』岩波書店、1994
• 藤井讓治『徳川家光』吉川弘文館、1997
• 藤井讓治『江戸時代の官僚制』青木書店、1999
• 藤井讓治編『日本の近世 3　支配のしくみ』中央公論社、1991
• 藤田覚「寛永飢饉と幕政」『歴史』59・60、1982・83
• 藤野保『日本封建制と幕藩体制』塙書房、1983
• 藤野保『徳川政権論』吉川弘文館、1991
• 牧英正『人身売買』岩波書店、1971
• 森岡美子『世界史の中の出島—日欧通交史上長崎の果たした役割』長崎文献社、2001
• 矢沢利彦編訳『イエズス会士中国書簡集 1』平凡社、1970
• 山内弘一『朝鮮からみた華夷思想』山川出版社、2003
• 山田悟郎「中・近世アイヌ民族の農耕活動の実態について—発掘された畠跡と種子をもとにして」『北海道開拓記念館研究紀要 36』2008
• 山本博文『寛永時代』吉川弘文館、1989
• 山本博文『鎖国と海禁の時代』校倉書房、1995

第五章

• 磯田道史「十七世紀の農業発展をめぐって—草と牛の利用から」『日本史研究』402、1996
• 磯田道史「近世村落成立期の農業と藩農政—山野政策をめぐって」岡山藩研究会編『藩世界の意識と関係』岩田書院、2000
• 市川健夫『日本の馬と牛』東京書籍、1981
• 内田星美「江戸時代の資源自給システム試論」『東京経済大学人文自然科学論集』61、1982
• 大島真理夫「近世初期の屋敷地共住集団と中後期の本分家集団」『歴史評論』416、1984
• 酒井一「近世畿内農業と牛流通—河内駒ヶ谷市を中心に」『史林』44-2・3、1961
• 鈴木ゆり子「百姓の家と家族」朝尾直弘ほか編『岩波講座　日本通史 12　近世 2』岩波書店、1994
• 高谷重夫『雨乞習俗の研究』法政大学出版局、1982
• 長谷川善計「同族団の初源的形態と二つの家系譜—有賀喜左衛門の同族団理論の再検討」『神戸大学文学部紀要』9・10、1981・83
• 原田誠司「近世前期の村落と役家—備中国浅口郡乙嶋村の事例」有元正雄編『近世瀬戸内農村の研究』渓水社、1988
• 古島敏雄『古島敏雄著作集 3　近世日本農業の構造』東京大学出版会、1974
• 松嶋雅人『日本の美術 489　久隅守景』至文堂、2007
• 水本邦彦「東北アジア農村社会の民俗類型—日・朝・中の祈雨祭（雨乞い）から」『宮嶋博史代表科学研究費補助金研究成果報告書　東アジア（朝鮮・日本・中国）近世社会の比較研究』1998
• 水本邦彦『日本史リブレット 52　草山の語る近世』山川出版社、2003
• 八木滋「天王寺牛問屋と摂河泉の牛流通—天王

- 黒田日出男『王の身体 王の肖像』平凡社、1993
- 斎藤純「近世前期、彦根城下町住民の来歴について─慶安二年『下魚屋町御改帳跡』の紹介」『専修人文論集』55・57、1994・1995
- 白峰旬『日本近世城郭史の研究』校倉書房、1998
- 白峰旬『豊臣の城・徳川の城─戦争・政治と城郭』校倉書房、2003
- 水藤真・加藤貴編『江戸図屛風を読む』東京堂出版、2000
- スクリーチ, タイモン『江戸の大普請─徳川都市計画の詩学』講談社、2007
- 鈴木進ほか『江戸図屛風』平凡社、1971
- 諏訪春雄・内藤昌編著『江戸図屛風』毎日新聞社、1972
- 武田恒夫ほか著『日本屛風絵集成 11　風俗画─洛中洛外』講談社、1978
- 玉井哲雄編『週刊朝日百科　日本の歴史 72　江戸の都市計画』朝日新聞社、1987
- 内藤昌『江戸図屛風別巻　江戸の都市と建築』毎日新聞社、1972
- 内藤正人『江戸名所図屛風』小学館、2003
- 西川幸治『日本都市史研究』日本放送出版協会、1972
- 野高宏之「『天下の台所』と『大大阪』」『大阪の歴史』70、2007
- 彦根城博物館編『彦根の歴史─ガイドブック』2001
- ビベロ, ロドリゴ・デ　大垣貴志郎監訳『日本見聞記』たばこと塩の博物館、1993
- 藤野保『徳川政権論』吉川弘文館、1991
- 堀越正雄「上水道」豊田武ほか編『講座日本の封建都市 2　機能と構造』文一総合出版、1983
- 前田育徳会尊経閣文庫編『諸国居城図』新人物往来社、2000
- 牧野昇ほか監修・加藤秀俊ほか編纂『江戸時代人づくり風土記　大江戸万華鏡』農山漁村文化協会、1991
- 三浦俊明「江戸城下町の成立過程」『日本歴史』172、1962
- 水江漣子『江戸市中形成史の研究』弘文堂、1977
- 三好唯義・小野田一幸『図説 日本古地図コレクション』河出書房新社、2004
- 村井益男『江戸城─将軍家の生活』中央公論社、1964
- 矢守一彦『城下町』学生社、1972
- 矢守一彦「城下町プランにおける『近世』」豊田武ほか編『講座日本の封建都市 3　地域的展開』文一総合出版、1981
- 吉田伸之「城下町の祖型」都市史研究会編『年報都市史研究 1　城下町の原景』山川出版社、1993
- 脇田修「近世初期の都市経済」『日本史研究』200、1979

第三章

- 相蘇一弘「絵図から見た近世日根野の水利」『日本史研究』310、1988
- 秋澤繁「太閤検地」朝尾直弘ほか編『岩波講座　日本通史 11　近世 1』岩波書店、1993
- 朝尾直弘『近世封建社会の基礎構造─畿内における幕藩体制』御茶の水書房、1967
- 安良城盛昭『太閤検地と石高制』日本放送出版協会、1969
- 池上裕子『戦国時代社会構造の研究』校倉書房、1999
- 泉佐野市史編さん委員会編『新修泉佐野市史 13　絵図地図編』1999
- 大阪府立狭山池博物館編『平成 16 年度特別展　近世を拓いた土木技術』2004
- 大塚活美「湯起請・鉄火についての覚書」『朱雀』6、1993
- 黒田日出男「江戸幕府国絵図・郷帳管見 (1)─慶長国絵図・郷帳について」『歴史地理』93-2、1977
- 高木昭作『日本近世国家史の研究』岩波書店、1990
- 長谷川裕子「中近世移行期における土豪の土地所有と村落─近江国坂田郡井戸村氏を事例として」『歴史学研究』745、2001
- 速水融・宮本又郎編『日本経済史 1　経済社会の成立　17-18 世紀』岩波書店、1988
- 播磨良紀「太田城水攻めと原刀狩令」津田秀夫先生古稀記念会編『封建社会と近代』同朋舎出版、1989
- 福島雅蔵「近世狭山池の管理と分水」『狭山町立郷土資料館　狭山シリーズ 14』1984
- 福田アジオ『戦う村の民俗誌』歴史民俗博物館振興会、2003
- 福田千鶴編『新選御家騒動　上』新人物往来社、2007
- 藤木久志『豊臣平和令と戦国社会』東京大学出版会、1985
- 藤木久志『雑兵たちの戦場─中世の傭兵と奴隷狩り』朝日新聞社、1995
- 藤木久志『刀狩り─武器を封印した民衆』岩波書店、2005
- 藤田達生『日本中・近世移行期の地域構造』校倉書房、2000
- 牧原成征『近世の土地制度と在地社会』東京大学出版会、2004
- 水本邦彦『近世の村社会と国家』東京大学出版会、1987
- 水口町立歴史民俗資料館『宇川共有文書調査報告書　上・下』1996・1997
- 宮崎克則『大名権力と走り者の研究』校倉書房、1995
- 湯沢典子「中世後期在地領主層の一動向─甲賀郡山中氏について」『歴史学研究』497、1981
- 渡辺恒一「近世初期の村落間争論と地域秩序─

参考文献

はじめに

• 網野善彦『日本の歴史 00 「日本」とは何か』講談社、2000
• 荒川秀俊編『異国漂流記集』吉川弘文館、1962
• 荒川秀俊編『日本漂流漂着史料』地人書館、1962
• 勝俣鎮夫『戦国時代論』岩波書店、1996
• 萱野稔人『国家とはなにか』以文社、2005
• 川田耕『隠された国家　近世演劇にみる心の歴史』世界思想社、2006
• 白川部達夫「日本近世の共生思想―『河内屋可正旧記』をめぐって」『科学研究費補助金研究成果報告書　東洋的知に基づく「共生」思想の研究』2008
• 野村豊・由井喜太郎編『河内屋可正旧記』清文堂出版、1955
• 平川南『全集　日本の歴史 2　日本の原像』小学館、2008
• 丸山真男「国民主義の『前期的』形成」『国家学会雑誌』58-3・4、1944
• 若尾正希「幕藩制の成立と民衆の政治意識」岩田浩太郎編『新しい近世史 5　民衆世界と正統』新人物往来社、1996
• J.L.Alvarez-Taladriz「16・7 世紀の日本における国是とキリシタン迫害」キリシタン文化研究会編『キリシタン研究 13』吉川弘文館、1970

第一章

• 岩沢愿彦「肥前名護屋城図屏風について」『日本歴史』260、1970
• 奥平俊六『新編名宝日本の美術 25　洛中洛外図と南蛮屏風』小学館、1991
• 河内将芳『祇園祭と戦国京都』角川学芸出版、2007
• 京都国立博物館編『特別展覧会　都の形象―洛中・洛外の世界』1994
• 京都市編『京都の歴史 4　桃山の開花』学芸書林、1969
• 京都府立総合資料館編『開館 20 周年記念特別展示　洛中洛外図の世界』1983
• 黒田紘一郎『中世都市京都の研究』校倉書房、1996
• 黒田日出男・ロナルド・トビ編『朝日百科　日本の歴史別冊 17　行列と見世物』朝日新聞社、1994
• 小島道裕『信長とは何か』講談社、2006
• 佐藤信・吉田伸之編『新体系日本史 6　都市社会史』山川出版社、2001
• 杉森哲也「聚楽町の成立と展開―近世初期京都都市構造の再検討」都市史研究編『年報都市史研究 3　巨大城下町』山川出版社、1995
• 園田英弘『「みやこ」という宇宙―都会・郊外・田舎』日本放送出版協会、1994
• 高橋康夫「織田信長と京の城」日本史研究会編『豊臣秀吉と京都―聚楽第・御土居と伏見城』文理閣、2001
• 高橋康夫「描かれた京都―上杉本洛中洛外図屏風の室町殿をめぐって」高橋康夫編集・中世都市研究会編集協力『中世都市研究 12　中世のなかの「京都」』新人物往来社、2006
• 高橋康夫ほか編『図集　日本都市史』東京大学出版会、1993
• 辻惟雄編『日本の美術 121　洛中洛外図』至文堂、1976
• 内藤昌「『肥前名護屋城図屏風』」の建築的考察」『國華』915、1968
• 内藤昌「洛中洛外図の景観分析」『洛中洛外図大観　舟木家旧蔵本』小学館、1987
• 仁木宏『空間・公・共同体―中世都市から近世都市へ』青木書店、1997
• 伏谷優子「聚楽第と聚楽第行幸が描かれた洛中洛外図について―尼崎本洛中洛外図の概要と構図の検討」笠井昌昭編『文化史学の挑戦』思文閣出版、2005
• 百瀬正恒「聚楽第の築城と都市の発展」『豊臣秀吉と京都―聚楽第・御土居と伏見城』文理閣、2001
• 山田邦和「伏見城とその城下町の復元」『豊臣秀吉と京都―聚楽第・御土居と伏見城』文理閣、2001
• 横田冬彦「城郭と権威」朝尾直弘ほか編『岩波講座　日本通史 11　近世 1』、岩波書店、1993
• 横田冬彦「豊臣政権と首都」『豊臣秀吉と京都―聚楽第・御土居と伏見城』文理閣、2001

第二章

• 赤穂市立歴史博物館編『特別展図録　城下町と水道』1997
• 足利健亮『中近世都市の歴史地理―町・筋・辻子をめぐって』地人書房、1984
• 伊藤好一「江戸におけるごみ・下水・屎尿の処理」豊田武ほか編『講座日本の封建都市 2　機能と構造』文一総合出版、1983
• 伊藤好一『江戸上水道の歴史』吉川弘文館、1996
• 浦井正明『上野寛永寺 将軍家の葬儀』吉川弘文館、2007
• 大石学『首都江戸の誕生―大江戸はいかにして造られたのか』角川書店、2002
• 小澤弘・丸山伸彦編『図説　江戸図屏風をよむ』河出書房新社、1993
• 神谷浩「築城図屏風」『國華』1054、1982
• 黒木喬『明暦の大火』講談社、1977

スタッフ一覧

本文レイアウト	姥谷英子
校正	オフィス・タカエ
図版・地図作成	蓬生雄司
写真撮影	西村千春
索引制作	小学館クリエイティブ
編集長	清水芳郎
編集	阿部いづみ
	宇南山知人
	水上人江
	田澤泉
	一坪泰博
編集協力	青柳亮
	小西むつ子
	武井弘一
	林まりこ
月報編集協力	㈲ビー・シー
	関屋淳子
	藤井恵子
制作	大木由紀夫
	山崎法一
資材	横山肇
宣伝	中沢裕行
	後藤昌弘
販売	永井真士
	奥村浩一
協力	株式会社モリサワ

所蔵先一覧

所蔵先と写真提供者、撮影者が異なる場合は、（　）内にその旨を明記した。

カバー・表紙

国立公文書館

口絵

1 国立国会図書館／2 個人蔵（複製：神奈川県立歴史博物館）／3 名古屋市博物館／4 出光美術館／5 国立歴史民俗博物館／6 米沢市上杉博物館／7 勝興寺／8 三井記念美術館／9 東京国立博物館（提供：TNM Image Archives）

はじめに

1 明治大学博物館／2・5 東京国立博物館（提供：TNM Image Archives）／3 円覚寺（提供：青森県立郷土館）／4 清文堂出版『河内屋可正旧記』より

第一章

1・2・3・4 勝興寺／5・7・8 堺市博物館／6 京都市／9 出光美術館／10 東京国立博物館（提供：TNM Image Archives）／11 総見寺（提供：滋賀県教育委員会）／12 大阪城天守閣／13 佐賀県立名護屋城博物館／14 宇治市歴史資料館

第二章

1・5・8・10・11・12 国立歴史民俗博物館／2・3・4 名古屋市博物館／6・7・9・13 出光美術館／14 消防博物館／（コラム）山口県立萩美術館・浦上記念館

第三章

1・7 東京国立博物館（提供：TNM Image Archives）／2 永青文庫（熊本大学附属図書館寄託）／3 東京大学総合図書館／4 大阪城天守閣／5 大阪府教育委員会／6 毛利博物館／8 大依羅神社（提供：大阪狭山市教育委員会）／9 川田神社（水口町文化財調査報告書第七集『北内貴川田神社文書』より）／10 佐賀県立博物館／11 撮影：原田富夫／（コラム）福岡市博物館

第四章

1・2 南蛮文化館／3 松浦史料博物館／4 国立国会図書館／5 神戸市立博物館／6 鍋島報效会／7 早稲田大学図書館／8 情妙寺／9 徳川記念財団／10 千代田図書館内田嘉吉文庫／11 長崎歴史文化博物館／12 東京国立博物館（提供：TNM Image Archives）／13 秋月郷土館／14 長崎市／15 南島原市教育委員会／16 国文学研究資料館／17 日光山輪王寺宝物殿／18 金地院／19 個人蔵／20 京都大学総合博物館／21・22 日光東照宮宝物館／23 国立公文書館／（コラム）個人蔵（川越市立博物館寄託）

第五章

1・2 京都国立博物館／3・4 九州大学附属図書館／5・9 国立公文書館／6 提供：伊東市・伊東観光協会／7 個人蔵／8 葦書房（複製：国立歴史民俗博物館）／（コラム）山寺芭蕉記念館

第六章

1 若宮八幡宮（提供：岡山県立博物館）／2 神宗（提供：大阪歴史博物館）／3 山下和正コレクション／4 豊橋市美術博物館／5 鉄道博物館（提供：川崎市市民ミュージアム）／6 国立科学博物館小森宮コレクション／7 島根県教育委員会／8 国立歴史民俗博物館／9・11 日本銀行金融研究所貨幣博物館／10 徳川記念財団／12 個人蔵（提供：京都文化博物館）

第七章

1 東京都公文書館／2 東京国立博物館（提供：TNM Image Archives）／3 葦書房（複製：国立歴史民俗博物館）／4 聚楽教育会（提供：京都文化博物館）／5 三津屋町／6 京都市歴史資料館／7 撮影：水本邦彦／8 上津屋北ノ町日待講（提供：城陽市歴史民俗資料館）／9 明治大学博物館／10 個人蔵

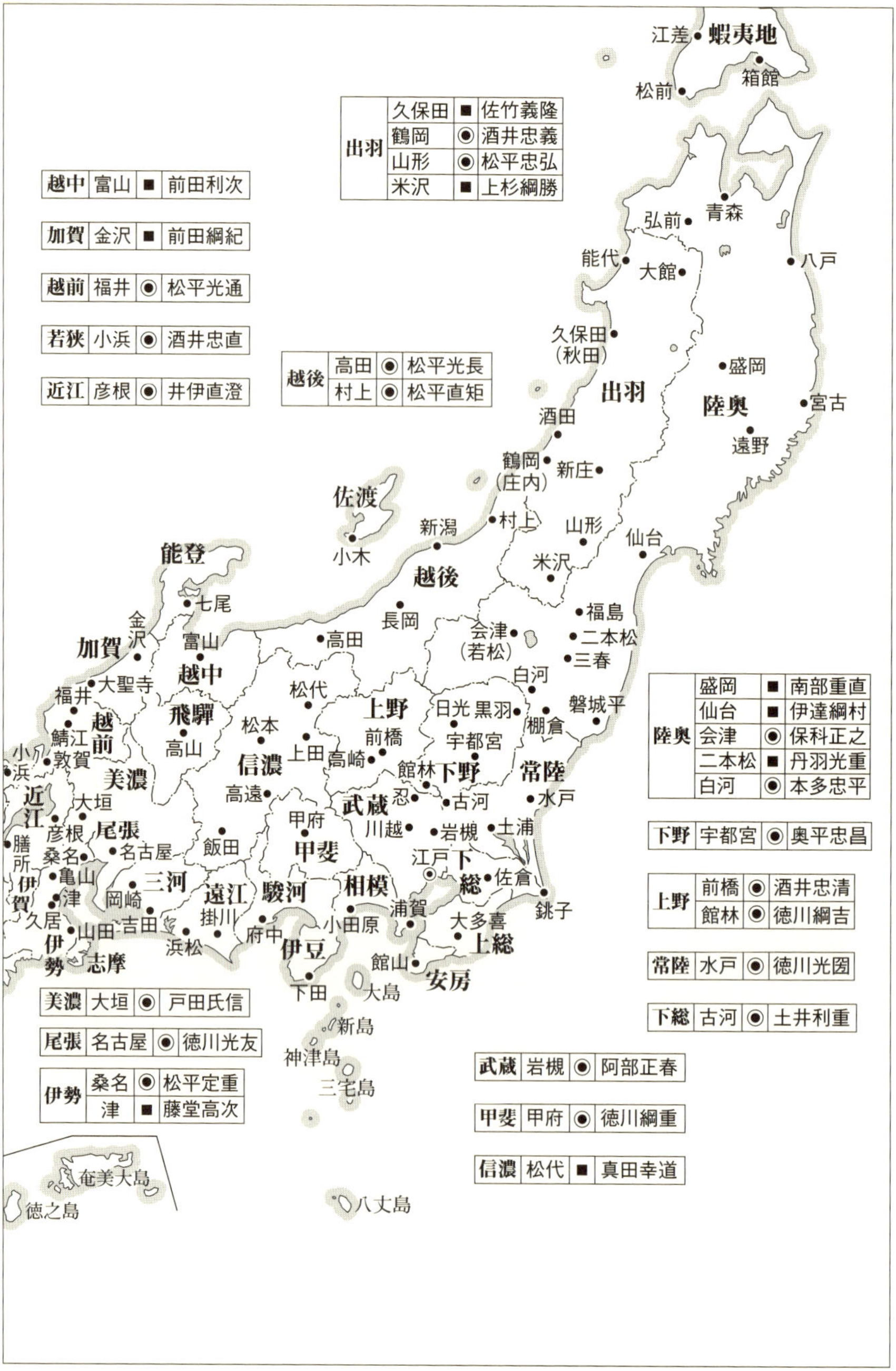
出羽 久保田 ■ 佐竹義隆
鶴岡 ◉ 酒井忠義
山形 ◉ 松平忠弘
米沢 ■ 上杉綱勝
越中 富山 ■ 前田利次
加賀 金沢 ■ 前田綱紀
越前 福井 ◉ 松平光通
若狭 小浜 ◉ 酒井忠直
近江 彦根 ◉ 井伊直澄
越後 高田 ◉ 松平光長
村上 ◉ 松平直矩
陸奥 盛岡 ■ 南部重直
仙台 ■ 伊達綱村
会津 ◉ 保科正之
二本松 ■ 丹羽光重
白河 ◉ 本多忠平
下野 宇都宮 ◉ 奥平忠昌
上野 前橋 ◉ 酒井忠清
館林 ◉ 徳川綱吉
常陸 水戸 ◉ 徳川光圀
下総 古河 ◉ 土井利重
武蔵 岩槻 ◉ 阿部正春
甲斐 甲府 ◉ 徳川綱重
信濃 松代 ■ 真田幸道
美濃 大垣 ◉ 戸田氏信
尾張 名古屋 ◉ 徳川光友
伊勢 桑名 ◉ 松平定重
津 ■ 藤堂高次
蝦夷地
江差
箱館
松前
青森
弘前
能代
大館
八戸
久保田（秋田）
盛岡
出羽
陸奥
宮古
酒田
遠野
鶴岡（庄内）
新庄
佐渡
小木
新潟
村上
山形
仙台
米沢
越後
能登
七尾
長岡
福島
二本松
金沢
富山
高田
会津（若松）
三春
加賀
越中
白河
福井
大聖寺
松代
上野
日光
黒羽
磐城平
棚倉
飛騨
越前
松本
前橋
鯖江
高山
宇都宮
小浜
敦賀
信濃
上田
高崎
常陸
美濃
館林
下野
近江
大垣
高遠
忍
古河
水戸
武蔵
甲府
彦根
尾張
川越
岩槻
土浦
膳所
飯田
桑名
名古屋
甲斐
江戸
下総
伊賀
亀山
三河
佐倉
津
岡崎
遠江
駿河
相模
浦賀
銚子
久居
吉田
掛川
府中
小田原
大多喜
伊勢
山田
浜松
伊豆
上総
志摩
館山
安房
下田
大島
新島
神津島
三宅島
奄美大島
徳之島
八丈島

旧国名と大名配置（10万石以上）

寛文4年（1664）の大名配置

国名	居所名	◉ 一門および譜代大名 / ■ 外様大名

筑前	福岡	■	黒田光之
筑後	久留米	■	有馬頼利
	柳川	■	立花忠茂
豊前	小倉	◉	小笠原忠真
肥前	佐賀	■	鍋島光茂
肥後	熊本	■	細川綱利
薩摩	鹿児島	■	島津光久

備前	岡山	■	池田光政
備後	福山	◉	水野勝種
安芸	広島	■	浅野光晟
長門	萩	■	毛利綱広

美作	津山	■	森長継
因幡	鳥取	■	池田光仲
出雲	松江	◉	松平直政

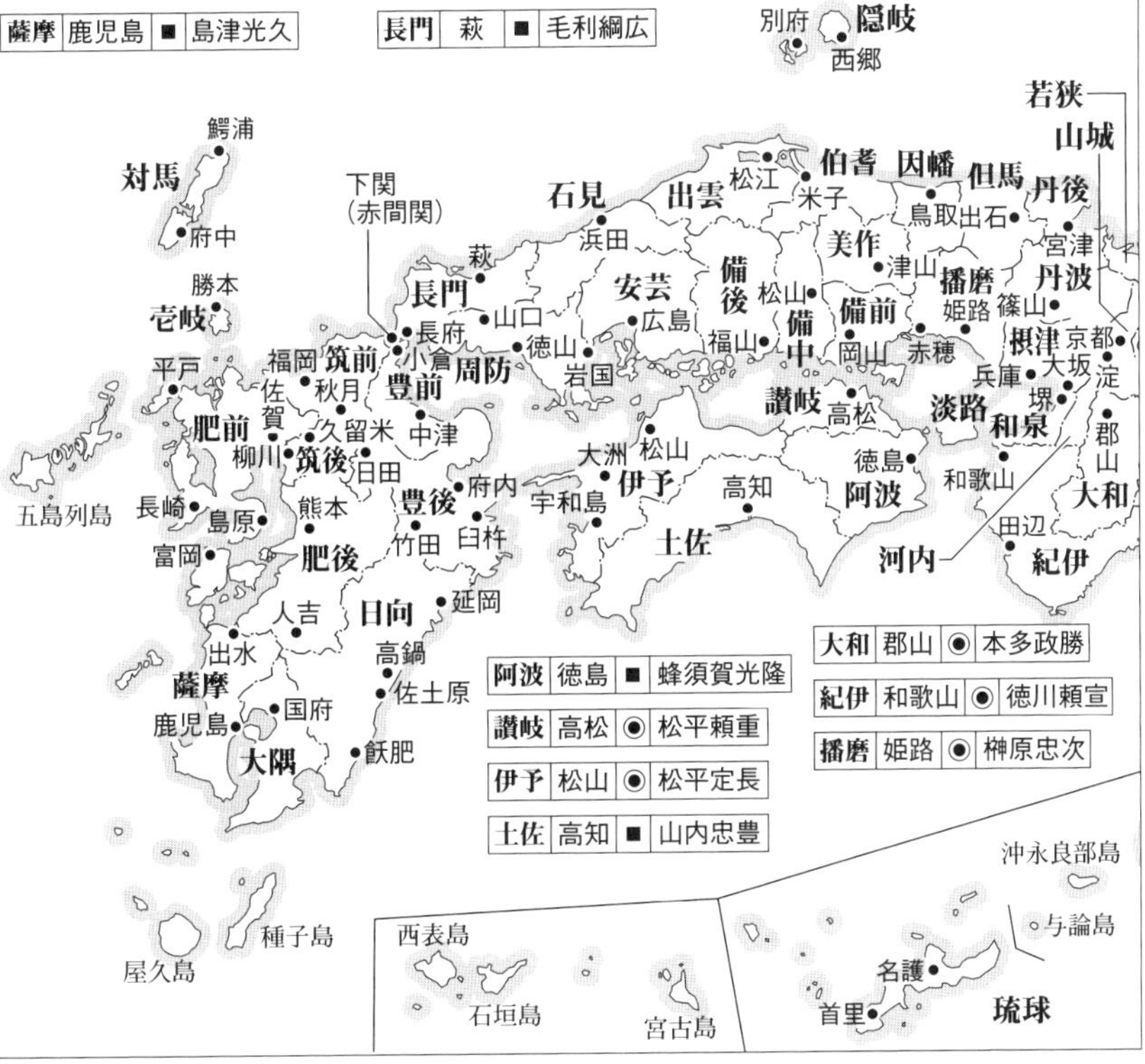

阿波	徳島	■	蜂須賀光隆
讃岐	高松	◉	松平頼重
伊予	松山	◉	松平定長
土佐	高知	■	山内忠豊

大和	郡山	◉	本多政勝
紀伊	和歌山	◉	徳川頼宣
播磨	姫路	◉	榊原忠次

西暦	年号 干支	天皇	将軍	日本	世界
1642	19 壬午			4 幕府、大名・旗本・代官に飢饉対策を命じる。5 幕府、譜代大名に参勤交代を命じる。農村の酒造などを禁止する。この年、大飢饉。	イギリス、ピューリタン革命（～1649年）。
1643	20 癸未	後光明		3 幕府、田畑の永代売買を禁止。9 幕府、大名火消の制を定める。10 南光坊天海没。	朝鮮にキリスト教伝来。
1644	正保 1 甲申			12 幕府、諸国に国絵図・郷帳の作成を命じる。この年、幕府、明国からの援兵要請を拒否。	明滅亡。清、北京に遷都。
1645	2 乙酉			11 日光東照社が東照宮に格上げとなる。	清、辮髪令を出す。
1646	3 丙戌			1 徳川綱吉誕生。3 朝廷、徳川家光の要請を受け、日光例幣使を決定（日光例幣使の始まり）。	チャールズ 1 世、スコットランド軍に投降。
1647	4 丁亥			6 ポルトガル船 2 隻、長崎に入港、臨戦態勢をしく。	清、『大清律』成立。
1648	慶安 1 戊子			2 幕府、江戸市中取締令を発する。江戸町奉行がゴミ問題に取り組みはじめる。	ウェストファリア条約締結（三十年戦争終結）。
1649	2 己丑			2 幕府、検地条例を定める（慶安検地条例）。この年、明の鄭成功、再度幕府に援兵を要請。	イギリス、チャールズ 1 世処刑。
1650	3 庚寅			10 幕府、鄭成功の再度の要請を断わる。この夏、林羅山撰『本朝通鑑』完成。この年、伊勢の御蔭参りが流行。	鄭成功、廈門・金門を占領。
1651	4 辛卯		徳川家綱	4 徳川家光没。老中堀田正盛・阿部重次ら殉死。7 由井正雪らの幕府転覆計画が露見、丸橋忠弥らを捕縛（慶安事件）。8 徳川家綱征夷大将軍に任じられる。	イギリス、航海条例を制定。
1652	承応 1 壬辰			6 幕府、若衆歌舞伎を禁止。9 承応事件が起きる。	第1次英蘭戦争開始。
1653	2 癸巳			閏 6 幕府、守随と神の秤争論を裁定する。	
1654	3 甲午	後西		1 幕府、キリシタン高札の立て替えを命じる。6 玉川上水完成。	
1655	明暦 1 乙未			4 幕府、糸割符制度を一時廃止する。	
1657	3 丁酉			1 江戸大火（振袖火事・明暦の大火）。3 徳川光圀、『大日本史』の編纂開始。	
1658	万治 1 戊戌			9 江戸に定火消創設。この秋、諸国に風水害。	
1659	2 己亥			6 隠元、万福寺を創建。7 幕府、道中奉行を設置（大目付の兼帯）。8 江戸城本丸御殿完成。	ピレネー条約締結(フランスとスペイン講和)。
1662	寛文 2 壬寅			2 幕府、若年寄役を再置する。	鄭成功、台湾で没。
1663	3 癸卯	霊元		5 幕府、武家諸法度を改訂、キリスト教禁止・殉死の禁止を条文化する。	清、「文字の獄」起こる。
1664	4 甲辰			4～8 幕府、諸大名に領知の判物・朱印状を与える。11 幕府、大名・旗本に宗門改役の設置を命じる。	
1667	7 丁未			閏 2 幕府、諸国巡見使を派遣。	
1668	8 戊申			2 幕府、江戸市中の商品を調査する。5 幕府、銀輸出を一切禁じる。7 京都町奉行所設置（東西の二人制）。この年、寛永通宝の大量鋳造（文銭）。	
1669	9 己酉			6 アイヌ首長シャクシャインの戦い。11 幕府、枡を京枡に統一。	レンブラント没。
1671	11 辛亥			7 河村瑞賢、東廻り航路で陸奥国の幕領米を江戸へ回漕。	
1672	12 壬子			7 河村瑞賢、西廻り航路で出羽国の幕領米を江戸へ回漕。寛文年中、樽廻船開始。	第 3 次英蘭戦争始まる。
1673	延宝 1 癸丑			5 禁裏炎上。イギリスのリターン号長崎に到来。6 幕府、初の分地制限令を発す。	清、三藩の乱起こる。
1679	7 己未			8 石清水八幡宮で 210 年ぶりに放生会実施。	
1680	8 庚申		徳川綱吉	5 徳川家綱没。8 徳川綱吉、征夷大将軍となる。後水尾上皇没。9 浦高札が再発令される。	朝鮮で、庚申の大獄。

西暦	年号 干支	天皇	将軍	日本	世界
1621	7 辛酉			8 幕府、廻船救助の浦高札を出す。この年、伊勢踊り流行。	後金、遼陽に遷都。
1622	8 壬戌			8 幕府、長崎でキリシタン 55 人を処刑。この年、幕府、外様大名の妻子を江戸に置かせる。	明、白蓮教徒の乱。
1623	9 癸亥		徳川家光	7 徳川家光、征夷大将軍に任じられる。閏 8 幕府、禁裏御料1万石を献上。11 イギリス、平戸商館を閉鎖して撤退。	サファヴィー朝、バグダードを占領。
1624	寛永 1 甲子			3 幕府、スペインとの通商を拒絶。4 林羅山を徳川家光の侍講とする。	イギリス、カリブ海バルバドス島を占領。
1625	2 乙丑			8 幕府、関所通行および伝馬に関する法令を出す。11 僧南光坊天海、上野寛永寺の建設開始。	後金、瀋陽に遷都。
1626	3 丙寅			9 後水尾天皇、二条城に行幸。	ヌルハチ没。
1627	4 丁卯			1 松倉重政、キリシタン 16 人を処刑。7 紫衣事件起こる。この年、吉田光由『塵劫記』刊行。	後金軍、朝鮮に侵入。
1628	5 戊辰			5 幕府、ポルトガルとの通商中断（～寛永 7 年）。6 幕府、オランダとの通商中断（～寛永 9 年）。	イギリス、チャールズ 1 世、権利の請願を承認。
1629	6 己巳	明正		7 紫衣事件により、沢庵ら流刑。9 武家諸法度の改定。11 後水尾天皇、興子内親王に譲位（明正天皇）。	イギリス、チャールズ 1 世議会を解散。
1630	7 庚午			4 幕府、日樹・日奥らの不受不施派を配流。	山田長政殺される。
1631	8 辛未			6 海外渡航には朱印状のほか、老中奉書の交付を条件とする（奉書船制度開始）。この年、幕府、糸割符に江戸・大坂の商人を加入させ、中国船にも糸割符を適用。	明、李自成の乱。後金、官制を制定。
1632	9 壬申			1 徳川秀忠没。5 幕府、熊本藩加藤忠広を改易。10 幕府、徳川忠長を改易。12 幕府、惣目付を設置。	ロシア、ヤクーツクに都市建設。
1633	10 癸酉			1 幕府、全国に国廻り衆を派遣。以心崇伝没。2 幕府、軍役令を改定する。奉書船以外の渡航を禁止する（いわゆる鎖国令の始まり）。	イタリア、ガリレイ、宗教裁判にかけられる。明、徐光啓没。
1634	11 甲戌			3 幕府、老中・六人衆・町奉行の職務を定める。5 第 2 次鎖国令。長崎町人に出島を建設させる。7 徳川家光上洛。閏 7 家光、領知朱印状を下付する。琉球使節、家光に謁見（謝恩使の始め）。8 幕府、譜代大名の妻子を江戸に置かせる。11 日光東照社の大改造開始。	オーストリア、ヴァレンシュタインを暗殺。
1635	12 乙亥			3 幕府、対馬藩騒動を裁定（柳川一件）。5 第 3 次鎖国令。6 幕府、武家諸法度を改定。11 寺社奉行・勘定頭・留守居などの職務を定める。	フランス、スペインに宣戦布告し、三十年戦争に参加。
1636	13 丙子			4 家康 21 年神忌祭の執行。5 第 4 次鎖国令。6 幕府、寛永通宝の鋳造を開始。8 幕府、難船救助の高札文を提示。12 朝鮮通信使来日。	後金、国号を清に改称。
1637	14 丁丑			2 本阿弥光悦没。4 幕府、銅輸出を禁じる（正保年間まで）。10 島原・天草一揆起こる。幕府、関東・甲信の農村に悪党取り締まり強化を命じる。	デカルト『方法序説』刊行。
1638	15 戊寅			2 原城陥落、島原・天草一揆鎮圧される。天草四郎時貞敗死。9 幕府、キリシタン取り締まりの強化を命じる。この夏から翌年にかけて、伊勢参り大流行。	オスマン軍、バグダードを占領し、イラクを併合。
1639	16 己卯			7 第 5 次鎖国令。ポルトガル船の来航を禁止。	
1640	17 庚辰			6 幕府、宗門改役を設置。マカオから到来のポルトガル船を焼き払う。九州諸藩に遠見番所の設置を命じる。この年より、飢饉の兆候現われる。	スペイン、バルセロナで反乱。イギリス革命始まる（～1660 年）。
1641	18 辛巳			2 幕府、福岡藩に長崎警固番役を命じる。5 平戸のオランダ商館を長崎出島に移す。8 徳川家綱誕生。	オランダ、ポルトガルからマラッカを奪取。

西暦	年号 干支	天皇	将軍	日本	世界
1596	慶長 1 丙申			閏7 畿内に大地震。8 サン・フェリペ号漂着。9 豊臣秀吉、朝鮮再出兵決定。12 キリシタン 26 人、長崎で処刑。	明、李時珍『本草綱目』刊行。
1597	2 丁酉			4 秀吉、京都新城の築城に着手。6 秀吉、朝鮮攻撃を命じる。8 足利義昭没。	明、楊応竜の乱（～ 1600 年）。
1598	3 戊戌			8 豊臣秀吉没。12 朝鮮の日本軍撤退完了。	フランス、ナントの勅令。
1599	4 己亥			1 豊臣秀頼、伏見城から大坂城に移る。閏3 前田利家没。4 豊臣秀吉に豊国大明神の神号授与。	ヌルハチ、満州文字をつくる。
1600	5 庚子			3 オランダ船リーフデ号、豊後に漂着。9 関ヶ原の戦い。	
1601	6 辛丑			1 徳川家康、東海道に伝馬制を定める。3 家康、大坂城から伏見城に移る。5 家康、金貨・銀貨の鋳造を命じる。10 朱印船貿易が始まる。	マテオ・リッチ、北京に天主教会堂を建てる。
1602	7 壬寅			5 京都二条城築城開始。この年、徳川家康、中山道・奥州道中に伝馬制を定める。	オランダ東インド会社設立。
1603	8 癸卯		徳川家康	2 家康、征夷大将軍に任じられる（江戸幕府開府）。4 幕府、長崎奉行設置。この年、『日葡辞書』成立。	イギリス、ステュアート朝始まる。
1604	9 甲辰			5 糸割符制度開始。徳川家光誕生。この秋、幕府、国絵図・郷帳作成を命じる。12 朝鮮使節来日。	フランス、東インド会社を設立。
1605	10 乙巳		徳川秀忠	3 徳川家康、朝鮮使節と講和交渉に入る。4 徳川秀忠、征夷大将軍に任じられる。	セルバンテス『ドン・キホーテ』刊行。
1606	11 丙午			3 江戸城の本格工事が始まる。4 徳川家康、武家の官位は幕府の推挙によることを要請。	
1607	12 丁未			2 駿府城の築城開始。5 朝鮮使節来日。	
1608	13 戊申			2 狭山池の改修開始。	北米にケベック市建設。
1609	14 己酉			3 己酉約条締結。7 鹿児島藩が琉球を領有する。8 平戸にオランダ商館を建設。	オランダ、スペインと休戦。
1610	15 庚戌			2 名古屋築城開始。5 上総に漂着のビベロ帰国。	
1611	16 辛亥	後水尾		9 メキシコ総督ビスカイノ、徳川家康・秀忠に謁見。11 角倉了以、高瀬川を開削。	イギリス、欽定英語訳聖書完成。
1612	17 壬子			3 幕府、キリシタンを禁じる。8 幕府、キリシタン禁止令を強化する。12 幕府による内裏の修造始まる。	イギリス使節、アユタヤを訪問。
1613	18 癸丑			9 遣欧使節支倉常長、陸奥国月浦を出航。12 以心（金地院）崇伝「伴天連追放の文」を起草。この年、平戸にイギリス東インド会社支店開設。	ロシア、ロマノフ朝成立。
1614	19 甲寅			9 幕府、高山右近らキシリタンをマニラ・マカオに追放。11 徳川家康・秀忠、大坂出陣。12 東西両軍和議。	フランス、パリに全国三部会を召集。
1615	元和 1 乙卯			5 大坂夏の陣。閏6 幕府、一国一城令を発令する。7 幕府、武家諸法度・禁中並公家諸法度を公布。	女真族、満州八旗の軍制を定める。
1616	2 丙辰			4 家康没。6 幕府、軍役令を定める。8 幕府、禁教と貿易統制の法令を出す。	ヌルハチ、後金を興す。
1617	3 丁巳			2 朝廷、徳川家康に東照大権現の神号授与。3 幕府、江戸吉原に遊廓を許可。4 日光に東照社創建。6 徳川秀忠上洛。8 朝鮮使節来日。後陽成上皇没。9 幕府、公家・大名に領知宛行状・朱印状を下付する。	オランダとシャム、日本向けの皮革の条約を締結。
1618	4 戊午			4 江戸城内紅葉山に東照社完成。8 幕府、外国船の通商に託したキリスト教の布教を禁止。	ボヘミアの反乱により三十年戦争勃発。
1619	5 己未			6 幕府、福島正則を改易。7 大坂、幕府領となる。この年、堺の船問屋、菱垣廻船を始める。	オランダ、ジャカルタにバタビア市建設。
1620	6 庚申			1 大坂城の再建工事始まる。3 幕府、浅草に米蔵を建設。6 徳川秀忠の娘和子（東福門院）入内。	イギリス、メイフラワー号が北米に上陸。

年表

西暦	年号 干支	天皇	将軍	日本	世界
1568	永禄 11 戊辰	正親町	足利義昭	9 織田信長、足利義昭を奉じて入京。	オランダ独立戦争。
1569	12 己巳			2 織田信長、二条城造営開始。この夏、内裏修造開始。	
1570	元亀 1 庚午			6 姉川の戦い。9 石山戦争開始。この年、ポルトガル商船、長崎に初入港。	明、アルタン・ハンと和議。
1571	2 辛未			6 毛利元就没。9 織田信長、延暦寺を焼き討ち。	レパントの海戦。
1572	3 壬申			9 織田信長、足利義昭に異見 17 か条を提出。	
1573	天正 1 癸酉			4 織田信長、上京に放火。7 信長、義昭を降伏させる(室町幕府滅亡)。8 朝倉義景・浅井長政滅亡。	
1574	2 甲戌			この春、羽柴秀吉、近江長浜築城開始。9 織田信長、伊勢長島一向一揆を鎮圧。	オスマン軍、チュニス占領。
1575	3 乙亥			5 織田信長・徳川家康、長篠で武田勝頼に大勝。8 信長、越前一向一揆を鎮圧。	朝鮮で党争始まる。
1576	4 丙子			2 織田信長、安土築城に着手。	
1577	5 丁丑			6 織田信長、安土山下町定書を下す。	
1578	6 戊寅			3 上杉謙信没。11 織田水軍、毛利水軍を破る。	明、土地測量開始。
1579	7 己卯			5 織田信長、安土で浄土宗と法華宗の宗論を裁定。	ユトレヒト同盟結成。
1580	8 庚辰			閏 3 石山戦争終結。6 イギリス商船、平戸に来航。	スペイン、ポルトガルを併合。
1581	9 辛巳			2 織田信長、内裏東側で馬揃えを挙行。	オランダ、独立宣言。
1582	10 壬午			1 天正遣欧使節出発。3 武田勝頼敗死。6 本能寺の変。信長没。 羽柴秀吉、山崎で明智光秀を破る。	マテオ・リッチ、マカオに到着。
1583	11 癸未			4 羽柴秀吉、賤ヶ岳で柴田勝家を破る。9 秀吉、大坂築城に着手。	女真のヌルハチ、挙兵。
1584	12 甲申			4 徳川家康、秀吉勢を長久手で破る。6 スペイン商船、平戸に入港。	遣欧使節、フェリペ 2 世に謁見。
1585	13 乙酉			1 京都冷泉町で式目を制定。4 羽柴秀吉、和泉・紀伊国に刀狩令を発する。7 秀吉、関白就任。藤原姓を得る。8 長宗我部元親、秀吉に降伏。9 秀吉、豊臣姓を受ける。	イギリス人、北米ヴァージニアに植民地建設を開始。
1586	14 丙戌	後陽成		1 豊臣秀吉、民政 11 か条を発する。2 秀吉、聚楽第建設に着手。4 秀吉、方広寺大仏殿築造に着手。	
1587	15 丁亥			5 島津義久、豊臣秀吉に降伏。6 秀吉、キリシタン禁令、バテレン追放令を発する。	イギリスのメアリ・ステュアート、処刑される。
1588	16 戊子			4 後陽成天皇、聚楽第に行幸。 豊臣秀吉、長崎を直轄領とする。7 秀吉、刀狩令・海賊取締令を発布。	イギリス、スペインの無敵艦隊を破る。
1589	17 己丑			3 豊臣秀吉、内裏を修造。	ブルボン朝開始。
1590	18 庚寅			7 北条氏直、豊臣秀吉に降伏。8 徳川家康、江戸城に入る。12 蠣崎慶広、聚楽第で秀吉に拝謁。	ドイツのルール地方で石炭採掘開始。
1591	19 辛卯			閏 1 豊臣秀吉、京都御土居の築造を命じる。5 秀吉、御前帳の作成を命じる。8 秀吉、身分に関する 3 か条を出す。9 秀吉、征明を宣言。10 肥前名護屋の築城に着手。12 豊臣秀次、関白となる。	
1592	文禄 1 壬辰			3 豊臣秀吉、肥前名護屋に向かう。3 豊臣秀次、人掃令発令。4 小西行長ら第一軍、釜山浦に到着。	明、ボバイの乱起こる。
1593	2 癸巳			4 小西行長、和議受諾。8 豊臣秀頼誕生。	
1594	3 甲午			2 豊臣秀吉・秀次ら、吉野の花見。3 伏見城着工。	アンリ 4 世戴冠式。
1595	4 乙未			7 豊臣秀吉、豊臣秀次を高野山に追放。秀次自害。	

ま行

や行

ら行

わ行

な行

は行

た行

さ行

索引

000 —詳しい説明のあるページを示す。
000*—写真・図版のあるページを示す。

あ行

か行

全集　日本の歴史　第10巻　徳川の国家デザイン

2008年9月30日　初版第1刷発行

著者　水本邦彦
発行者　蔵　敏則
発行所　株式会社小学館
〒101-8001 東京都千代田区一ツ橋2-3-1
電話　編集　03(3230)5118
販売　03(5281)3555
印刷所　凸版印刷株式会社
製本所　株式会社若林製本工場

造本には十分注意しておりますが、万一、落丁·乱丁などの不良品がありましたら、「制作局」(電話0120-336-340)あてにお送りください。

送料小社負担にてお取り替えいたします。

(電話受付は土·日·祝休日を除く9:30～17:30までになります。)

Printed in Japan ISBN978-4-09-622110-5

全集 日本の歴史 全16巻

編集委員：平川 南／五味文彦／倉地克直／ロナルド・トビ／大門正克

1	旧石器・縄文・弥生・古墳時代 **列島創世記** 出土物が語る列島4万年の歩み	**松木武彦** 岡山大学准教授
2	新視点古代史 **日本の原像** 稲作や特産物から探る古代の社会	**平川 南** 国立歴史民俗博物館館長 山梨県立博物館館長
3	飛鳥・奈良時代 **律令国家と万葉びと** 国家の成り立ちと万葉びとの生活誌	**鐘江宏之** 学習院大学准教授
4	平安時代 **揺れ動く貴族社会** 古代国家の変容と都市民の誕生	**川尻秋生** 早稲田大学准教授
5	新視点中世史 **躍動する中世** 人びとのエネルギーが殻を破る	**五味文彦** 放送大学教授 東京大学名誉教授
6	院政から鎌倉時代 **京・鎌倉 ふたつの王権** 武家はなぜ朝廷を滅ぼさなかったか	**本郷恵子** 東京大学准教授
7	南北朝・室町時代 **走る悪党、蜂起する土民** 南北朝の争乱と足利将軍	**安田次郎** お茶の水女子大学教授
8	戦国時代 **戦国の活力** 戦乱を生き抜く大名・足軽の実像	**山田邦明** 愛知大学教授
9	新視点近世史 **「鎖国」という外交** 従来の「鎖国」史観を覆す新たな視点	**ロナルド・トビ** イリノイ大学教授
10	江戸時代（一七世紀） **徳川の国家デザイン** 幕府の国づくりと町・村の自治	**水本邦彦** 京都府立大学教授
11	江戸時代（一八世紀） **徳川社会のゆらぎ** 幕府の改革と「いのち」を守る民間の力	**倉地克直** 岡山大学教授
12	江戸時代（一九世紀） **開国への道** 変革のエネルギーと新たな国家意識	**平川 新** 東北大学教授
13	幕末から明治時代前期 **文明国をめざして** 民衆はどのように“文明化”されたか	**牧原憲夫** 東京経済大学講師
14	明治時代中期から一九二〇年代 **「いのち」と帝国日本** 日清・日露と大正デモクラシー	**小松 裕** 熊本大学教授
15	一九三〇年代から一九五五年 **戦争と戦後を生きる** 敗北体験と復興へのみちのり	**大門正克** 横浜国立大学教授
16	一九五五年から現在 **豊かさへの渇望** 高度経済成長、バブル、小泉・安倍・福田政権へ	**荒川章二** 静岡大学教授

http://sgkn.jp/nrekishi/